南宋佛教制度文化研究

下册

王仲尧　著

商务印书馆
2012年·北京

目　录

第七章　五山十刹与寺院体制

五山十刹制度特性不仅在于外在的行政性质，更在于内在的以住持负责制、住持选人体系等作为保障的寺院体制在与社会制度文化的互动中显示的先进性制度规范，在佛教界内部产生一种强大吸引力，令当时一些敏锐的佛教家见贤思齐，援为已用，付诸实践，积极地以丛林规范为参照而进行寺院改制。约从南宋中后期起，与五山十刹制度之建立时间同步，更出现一波寺院改制潮流，涉及面颇广，诸宗派寺院因而建立起新的寺院体制。

一、寺院改制：以丛林体制为模式

上文谈到从北宋开始“五山”文化影响力已产生。南宋初建，与“五山”文化相关，发生在佛教制度文化领域中的一些现象已引人瞩目，如在“五山”体制影响下的寺院制度改革，是佛教制度文化史上最耐人寻味的现象之一，其所以引人瞩目，还在于其他各宗寺院引以为圭臬，纷起仿效，结果使禅宗丛林制度扩大为中国佛教寺院的基本体制。

（一）天台宗寺院改制：以延庆院与天竺寺为例

这个过程实际上从北宋已经开始，天台宗领袖在推动思想发展与忏仪圆满的同时对制度文化建设始终高度关注，以特殊的文化敏感性，效法先进丛林制度进行寺院体制建设。

北宋中期，江南有两座天台宗重要寺院即明州延庆寺和杭州天竺寺，不约而同地发生寺院体制变革，二寺改制之发生过程有一些有趣的共性，概括有三：

1. 主持者：二寺改制之发起和主持者皆当时最重要的天台宗名僧，明州延庆寺改制主持者是世称“法智大师”、“四明尊者”的知礼（960—1028），杭州天竺寺改制主持者是世称“慈云忏主”、“慈云尊者”的遵式（964—1032）；

2. 时间关系：二寺之改制时间几乎相同，其中明州延庆院改制是在大中祥符四年（1011），杭州天竺寺改制是在天禧四年（1020），前后相距不到 10 年；

3. 空间关系：二寺所处地理位置相近，一在明州（今浙江省宁波市），一在杭州，处在相同的地域文化背景下。

知礼主持的明州延庆院改制明确宣称是依照禅宗丛林体制来改革本寺制度，效仿对象是丛林名刹天童寺和大梅山（寺），由此亦可证丛林体制之先进性及由此而外显的寺院弘法与经营之有效性，当时已经为世人所瞩目。而遵式主持的杭州上天竺寺改制虽未明言效法对象，从其过程和结果看，也显然是以丛林制度为鹄的。

大中祥符三年（1010），天台宗寺院明州延庆院在知礼主持下，通过地方政府正式向朝廷呈文提出要效仿当地天童寺、大梅山的十方丛林制度改革寺院体制，并取得成功。时隔不久，大中祥符九年十月遵式在杭州主持天竺寺，约天禧四年（1020），遵式也将天竺寺改制为十方寺院，并为永保改制成果还于天圣八年（1030）制订《天竺寺十方住持仪》。二寺改制之有关原始文献，因前贤多所重视而得以完整存世。

知礼和遵式同出北宋天台宗师宝云义通门下。志磐《佛祖统纪》载：“传圣人之道者，其要在乎明教观而已。上尊龙树，下逮荆溪，九世而祖之宜矣。”志磐在这里提出“天台九祖”之说，九祖依次为：天竺龙树、北齐慧文、南岳慧思、天台智凯、章安灌顶、法华智威、天宫慧威、左奚玄朗、荆溪湛然；志磐又撰《八祖纪》，提出九祖之后有天台“中兴八祖”之说，依次为：十祖道邃、十一祖广修、十二祖物外、十三祖元琇、十四祖清竦、十五祖义寂、十六祖义通、十七祖知礼。[①]“十七祖”中义通身份与经历最为特殊，义通原是高丽国僧人，来华求法学成后留在中国，一生弘其所学，将天台教学发扬光大，成为中国佛教界一代宗师，实属罕见。[②]从这个个案中亦可见宋时佛教敷扬法化天台的大气雍容、平等睿智之美。

---

① （南宋）释志磐：《佛祖统纪》卷八《八祖纪》中作八人传记并分撰“述”、“赞”，《大正藏》册 49，页 190 上—194 中。

② （南宋）释志磐：《佛祖统纪》卷八《十六祖宝云尊者义通》，《大正藏》册 49，页 191 中下。又见（南宋）释宗晓纂于嘉泰三年（1203）的《宝云振祖集》（1 卷），宗晓序：“宝云鼻祖与吾四明为贤父子，表里像运，只兴一家，若其德业不传于世，则教失宗元，后昆奚究？因考核碑实，洎渚简编，得师事迹与厥后继之者，凡二十篇，别为一帙，铭题《宝云振祖集》，盖取是院祖堂之匾曰‘振祖’故也。览斯文者，当知吾祖遗德之美。”《卍新纂续藏经》册 56，页 701 中。

（二）案例分析

江南两个重要的天台宗寺院，在两位天台名师知礼和遵式主持下，差不多同时打破宗门禁脔，以先进的禅宗丛林制度为参照，从原先的甲乙子孙制改为十方选贤制度。然而二寺改制过程中对相关制度文化的理解处置却有异趣，受此影响，改制结果也有所不同。

1. 案例一：知礼与明州延庆院十方制度改革

因明州延庆院是天台教院，改制过程中的当事者观念、态度、行为及利益关系等，更能反映社会各界及佛教内部对十方制度的态度，故具有典型性。

（1）改制缘起、过程及结果

延庆院改制之缘起、过程及结果等幸因南宋宗晓（1151—1214）编辑的《四明尊者教行录》保存了有关原始资料，所有细节基本详尽清楚。[①]书中的《四明尊者年谱》记载：

> （大中祥符）二年（1009）己酉，时（知礼）年五十岁，（重修）建保恩院落成。
>
> 三年庚戌，是年恭奉圣旨，改保恩额为延庆院。据《四明图经》曰："保恩院，周广顺二年（952）建，皇朝大中祥符三年改为延庆院，（南宋）绍兴十四年（1144）改院为寺。"使帖曰：大中祥符三年七月，内僧（知礼）经使府陈状，乞申奏天听，永作十方住持，长讲天台教法。当年十月，内准中书札子，奉圣旨依。
>
> 四年辛亥，是年师（知礼）再状，经州乞给使帖，备录上项圣旨上石，永为照据。使帖曰：（知礼）续于大中祥符四年三月，内经州着状，乞备写圣旨并前后使帖，镌上石刻，永作十方传教住持。是年七月十七，给帖立石。
>
> 五年壬子，是年（知礼）师与异闻师，撰十方传教住持戒誓辞，立石永诫，非理妄占。斯文真是寺万代十方住持之本也。[②]

---

① 释宗晓事迹见（南宋）释志磐：《佛祖统纪》卷一八《宗晓传》，《大正藏》册 49，页 239 下—240 上。

② （南宋）释宗晓：《四明尊者教行录》卷一《尊者年谱》，《大正藏》册 46，页 857 下。

知礼是延庆院改制的发起人和主持者，知礼在改制当时所撰《使帖延庆寺》文，① 是记录改制经过的原始文献。据此文及其他相关文献可知改制过程大概。

四明延庆院，前名保恩院，北宋至道二年（996）七月前院主释居明、释显通二人共同决定，“舍保恩院与（知礼），永作十方住持，传演天台智者教法”②，但有两个附带条件：一是知礼接收后要保证将保恩院由原先的甲乙子孙庙制改为十方制度，二是要保证保恩院今后必须永远弘传天台教法。

《四明尊者年谱》载：“《保恩院记》云：先是此院缔造年深，颓毁日甚，以至道三年乃与余杭释异闻，戮力经营，适值丹丘僧觉圆，发心陈力，三载讫役。观其土木瑰丽，金碧交辉，先佛殿而后僧堂，昭其序也；右藏教而左方丈，便于事焉。”③至道二年此寺移交时，因年深日久，屋宇建筑已颓毁破败。知礼接手后，于次年得余杭僧人异闻、丹丘僧人觉圆二人戮力发心，予以相助，进行了大规模改建修葺，三载之后，工程告讫，寺院全然改观，“土木瑰丽，金碧交辉”，面貌一新。

保恩院移交给知礼前是“子孙庙”，知礼接手后，一开始并未急于改变现状，甲乙制度继续实行。继成功地重修寺院后，此后一些年里，知礼善结法缘，寺院弘法经营，发展兴盛，连续迈上新台阶，其间还妥善解决了依法系帐、登籍等作为一个正规、合法寺院的法定手续。

大中祥符三年七月，寺院规模已达屋宇 120 余间，并已合法系帐，常住僧数 50 名。就在这年，寺院“蒙颁赐敕额，旌显院门”，即获得朝廷敕额，改名“延庆院”（后于南宋绍兴十四年 [1144] 敕改“延庆寺”）。

祥符四年，距此寺移交给知礼 16 载后，知礼在弟子“徒弟僧（立诚）等六人”共同支持下，上文明州管内僧正司，经“使衙陈状”，即由僧正司转达明州府再报朝廷，请仿丛林体制改为十方寺院。④ 此文名《使帖延庆寺》，乃知礼亲自执笔，内容耐人寻味，兹引部分相关内容如下：

> 据本院住持、传天台教沙门（知礼、异闻）著状称：先去至道二年七

① （南宋）释宗晓：《四明尊者教行录》卷六《使帖延庆寺》，《大正藏》册 46，页 909 上—下。

② （南宋）释宗晓：《四明尊者教行录》卷一《尊者年谱》，《大正藏》册 46，页 857 上。

③ 同上书，页 857 中。

④ （南宋）罗濬等：《宝庆四明志》卷一一《延庆寺》，南宋绍兴十四年（1144）改延庆院为延庆寺，当时延庆寺田产颇丰，有“常住田二千二百一十亩”；中华书局 1990 年影印《宋元方志丛刊》第 5 册，页 5131 上。

月内，前两次院主僧（居明、显通）舍此院与（知礼、异闻），永作十方住持，传演天台智者教法，安僧修道。自此相次，主持院事，聚诸学徒，讲习天台教法，经今一十六年。昨为舍宇颓毁，稍妨安众，遂请天台山金文藏院僧觉圆，募缘重新修盖，今已圆就。见管系帐屋宇一百二十余间，已蒙颁赐敕额，旌显院门。僧众五十来人，讲习焚修，上酬国泽。

切缘此院元舍与（知礼）等永作十方住持，即非徒弟继续之限，常须名德僧继代讲演，不废安众焚修。欲依准江南、湖南道山门体式，永作十方住持。（知礼、异闻）或终，身后任在院僧众并檀越，于本院学众中，请明解智者教乘、能聚四远学徒有德行僧，继续传教住持。或本院全无此德人，即于他寺及他郡，请传天台教法备解行僧，传教住持，并常选请到院听学僧充主事。所冀永远安僧，焚修讲演，祝延圣寿。

伏虑将来徒弟，不悉元舍院宇住持因依，妄有干执；并恐将来本院及外处僧讲业不精，但以传天台教为名，因嘱托权势，求觅住持，乞行止绝，代代须得素业天台智者教乘、实有戒行学众，咸愿者住持此院，继续讲演。所冀常有德人，流通妙教，上资国祚，广福蒸民。

遂于大中祥符三年七月，内经使衙陈状，乞备录因依，奏闻天听，乞降敕旨，许永作十方住持，长演天台教法。……蒙使衙具缘由体量申奏，当年十月（十八日），（圣旨）内准中书札子，寻蒙使帖下僧正司……蒙使帖下本院，仰依中书札子内圣旨，并僧司分析到天童、大梅等处体例施行者。[①] 今欲传写圣旨并前后使帖，镌上石碑，永作十方传教住持程式。……

续于大中祥符四年三月……乞再录因依闻奏，明降敕旨下本院，永作十方住持，长演天台教法者。州司缘已曾申奏，明准圣旨指挥讫，遂具备状帖。僧正司仰详中书札子内圣旨，疾速分析，久例具结缆，文状供申。……已于今月二十四日帖本院，仰详昨来所降圣旨，并此来僧正司分析到天童、大梅两处体例施行去讫。今所再据沙门（知礼异闻）着状，称欲备写圣旨并前后使帖，镌上石碑，永作十方传教住持程序。乞降指挥等，事事须帖延庆院，仰详圣旨及前后使帖指挥，备到僧正司，分析体例，任便施行，勿至有遗。

---

① （南宋）罗濬等：《宝庆四明志》卷一三《天童山景德寺》："本寺常住田三千二百八十四亩，山一万八千九百五十亩"。中华书局1990年影印《宋元方志丛刊》第5册，页5168上。又"大梅"即大梅山护圣禅院，有"常住田一百七十二亩，山二万五千四十亩"。同书同卷《大梅山护圣院》，页5168下。宋代二寺皆属颇有规模的寺院。

大中祥符四年七月十七日帖[①]

帖文中提到的“江南、湖南道山门体式”似泛指，[②] 若是，则意思是指当时正在江南地区兴起的丛林体制。“天童、大梅”是实指，指明州地区丛林名寺天童寺、大梅山（寺）。

从现在的宁波城区范围看，延庆院处在宁波市区，天童寺、大梅寺都在不太远的郊区，这个基本的地理位置与南宋时相比并无多大改变。当时教界活动中，诸寺之间应多有来往，一如现在的情况，彼此之间，皆多了解。知礼认为，天童、大梅两个禅寺乃是丛林实行十方选贤制度之典范，决心主持延庆院改制时即援以为效法的榜样。

从图 7-1 中可知当时江南禅寺大致的地理位置，也可看出明州延庆院与天童寺、大梅山的方位，相隔皆所不远。

还要提一下，有一个背景情况可引起注意，至少当时江南佛教诸宗少有门户之见，各教派间多存交流，互相支持，风气颇佳。而天台与禅宗似乎交往更加密切，四明地区属佳例之一。如《佛祖统纪》记载的南宋延庆寺住持明哲的事迹就很有典型性。明哲原是学禅出身，曾多参江南丛林，所师皆南宋当时名家，如宏智正觉、大慧宗杲等。但是宏智正觉认为，按照明哲的素质禀赋，更

① （南宋）释宗晓：《四明尊者教行录》卷六《使帖延庆寺》，《大正藏》册 46，页 909 上—下。仲尧按：《使帖延庆寺》文字啰嗦杂沓，内容前后重复，可能是宗晓整理时尽量保留原文风格所致，但如此反而可信。题名《使帖延庆寺》可能是宗晓所加，因知礼上文时此寺名延庆院，称延庆寺是南宋绍兴十四年（1144）之事，宗晓应是按撰辑《四明尊者教行录》时寺名题名这份文献。

② 宋代无“江南道”、“湖南道”设置，故“江南、湖南道”应只是一种笼统说法，地理位置，约相当于今浙江、江苏、江西、湖南及四川、两广部分区域；见（南宋）李攸《宋朝事实》卷一八《升降州县一》、卷一九《升降州县二》记载的五路：“两浙路”辖区为二府十二州：临安府、平江府、润州、常州、秀州、湖州、睦州、越州、明州、温州、台州、处州、婺州、衢州；“江南东路”辖区为一府四州三军：建康府、饶州、池州、信州、太平州、南康军、广平军、宁国府；“江南西路”辖区为六州四军，见原注：“绍兴元年，以江、洪、筠、袁、虔、吉州、兴国、南康、临江、南安军为江南西路；四年，拨南康军依旧隶江南东路”；“荆湖南路”辖区为潭州、衡州、道州、永州、郴州、邵州、武冈军、桂阳军；“荆湖北路”辖区为一府九州岛二军：江陵府、鄂州、安州、复州、鼎州、峡州、岳州、归州、沅州、靖州、汉阳军、荆门军；台湾商务印书馆 1984 年影印《景印文渊阁本四库全书》第 608 册，页 216 下—217 下、页 218 下。又北宋《元丰九域志》（卷六）记载“江南路”设置情况：“太平兴国元年分东、西路，后并一路，天禧二年复分二路”，东路范围是“府一，州七，军二，县四十八”：江宁府辖五县，宣州辖六县，歙州辖六县，江州辖五县，池州辖六县，饶州辖六县，信州辖六县，太平州辖三县，南康军辖三县，广德军辖二县；西路范围是“州六，军四，县四十七”：洪州辖七县，虔州辖十县，吉州辖八县，袁州辖四县，抚州辖四县，筠州辖三县，兴国军辖三县，南安军辖三县，临江军辖三县，建昌军辖二县。地理范围约相当于今安徽、江西二省。

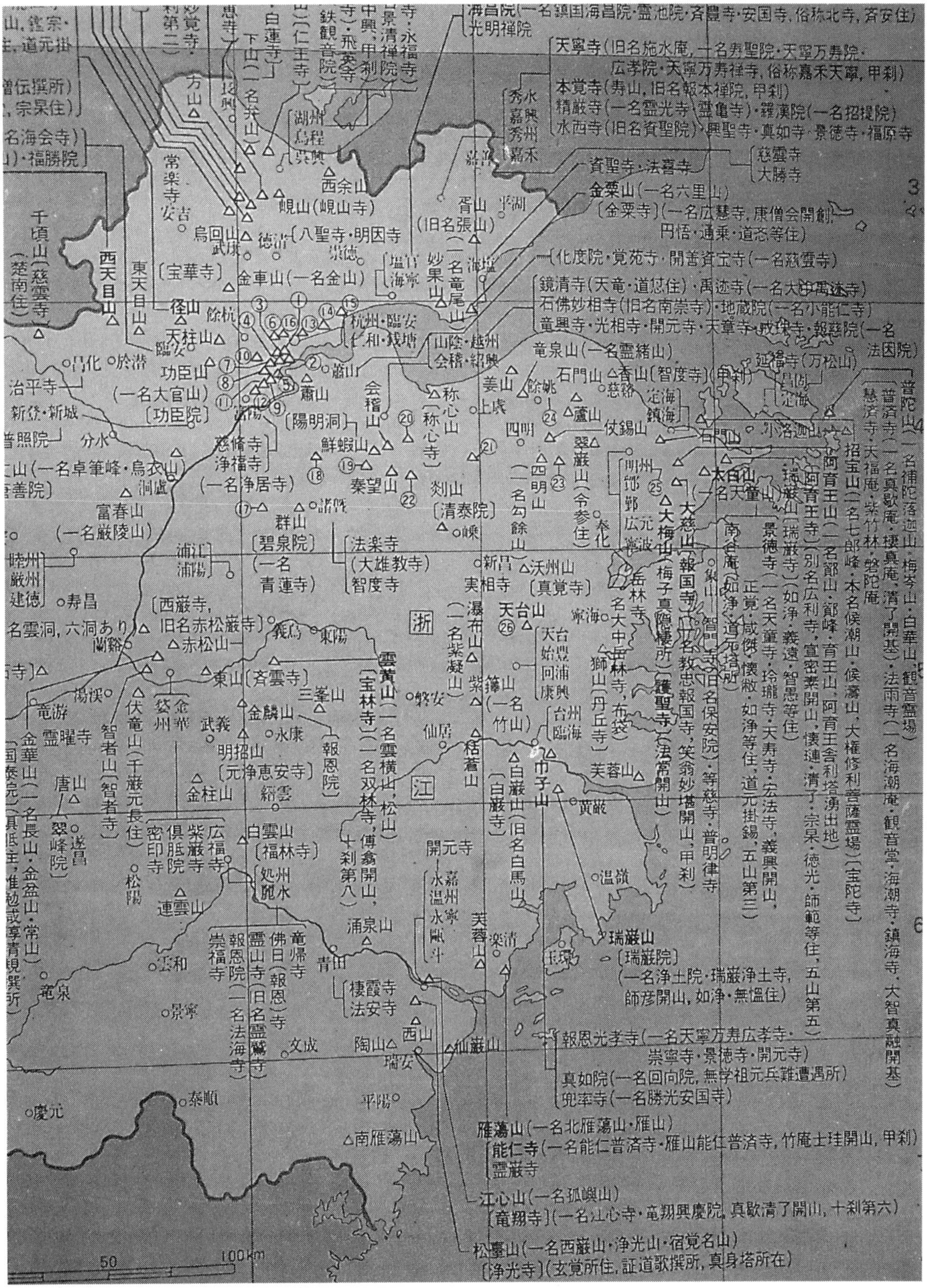

图 7-1　宋代浙江省的禅宗史迹地图（局部）

资料来源： 引〔日〕《禅学大辞典》别卷（附录 / 索引），驹泽大学禅学大辞典编纂所，日本大修馆书店 1978 年，页 1。

适宜天台教学。于是明哲乃遵师命，归宗天台，后出任延庆寺住持：

> 法师明哲，四明之鄞邑周氏，自号则庵，得梦吞宝珠而生。十八具戒，即游学诸方，依能仁法照受教观，一时会中同名者有十哲之称，而师最显著。复遍参禅林，见天童宏智、育王大慧、国清愚谷，无不期以大器。尝曰："丛林所谓直指人心，见性成佛，即吾宗介尔有心，三千具足也。"宏智闻之曰："观子妙解，宜归弘教。"初主昌国超果，迁觉海隐学永明，笃志讲训无虚日，学者不敢以假告。郡帅范成大请主南湖，一时听徒，皆四方英秀，来者唯恐其后，咸相谓曰："登龙门者，正在今日。"[①]

明哲虽"遍参禅林"，而当时一些重要的五山禅僧如天童寺之宏智正觉、育王寺之大慧宗杲、国清寺之愚谷等人，无不对其"期以大器"，评价甚高，但是这些禅门耆宿，绝无门户之见，反倒因缘置宜，认为按其为人秉性等，更适宜的还是在于天台教学领域。于是，后来因得范成大促成，明哲出任天台教寺延庆寺住持。四方英秀，争入其门，认为能拜在明哲门下求学，好比是"登龙门"。可知明哲从禅宗改宗天台，结果如其师宏智正觉等大师之所期许，果然取得很大成就。

延庆寺成为两宋最重要的天台教院之一，应多赖北宋知礼主持改制之后奠定发展基础。知礼主持的延庆院改制案例，向后世传达了若干重要历史信息，概括起来至少有：

其一，江南天台宗重要寺院，态度极为坚决地仿效当时最先进的丛林体制，从甲乙制度改革为十方选贤制度，充分体现了宋代天台宗之内在生命活力。

其二，此项改制，知礼是在其弟子、将来的既得利益者的坚定支持下启动的改革行为；从公开上报地方政府及朝廷之表文内容看，延庆寺师徒及寺内所有常住，即所有利益相关者皆意见统一，延庆寺内部未曾出现反对意见。

其三，延庆寺改制后，以十方选贤为基本制度，并采取相应措施以期保证通过制度化方式永远执行；从制度文化看，此制度却非自身创造，而是以禅宗丛林制度为范本，具体是以明州当地丛林巨刹天童寺、大梅寺等为楷模，表达了一种鲜明的时代倾向。

---

① （南宋）释志磐：《佛祖统纪》卷一六《法照皎法师法嗣·则庵明哲法师》，《大正藏》册49，页234中。

（2）改制效法对象：天童寺与大梅山

延庆院改制启动之初，知礼就明确提出改制方向是参照附近的禅宗丛林名刹天童寺、大梅山（寺）。也就是说，延庆院若改制成功，即意味着寺院管理体制将重新定位，效法天童寺、大梅山，依丛林规范，重新进行制度设计和建设。以下对当时天童寺和大梅山情况略予考察，以探讨天台大师知礼何以急切地对本寺体制进行改革，天童、大梅二寺制度何以对知礼大师产生了深刻影响。

北宋景德四年（1007）宋真宗敕额“天童景德禅寺”，知礼提出延庆寺改制是在大中祥符三年（1010），即此后不久。北宋后期名僧惟白（生卒年不详）从京城来明州出任寺主，表明当时天童寺已是重要丛林之一。

惟白是云门宗僧人，静江（广西桂林）人，俗姓冉，法云寺法秀法嗣，曾“三登高座”入皇宫弘禅，受哲宗、徽宗二帝敬崇。建中靖国元年（1101）八月，惟白撰集《建中靖国续灯录》三十卷进呈，徽宗赐序并敕入藏。晚年移居明州天童，后示寂于天童，敕谥佛国禅师，著作另有《大藏经纲目指要录》八卷等。[①] 徽宗赵佶为惟白《续灯录》赐《序》曰：

> 自达磨西来，实为初祖，其传二三四七而至于曹溪，于是双林之道逾光，一滴之流浸广。自南岳青原而下，分为五宗，各擅门风，应机酬对；虽建立不同，而会归则一，莫不箭锋相拄，鞭影齐施，接物利生，启悟多矣；源派广沲，枝叶扶疏，而云门、临济二宗，遂独盛于天下。……皆宏畅真风，协助神化，以成无为之治者也。于皇神考尤向空宗，元丰三年(1080)，诏于大相国寺创二禅，辟惠林于东序，建智海于西庑；壬戌之岁(元丰五年)，以越国大长公主及集庆军节度观察留后驸马都尉张敦礼之请，复建法云禅寺于国之南。于是祖席光辉，丛林鼎盛，天下袭方袍、慕禅悦者，云集于上都矣。今敦礼以其寺住持僧佛国禅师惟白，探最上乘，了第一义，屡入中禁，三登高座，宣扬妙旨，良惬至怀。[②]

---

① （南宋）释正受《嘉泰普灯录》卷五《东京法云佛国惟白禅师》：“建中靖国元年，以所集宗门《续灯录》三十卷上进称旨，恭承御制序文，仍敕其录入藏，颁行天下。”《卍新纂续藏经》册 79，页 319 上。并见（元）释觉岸：《释氏稽古略》卷四“建中靖国元年”，《大正藏》册 49，页 880 上—下。

② （元）释念常：《佛祖历代通载》卷一九《元符辛巳》，《大正藏》册 49，页 678 下；（北宋）释惟白辑《建国靖国续灯录》卷首《御制建中靖国续灯录序》，《卍新纂续藏经》册 78，页 640 下—641 上。

京城名寺大相国寺，始建于北齐天保六年（555），北宋时是一座“为国开堂”的皇家寺院，占地540亩，“金碧辉映，云霞失容”，养僧千人，规模巨大，空前鼎盛。如上述赵佶之所言，元丰三年，朝廷诏于大相国寺“东序”、“西庑”分立“惠林”、“智海”两个禅院。北宋一般观念中禅宗寺院还不独立，尤其都市中还未出现独立的禅寺体制。这两个禅院就都是大相国寺的属院。元丰六年七月，大相国寺中有62个分院，除了这两个禅院之外，常见文献中说其余皆为律院，[①] 若是，则律院多达60个，似乎不尽合理。赵佶序又曰，“壬戌之岁”即元丰五年“复建法云禅寺”，法云禅寺据说是京城中的第一个独立禅寺，加上大相国寺内的两个禅院惠林、智海，号称当时京城“三大丛林”，弘扬的是云门、临济二宗。名僧惟白出任法云寺的寺主，是在建中靖国元年（1101），出住天童，当是此后。

北宋汴京另一名寺开宝寺，创建于北齐天保十年（559），当时名独居寺，又名封禅寺，宋太祖开宝三年（970）改名“开宝寺”，寺中建有铁色琉璃塔（即著名的开封铁塔，八角十三层，高约129米）。北宋开宝寺规模宏伟，与相国寺并驾齐驱，《宋朝事实类苑》载：“又修旧封禅寺为开宝寺，前临官街，北镇五丈河，屋数千间，连数坊之地，极于钜丽。”[②] 全寺殿堂林立，共有二百八十区，设有福胜、上方、永安、能觉等二十四禅院，铁塔建在开宝寺西隅福胜禅院，当时叫福胜塔，礼部贡院也设在寺中，在此考选全国举子。[③] 据此说则京城中禅院并不少，但是独立的禅寺确实不存，也就谈不上独立的禅寺建筑及礼仪规则的特有风格。

又《齐东野语》引《鉴堂遗事》曰：“法云佛国禅师惟白，传康节《易》学甚精熟。”[④]“康节《易》学”指北宋易学大家邵雍（字康节）之先天易学。可知惟白精内外诸学，此其人格之一端也。以惟白身份地位，自京城来天童，由此推知，相对于当时政治文化中心尚属偏僻的明州天童，随着丛林制度文化发展，作为独立的禅寺，已然在不经意中崭露头角。

---

① 参周宝珠：《宋代东京研究》一书中刊表格《东京寺院一览表》中反映的相关历史文献内容，河南大学出版社1992年版，页567、574。

② （南宋）江少虞：《宋朝事实类苑》卷四三《仙释僧道·建寺》，上海古籍出版社1999年点校本，页567。

③ （清）周城：《宋东京考》，上海古籍出版社1995年影印《续修四库全书》第734册，页397上。

④ （南宋）周密：《齐东野语》卷五《李泌钱若水事相类》，中华书局1983年点校本《唐宋史料笔记丛刊》，页85。

这是天童寺当时的一些情况。知礼本人出生、成长以及学成后弘法皆在明州当地，对于天童历史及现状熟知，当自己思考并引导天台宗适应历史和文化发展之与时俱进要求时，领导寺院改制，引以为效法榜样。因本书中谈到天童寺之处较多，不再详述。下面主要考察一下大梅山情况。

大梅山在宁波东钱湖畔，位于会稽、明州交界处。东汉末年方士梅福（梅子真）为避王莽之乱，弃家求仙，曾在此隐居，自称“吴门市翠”，人称“梅市”。《嘉泰会稽志》载：“梅市在城西十五里，属山阴县梅市乡，乡有梅福里，《旧经》云：‘梅福，传有人见福（于）会稽，变姓名为市门，卒。’《十道志》云：‘即梅福为监门处。’陆左丞《适南亭记》：‘梅山少西，有里曰梅市。’即此。”①《宝庆四明志》载：“大梅山，汉梅子真旧隐也”，并曰：“梅山，（奉化）县南二十五里，东为登山，有僧庐曰‘禅寂’，为寿禅师道场。北则环以大溪，其山四断，兀立众山之中，或谓汉之梅福尝游此，因得名。今其山之下，每逢大雷雨则出小石，圆如梅子，剖之亦有核，其名又或因此也。”②

据说唐末百丈怀海和大梅法常（752—839）相继在金峨山、大梅山创金峨寺和保福寺、护圣禅寺等。比较各种文献记载，其中法常在大梅山活动的事迹比较可靠。

大梅山有著名禅刹护圣禅寺，《宝庆四明志》载：“唐贞元（785—805）中，法常禅师始诛茅结庵，开成元年（836）建寺，名曰上禅定（寺），会昌间废。大中（847—859）间复建，名观音禅院，柳公权书其额。至皇朝大中祥符元年（1008）赐今额，乾兴元年（1022）僧道宁重建院。”③《使帖延庆寺》文中的“大梅（寺）”应该就是这座护圣禅寺，此寺由法常开山创建后，自唐至宋，按丛林规范，持续发展并产生特殊影响。《五灯会元》载大梅法常传记述其事迹行履，内容细致精彩：

> （法常）襄阳人也，姓郑氏，幼岁从师于荆州玉泉寺，初参大寂，问：“如何是佛？”寂曰：“即心是佛。”师即大悟，遂之四明梅子真旧隐，缚茆

---

① （南宋）施宿：《嘉泰会稽志》卷四《市》，中华书局 1990 年影印《宋元方志丛刊》第 7 册，页 6781 上下。

② （南宋）罗濬等：《宝庆四明志》卷一四《梅山》，中华书局 1990 年影印《宋元方志丛刊》第 5 册，页 5183 上。

③ （南宋）罗濬等：《宝庆四明志》卷一三《大梅山护圣院》，中华书局 1990 年影印《宋元方志丛刊》第 5 册，页 5168 上。

燕处。

唐贞元中，盐官会下有僧，因采拄杖，迷路至庵所，问："和尚在此多少时？"师曰："祇见四山青又黄。"又问："出山路向甚么处去？"师曰："随流去。"

僧归，举似盐官。官曰："我在江西时曾见一僧，自后不知消息，莫是此僧否。"遂令僧去招之。师答以偈曰："摧残枯木倚寒林，几度逢春不变心，樵客遇之犹不顾，郢人那得苦追寻。一池荷叶衣无尽，数树松花食有余，刚被世人知住处，又移茅舍入深居。"

大寂闻师住山，乃令僧问："和尚见马大师得个甚么，便住此山？"师曰："大师向我道：'即心是佛'，我便向这里住。"僧曰："大师近日佛法又别。"师曰："作么生？"曰："又道'非心非佛'。"师曰："这老汉惑乱人，未有了日，任他'非心非佛'，我只管'即心即佛'。"

其僧回举似马祖。祖曰："梅子熟也。"庞居士闻之，欲验师实，特去相访。才相见，士便问："久向大梅，未审梅子熟也未？"师曰："熟也，你向甚么处下口？"士曰："百杂碎。"师伸手曰："还我核子来。"士无语。自此学者渐臻，师道弥著。

……新罗僧参，师问："发足甚处？"曰："欲通来处，恐遭怪责。"师曰："不可无来处也。"曰："新罗。"师曰："争怪得汝？"僧作礼，师曰："是与不是，知与不知，只是新罗国里人。"忽一日，谓其徒曰："来莫可抑，往莫可追。"从容间，闻鼯鼠声，乃曰："即此物，非他物，汝等诸人，善自护持，吾今逝矣。"言讫示灭。永明寿禅师赞曰："师初得道，即心是佛；最后示徒，物非他物。穷万法源，彻千圣骨，真化不移，何妨出没！"①

"大寂"即马祖道一（709—788），法常曾在江西参名师马祖道一门下，彻通马祖"即心即佛"之理，后到明州大梅山结茅而居，将之发扬光大，悟出"物非他物"之道，是禅宗思想史上重要事件之一。《祖堂集》记载法常在大梅山活动事迹曰：

大梅和尚嗣马大师，在明州。师讳法常，襄阳人也，荆州玉泉寺受业。

① （南宋）释普济：《五灯会元》卷三《明州大梅山法常禅师》，《卍新纂续藏经》册80，页76中下。

才具尸罗，学通众典，讲大小本经论，多闻虽益，辩注虚张。觉爽情［精］神，游方访道。闻江西马大师诲学，师乃直造法筵。

因一日问："如何是佛？"马师云："即汝心是。"师进云："如何保任？"师云："汝善护持。"又问："如何是法？"师云："亦汝心是。"又问："如何是祖意？"马师云："即汝心是。"师进云："祖无意耶？"马师云："汝但识取汝心，无法不备。"师于言下顿领玄旨，遂杖锡而望云山。

因至大梅山下，便有栖心之意，乃求小许种粮，一入深幽，更不再出。后因盐官和尚出世，有僧寻柱杖迷山，见其一人，草衣结发，居小皮舍，见僧先言不审，而言语謇涩。僧穷其由，师云："见马大师。"僧问："居此多少年也？"师云："亦不知多少年，只见四山青了又黄，黄了又青，如是可计三十余度。"僧问："师于马祖处得何意旨？"师云："即心是佛。"其僧问出山路，师指随流而去。

其僧归到盐官处，具陈上事。盐官云："吾忆在江西时，曾见一僧问马大师佛法祖意，马大师皆言'即汝心是'。自三十余年，更不知其僧所在。莫是此人不？"遂令数人教依旧路，斫山寻觅。如见，云："马师近日道：'非心非佛。'"其数人依盐官教问。师云："任你非心非佛，我只管'即心即佛'。"

盐官闻而叹曰："西山梅子熟也。汝曹可往彼，随意采摘去。"如是，不足二三年间，众上数百，凡应机接物，对答如流。

……师临顺世时，鼯鼠叫，师告众曰："即此物，非他物；汝等诸人善护持，吾今逝矣。"师言已掩室，来辰化矣。①

"盐官"即名师盐官齐安（？—842），俗姓李，浙江海门人，参马祖道一得法并嗣其法，后住盐官海昌院（在杭州附近）。瞎堂慧远曾作《盐官和尚赞》："老倒放，不会事，扇破觅，犀牛儿。尚有遗风余烈，拨吒哒哩嚀呢。"②《祖堂集》载：

盐官和尚嗣马大师，在苏州。师讳齐安，未详姓氏。……大中皇帝潜龙之日，曾礼为师。甚有对答，言论具彰别录。敕谥悟空禅师栖真之塔，

① （南唐）静、筠二禅师：《祖堂集》卷一五《大梅和尚》，上海古籍出版社1994年影印本，页286上—287上。

② （南宋）释法寿等：《瞎堂慧远禅师广录》卷四《盐官和尚》，《卍新纂续藏经》册69，页590中。

真塔浩瀚非常，北有汾州，南有盐官矣。[①]

“马大师”即马祖道一，“大中皇帝”即唐宣宗李忱，大中（847—859）是其在位年号，“潜龙之日”指其登帝位前因受武宗猜忌迫害潜逃江湖，曾在盐官门下为僧，这是历史上一桩有名的公案，最早因唐令狐澄《贞陵遗事》、韦昭度《续皇王宝应录》及尉迟握《中朝故事》等笔记而流传于世。宣宗李忱因受武宗迫害，乃“寻请为僧，游行江表间”，武宗患病不治时，李忱被宦官立为皇太叔，“裁决庶务，咸当于理，人始知有隐德焉”；“会昌末，人请还京，遂即位”。《旧唐书》载，李忱“器识深远，久历艰难，备知民间疾苦”。五代、两宋笔记中此内容更多，曰李忱投海宁镇国海昌院做沙弥时，当家是盐官齐安，又黄檗希运来海昌院说法，之后携李忱游江西、湖南，再隐安徽泾水。

《宋高僧传·齐安传》记盐官齐安系唐室宗亲，李忱流落其门后盐官为取法名琼俊。北宋熙宁八年（1075）苏轼游海宁时撰《大悲阁记》并七绝《悟空塔》：“已将世界等微尘，空里浮花梦里身；岂为龙颜更分别，只应天眼识无人。”法常与盐官机锋对答之事禅史亦多载，如《五灯会元》：“僧问大梅：‘如何是西来意？’大梅曰：‘西来无意。’（齐安）师闻，乃曰：‘一个棺材，两个死汉。’”[②] 法常在大梅山“收敛锋芒，隐藏行迹”，偶因“盐官会下有僧，因采柱杖，迷路至庵所”而令世所知。盐官令僧再赴大梅请法常，法常偈答：

摧残枯木倚寒林，几度逢春不变心。
樵夫遇之犹不管，郢人何必苦追寻。

一池荷花衣无尽，数树松花食有余。
刚被世人知住处，又移茅舍入深山。

盐官齐安闻之，备极赞赏，评曰：“梅子熟也。”察觉大梅禅悟代表了禅学新境界。

相关传说颇多，如庞居士闻后，上山考问大梅所得之“法”，问：“久向大

① （南唐）静、筠二禅师：《祖堂集》卷一五《盐官和尚》，上海古籍出版社1994年影印本，页283下—284上。

② （南宋）释普济：《五灯会元》卷三《杭州盐官海昌院齐安国师》，《卍新纂续藏经》册80，页75中。

梅，未审梅子熟也未？”法常反问：“熟也，向什么处下口？”庞曰：“与么，则百杂碎也。”法常曰：“还我核子来。”庞居士乃服。当初采柱杖僧在大梅山因迷路，与法常偶逢，僧问如何出山，法常说“随流去”，意思相类。

法常虽隐大梅，却名声远播，各地学僧来山拜师求法者日众，弟子辈多佼佼者，见载于《景德传灯录》者就有三人：新罗国迦智禅师、杭州天龙和尚、新罗国忠彦禅师。其中迦智与忠彦是新罗国人，可能是开外国僧江南学禅先河者。又《鄞县志》载南宋日僧道元和心地觉心等也曾到大梅朝拜圣地，宝祐元年（1253）心地觉心特上山朝拜法常禅师塔，此塔部分残件犹存。①

《宝庆四明志》载，宋时大梅山护圣禅院有“常住田一百七十二亩，山二万五千四十亩”，上文提到大梅山还有一座保福院，规模也不小，有“常住田七百二十五亩，山二万五千四十二亩”。②大梅山两寺合计，有田近千亩，山地五万亩。大梅山在丛林体制下经营有方，门庭之盛，即可推知。大梅山在鄞县东南七十里，相近的金峨山真相院在鄞县东南八十里，《宝庆四明志》载，此寺“旧号罗汉院，唐大历元年（766）建，皇朝治平元年（1064）赐今额，常住田三百三十二亩，山四千二百二十亩”③。可以说在当地以大梅山为中心，形成了一处较为集中的禅宗丛林发展基地。

宋时大梅是明州有较大社会影响的丛林，故此乃知礼引以为本寺改制榜样缘由。

（3）延庆院之仿丛林体制建设

延庆院改制时提出以天童寺与大梅寺丛林制度为典范，其中包括丛林制度核心内容之一——寺院经营制度。天圣三年（1025），即改制后约十余年，知礼在家居俗的父亲向延庆院施入一笔田产。按照改制后的延庆院十方制度，这笔田产应成为寺院公产。为确保此点，知礼向明州曾太守表奏，希望按照制度程序上禀朝廷，确认此笔田产永为延庆院十方寺产。文曰：

（知礼）启：揆日祷圣，涤砚熏毫写意，上闻知府学士。伏念（知礼）

① 见杨古城、龚国荣：《南宋石雕》刊图《鄞州横溪镇大梅山法常塔》，宁波出版社 2006 年版，页 143。

② （南宋）罗濬等：《宝庆四明志》卷一三《大梅山护圣院》、同卷《大梅山保福院》，中华书局 1990 年影印《宋元方志丛刊》第 5 册，页 5168 下。

③ （南宋）罗濬等：《宝庆四明志》卷一三《金峨山真相院》，中华书局 1990 年影印《宋元方志丛刊》第 5 册，页 5168 下—5169 上。

夙缘熏习性，好天台智者所说法门，故讨寻其意，讲说其文，如解而行，不闲寒暑；忍苦忘劳，于今四十余载。盖知此教解圆行顿，理观事仪合一，而进趣于解脱之门，可保任矣。切睹传此宗处，讲训聚徒，乃戮力募缘，建造兹院，仅得成就永作十方住持，传演天台教法。此事虽遂，且阙蔬园，乃俗父经公，传付本户地段数百余丈，与常住种植，逐日供僧，且免他求。实匪无厌虑，恐将来不知之辈，忽有词讼改更。恭乞学士，以洞达之心，为禅教之主，流布多艰，许赐闻奏天廷，委达相府。然非受人舍施，亦非买置田园，乃是俗父授于男，不违条制。乞降敕命，俾此园地永在伽蓝。(知礼) 礼像持经，心祈口祷，特为园事年深，果值学士行春，俯垂异顾。必期此际，克副愿心，切望台慈，念（知礼）苦行忘形，为法特施巨力，构此胜缘。(知礼) 一日遂心，万死无虑。书不成字，语不成文，的写恳诚，不避荒拙；干冒威重，不胜悚惧。

（知礼）启上，天圣三年八月十五日[①]

知礼上此表还与另一个因缘有关。天圣三年三月，即五个月前，明州知府“曾相公府”发文帖给延庆院，“置买庄田于明州鄞县清道乡”，并要求“贻远子孙，次第置买，添归常住，永远供僧”。[②] 这部分田产数量不明，位置肯定在延庆院近旁，用途是供应僧众日常口粮。[③] 知礼父亲檀施之田，数量共“数百余丈”，位置在寺后，则用于寺众常供菜蔬之田。

此文上奏后，原书墨迹（推测或是稿本）保留在延庆院。80 年后的南宋崇宁元年（1102）闰六月望日，此件无比珍贵的知礼大师手书，收藏在寺僧道因手中。或因晒藏之类原因，某日道因展卷阅竟，铭感于内，先大师“其言恳至，其书勤劬，慕在兴隆，广兹形胜”，深恐“惜其遗踪，恐未及见闻”，乃刻石勒碑。[④] 幸有此举，让后人能得知当时历史真相。

延庆院改制后管理体制向丛林体制靠拢，如普请、经营之类皆成为题中应

---

① （南宋）释宗晓：《四明尊者教行录》卷六《上曾太守乞申奏后园地书》，《大正藏》册 46，页 911 上。

② （南宋）释宗晓：《四明尊者教行录》卷六《曾相公府延庆寺置庄田帖》，《大正藏》册 46，页 912 下—913 上。

③ （南宋）罗濬等《宝庆四明志》卷一一《郡志卷一一·延庆寺》，南宋绍兴十四年（1144）改延庆院为延庆寺，宝庆年间（1225—1227）寺有“常住田二千二百一十亩”。中华书局 1990 年影印《宋元方志丛刊》第 5 册，页 5131 上。

④ （南宋）释宗晓：《四明尊者教行录》卷六《上曾太守乞申奏后园地书》，《大正藏》册 46，页 911 上。

有之义。延庆院改制是天台宗寺院制度文化建设历史进程中的重要事件，先辈大德依六波罗蜜，继承智者大师创造精神，与当时先进的丛林制度文化看齐，开启天台宗寺院制度先河。此或即天台宗知礼一系发扬光大的制度文化基础。

2. 案例二：遵式与杭州天竺寺十方制度改革

北宋咸平六年（1003），因杭州刺史薛颜之请，遵式从明州天童寺来杭住南天竺寺（今杭州下天竺寺）三个月，以后历住诸寺。真宗大中祥符九年（1016）十月至仁宗明道元年（1032）十月，遵式再来杭住天竺寺，前后共16年。在此期间，天竺寺在这位名僧的大力主持下改制十方，成为江南著名天台道场。[①]

（1）改制过程、内容及结果

与知礼在明州主持延庆院改制差不多同时，天禧四年（1020），宰相王钦若罢相出判杭州，得其擅护，奏请朝廷复“天竺寺”旧额，在遵式主持下，天竺寺改制为十方寺院。为永保改制成果，天圣八年（1030），遵式制订《天竺寺十方住持仪》（下简称《住持仪》）共十章，为分析方便，兹摘录部分如下：

> 法主既德学博富，堪可为众依止，必先忍衣，被体无遣，声利破心，慈室安人，无使恚慢当念，然后空座，则虚心等说，功报两忘。苟三轨失御于中，十过遂形于外，法流致壅，何莫由斯（禅法律三师不过出观心论）。
>
> 法师虽内专三轨，外无十过，若其徒众，数起恼乱，亦妨讲说，当常行五事，以肃外缘。一者摄僧财法均平，观以净戒，务在进修，此则名极好摄，名僧安乐住。二者莫置房舍，深僻处令德行者居之，堂内僧不得无故入主事头首等房舍，违者对众罚，仍须法主频行按察，勿使起过。三者差僧出外并缘化，切在慎选，无使有辱教门。四者严禁吊庆，及以别请。余时约束，无使频出城市，此皆置患之门。五者勖众不得互相背说长短，及他人好恶。同一师学，法无殊途，或领解不同，当就师决择，不得私诤。
>
> 诸来投出家者，只许法主一人得度，余一切不得度，亦不得寄籍他寺，及带领外帐行者入寺。听学其法主所度，除先在寺者，此后并须年二十已上者，已还，不得受。设有豪势及檀越知识家送眷属子息出家，年幼者悉

---

① （北宋）释契嵩：《镡津文集》卷一二《杭州武林天竺寺故大法师慈云式公行业曲记》，《大正藏》册52，页713中—715下。

不得受。经云：不得畜年少弟子、沙弥、小儿，亦不乐与同师，此非正是弘经者之明诲乎？及年五十已上者亦不应受。

法主所度徒弟，唯有三事：一者入堂听学，二者僧事营福，三者持诵焚修。俱者给与祠部，任从所适，勿令在寺。其习学、营福、持诵者，复须察其所由。有但作名目，庇身在寺，察得实者，仍须驱出。其素有勋劳，今或老病，即终身在寺，勿令他适。除犯堂制，及在外别有过失。轻者罚，重者出，一准堂制治之。不得以功庇过，更置滋彰。[①]

因北宋时寺主不称住持，《住持仪》之名称可理解为“住持正法仪规”，“住持”是“住持正法”之意，不是对寺主的称呼，《住持仪》之名称不能理解为“寺院住持仪规”之意，《天竺寺十方住持仪》全称之意即“天竺寺十方住持正法仪规”。天竺寺之寺主，正式名称是“法主”，当时想必是遵式本人担任。法主之下，设置主要寺职有首座、维那、知客等；《住持仪》十章规范，主要是对法主的德学要求和任命选退、寺院的管理模式等制度性规范。

《住持仪》第一条和第十条分别规定，法主要通过选举产生，并规定候选人相应条件，如第十条：“此寺当法主之位，务在行教，非徒然也。须备有德有解，堪为轨范。虽有德解，须备福缘。纵备福缘，须善勖众。德解不全，则四方不归，亦将何训物缘？寡则学人不附，福鲜则百一不供众，慢则日致弊滥。有一于是，化导不行，况二三四耶？”[②] 在法主是天台宗僧前提下，如不能具备应有的德学福轨条件，当事人应“举贤求退”。但是，若现任法主既不称职，又不“举贤求退”，那么就要依众僧之力，“举过请退”，即迫其退位。如有更不自知而不自量力者，就只好“告公令退”，遵式特别说明：“不得吝惜面情，坐看张败。”故《住持仪》第五条规定僧众可通过集议，罢免法主，另选贤德。这些规定与丛林制度相类，读之令人心生敬佩。

《住持仪》规定法主体系下的寺院管理体制，具体职责是负责“常行五事，以肃外缘”：

一者摄僧财法均平，观以净戒，务在进修，此则名极好摄，名僧安

① （南宋）释慧观编：《天竺别集》卷下《天竺寺十方住持仪》，《卍新纂续藏经》册57，页46上—中。
② 同上书，页46上—47上。

乐住。

二者莫置房舍，深僻处令德行者居之。堂内僧不得无故入主事头首等房舍，违者对众罚。仍须法主频行按察，勿使起过。

三者差僧出外并缘化，切在慎选，无使有辱教门。

四者严禁吊庆，及以别请。余时约束，无使频出城市，此皆置患之门。

五者勖众不得互相背说长短，及他人好恶。同一师学，法无殊途，或领解不同，当就师决择，不得私诤。①

《住持仪》规定本寺为十方住持制，仅法主可剃度弟子，以避免一寺之中，因派系不同引起纷争。其他包括上座执事等均不得剃度弟子，也不可剃度后寄籍他寺。

因《住持仪》是对寺院管理层之规章，遵式还另立《别立众制》19条，主要规范僧人日常生活、威仪、修学等事宜，如对寺僧在集体修学时不随众出勤、迟到早退、打架盗窃的处治，以及对斋堂规矩、僧堂共住、请假出外止宿手续的规则等。②

（2）简要评价

《易》曰："作易者，其有忧患乎？"《震卦·象》曰："震；君子以恐惧修身。"遵式在《住持仪》中寄托深切忧患，曰："愿将来法主，秉而行之。各念因佛出家，依法得住，反坏佛法，非魔而谁？静霭引肠，但恨弗能护法；常啼破骨，岂非志在闻经？况乎遗嘱勤勤，忍违于慈诲；长夜杳杳，忍灭于法灯？固宜一哉，其心牢秉，正法后后相属，灯灯继明，苟心之不欺，则天龙幽赞。"③《住持仪》在具体管理细节上颇细致入微，如规定所有桌椅碗器等公用物、诸殿堂浴室等处，须各置簿历，记载清楚，法主要亲自检校，对修补、新置等作出处置。然而，严禁农禅之类经营活动：

不得畜养马牛驴骡，畹鸡猫犬，伤慈违戒，计损非少。并不得买置田庄，栽种桑柘，停货出息，出入计秤，烧尸相冢，种种恶求。虽欲供僧，

① （南宋）释慧观编：《天竺别集》卷下《天竺寺十方住持仪》，《卍新纂续藏经》册57，页46上。
② （南宋）释慧观编：《天竺别集》卷下《别立众制》，《卍新纂续藏经》册57，页47上—下。
③ （南宋）释慧观编：《天竺别集》卷下《天竺寺十方住持仪》，《卍新纂续藏经》册57，页46上。

岂悟邪命？大凡法主及辅佐者，以慈为本，无令损僧害物，彼我无益。①

认为“买置田庄，栽种桑柘，停货出息，出入计秤，烧尸相冢，种种恶求”，用意虽是“欲供僧”，但皆佛所禁之邪命。也就是说，规定寺院生存基础，维持基本靠檀越外护供施风格。

唐代《百丈清规》当时不知是否已佚，遵式是否曾见亦无法确知。现存宋代最早的丛林制度是崇宁二年（1103）宗赜编纂之《禅苑清规》，比天圣八年（1030）遵式制订的《住持仪》要晚出七十余年。但是从制度文化以及佛教制度历史角度看，遵式《住持仪》自成一家，具有很大的创造性，《住持仪》关注的同样是寺院制度建设；而从宗教实践角度看，《住持仪》较注重传统而少吸收当时的丛林制度文化。这样，在慈云遵式住世时代，其不世出的大德人格与殊胜法缘，足以掩制度之不足。类似情况，人类文明史上多有之。而大师身后，因制度保障机制薄弱，则可能因后继乏人而产生问题。宋代天台宗遵式一系较快式微，或与此不无关联。

《天竺寺十方住持仪》或是天台宗寺院制度建设历史上不成功的案例，但同样是佛教制度文化演进历史中，先辈大德筚路蓝缕探索前行的重要阶段性事件。

二、南宋寺院改制之时代潮流

两宋佛教寺院改制后建立的寺院体制及相关制度文化对后世产生的显著影响迄今为止仍历历可见，基本上可以说目前所见国内外佛教体制皆是那个时期所奠定并主要受清代社会和文化环境影响的产物。对于南宋寺院制度改制那一波时代潮流，了解得越全面深入，越觉得令人惊讶，简直可称波澜壮阔。但是不是一种“改革”，而是一种“改制”（not reform, but reorganize），即在“五山”制度文化的导向性作用下，各宗派寺院纷起仿效，建立一种以寺院为基本单位的执行十方选贤制度的寺院体制。

知礼主持明州延庆院改制及遵式主持杭州天竺寺改制皆发生在北宋，已卓

① （南宋）释慧观编：《天竺别集》卷下《天竺寺十方住持仪》，《卍新纂续藏经》册57，页46下。

然可见“五山”为代表的丛林制度影响。南宋时，因五山十刹体制作为正式制度确立，榜样作用更加显著，丛林制度包括十方选贤的寺院体制在内进一步受到社会各界以及佛教自身的肯定，也属情理之中。因特定制度文化引导，规范了佛教生存和发展的基本方向，南宋初起，各地、各宗寺院改制纷纷发生，而从南宋中期约以宁宗、理宗二朝为界，更形成一股改制的时代潮流，各地、各宗派佛寺纷起效仿，改制十方。

（一）延续两宋的时代潮流

上文已提到苏轼知杭州时主持径山寺由甲乙改制十方并举维琳出任径山寺首任十方制寺主事宜：“径山长老维琳，行峻而通，文丽而清。始，径山祖师有约，后世止以甲乙住持。予谓以适事之宜而废祖师之约，当于山门选用有德，乃以琳嗣事。众初有不悦其人，然终不能胜悦者之多且公也，今则大定矣。”①虽“选用”维琳出任径山寺主的过程如何并不太清楚，但已是根据十方选贤的“选用有德”原则。

前文也已讨论过华严宗寺院杭州慧因高丽寺以十方制度公举新住持候选人过程，慧因高丽教寺原是禅院，北宋元祐三年（1088）五月缘高丽国僧统义天专程来华礼谒拜见，朝野乃知有一位“讲学戒行，闻于海外”的高僧净源，于是“州司给帖净源，往慧因禅院，承替善思，开讲住持”，并将慧因寺由十方禅院改制为十方教院。②

明州延庆寺与杭州天竺寺分别在知礼与遵式主持下改制十方，还传达了其他一些重要的历史信息：

一是天台宗重要寺院仿效禅宗丛林制度从甲乙制度改为较受社会各界肯定、较先进的十方制度，体现出宋代天台宗之内在活力。

二是改制受到天台宗教团内部坚定支持，如知礼是在弟子的坚定支持下启动改革行为，师徒及全寺常住意见统一，内部未出现反对意见。注意到寺院如作为甲乙徒弟制度延续，这些弟子中有人可能成为未来的寺主，原是潜在的

① （北宋）苏轼：《东坡志林》卷二《付僧惠诚游吴中代书十二》，中华书局1981年点校本《唐宋史料笔记丛刊》，页40。

② （北宋）曾旼：《宋杭州南山慧因教院晋水法师碑》，（明）李翥：《玉岑山慧因高丽华严教寺志》卷八，台北：明文书局1980年影印《中国佛寺史志汇刊》第一辑第20册，页143—158。

"既得利益者"，而改制为十方，这些弟子就可能失去获得寺主名位的机会。而在此关键时刻，知礼的弟子们一致表现出为了弘法大业放弃私利的无私精神，对知礼率导的改制予以了坚定支持。

三是延庆寺改制时公开声明二事：一是明言以十方选贤为寺院制度，并采取措施保证制度永远执行；二是明言以禅宗丛林制度为榜样，具体是以明州当地丛林天童寺、大梅寺为楷模，由此揭示出一种历史趋势，表明丛林体制的先进性。

李觏（1009—1059）曾记述北宋东京太平兴国禅寺改制十方事迹并评曰："往时丛林私于院之子弟，闭门治产，诵经求利，堂虚不登，食以自饱"，及"圣上莅阼，体闻释部之缺，因诏'凡禅居为子弟，前旅有者，与终其身，后当择人以主之'。"[①] 说明北宋中央政府倾向于在禅寺推行十方体制，这成为一种基本的制度文化背景。

南宋佛教界人士对于寺院体制问题的重视程度似乎是前所未有。释志磐在《佛祖统纪》中评价：

> 道籍人弘，人必依处，此三者不可不毕备也。吾道始行于陈、隋，盛于唐，而替于五代，逮我圣朝，此道复兴，螺溪宝云振于前，四明慈云大其后，是以法智之创南湖，慈云之建灵山，皆忌躯为法，以固其愿而继之；以神照启白运，辩才兆上竺，于是浙江东西，并开讲席，卒能藉此诸刹，安广众以行大道，孰谓传弘之任，不在于处耶！[②]

志磐提出弘法必须"道"、"人"、"处"三者必备，"处"即弘道、弘法场所，也就是寺院，"法智之创南湖，慈云之建灵山"即上文所述知礼主持的南湖延庆寺改制及遵式主持的杭州灵山天竺寺改制，志磐对之评价极高，认为是为天台宗在"圣朝"的"复兴"打下了基础。

作为弘道、弘法之"处"的"寺院"概念，相应地包括"体制"在内。志磐之论无非是南宋佛教界对于寺院体制的认识、实践氛围使然。实际上与北宋相比，南宋相关制度更进一步，如寺院无论采用十方制或甲乙制，均须正式申

---

① （北宋）李觏：《盱江集》卷二四《太平兴国禅院十方住持记》，台湾商务印书馆1986年影印《文渊阁四库全书》第1095册，页204下。

② （南宋）释志磐：《佛祖统纪》卷一〇《天竺遵式法师》，《大正藏》册49，页209上。

请立案，立案之后，即为定制；若需变更，必须再提申请，由政府下达正式公文批准，方能生效。

如景定四年（1263）十月，杭州（仁和县）慈云院改制，“慈云院住持僧崇宁状”通过“临安府都僧正司申准尚书礼部台判”，呈送朝廷，从这份文献的记载可知具体负责处理此案的是“临安府都僧正司”，[1] 即政府行政机构中具体负责相关事务之专设部门。而且制度内涵具有较明确的导向性，如由甲乙制变革为十方制不但较易，而且以制度程序予以倡导，而十方制寺院若要变革为甲乙制寺院也并非绝对不可，但是在制度程序上难度就较大。

在这样的意识形态、政策导向和制度文化背景下，其他佛教宗派寺院也难免受影响，因此起而效仿。实际上，南宋时佛教各地、各宗派寺院纷纷向丛林制度看齐，在特定制度文化环境中实行改制，形成一波寺院制度建设的历史潮流。

（二）南宋寺院改制之基本面分析

南宋寺院改制为十方的情况各种历史文献中多见记载。笔者在阅读和思考中尤觉得有意思之事是：几乎义无反顾地投入那一波改制时代潮流的绝不仅限于禅宗寺院，佛教各宗派寺院改制为十方住持制同样成为较普遍现象，无论天台宗、华严宗还是律宗寺院皆不例外。这种引人瞩目的现象是佛教内部自觉追求的制度建设行为，同时也是在正式体制内受到支持鼓励之举。

1. 禅寺改制：秀州、明州、湖州三地为例

禅宗丛林，固然因势利导，从风改制，历史文献中多见禅寺在当时改制为十方的各类记载。下以江南之秀州、明州、湖州三地区有关案例为主作一些分析。

（1）秀州地区

秀州即今浙江省嘉兴市，南宋时是经济和文化较发达地区，教育和宗教情况亦较先进，禅寺改制在此地区各寺院中多见。

如秀州海盐县（今浙江省嘉兴市海盐县）法喜寺，改制十方之后，人人欢喜，寺院建设迅速发展。左朝奉大夫李正民撰于绍兴十四年（1144）的《法喜

---

① （清）阮元：《两浙金石志》卷一三《城东慈云院甲乙传流住持部据府帖》，（清）道光四年广东刊本《历代碑志丛书》第19册，江苏古籍出版社1998年版，页309下—310上。

寺改十方记》碑载："绍兴九年春，秀州海盐县始以法喜旧寺，革为禅林"，于是"山门洞启于前，正殿磅礴其后，凡僧堂、丈室、钟楼、经藏、库厨、舍寮，为屋一百五十楹，皆因其故而鼎新之，人不知斧斤之劳，户不闻版筑之声，恍如神施鬼设，徒见其变化之速也"。[①] 既改制为禅，自然按例实行十方寺院体制，法喜寺按照禅宗丛林体制实施寺院建设，在新体制之下所有当事者精神焕发，于是革故鼎新，"恍如神施鬼设"，寺院面貌一新。

改制往往由地方政府主持执行，朝请大夫充秘阁修撰刘阜民撰于绍兴十四年的《惠安禅院记》碑载，秀州松江府"惠安（禅院）本星居也，其徒以（道）立闻于州，刺史王公浚明请于朝，始更禅刹，命（道）立来主道场，实绍兴七年（1137）闰十月也"，改制之后，"昔所谓瓦砾者，今楹桷雄丽矣；昔所谓荆棘者，今金碧辉映矣"；也是改制十方之后丛林气象顿时改观。[②]

又如秀州精严寺，南宋朝散郎试兵部尚书王希品撰《精严禅寺记》曰："淳熙四年（1177），直宝文阁韩公彦质……请于朝，愿以是寺改为十方，有旨从之。于是籍寺所有，得二万余缗，招一因师俾主其事。"韩彦质知嘉兴府时主持将此寺改成十方制寺院，改制之后，寺产公开，由地方政府出面，招请僧人一因前来任住持，但是不久发现一因不堪其任，乃予贬黜，"犹命诸山，选一道行可以经理者"出任十方住持，最后选任"道学既高，世法亦熟"，"年未五十，而十王名刹"的僧人景寿前来"升座"，出任是职，此后在其主持下无论寺院建筑还是经济经营皆取得引人瞩目的成就。[③]

（2）明州地区

明州即今浙江省宁波市，是南宋时除了京城临安之外，国内丛林建设最发达的地区之一，也是禅寺改制最积极、最多见的地区之一。

如明州昌国县（今浙江省舟山市）梅岑山观音宝陀寺，"绍兴元年（1131），郡请于朝，革律为禅"[④]，采用十方体制。

---

① （南宋）李正民：《法喜寺改十方记》，见（元）单庆修、徐硕纂：《至元嘉禾志》卷二三《碑碣八》，中华书局 1990 年影印《宋元方志丛刊》第 5 册，页 4589 下—4590 上。

② （南宋）刘阜民：《惠安禅院记》，见（元）单庆修、徐硕纂：《至元嘉禾志》卷一八《碑碣》，中华书局 1990 年影印《宋元方志丛刊》第 5 册，页 4551 下—4552 上。

③ （南宋）王希吕：《精严禅寺记》，见（元）单庆修、徐硕纂：《至元嘉禾志》卷一八《碑碣》，中华书局 1990 年影印《宋元方志丛刊》第 5 册，页 4545 上下。

④ （南宋）罗濬等：《宝庆四明志》卷二〇《梅岑山观音宝陀寺》，中华书局 1990 年影印《宋元方志丛刊》第 5 册，页 5255 上。

明州鄞县太平兴国寺，“有子院三：曰浴院、曰经藏院、曰教院，惟浴院为十方山主，余皆甲乙住持”，嘉定十三年（1220）毁于火灾，后重建，“今为十方住持”，之后全寺三个子院（即属院）都实行了十方制度，如经藏院，因“嘉定十三年火，徙建于旧寺之东偏（面），本甲乙主持，今为十方常住”。①

明州鄞县报忠福善院，建于唐光启二年（886），“本甲乙徒弟院，乾道四年（1168），改充十方禅院”。②

此类事例史籍多载。实际上丛林制度成为十方制度的代名词，可以说此后凡禅宗丛林，无论大小皆采取十方体制，并无例外。后世有所谓“子孙丛林”之说，实际上是后世的一个变形的概念。在南宋佛教制度文化环境中绝不存在所谓的“子孙丛林”概念，既是丛林，必实行十方制度，否则即是非法。

（3）湖州地区

湖州报国禅寺：报国寺地处离京城临安较远的安吉州南林镇（今浙江省湖州市南浔镇）附近地方，刚创建不久即由僧人宗伟等纠集“诸檀越募缘，创立屋宇数□□（仲尧按：从下文看缺字当系‘十间’二字），新置佛像，今初圆备，专一行道（原注：下缺九字）”，规模初具后向地方政府申请，被批准成为一座接待忏院。宁宗嘉定十一年四月，得到当地官府“出给公据”即核发公文给额，成为合法寺院，嘉定十三年庚辰九月期间，宗伟立石为志。③ 但是当时似未正式敕额，故只称“接待忏院”。后来寺院继续发展，其间情况不明，至理宗端平元年（1234）二月，该寺已正式得到报国寺敕额。④ 即已经从接待忏院发展成为一座正式的合法寺院。据端平元年（1234）立石的《报国寺告示碑》，其间寺院体制经历过一个发展的过程，创建之初，寺院是属甲乙体制，后来改制成为十方住持制度。报国寺从一座很小的接待忏院起步，寺院体制则从甲乙制度而改制为十方体制，终于成为一座正规、有额寺院，其间的发展约经历了三十年时间。⑤

---

① （南宋）罗濬等：《宝庆四明志》卷一一《太平兴国寺》，中华书局 1990 年影印《宋元方志丛刊》第 5 册，页 5132 上下。

② （南宋）罗濬等：《宝庆四明志》卷一三《报忠福善院》，中华书局 1990 年影印《宋元方志丛刊》第 5 册，页 5169 下。

③ （清）陆心源辑：《吴兴金石记》卷一〇《接待忏院公据碑》，台北：新文丰出版公司 1982 年（第二版）影印《石刻史料新编》第一辑第 14 册，页 10793 下—10794 上。

④ （清）陆心源辑：《吴兴金石记》卷一〇《接待忏院公据碑阴》，台北：新文丰出版公司 1982 年（第二版）影印《石刻史料新编》第一辑第 14 册，页 10795 上下。

⑤ （清）陆心源：《吴兴金石记》卷一〇《报国寺告示碑》，台北：新文丰出版公司 1982 年（第二版）影印《石刻史料新编》第一辑第 14 册，页 10798 上下。

湖州报国寺的这个案例因从寺院经营角度看具有较重要的典型性，还将在下一章中详论，暂不赘述。从文献记载看，当时秀州、明州、湖州类似情况颇不少见，其他类似案例尚多，亦不赘述。

2. 天台教寺改制

天台宗寺院改制十方，除了上述四明延庆寺、杭州天竺寺案例之外，其他还较多见。

《释氏稽古略》记载南宋初绍兴间创建在临安之天台宗寺院，至南宋中后期改制为十方制度的情况较多，下示数例：

天申万寿圆觉寺：绍兴十三年（1143），“宋敕于临安府西山建天申万寿圆觉寺成，四月十九日，令藩邸看经僧德信奉香火，至理宗宝庆二年（1226）五月十三日，始诏师赞住持，传十方天台教观”[①]。这座天台教寺院初建时由德信主持寺务，当时就可能实行甲乙体制，后在理宗宝庆二年改制为十方，并以敕差方式，任命师赞出任十方制度下的第一任住持。

时思荐福寺：“宁宗庆元三年（1197）冬十月，卜地灵隐之西，建时思荐福寺成”，“嘉定十年（1217）六月，庆远军节度使吴琰请予朝，曰：‘时思荐福，乞依上下天竺事体，永传十方天台教观’；始诏景迁开山住持（吴寺碑刻）”[②]。时思荐福寺创建20年后，即嘉定十年时，依据历史上天竺寺改制为十方教院之例，改制为十方住持制，既曰改制，则知其初建时很可能执行甲乙体制。

褒亲崇寿寺：“绍兴十九年五月二十三日，敕赐婕妤刘氏功德院，以褒亲崇寿为（寺）额，宁宗嘉定十七年始诏正悟法师元粹开山住持，传十方天台教观。”[③] 褒亲崇寿寺于绍兴十九年得额时是“婕妤刘氏功德院”，当属甲乙体制无疑；宁宗嘉定十七年诏正悟元粹开山住持，即作为十方制度的首任住持，从此“传十方天台教观”，即改制为十方天台教院。

临安之外的各地天台宗寺院改制为十方制度的情况在北宋时已多有成例在先，南宋时期则更见频繁，再举数例：

慈溪妙应院，北宋治平四年（1067）建，“本甲乙主持，嘉定中

① （元）释觉岸：《释氏稽古略》卷四，高宗绍兴十三年，《大正藏》册49，页890上。
② （元）释觉岸：《释氏稽古略》卷四，高宗绍兴十四年，《大正藏》册49，页890中。
③ （元）释觉岸：《释氏稽古略》卷四，高宗绍兴十九年，《大正藏》册49，页890下。

(1208—1224) 改为十方教院"[①]。妙应院从北宋创建后，经历约百五十余年甲乙制度，最后终于在南宋嘉定年间的改制大潮中顺应时势并根据实际情况，改制成为一座十方教院。

明州奉化县清莲院，"本甲乙住持，久而圮"，约宝庆年间（1225—1227），"皇子魏王申请为十方祝圣道场，以传天台宗教，由是内外栋宇，革故一新"[②]。奉化清莲院以往在较长时间里实行甲乙子孙庙体制，似乎是与体制有关，寺院经营管理及弘法皆出现了问题，不利于传承发展，当时已近废圮，改为十方制天台教寺后，寺院革故鼎新，振兴发展。

从现存各种历史文献所载资料看，天台宗是寺院改制中表现最积极的宗派，在两宋时期是除禅宗丛林之外改制为十方制度数量最多的宗派寺院。

3. 华严教寺改制

华严宗也有多座寺院在这股时代潮流中与时俱进，纷纷改革制度，成为十方教院，笔者仅据不完全阅读所见，南宋宁、理二宗时期或稍后，华严宗教院改制十方的情况大致如下：

上文讨论敕差住持之"期集公举"制度时已经述及，理宗宝庆三年(1227)，临安府上天竺寺和慧因高丽寺、平江府吴江县华严宝塔教院、绍兴府某教寺和如意教院、嘉兴府华亭县某教院和□福教院等，绍定四年（1231）临安府上天竺寺、慧因高丽寺和崇先教寺，嘉兴府常□教寺、广福教寺和□□教院，平江府宝塔教院等，皆是实行十方制度的教院。[③]

以上是临安及其附近地区情况，其他地区情况也多类同。如《咸淳玉峰续志》载，江苏昆山广孝寺，"始者甲乙住持，继因僧徒纷扰，朝省更为十方教寺"[④]。

又如福建泉州九座山太平院，"创建于唐"，入宋后一度香火大盛，但是在

---

① （南宋）罗濬等：《宝庆四明志》卷一七《妙应院》，中华书局 1990 年影印《宋元方志丛刊》第 5 册，页 5219 下。

② （南宋）罗濬等：《宝庆四明志》卷一五《清莲院》，中华书局 1990 年影印《宋元方志丛刊》第 5 册，页 5196 上。

③ （清）阮元：《两浙金石志》卷一一《宋高丽寺尚书省牒碑》，江苏古籍出版社 1998 年影印《历代碑志丛书》第 19 册，页 264 下—265 上、页 268 上下。

④ （南宋）谢公应：《咸淳玉峰续志·寺观》，中华书局 1990 年影印本《宋元方志丛刊》第 1 册，页 1108 上。

南宋嘉定乙亥（八年，1215）、宝祐乙卯（三年，1255）两度毁于火灾，后由当地太守潘公主持重建，“求名僧能声动群听者”主之，“于是华严主僧法本，以才被选”，来寺后实行丛林体制（即十方住持制度）。这座寺院原处深山僻壤，寺址所在，是“介于仙游、永福、德化、龙溪万山之间，去郡县绝远，人迹之所不至，与木石居，与豕鹿游”的一个荒野地方，改成十方制度后，寺院建设大获发展，弘法事业顿现成就：“泉之贵豪、旁境之檀信，翕然乐施，得钱万缗，粟五百斛”，在得到各界丰厚檀施的基础上，寺院大兴土木工程建筑，“未几，曰殿，曰钟楼，曰经阁，曰罗汉堂、大士僧伽堂、祖堂，曰法堂、僧堂、寝堂，曰方丈”，乃至爵密寮、庐隐寮、寿寮、浴院、门楼等皆得以建成，寺院规模一新。名士刘克庄特撰文赞曰：“师以一僧能之，不惟大丈夫哉。”[①] 能得如此成就，推想除了因为法本具有过人才华外，十方制度机制的作用也不应忽视。

4. 律寺改制

再如律寺，如北宋时东京大相国寺还是分院居住，“各居庖爨”，寺中“旧有六十余院，或止有屋数间，檐庑相接，各具庖爨，每虞火灾，乃分东西，各为两律两禅”[②]。

又如江西新淦州建兴寺，“肇唐武宗中，始其徒盛大，支为院十有四，环列左右，代迁时移，今所存者独六院，而院各有田以饭其众，岁久稍增益之；独寺正殿为公堂，故有田百六十亩有奇，岁入租八十有四石，以资董视营造之费者，前是未有所增焉”[③]。“院各有田以饭其众”即各分院分别拥有田地，经济独立核算，也是分居各爨。

《释氏要览》记载南方律居（寺）中“或有同法同食，或同法别食”[④]；是时南方有些律寺中也已开始出现共居同爨的情形。《释氏要览》作者释道诚“时居钱塘月轮山，居讲经论、赐紫沙门”，钱塘月轮山即有名的杭州六和塔寺，道诚撰《释氏要览》是天禧三年（1019）秋，时任该寺寺主，记载的应是作者当

---

① （南宋）刘克庄：《后村先生大全集》卷九一《重建九座（山）太平院》，商务印书馆1936年影印《四部丛刊初编》第276册，页788上下。

② （南宋）孟元老：《东京梦华录》卷三“相国寺万姓交易”条，引周辉：《清波别志》中，台湾商务印书馆1984年影印《景印文渊阁本四库全书》第1039册，页105上。

③ （元）傅若金：《傅与砺文集》卷三《新淦州建兴寺施田碑》，台湾商务印书馆1984年影印《景印文渊阁本四库全书》第1213册，页312上。

④ （北宋）释道诚：《释氏要览》卷三《住持·律住持》，《大正藏》册54，页302中。

时实际经历或亲眼所见。文中所谓“共爨会食”的情况之所以值得关注，是因甲乙体制下僧团财产属于本僧团所有，其他僧团并不能染指，这种僧人团体主要是以师徒关系形成，这样在一个大寺中可能会存在数个小团体。但大寺如出现全寺“共爨会食”的情况，则表明原先执行的甲乙体制至少有所松动，或至少是一种向十方体制转化的迹象。

从文献记载看，明确的律寺改制案例至北宋末才开始出现，但当时还比较少见，南宋初期就多了起来。

如明州慈溪县华严院，北宋末期“宣和（1119—1125）初，改为十方禅院”，南宋绍兴二十年（1150），“复为律院”，理宗宝庆年间（1225—1227）再改制为十方寺院，因改制时是一个律寺，故《宝庆四明志》中将其归类为“十方律院”。①据《宝庆四明志》的记载，当时四明地区律院皆分十方与甲乙两种体制，故可推知实行十方制度的律院皆是从原甲乙寺院改制而来，且为数不少。

又如上文提到的秀州精严禅寺还可作为律寺改制案例。精严寺原为甲乙“律居”（律院），是一座创建于东晋时期的地方名寺，但所处地理位置较特别，因“寺邻与市，寺亦为市，僧居于寺，僧亦为市”，寺院就是市场，僧居于中，耳濡目染，其中“勤力精进”地坚持修道者自然“往往有之”，而“闻道未笃，六贼所诱，一念不固者亦所见不免”；其时寺院中“分房列户者以百数，而为之徒者且数百人”，即执行甲乙徒弟体制。因为在这种体制下风气日益败坏，淳熙四年（1177），由地方政府上报朝廷，改为十方制度，改制之后寺院面貌一新，殿堂僧舍，重新创葺，经营亦得成就，寺有“水田二千余亩，岁得米一千余石；芦场二千余亩，岁得薪五万余束”。时人谓寺院如“奋空拳，竭愿力，了大事”，并将此气象归功于改制后执行了新体制。②

（三）南宋寺院改制时间及改制数量、质量分析

从上述讨论中可以得知一些重要的历史信息，亦可从中概括出一些有趣的结论。本节拟再从南宋寺院改制结果角度，对主要发生在南宋中期（宁、

---

① （南宋）罗濬等：《宝庆四明志》卷一七《慈溪县志·华严院》，中华书局1990年影印《宋元方志丛刊》第5册，页5220上。

② （南宋）王希吕：《精严禅寺记》，（元）单庆修、徐硕纂：《至元嘉禾志》卷一八《碑碣》中华书局1990年影印《宋元方志丛刊》第5册，页4545上下。

理二宗朝）的一波寺院改制时代潮流，展开一些分析和讨论，并围绕改制发生的时间、佛教各宗派寺院改制的不同数量对寺院改为十方制度的结果进行质量分析。

1. 改制发生的时间

关于南宋寺院改制的具体发生时间，笔者从以上讨论中有所发现，概括起来有二：

一是北宋时期已经有一些寺院从原来的甲乙徒弟传承体制改制为十方选贤体制，如上述之明州延庆院和杭州天竺寺等。但是综合全国的情况来看，各地寺院仍多实行甲乙徒弟传承制，实行十方制度的寺院数量还很少。

余靖（1000—1064）曾撰文记载北宋仁宗年间（1023—1063）全国执行十方制度寺院和执行甲乙制度的寺院在数量方面的对比情况，曰："天下伽蓝，以夏腊继承、自相统率者，盖万数焉；由郡县之令选于州乡以领其徒者，且千数。其名山福地，奉朝廷之命，择于丛林以阐其教者，无数十焉。"① "以夏腊继承、自相统率者"即指子孙寺院或甲乙徒弟继承制寺院，这样的寺院，数量以"万数焉"，这个"万数"虽只是大概数字，但是比较一下可知很有意义。其下文曰实行"由郡县之令选于州乡以领其徒"制度之佛寺"且千数"，就是指执行十方选贤体制的寺院，当时全国总数不多，也就是在千所上下，虽然"千数"也只是一个概数，不是精确的统计数，但比较之下，十方寺院仅千所，甲乙寺院数上万，比例约 10：1，即实行十方制度的寺院只占十分之一，是绝对少数。

余靖字安道，号武溪，韶州曲江（今广东省韶关市）人，出身仕宦之家，师林和靖（林逋，967—1028），天圣二年（1024）进士，起家江西赣县尉，官至朝散大夫、工部尚书、集贤院学士，知广州军州事兼广南路兵马都钤辖经略安抚使，柱国，始兴郡开国公，英宗追赠刑部尚书。余靖当时并不可能预计到南宋寺院改制十方成为趋势，但是作为先进的知识分子敏感地意识到了这个现象出现的意义，故其所记述之可信度应无问题。记载的虽只是概数，而非统计学意义上的确切数据，却也是珍贵的历史资料。

---

① （北宋）余靖：《武溪集》卷九《韶州南华寺慈济大师寿塔铭》，台湾商务印书馆 1986 年影印《景印文渊阁四库全书》第 1089 册，页 85 上。

余靖之论应非空穴来风。当时从正式制度层面看也已经有所动作，由于十方制度具有的在宗教教化效果方面的公开性和寺院事务管理方面的透明度，一般情况下，政府部门从有利于行政管理的角度，已经开始倡导并鼓励甲乙制度改革为十方制度的行为。

北宋朝廷有时一次性地以同一件公文（敕牒）下达，批准各地不同佛教宗派的数座寺院从甲乙子孙体制改制为十方住持制度。如真宗大中祥符三年（1010）冬十月，"有旨改明州保恩院为延庆院，敕改华亭陆机别业大明寺额曰普照，敕改义兴函亭乡禅林院额曰圣感禅寺；传十方住持"[①]。这次批准改制为十方的三座寺院，同时也都获得敕额。其中明州保恩院是天台教院，批准改制为十方，敕额"延庆院"，具体经过，已见上述；但是延庆院在知礼主持下改制十方成功，并非孤例，因为同时获得批准改为十方制度的还有其他两座寺院。华亭陆机别业大明寺，敕额"普照"，属何宗派不明；义兴函亭乡禅林院，敕额"圣感禅寺"，则是一座禅宗丛林，这两座寺院同时从甲乙体制改革为十方制度。

余靖之记述即是在这样的制度文化背景下，从高层官员的角度对此类现象做出的评价。尽管当时实行十方制度的寺院仍是少数，在全国寺院总量中所占比例也不算高，但表明了一种已能看清的历史性趋势。

二是从以上引录的文献资料中可知，南宋寺院大规模改制的历史性潮流出现的时间相当集中，主要发生在宁宗、理宗二朝。正是从此时期起，十方寺院制度在中国兴起。

如上述湖州报国寺，创建时间是在嘉定时期，于宁宗嘉定十一年（1218）四月得当地官府"出给公据"批准成为一座接待院，嘉定十三年九月立石为志。后在理宗端平元年（1234）二月已正式得到报国寺敕额，成为合法寺院，在此期间寺院体制也从创建之初的甲乙体制改制为十方住持制度。[②]据此分析，当初此寺之创建是因宗伟为首的僧人发愿聚缘而成，可想而知其间师徒皆出大力，寺院草创后采用甲乙体制，乃属顺理成章。然而正赶上当时寺院创建十方体制的时代潮流，所以寺院正式建成后即改制十方，也顺应了寺院创建中本来应秉

---

① （元）释觉岸：《释氏稽古略》卷四"大中祥符三年"，《大正藏》册49，页863上。

② （清）陆心源辑：《吴兴金石记》卷一〇《接待忏院公据碑》、《接待忏院公据碑阴》、《报国寺告示碑》，台北：新文丰出版公司1982年（第二版）影印《石刻史料新编》第一辑第14册，页10793下—10794上、页10795上下、页10798上下。

之大乘宗旨。

南宋宁宗、理宗二朝之后佛教各宗派寺院的改制仍继续进行，直至十方制度成为中国佛教寺院的基本制度。不过宁、理二朝之后亦已属余波荡漾，后渐趋式微，迄近代而偶尔有些寺院反而不伦不类，连“子孙丛林”概念也拿出来淘江湖。

这个主题因为还直接涉及改制的数量分析问题，下节继续综合讨论。

2. 改制的数量分析

从数量关系看，南宋时实行十方制度的寺院的数量急剧上升。有一些在南宋之初建立的寺院，仍多实行甲乙子孙继承制度，但是从宁宗、理宗二朝起，也纷纷出现较为普遍的改制为十方住持制度的现象，甚至形成一种潮流。

本人认为，发生在此时期应与宁宗嘉定（1208—1224）间确立五山十刹制度有关，并非偶然。五山十刹制度之创建，成为明确的政策导向和更加具体的制度导向，寺院向十方制度改革，成为适应时代之评价标准的一种必要的生存性举措。否则，可能其存在价值会在一定程度上、一定范围内受到质疑。

南宋中后期各地十方寺院的数量出现显著上升的情况。根据南宋地方志书《嘉定赤城志》、《宝庆四明志》等所记载的本地寺院数据统计情况看，宁宗嘉定十六年（1223）时的浙江台州地区和理宗宝庆三年（1227）时的浙江明州地区，执行十方制度的寺院数量上已经大大地超过执行甲乙制度的寺院。（见表 7-1）

据表 7-1 分析，宁宗嘉定十六年时，台州有大小寺院 395 所，其中十方制度寺院（禅院、教院、十方律院三项数字相加，下同）199 所，甲乙制度寺院 184 所，大概比例为 52 : 48。理宗宝庆三年时，明州共有寺院 305 所，其中十方制度寺院 187 所，甲乙制度寺院 104 所，大概比例为 64 : 36。（仲尧按：尼寺具有一定特殊性，暂略不计，下文详。）

南宋嘉定、宝庆年间台州、明州地区佛教兴盛。陈耆卿（1180—1236）撰《嘉定赤城志》时曾评论曰：“台之为州，广不五百里，而为僧庐道宇者四百有奇吁，盛哉。”[①] 虽曰“僧庐道宇”，其中绝大多数是佛寺应无疑；曰寺院总数“四百有奇”，与上表的具体统计数字 395 所也基本吻合。明州情况也类似，本书中已多述及。

① （南宋）陈耆卿：《嘉定赤城志》卷二七《寺观门一》，中华书局 1990 年影印《宋元方志丛刊》第 7 册，页 7477 下。

表 7–1　南宋中晚期浙江台州、明州二地区各类寺院数据统计表[①]

寺院别	禅院	教院	十方律院	甲乙律院	废院	尼院	合计	文献出处
台州府	5	5	1	10		2	23	《嘉定赤城志》
临海县	26	31	2	55		3	117	
黄岩县	33	20	2	34		2	91	
天台县	15	12	2	43		0	72	
仙居县	16	3	0	23		4	46	
宁海县	12	14	0	19		1	46	
合计	**107**	**85**	**7**	**184**		**12**	**395**	
四明城	3	4	6	6	6	5	30	《宝庆四明志》
鄞县	22	24	8	36	0	0	90	
奉化县	23	23	4	23	0	1	74	
慈溪县	6	11	6	16	1	1	41	
定海县	7	6	5	13	0	0	31	
昌国县	10	6	1	6	0	0	23	
象山县	9	3	0	4	0	0	16	
合计	**80**	**77**	**30**	**104**	**7**	**7**	**305**	

上述二地方志记述时间一是宁宗嘉定十六年，二是理宗宝庆三年，可视为同一历史时期，二州相邻，也可算是同一个地区，所以还可将表中两种数据合并观察。二州合计，共有各类寺院 700 所，其中执行十方制度的寺院（禅院、教院、十方律院三项数字相加）386 所，执行甲乙制度的寺院 288 所，大概比例为 58 : 42。与上述余靖记述的情况相比，执行十方制度的寺院远超半数，约达到 60%，在合法寺院数中的比例急剧扩大。

此项统计数虽非涵盖全国，全国各地的情况当然也可能存在比较大的差别，但是起码可以作为一种参考或甚至可因此推知概略。其中如禅院与教院（包括天台教院及华严教院二大类）全部可以算是十方寺院，台州和明州二地存在的甲乙子孙寺院，主要是一些律院。同时，上表中的尼院属何宗何派以及执行十方或者甲乙体制的具体情况不明，所以在上式中未计入任何一边，实际上也对

① 表 7–1 系引自〔日〕高雄义坚：《宋代仏教史の研究》第三章《宋代寺院的住持制》[京都：百华苑昭和五十年（1975），页 69]，合计栏及题目系笔者所加。

统计结果有影响。不过，如本书上面已有所讨论的相关情况看，实际上这些尼院执行十方制度的可能性比执行甲乙子孙制度的可能性要大些。无论如何，从总数看十方寺院在当地已经远超半数，应是可信赖的事实。

再将视域扩大一些看，这种情况绝非特例。南宋江少虞（？—约 1131 前后）撰《宋朝事实类苑》记载，福建地区建州辖下共有六县，南宋前期建州各县寺院数量情况如次："建安佛寺三百五十一，建阳二百五十七，浦城一百七十八，崇安八十五，松溪四十一，关隶五十二。"[①] 合计共有 964 所佛寺。由此条信息可推导出的结论有二：一是文献作者曾任所记述地区的地方行政长官，作者身份的这种特殊性，意义不仅在于较有可能保证数据的可靠性，更在于因其曾经的行政负责人的身份关系，更能保证所记述的数据皆是正式在籍的、合法的寺院数字。二是这些佛寺不会全是历史遗存，其中当有部分是因当时政策允许以及现实所需而新建，根据制度发展规律，在特定制度文化环境下因制度伦理的制约性作用，新建寺院更宜采取十方住持体制以博取社会之公信度。

3. 改制质量论证

再从质量关系看，宁宗、理宗二朝，对于与十方寺院制度相关的有关制度文化氛围日益增长、变得浓厚，无论从教内外或曰正式制度及非正式制度角度看，皆是如此。也正因如此，相关文献资料保存得也较完备丰富，做质量论证，主要问题在于发现这个角度。若把握住了这个角度，分析起来，实际上是一件相当容易的事。

南宋惟勉《咸淳清规》、元德辉《敕修百丈清规》等皆有"请新住持之规式"，其制谨严。十方选贤制度下产生的新住持，同时又是敕差任命。与五山十刹制度的影响有关，两浙丛林，规模完备，逐渐发展出一套制度文化，当时很快被其他地区寺院仿效。[②]

南宋惟勉编撰《咸淳清规》的时间是在咸淳年间（1265—1274），即理宗朝

① （南宋）江少虞：《宋朝事实类苑》卷六一《建州多佛刹·风俗杂志》，上海古籍出版社 1999 年排印本下册，页 816。江少虞，字虞仲，常山（今浙江省常山市）人，生卒年不详，徽宗政和年间进士，南宋绍兴年间历官建州（今福建建瓯）、饶州（今江西波阳）、吉州（今江西吉安）太守，有政绩，任吉州太守时著《事实类苑》63 卷。

② 参〔日〕高雄义坚：《宋代寺院制度的考察——尤其是住持继承法的研究》，《支那佛教史学》第五二卷，1941 年，页 12。

之后；元代德辉编撰的《敕修百丈清规》，则不但是对清规之理论概括，更是一种搀入切身体验的寺院管理实践总结。以此二篇文献为例可见这类文献中南宋寺院所执行的十方制度规制谨严，换句话说，即十方寺院制度之改制质量足称上佳。

《敕修百丈清规》载“请新住持之规式”曰：

> 凡十方住持虚席，必闻于所司，伺公令下，库司会两序旧茶头首、知事、勤旧山门诸山专使议，发专使修书制疏茶汤榜，蒙堂前资僧众江湖署名请书记为之，如缺书记，择能文字者分为之，用绢素写榜。所谓专使，或上首知事，或勤旧，或西堂首座，或以次头首充之。若非知事充专使，亦须以下知事一人同去掌财议事。具须知一册，该写本寺应有田产物业，及迎接仪从，一切毕备，山门管待使一行人从云云。[①]

注意此“规式”乃是必须执行之山门公式，可知迎请十方选贤制度下产生的敕差任命的新住持，仪式庄严，体制隆重。这样的一套丛林制度文化，被各地区、各宗派寺院仿效也属自然。关于南宋寺院十方改制结果质量之类记载，因当时及稍后诸丛林清规及其他各种文献中多见，仅简单讨论这些，不再赘述。

不过由此似乎还可引出另一个结论。即使退一步说，因文献原因而不能确定南宋宁宗时是否确立过五山十刹制度，至少五山十刹作为当时最有影响力的寺院，以十方选贤的住持制度为标志的寺院体制最为完备，在当时被佛教各宗派引以为寺院制度建设之效法榜样，则应当无疑。

然而或许正是那些特有的超前性因素在所有制度因素中相对地显得比较脆弱，在历史大潮的洪波巨浪中，往往容易成为最经不起残酷现实考验的部分，很快就在内生和外施的压力下扭曲变形。

虽然南宋佛教当时的制度以及制度执行情况一度值得称道，但是延续时间可能并不长久，如元初就可能已经盛况不再，郑思肖（1241—1318）曾据当时自己在各地亲历见闻，叹曰：“先是三十年来，争夺住持，耗常住；独私蓄，弃贫买胜，无辜争讼，亦多摧挫，费耗失传仪（仲尧按：原文如此），落业共拨，

---

① （元）释德辉：《敕修百丈清规》卷三《请新住持之规式》，《大正藏》册48，页1123下。

因果大为，时俗变坏，江南十方丛林，古意今尽不存，竟无十方本色。衲子处处，僧亦皆少，逆料此后，法门愈其难矣。”[①]

郑思肖是文撰于其晚年，时值元初，丛林体制，外形犹在，如从当时文献记载多见，不仅五山十刹制度依然，还加上了所谓的“三十五甲刹”体系，又如东瀛制度，仍在虔诚学步，而作为源头的本土制度文化，内里败絮已现。

近代以来，南宋曾有过的丛林制度执行情况无论在社会层面或宗教实践层面皆见江河日下的凋敝之状，甚至可说历尽沧桑，几乎已灰飞烟灭，如民国时期就多有人指出十方丛林制度变成了不伦不类之物。

① （南宋）郑思肖：《郑菊山清隽集·附所南诗文集》：《郑所南先生文集·十方禅刹僧堂记》，商务印书馆1934年影印《四部丛刊续编》单刻本，页58左。

第八章　五山十刹与伽蓝制度
——以寺院建筑布局及转轮藏为例

佛教制度文化是一个相当宽泛和复杂的概念，内涵的所有僧伽戒律、寺院体制等规范仪则，既会在与所处历史时代之外部制度环境之动态的互相适应中不断调整，也会外在地辐射在相应的物质文化形态方面，如伽蓝配置、殿堂风格、屋舍功能等。五山十刹在江南兴盛前后，中国佛教寺院的建筑布局开始发生变化，基本风格是从廊院式布局发展成为沿中轴线的对称布局，这种寺院建筑风格对后世佛教寺院的建筑理念、建筑形式和建筑功能产生了决定性影响。

这个主题同样所涉极广，尽言极难，本章仅从五山十刹制度之物质文化影响角度，根据国内外存世历史文献、国内外存世土木建筑实物及近年新出土石碑文献，并参考近代以来国内外学者有关研究，以寺院建筑布局及转轮藏、轮藏殿为例展开一些初步讨论，更深入的认识和进一步的思考有俟来日。

一、佛教物质制度与文化影响

寺院建筑可看做从物质文化方面表现佛教制度文化内涵的人文精神、仪规仪式、弘法方式、管理模式等内容的外在形式。唐、五代至北宋时期的佛教物质文化遗存目前已经鲜见，但南宋佛教制度对后世物质文化方面的影响所见尚多。虽然后来因为受元、明、清各时期社会制度和文化环境的影响而发生不少变动，但是不少方面基本面貌仍在。

（一）北宋寺院建筑与物质制度文化关系

北宋佛教有些制度现象因于法有度、体制严谨而传承后世，有些则虽躯壳尚存，内涵早已式微，不能尽述，然而其所辐射的物质文化遗存今日所见仍多。

物质文化制度概念所涉极泛，寺院建筑只是其中一个方面而已，但因寺院体制建设及变动都会相应地在外在的物质文化方面体现，因此寺院建筑也就可能成为最切近的主题之一，这是本章从这个角度展开讨论的理由。

以下从与北宋相关制度的比较中展开话题。

1. 北宋寺院体制与建筑布局关系分析

从东晋法显《佛国记》、唐玄奘《大唐西域记》、道宣《释迦氏谱》等文献对印度伽蓝的记述中，可得知印度佛教制度的丰富信息。中国晋唐时期寺院体制情况也曾有过丰富的文献载录，如《大唐内典录》记载，隋相州大慈寺沙门释灵裕撰《塔寺记》（一卷），“翻经沙门”释明则撰辑《诸寺碎铭》（三卷），[①] 唐京师弘福寺沙门释彦琮于龙朔元年（661）修辑《大唐京寺录传》（十卷），撰书宗旨是“以宇内塔寺，灵相极多，足感人心，开洽诚信，江表梁室，著记十卷，东都后魏，亦流五轴，而渭阴帝里，名寺胜塔，独亡述纪，琮愤斯事，创就纂结，文寔铺发，事亦典据，有宗辖焉”；[②] 又记当时已佚之《集诸寺碑文》（四十六卷）、“梁外兵郎刘璆”撰《杨都寺记》（十卷）等；[③]《新唐书》艺文志载有清彻撰《金陵塔寺记》（三十六卷）及亡书《大唐京师寺录》等。[④] 但这些书皆佚，对当时伽蓝配置详情已不能尽知。

不过现据《洛阳伽蓝记》、《大唐内典录》等书中有关记载对有些建筑情况尚能得概貌。总体上约可说北宋及之前中国佛寺基本的伽蓝布局形式可称为廊院式或庭院式，从文献记载情况看，东汉至北魏以迄唐代，京城中由皇室或显贵主持创建（或舍屋为寺）的“正规”寺院，建筑规模往往是一种鸿篇巨制，一般情况下都建有宏大的门楼，整体建筑布局以佛塔或佛殿为中心，四周围绕廊屋结构，形成一个庞大、独立的廊院，并配以规模化的巨型园林结构。一些小型寺院的建筑布局则称为庭院式可能比较合适。

当时那些巨型寺院还往往包含多个较小的庭院，它们共同组成一个整体的大廊院。这种布局和建筑形制可能既是受印度传统佛寺样式影响，也与受中国传统宫廷建筑风格影响有关。如《后汉书·陶谦传》载，汉灵帝中平五年至汉

---

① （唐）释道宣：《大唐内典录》卷五《隋朝传译佛经录第十七》，《大正藏》册 55，页 277 下、280 中。
② （唐）释道宣：《大唐内典录》卷五《皇朝传译佛经录第十八》，《大正藏》册 55，页 283 中。
③ （唐）释道宣：《大唐内典录》卷一〇《历代道俗述作注解录第六》，《大正藏》册 55，页 331 上。
④ （北宋）欧阳修：《新唐书》卷五九《艺文三》，中华书局 1975 年点校本，第 5 册，页 1528、1529。

献帝初平四年（188—193），笮融在徐州“大起浮屠，上累金盘，下为重楼，又堂阁周回，可容三千许人”，是一座以佛塔为中心的廊院式寺宇建筑，建筑布局以宫廷风格作为参照。又《洛阳伽蓝记》载北魏首都洛阳景乐寺建筑布局：“有佛殿一所，像辇在焉，雕刻巧妙，冠绝一时。堂庑周环，曲房连接，轻条拂户，花蕊被庭”，明显是一座以佛殿为中心结构而形成的廊院式布局。这种大型廊院式布局空间较开阔，并广植花木，形成园林。隋唐时期一些大型佛寺以这种园林式廊院布局较常见，一座寺院往往有多个院落结构，如唐长安慈恩寺内有大小院落十余座，成都大慈寺内更有大小院落九十余座（下详）。

北宋一些京城巨刹或地方大寺的建筑布局，基本情况也大约类此。汴京大相国寺是有代表性的寺院，宋白约撰于真宗咸平四至五年间（1001—1002）的《修相国寺碑记》载，当时大相国寺经过一场大规模整修，“大匠百工靡至，众材山积丘立”，其间可能对全寺建筑布局作过调整，重修结束后全寺建筑布局一新：“金碧辉映，云霄失容”，“正殿翼舒长廊，左钟曰楼，右经曰藏，后拔层阁，北通便门，广庭之内，花木罗生，中庑之外，僧居鳞次。大殿眩容，即慧云师所铸弥勒瑞像也；前楼众圣，即颍川郡所迎五百罗汉也”。[1] 这段话将大相国寺整修后的建筑格局描述得较清楚：有弥勒殿、五百罗汉堂及正殿、长廊、层阁、广庭、中庑、僧居等，鳞次栉比，是一种庭园廊院式布局。其中两个地方值得注意，一是“正殿翼舒长廊……后拔层阁，广庭之内，花木罗生，中庑之外，僧居鳞次”；二是“左钟曰楼，右经曰藏”，即还形成“左钟右藏”布局，左（东）面建有钟楼，右（西）面建有藏经殿。这个藏经殿处于正殿之右，从这个位置看，很可能是一座转轮藏殿。

寺院“左钟右藏”或曰“东钟西藏”布局，在北宋寺院建筑中尚非常例，但是已出现在大相国寺，其中“左（东）钟楼”位置，唐以来即似已成为定制。当然历史上也出现过例外情况，如唐长安“平康坊菩萨寺”布局即是一例。唐段成式撰《寺塔记》载，一般情况下“寺之制度，钟楼在东，唯此寺缘李右座林甫宅在东，故建钟楼于西”。这里面有一个有趣的故事，段成式述曰：“（本寺）寺主元竟，多识释门故事”，“云李右座（李林甫）每至生日，常转请此寺僧就宅设斋。有僧乙叹佛，施鞍一具，卖之财直七万。又僧广有声名，口经数年，次当叹

① （北宋）宋白：《修相国寺碑记》，见（清）沈传义修、黄舒昺纂：《新修祥符县志》卷一三《寺观》，光绪二十四年（1898）刻本，页3右左。仲尧按：宋白卒于真宗咸平五年（1002），故据此认定《修相国寺碑记》应撰于咸平四五年间（1001—1002）。

佛，因极视右座功德，冀获厚衬。斋毕，帘下出彩篚香罗帕籍一物，如朽钉长数寸，僧归失望，惭惋数日，且意大臣不容欺己，遂携至西市，示于商胡。商胡见之惊曰：'上人安得此物？必货此不违价。'僧试求百千，胡人大笑曰：'未也！'更极意言之，加至五百千，胡人曰：'此直一千万。'遂与之。僧访其名，曰此宝骨也。"①于是寺院设计建筑布局时，因李林甫住宅位于该寺之东，为示尊重，乃略改伽蓝建筑布局，将钟楼移设寺西，以免李宅受钟声之扰。

"右（西）藏"位置问题较复杂，唐代寺院基本无转轮藏，基本上也就可以说尚无轮藏殿建筑，而一般藏经殿（称"大光明藏"）的位置是在正殿之后，不会建在全寺建筑布局之西（或西南，右前方）的位置。从南宋寺院建筑布局中较普遍地存在的轮藏殿建筑位置看，一律都是建在这个"右（西）藏"的位置，不可能例外，这个问题下面再谈。

南宋王栐（？—1227）记载东京大相国寺伽蓝布局："东京相国寺乃瓦市也，僧房散处，而中庭两庑，可容万人，凡商旅交易，皆萃其中，四方趋附京师以货物求售、转售他物者，必由于此。"②其中的关键词"僧房散处，而中庭两庑，可容万人"，大致勾勒出大相国寺建筑布局框架，对照宋白所述也基本一致。

再看一下《东京梦华录》中记载得更详细的大相国寺建筑布局以及全部伽蓝庭院位置、屋舍功能等情况：

> 相国寺每月五次开放，万姓交易。大三门上，皆是飞禽猫犬之类，珍禽奇兽，无所不有。第三门皆动用什物，庭中设彩幕露屋义铺，卖蒲合、簟席、屏帏、洗漱、鞍辔、弓剑、时果、脯腊之类。近佛殿，孟家道冠王道人蜜煎，赵文秀笔及潘谷墨，占定两廊，皆诸寺师姑卖绣作、领抹、花朵、珠翠头面、生色销金花样幞头帽子、特髻冠子、绦线之类。殿后资圣门前，皆书籍、玩好、图画及诸路罢任官员土物香药之类。后廊皆日者货术传神之类。寺三门阁上并资圣门，各有金铜铸罗汉五百尊、佛牙等，凡有斋供，皆取旨方开三门。左右有两瓶琉璃塔，寺内有智海、惠林、宝梵、河沙、东西塔院，乃出角院舍，各有住持僧官，每遇斋会，凡饮食茶果，动使器皿，虽三五百分，莫不咄嗟而办。大殿两廊，皆国朝名公笔迹，左

① （唐）段成式：《寺塔记》，《大正藏》册51，页1023中—下。

② （南宋）王栐：《燕翼诒谋录》卷二《东京相国寺》，中华书局1979年点校本《唐宋史料笔记丛刊》，页20。

壁画炽盛光佛降九曜鬼百戏，右壁佛降鬼子母揭盂。殿庭供献乐部马队之类。大殿朵廊，皆壁隐楼殿人物，莫非精妙。①

这段话中的相国寺内市场商贸内容历来被注意较多，引用也极多，实际上文中还较详细地描述了大相国寺建筑的基本格局。

根据文中所述信息，可将相国寺建筑布局整体上分为三个大的部分来观察：一是从前后透视看，似依次排列大“三门”，然又有“第二门、第三门”，三门之间是庭院、佛殿、两廊、资圣门、后廊；二是做平面图式鸟瞰，依次是：三门阁、左右两瓶琉璃塔，寺内之智海院、惠林院、宝梵院、河沙院、东塔院、西塔院等，“出角院舍，各有住持僧官”，意似寺中诸属院之院主所居僧舍居各院舍（庭院）中某个突出位置以为彰示，“住持僧官”应指诸院主，殿后是资圣门（资圣阁）；三是据寺院装帧壁画艺术分析，庭院廊庑上画有壁画的有：大殿两廊、左壁、右壁、殿庭、大殿朵廊。

这个记载与上述王林、宋白所述基本吻合。或北宋这一类以寺、院两级体制管理的大寺建筑布局皆类此。若是，则上面已谈到的山东兖州龙兴寺建筑布局很可能也基本如此。

由此概括大相国寺基本建筑布局似为长方形，但并无明确的中轴线。东西南北四面皆有长廊，以廊庑形成一种类似区域规划线之功能，以四周围绕的殿阁屋舍共同组成建筑主体，并可能是以“诸门”为界将全寺分为前、中、后三个相对独立的区域（这一点不很清楚）。僧舍（南宋多称“僧寮”）则散布于大院各区域之中，而非如南宋丛林建筑布局那样，统一地将僧寮布置于一个集中的区域内。

2. 北宋寺院“三门”与建筑布局

与此相关，还要注意的是北宋这类大寺皆有“三门”，这个“三门”概念，与现在实际所见的中国各地寺院“山门”大有不同，以下略述。

北宋释道诚专门解释“三门”概念，曰：“凡寺院有开三门者，只有一门亦呼为三门者，何也？《佛地论》云：‘大宫殿，三解脱门为所入处。’大宫殿，喻法空涅槃也，三解脱门，谓空门、无相门、无作门。今寺院是持戒修道、求

---

① （南宋）孟元老：《东京梦华录》卷三《相国寺万姓交易》，台湾商务印书馆 1984 年影印《景印文渊阁本四库全书》第 589 册，页 138 上下。

至涅槃人居之，故由三门入也。”[1]“三门”并非指一定建有三道门，实际上或只有一道门，是因为以“三解脱门”为喻，故称“三门”。日本仍保存得较完好的不少中世寺院建筑遗构中的三门建筑，往往建构宏伟但不失精致，名称仍称空门、无相门、无作门即“三门”。

唐代寺院建筑风格，三门是全寺最重要的建筑物之一，北宋寺院秉承唐风，仍重三门建筑。《东京梦华录》中大相国寺的“大三门”之称所指即是寺之门，然似与其他“诸门”之间有开阔空间，所以可容纳多种市场商品交易。“三门”作为寺院主体建筑之一，体现在两方面：

一是“大三门”可能是全寺所有建筑中最为工巧精致的建筑物之一。仍以相国寺为例，北宋陈师道撰笔记《后山谈丛》记载：“东都相国寺楼门，唐人所造；国初木工喻诰曰：‘他皆可能，惟不解卷檐尔。’每至其下，仰面观焉，立极则坐，坐极则立，求其理而不得。门内两井亭，近代木工亦不解也。”[2]大相国寺从唐代遗留的三门卷檐及三门内的两座井亭，建筑精妙，巧夺天工，北宋著名大匠喻诰等皆被吸引，深觉难得其精奥，乃不断深入研究。又《新修祥符县志》载：“宋至道二年（996）敕建三门，制楼于其上，御书金字赐额曰‘大相国寺’。”[3]是知北宋曾重新修建大相国寺“三门”及门楼。

二是“大三门”可能也是全寺所有建筑中最宏大开阔、空间雄伟的建筑物之一。《东京梦华录》载，“寺三门阁上并资圣门，各有金铜铸罗汉五百尊”，“三门”上建有“三门阁”，建筑形制一定很大，因三门阁同时也是五百罗汉堂，内置“各有”五百尊金铜罗汉，“各有”二字令人费解，似寺中不止一套“金铜铸罗汉五百尊”像，但意思有些模糊，不知是否指“三门阁”及“资圣门”阁各有一套“金铜铸罗汉五百尊”像。又据《汴京遗迹志》载，大相国寺“宋真宗咸平四年（1001），增建翼廊、三门、前楼，迎取颍川郡铜罗汉五百尊，置资圣阁上”[4]。是谓三门阁即名曰“资圣阁”，这套“五百铜罗汉”原在颍川郡，相国寺

---

① （北宋）释道诚：《释氏要览》卷上《住处·寺院三门》，《大正藏》册54，页264上。

② （北宋）陈师道：《后山谈丛》卷二《相国寺楼门井亭》，上海古籍出版社2001年点校本《宋元笔记小说大观》第2册，页1588。又见（明）李濂《汴京遗迹志》卷一〇《寺观》引，台湾商务印书馆1984年影印《景印文渊阁本四库全书》第587册，页613下。

③ （清）沈传义修、黄舒昺纂：《新修祥符县志》卷一三《祠寺志·寺观》，光绪二十四年（1898）刻本，页1左。

④ （明）李濂：《汴京遗迹志》卷一〇《寺观·相国寺》：台湾商务印书馆1984年影印《景印文渊阁本四库全书》第587册，页613下。

三门阁建成后被迎到东京，供奉在此。东京大相国寺是北宋时期在全国最具有代表性的国家大寺，宏伟壮观的三门建筑在北宋寺院建筑结构中也同样有代表性。

又如北宋太平兴国五年（980）前后，山东兖州龙兴寺对“三门”进行过一次大规模修建，从历史文献中可了解当时大寺“三门”建筑的一些通行情况。

王禹偁（954—1001）撰《大宋兖州龙兴寺新修三门记》载：“（龙兴寺）三门建于（唐）大中年，兖、海、沂、密等州连帅刘公莒之所立也。”① 王荣国先生据《山左金石志》著录的《重修兖州宣圣庙记碑》等文献认为，刘莒修建三门时间应在大中十一至十三年间（857—859），② 即唐宣宗即位后于大中年间（847—859）恢复佛教时龙兴寺也得到恢复并修建“三门”，但是当时建造的“三门”是单层建筑，规模较单薄。

从王禹偁记载情况看，太平兴国五年前后龙兴寺“新修”“三门”时颇大兴土木，乃“革其旧址，立以新基”，实际上不如说是重建，将唐代大中年间所建旧“三门”建筑完全拆去，而“构之以重阁”，推倒重来，建了一座多层楼阁的新“三门”建筑，规模称得上宏伟壮观：

> 莫不拔地若涌，掀空欲飞，金碧交光，烁亭午之日；栾栌互映，过崇朝之云；复道排虚，龙蟠夭矫之状；重檐截汉，鹏运扶摇之风。……足以作鲁邦之胜概，为法门之雄观者欤。③

王禹偁曰：“龙兴者，东兖招提之甲也”，联系起来，上文所述新发现的“龙兴寺碑”反映的寺院体制及属院设置情况足可提供对当时龙兴寺建筑布局的想象空间，也可据此得到较肯定的结论。

由此概括，北宋寺院建筑布局大体有两个特点：一是以规模宏伟的“三门”建筑与大寺之地位匹配，二是以一个大廊院包括由本寺所属的各个分院组成的较小的庭院，庭院数量则根据本寺规模及相应的属院数量而定，由此构成一个

---

① （北宋）王禹偁：《大宋兖州龙兴寺新修三门记》，（清）毕沅、阮元：《山左金石志》卷一五，上海古籍出版社 1995 年影印《续修四库全书》第 909 册，页 615 下—616 下。

② 王荣国：《唐宋兖州龙兴寺佛教探讨》，2009 年 9 月 13 日在山东兖州举行的“兖州佛教历史文化研讨会”上发表，刊于会议论文集《兴隆文化论坛——兖州佛教历史文化研讨会论文集》（未出版），页 191—192。

③ （北宋）王禹偁：《大宋兖州龙兴寺新修三门记》，（清）毕沅、阮元：《山左金石志》卷一五，上海古籍出版社 1995 年影印《续修四库全书》第 909 册，页 615 下—616 下。

大廊院式布局。

这也可能是当时大型寺刹建筑格局通例。如南方寺院建筑布局现存有石刻《平江图》中所见之平江（今江苏省苏州市）城北报恩寺建筑布局图，可见报恩寺建筑布局为前殿后塔的园庭式样，寺内周围建文殊、法华、泗洲、水陆、普贤五院，是反映当时特有的寺院体制的庭院式伽蓝配置形制。① 应是属于从北宋延续下来的一种寺院建筑形制。

20 世纪初，约民国二十年（1931）前后，梁思成曾实地考察当时北方幸存的辽代建筑遗存山西蓟州独乐寺观音阁及山门等建筑，认为："独乐寺观音阁及山门，在我国已发现之古木建筑中，固称最古，且其在建筑史上之地位，尤为重要。"独乐寺观音阁及山门的具体建筑年代，梁思成考定为辽统和二年(984)，并说明："统和二年为宋太宗之雍熙元年，北宋建国之第二十四年耳。上距唐亡仅十七年，唐代建筑制度之遗风，尚未全靡；而下距《营造法式》之刊行尚有百六十年。《营造法式》实宋代建筑制度完整之记载，而又得幸存至今日者。观音阁山门，其年代及形制，皆适处唐宋二式之中，实为唐宋间建筑形制蜕变之关键，至为重要。谓为唐宋间式之过渡式样可也。"②

梁思成注意到并指出独乐寺山门等建筑制度具有之时代特征，认为"至于其结构，则与宋元明清更异"，主要是指其建筑中具体的建筑构件具有此时期之独有特点，如"此间补间铺作，与明清制度固极不同，而与《营造法式》亦迥然异趣"。③ 梁思成说，唐代寺院建筑因为在中国基本上已经没有实例存世，所以只好退而求其次，"我们研究的资料不得不退到文献方面"④。实际上北宋的情况也类似。如"观音阁及山门，既是我国现存建筑物中已发现之最古者，且保存较佳，实为无上国宝"⑤。但是梁思成也肯定所见之独乐寺遗构，"惟观音

---

① 平江图碑，南宋理宗绍定二年（1229）郡守李寿朋重整坊市后所刻平江府城平面图碑，现藏苏州市博物馆。该碑中部模糊不清，1917 年曾被深刻过一次，1961 年国务院公布为全国重点文物保护单位。碑高 2.84 米，宽 1.46 米，厚 30 厘米，平江图边框高 2.03 米，宽 1.39 米，城南部官署、学校、寺观较多。南宋建炎四年（1130）金军夷平坊市，绍兴年后陆续修复，此图反映的即重建坊市后情况。图中有寺观庙宇 50 多处，其中报恩寺、罗汉院、瑞光院等今存，但建筑布局与图中描绘比较大不相同。

② 梁思成：《蓟县独乐寺观音阁山门考》，《中国营造学社汇刊》第三卷第二期，北平：中国营造学社民国二十一年（1932）6 月编辑发行，页 10。

③ 同上书，页 36。

④ 梁思成：《我们所知道的唐代佛寺与宫殿》，《中国营造学社汇刊》第三卷第一期，北平：中国营造学社民廿一年（1932）3 月编辑发行，页 75—76。

⑤ 梁思成：《蓟县独乐寺观音阁山门考》，《中国营造学社汇刊》第三卷第二期，北平：中国营造学社民国二十一年（1932）6 月编辑发行，页 88。

阁及山门尚存，其余殿宇，殆皆明清重建”①。

上述河南东京大相国寺、山东兖州龙兴寺、山西蓟州独乐寺及江苏平江城北报恩寺等建筑布局和功能特征，涉及的历史文献有文字资料、最近出土的地下碑刻及实物实地考察结论，地域则从中原而南北方皆全，基本上应可反映北宋寺院建筑布局概貌。

再从北宋兖州龙兴寺中的以大寺统领诸属院的寺院体制综合看，各宗派、各性质、佛学与经藏属院及民间信仰型、经忏型属院在一寺中并存，加之间接反映的属院规模（人数、活动等）等信息，再比较日本寺院现存伽蓝配置以及寺内的屋舍功能等情况，还约可大致勾勒北宋这类寺院基本建筑规模及屋舍功能，与今日习见的寺院建筑结构多有不同。

（二）南宋寺院建筑布局特征及制度内涵

在唐代寺院三纲制度向南宋“住持制度”过渡的特定时期中，北宋寺院作为中国佛教制度文化史上一个特定阶段出现“寺—院”二级体制，并在历史与现实中留下重要文化痕迹，可能是了解国内外佛教制度文化时可发掘的一个源头。同时，寺院建筑布局也是从那个时代性的转折点开始发生了重要改变。

1. 南宋寺院建筑布局之基本情况

南宋寺院建筑布局的基本变化，主要是从以廊院园林围绕中心塔殿的建筑布局，变成由南至北，从“三门”（后世称山门）始而至方丈室止、沿中轴线对称布局的伽蓝配置，并对后世佛教寺院的基本建筑理念、建筑布局、建筑形式和建筑功能产生了决定性影响，如今天所见之中国汉地几乎所有佛寺建筑多依山而建，建筑布局基本上大同小异。

南宋寺院出现的转轮藏殿建筑设置及其所反映的特殊的寺院功能性运作体制，是使寺院建筑布局进行调整的体制因素之一，这个问题下面再谈。参考日本存世之《五山十刹图》文献中保留的南宋江南大禅寺伽蓝配置图，再参照并综合

① 梁思成：《蓟县独乐寺观音阁山门考》，《中国营造学社汇刊》第三卷第二期，北平：中国营造学社民国二十一年（1932）6月编辑发行，页22。仲尧按：梁氏是书中刊载有一幅当时现场考察时所绘独乐寺建筑布局图（见同书，页23），应是明清时重建的中轴线式布局，绝非辽代当时之独乐寺伽蓝配置原貌。

今日之国内国际、各地、各宗派寺院建筑布局基本情况看，一般而言南宋寺院建筑布局已较统一，概括地说，从南往北，依次在中轴线上排列主体建筑如是：

最前方（最南面）是清池（莲池、放生池或万工池），清池之次即是“三门”或“山门”位置，这个布局位置的中心是“三门”或“山门”建筑，实际上是以清池突出三门位置，[①] 然后再是佛殿、法堂。

佛殿左右设置寺院主体建筑，左（东）面从南往北（从前往后），依次排列钟楼、僧堂、东司、浴室、厨库等；右（西）面从南往北（从前往后），依次排列轮藏殿、众寮等。[②]

最后（最北方、最高处）是大光明藏（藏经殿）、方丈室、禅堂。

2. 南宋丛林建筑布局之特征

丛林制度文化及相关礼仪规则外在地体现在寺院建筑布局等物质文化制度方面，南宋佛教各宗派纷纷以丛林体制为榜样改革寺院体制，反映在建筑布局方面也从以往的庭院式改为纵轴式布局，概括特征有三：

一是最南面或最前面是大“三门”建筑。南宋丛林建筑格局中“大三门”格局仍存，并且仍极为重视，将之作为寺院建筑的门面看待，仍是全寺建筑物中最重要部分之一。

如以具有代表性的“五山”之一天童寺之伽蓝配置及全寺建筑布局为例看一下这个问题。南宋绍兴四年（1134），名师宏智正觉住持天童时发心扩建“三门”，建成一座巍峨楼阁，称“千佛阁”。绍熙四年（1193），另一位五山名师虚庵智愚来住天童，犹认为“规模未足”，乃鸠工庀材，历三载寒暑，再次“改作”“三门”建筑，实际上是再次扩建“三门”及配套工程“千佛阁”。曾在天童求学的日僧荣西听说祖庭修建千佛阁，乃从日本运来“百围之木凡若干，挟大舶泛鲸波而至，千夫咸集，浮江蔽河，辇至山中”以报“摄受恩”。南宋名士楼钥特撰天童寺《千佛阁》文，记载从宏智正觉至虚庵怀敞，皆发心发力建

---

① 现在中国寺院称“山门”，是因寺院多依山而建，所以指寺门，日本不少寺院仍保留着中世遗留的大“三门”建筑，“三门”（空门、无相门、无作门）名称源自北宋道诚《释氏要览》卷上《住处·寺院三门》，《大正藏》册 54，页 264 上。

② 参申国全：《南宋五山与宋代寺院建筑》（72）《三、〈大宋诸山图〉与南宋〈五山〉寺院建筑》，中国佛教学术论典·《法藏文库》硕博士学位论文，佛光山文教基金会 2001 年印行，页 315—324。申文立论基点是“禅寺多依山而建”，笔者认为说“中国禅寺多依山而建”更接近现实，如日本禅寺建筑布局显然不是非依山而建不可，也并不一定采用上述建筑布局。

天童“三门”千佛阁，是有深意焉，因为根据天童寺所处的太白山势，从阴阳堪舆论，伽蓝建筑“必为层楼杰阁，以发越淑灵之气，则此山之名，且将震耀于时”，而作为门面的寺门，重要性首当其冲。经这次扩建后，“寺之门，甚雄伟”，有“楼阁七间，高为三层，栋横十有四丈，其高十有二丈”，内可安置千座佛像。[①] 可推想天童“三门”之壮观规模、盛大气势。寺志记载，南宋时其他禅师住持时曾继续对寺门千佛阁重建或“复建”。[②]

又如《嘉泰会稽志》载，会稽大中禹迹寺初建于晋义熙十二年（416），唐会昌五年废，大中五年（851）寺院“复兴”后建有大“三门”：“寺门为大楼，奉五百阿罗汉，甚壮丽。”[③] 大三门内可以供奉五百尊罗汉像，规模想必壮伟。是书作于南宋嘉泰（1201—1204）间，看作者语气，撰志书时“三门”犹存。

又如《台州宝藏岩普安禅院记》碑载，相传兴建于萧梁时的台州临海宝藏岩普安禅院，南宋时由“众推耆宿”，释彦筠来任住持，在其主持下得檀施以助，重修寺宇，“次第建立”，“饬故创新，以底于大备，库有司，众有寮，爨有厨，浴有室，安僧说法，各有堂宇，而佛殿岿然居中，三门两庑，旁带前揖，荒基替址，复为宝坊”。[④] 将重新葺建后的寺院布局描绘得相当清楚，总体布局是“三门两庑，旁带前揖”，而后佛殿居中，再配之以库司、众寮、爨厨、浴室以及僧堂等建筑。

二是方丈室处在全寺建筑布局中最北方（即最上方）。禅寺往往依山而建，朝向背北面南，所以这个“最上方”也即全寺最高处，也即“僧寺最深处”。这个位置，是从形式上体现方丈地位之尊，以象征住持体制下丛林寺院管理之有序性，以及制度文化所体现之权威性。无著道忠《禅林象器笺》引《唐诗选·郎士元赠钱起秋夜宿灵台寺见寄诗》：“月在上方诸品静，心持半偈万缘空。”道忠注曰：“‘上方’，是僧寺最深处”，又曰：“‘上方’本称山上佛寺，而今呼住持人为上方，其所居在寺最高深处，亦可称上方也。”[⑤] 即禅寺建筑布局是在最

---

① 引文皆见（南宋）楼钥：《千佛阁记》，（清）闻性道、释德介：《天童寺志》卷二《建置》，台北：明文书局 1980 年影印《中国佛寺史志汇刊》第一辑第 13 册，页 89—91。

② （清）闻性道、释德介：《天童寺志》卷二《建置》，台北：明文书局 1980 年影印《中国佛寺史志汇刊》第一辑第 13 册，页 92—93。

③ （南宋）沈作宾等修，施宿纂：《嘉泰会稽志》卷七《宫观寺院·大中禹迹寺》，（清）嘉庆十三年戊辰（1808）重镌采菊轩藏版，页 10 右左。

④ （南宋）王之望：《台州宝藏岩重修普安禅院记》，（清）黄瑞：《台州金石录》卷五，江苏古籍出版社 1998 年影印《历代碑志丛书》第 20 册，页 358 下。

⑤ 〔日〕无著道忠：《禅林象器笺一》卷五《称呼类·上方》，《佛光大藏经·禅藏·杂集部》，高雄：佛光出版社 1994 年，页 316。

“上方”设置方丈室。不过道忠此言有误，所引唐诗实际只是对月下寺院之虚拟性景境喻写，不是对唐代寺院建筑写实描述，因其时寺院并无此种建筑布局。

从日本存世《五山十刹图》刊载的“灵隐寺伽蓝配置”、“天童寺伽蓝配置”及“天台万年寺伽蓝配置”三幅实样图看，呈现出鲜明的以中轴线布局的特征，而寺院中的各种建筑单元也从功能性意义上设置和定位，如反映禅寺建筑布局最重要的特色之一，作为对丛林体制的反映，建筑布局中已将方丈室移建到寺院“最深处”即最北面、最“上方”位置。

三是从大“三门”到“最深处”的方丈室，其间整体的寺院建筑由一条中轴贯穿，形成典型的、表面上看是仿皇宫结构，实质上是效仿天人合一理念的纵轴式布局。如上述《台州宝藏岩普安禅院记》碑记载南宋重新修建后的台州临海宝藏岩普安禅院的建筑布局，显然如此。寺院主要殿堂布置在中轴线上，一些大型寺院还可能并列两条或三条轴线，侧轴部位建造殿堂、经堂、塔院、禅房、寮舍、库房、花园等。这样的建筑布局从唐代已经开始出现，如从敦煌壁画中已见到类似的寺院建筑结构，但是从南宋丛林之伽蓝配置开始形成为寺院建筑布局通例。当时从唐、五代、北宋延续下来的寺院建筑布局中可见仍然是一种庭院式结构，而从当时因发展较快而变化较大、“改作”、“复建”较频繁的江南丛林建筑布局看，就率先出现了为后世所效法的这种纵轴线式布局结构。

3. 禅寺与天台教寺伽蓝配置之比较

南宋禅寺伽蓝配置中多见的建筑形制，即进“三门”后，首先是左面（东面）的钟楼，右面（西面）的轮藏殿，即“左钟右轮”或曰“左钟右藏”布局。[①] 这个问题张十庆先生已作过研究。但张先生认为这个建筑格局始于南宋江南禅寺，笔者认为不然，实际出现时间还要早，如从文献记载可知，北宋京城名寺大相国寺肯定已采用这种建筑布局，而南宋时这种建筑格局在江南丛林发展成了通例。

上述北宋咸平四年（1001）大相国寺大规模整修后建筑一新，北宋末年名僧惟白从京城到天童寺住持，将有关寺院制度等观念及经验带去，其中可能包括建筑仪则相关制度，但此后天童寺数经修葺，从《五山十刹图》中的伽蓝配

① 参张十庆：《中国江南禅宗寺院建筑》第四章《禅寺建筑的形制与特点》第三节《禅寺殿堂寮舍形制（二）》第三部分《钟楼与藏殿》，湖北教育出版社 2002 年版，页 90。

置图可见，南宋中期天童寺建筑布局完全已成“左钟右轮”（或“左钟右藏”）为引导的纵十字线（纵轴式）布局。包括天童在内的“五山”地位及“五山”文化之影响力，这样的建筑布局很可能从观念乃至实践层面对丛林建筑产生影响，并进而对其他宗派寺院建筑也产生影响力。

下面再以天台教院建筑体制为例做一些比较。天台宗寺院的建筑布局显然与上述格局不同，具体地说存在两点显著差异：

一是整体上的伽蓝配置之不同，天台宗寺院建筑布局采取“左方丈，右藏经”布局。南宋宗晓编《四明尊者教行录》载，保恩院由天台名僧知礼主持寺务后，对寺院进行大规模改建修葺工程，三年后完工，“《保恩院记》云：先是此院缔造年深，颓毁日甚，以至道三年（997）乃与余杭释异闻，戮力经营。适值丹丘僧觉圆，发心陈力，三载讫役。观其土木瑰丽，金碧交辉，先佛殿而后僧堂，昭其序也；右藏教而左方丈，便于事焉。”[①]《保恩院记》早佚，但是宗晓记载的经知礼全面整修后的保恩院建筑布局，相当清晰。

延庆寺的这个建筑布局可能是宗晓在南宋时撰《尊者年谱》时所见实际情形。

新修建的保恩寺伽蓝布局经过知礼重新构思和设计，建筑结构主要为二重：一是“先佛殿而后僧堂，昭其序也”，但是从其言推测，总体建筑格局与以“左钟右轮”为标志的丛林建筑配置在纵轴线上的布局差别似乎不是特别大；二是“右藏教而左方丈，便于事也”，即方丈室位置在左（东面），藏经殿位置在右（西面）。“藏教”殿位置与禅寺轮藏殿位置相同，保恩院这个藏殿是否轮藏殿不知，未见明文记载，也不能遽下结论，不过根据同时期临安慧因教院等华严宗教院多建轮藏情况看，天台宗教院也不能完全排除建轮藏及轮藏的可能性。何况从上文讨论的知礼关于寺院改制的思想观念及实施方案看，主张开展寺院经营以保自立，因此建一座轮藏并开展经营的可能性也存在，只是与丛林“左钟右藏”布局截然有异，主要区别在于将方丈室位置设在寺院左前部，在中轴线上则与藏经殿平行，与禅寺方丈室位置在北面即寺院最后部的布局不同。

二是个性上的屋舍建筑功能之不同，天台宗寺院中建有本宗特色的忏堂（忏室）。如遵式主持的天竺寺是一座天台宗寺院，寺院中的忏堂是最主要场所之一，《咸淳临安志》载南宋胡宿所撰《寺记》曰：

---

① （南宋）释宗晓：《四明尊者教行录》卷一《尊者年谱》，《大正藏》册 46，页 857 中。

> （天竺寺）宇殿之后曰“法堂”，其右曰“僧堂”、曰“金光三昧堂”、曰“老宿堂”；其左曰“厨”、曰“库”、曰“浴院”、曰“延寿堂”，及东西缭廊六十楹，井匽舂硙之所景，凡百二十余区，皆匪亟而成，观感以化，至于金像模肖，莫不奇特。又造旃檀观音像置三昧堂中，慈相穆如智者之遗法也。[①]

“宇殿”即大殿，殿后为法堂，由此构为中轴线，分左右两厢，右（东）厢有僧堂、金光明三昧堂、老宿堂；左（西）厢有厨、库、浴院、延寿堂（赡养病人），文中提到安置旃檀观音像的金光三昧堂，即举行忏仪的忏室，安置观音像即与修观音忏有关，同书载：“（遵式）作法堂以演畅佛旨，忏堂以六时行道。”[②]

从下天竺寺当时伽蓝布局情况看，一方面建筑布局已形成“中轴线”格局，不再采取庭园式布局。这种寺院建筑的基本布局应可理解为受丛林伽蓝配置布局的影响。另一方面从建筑功能看，寺中建有忏堂，则是天台宗寺院区别于禅寺的基本标志。

忏堂为天台宗寺院所独有，因时人通称天台宗寺院为“教寺”，所以对于“禅寺”和“教寺”的区别，一般情况下，标准就是是否以“音声忏悔为佛事”。如《咸淳临安志》记载北宋天台宗名僧辩才元净事迹，曰：“沈公遘治杭，以谓上天竺本观音大士道场，以音声忏悔为佛事，非禅那居也，乃请师（元净）以教易禅，师至，吴越人争以檀施归之，遂凿山增室，几至万础重楼，杰观冠于浙西。”[③]意思就是说上天竺寺既然是以“以音声忏悔”为佛事，就应算是教寺而非禅寺，原来作为禅寺并不合适，应该据其实而改为（天台）教寺，从而可以使天台僧人元净入居之。

唐宋时期因为天台宗忏仪的发展，出现以忏院为名的寺院或在寺院中建忏堂、忏室的做法。如唐代僧人大光在大历年间（766—780）建观音忏院，[④]唐

---

① （南宋）潜说友：《咸淳临安志》卷八〇《寺观六·下天竺灵山教寺》，中华书局1990年影印《宋元方志丛刊》第4册，页4089上。

② 同上书，页4090上。

③ （南宋）潜说友：《咸淳临安志》卷七八《寺观四·龙井延恩衍庆院》，中华书局1990年影印《宋元方志丛刊》第4册，页4068上下。

④ （南宋）谈钥：《嘉泰吴兴志》卷一三《寺院》、《乌程县》：“观音禅院，惠觉寺子院也。萧梁时尼总持道场，唐大历中，法华寺僧大光和尚于其地建观音忏院。”中华书局1990年影印《宋元方志丛刊》第4册，页4749上。

代僧人德美于会昌寺西院造忏堂，行般舟三昧。[①] 宋代熙宁六年（1073）前，天台宗僧人惟湛建净土忏室，促使天台教法与净土法门一起盛行于三吴地区。[②] 当时不少天台宗僧人长期在忏室修行，如“行人能师，嘉禾人，少学能仁，入忏室四十载”[③]。有些天台宗学人因在忏室修忏法而得灵验，如净梵：

> 元祐（1086—1094）初主姑苏大慈，凡讲《法华经》十余遍。大观（1107—1110）中，结二十七僧修法华忏，每期方便，以二十八日为期，如此三会，感普贤受戒羯磨，至呼净梵比丘，则洪音震响，如撞巨钟。三昧将圆，有二僧作礼曰：“今春至石桥礼圣迹。”忽见空中散花，异香非常。一僧遽云：“姑苏梵法主，期忏散华至此。”语毕不见，因来瞻礼。后又于会忏见韦天按行忏室。[④]

在忏室中修忏风气至少在江南成为一种传统而一直流布下来，如明代天台宗师良玉：

> 杭之钱唐人……年十五能背诵《法华经》。出家于邑之广福，投智圆为师，祝发受具戒，深慕佛乘。尝修观音忏二期，誓弘天台之道。时南竺演福号为教诲，师往依才公，习诸小部四书，粗通大义，命归侍司，不二三年，一家教观，靡不谙究。复命掌僧事，岁余还广福，刻千手大悲像。修长期千日，一夕其徒大兰等见忏室发光，众咸惊异。
>
> 庚子岁（1360，元至正二十年）出世安溪长庆，时年三十又六。越二载，退居别室，以法华三昧为正轨，三七日满，见道场华现，众请复住，经十有六载，惟以讲忏为务。西湖永寿虚席，诸山以师补之。……洪武二十四年（1391）僧录司举住下竺灵山，大佛宝殿方将鸠工，施者坌集，

---

① （明）释袾宏：《往生集》卷一《德美》：“唐德美法师，于会昌寺西院造忏堂，行般舟三昧。终夏不坐卧，或止口过三年不言，或行不轻，七众通礼。节衣减食，断绝世想，专念西方，口诵弥陀，终其身不辍，后一时入室称佛，倏然而化。”《大正藏》册51，页132下。

② （南宋）释宗鉴：《释门正统》卷六《惟湛》：“讲习之余，力营福事，雕弥陀圣像，敞净土忏室，讲堂、方丈，周遭舍宇，供事一新。天台祖道、净土法门，盛行三吴，由师始也。熙宁六年三月，举涅磐遗教，殷勤嘱累，趺坐逝去，火化得舍利数百。”《卍新纂续藏经》册75，页331下。

③ （南宋）释志磐：《佛祖统纪》卷一五：“行人能师，嘉禾人，少学能仁，入忏室四十载。”《大正藏》册49，页229中。

④ （清）周克复：《〈法华经〉持验记》卷二《宋姑苏无量寿院释净梵》，《卍新纂续藏经》册78，页84上。

不谋而成。[①]

天台宗僧人常通过行忏掌握天台教观，[②] 表明忏堂在天台宗寺院中的重要性，于是天台宗寺院建筑布局中忏堂往往占据重要位置。

不过上文提到，因为遵式对寺院经济经营持反对态度，所以杭州天竺寺中当然不会建转轮藏殿。此外，除了建有忏堂这个天台宗寺院特有特色之外，天竺寺也是依山而建，并以中轴线为建筑配置中心，方丈室也有可能是在左（东）前方，但是右（西）前方建藏经殿与否则不得而知。

可知宋代天台教院建筑与丛林建筑差异曾相当显著，但是后来时间之流将这一切差异洗尽，如今日所见各宗寺院建筑布局与屋舍功能基本不存差别。

4. 南宋丛林伽蓝配置与建筑功能理念

南宋丛林伽蓝配置从表象上看到的与此前之不同，是因内在的建筑制度理念发生较大调整，与丛林发展、丛林制度、寺院住持体制之建立、丛林体制之与以往中国佛教寺院所有仪则规制相比出现的新思路、新制度、新设施皆相关联。

寺院建筑布局的变化与关于寺院生存、弘法和经营的价值观发生调整有关，这方面问题因直接见之于文献者极罕有，故要深入了解殊非易事。然而既然制度文化发生变动，内在的价值观调整就会成为一种推动力而体现在外在的物质文化制度方面，相应的，在寺院建筑布局、建筑功能等方面显现出来。

日僧道元从天童寺学成回国后，曾记载南宋丛林关于禅寺建筑观念变化的一些痕迹。道元在《宝庆记》中记载师尊天童如净的一些观点，应是当时具有代表性的思想。道元撰文曰，师尊曾概括中国历代“寺院规矩”，并据此而对道元教导开示：

> 自尔以来，天下教院之所宗，皆是天台教也。……况乎寺院之规矩、伽蓝之屋舍，用否之处，咨、诀未备。今天下教院或构十六观之室，彼十六观者，出于《无量寿经》，彼经真伪未详，古今学者之所疑也。天台之一心三观，岂等西方之十六观乎？彼者带权之教也，是者显实之说也，天

① （南宋）佚名氏：《续佛祖统纪》卷二《法师良玉》，《卍新纂续藏经》册75，页752中。

② 参蒋义斌：《宋初天台宗对请观音忏的探讨·五、忏室、结社：道场的新空间》，台北：《法鼓佛学学报》2008年第3期，页89—91。

地相隔，水火相犯。

想是大宋学者未明天台之教观，（而）猥用一十六观之带权欤，明知教院不可传佛在世之寺仪。天台已前诸寺，定传摩腾、竺兰之所传欤。

律院者，南山之滥觞也。南山未曾入西乾之大邦，才披阅东渐之零文而已。设闻天人之传说，岂知圣贤之亲训（哉）？所以今称律院，（而）堂舍殿屋，鳞次栉连之结构，学者行人，多疑之矣。

今称禅院（者），天下之甲刹，诸山之大寺也。容众余千，屋舍余百，前楼后阁，西廊东庑，宛如皇居。此仪必是佛祖面授口说，构可构、建可建，（实）不可丰屋为先者欤，朝参暮请，定为初祖直指，不可比依文解义之辈也，（可）以是仪（可）为正欤。①

道元该文是用中文写作，存在一些文句不通处，需做些说明，下面仅将与本书主题直接关联的部分略予解说。道元在一切以南宋佛教为正宗、日本佛教必须以之为宗杲的前提下，强调了三层意思：

一是说明当时南宋有三种寺院建筑风格，即天台教寺院建筑风格、律宗寺院建筑风格及禅院建筑风格，而禅院建筑风格乃属“佛法正宗”。

二是天台教说理深刻，如“一心三观”之说简直是深刻无极，乃是对佛之教说的重大发展，但是宋地不少佛教学者亦未全面深刻理解，导致反映在天台教院建筑风格方面未能很好反映天台教说之思想文化面貌，不利于天台教说发展；天台教寺院建筑风格历史悠久、传统深厚，但是因为存在这样的问题，不可以为效法；而律宗寺院建筑风格，“堂舍殿屋，鳞次栉连之结构”，道元认为根本不行，“学者行人，多疑之矣”。

三是禅院建筑风格方为正宗，并且指出，南宋禅院往往是“天下之甲刹，诸山之大寺也”，当时是规模最大、体系最正规的寺院，往往“容众余千，屋舍余百”，建筑风格，“前楼后阁，西廊东庑，宛如皇居”；道元指出，这“可以是仪（可）为正欤”，即以此为建筑风格正宗。道元曰，禅院可比“皇居”，禅院“宛如皇居”，又曰“此仪必是佛祖面授口说，构可构、建可建”，乃符合“朝参暮请”所需，“定为初祖直指”，并且说“不可比依文解义之辈也”。在再三强调

① 〔日〕道元：《宝庆记》，〔美〕Takashi James Kodera, *Dōgen's Formative Years in China: An Historical Study and Annotated Translation of the Hōkyō-ki*, Boulder: Prajñā Press, 1980, 附《宝庆记》，pp.245-246。

的同时也大致勾勒了禅院基本建筑风格征。如与《长安志图》中所载之唐长安《唐大明宫图》、《唐宫城图》等比较，[①]说禅寺建筑布局对其有所效仿是无疑的，但是从天人合一、天人感应理念角度的效仿，绝无照搬“皇居”建筑规模之义。

道元所言，皆忠实记载其师尊如净教诲，当然其中也必定包含着自己的理解和发挥，道元也并不讳言此点，而且为此专作论证，特地说明，自己的学习心得和实践体会当时就得到大宋恩师、天童“堂上和尚”如净的完全肯定：

> 自尔以降，二十八传而至菩提达摩尊者，尊者亲到震旦，正传正法，救济迷情，五传而至曹溪，曹溪二神足，青原南岳之儿孙，今称善知识，而代佛扬化，其所住之处僧伽蓝可为佛法之正嫡，更不可比论教律等（之）寺院（者）也。

道元记载自己曾将上述这些意思专门撰文呈上尊师如净请求指导，并得到师尊肯定。道元详述如净阅其书后所言：“堂头和尚（如净）慈诲曰：‘元子来书甚（是），说得甚是也。’”如净对道元称“元子”，对道元的想法还作了解说论述，对于当时的教、律、禅三种寺院的性质以及相应的表现于寺院建筑的物质制度文化方面异同表述了一些看法。[②]

日本寺院的伽蓝布局以后基本上皆按照道元的思路发展，更具体的则是以道元的弟子义介从南宋实地描摹带回日本的《五山十刹图》作为蓝图。

建筑布局中的建筑形式与结构性功能相关，南宋寺院建筑布局特征可以禅寺伽蓝配置为代表，我试概括为三条：“中轴两庑”、“大殿居中”、“左钟右轮”。

这个基本的建筑布局，从此扩而大之，在发展的过程中也为其他宗派寺院所积极仿效，乃至有些宗派寺院原有的特征亦渐次湮没不存，如天台宗寺院建筑布局中作为基本标志的忏堂，不知何时也不见了。“中轴两庑”、“大殿居中”、“左钟右轮”的基本布局，很快成为中国汉传佛教寺院几乎普遍化的建筑布局形式，延续到元、明二代，基本定型，清及以后所见中国汉传佛教寺院建筑布局基本皆如此。但是这个建筑布局与现在所见所有寺院基本上都是以“左钟楼右

---

① （元）李好文：《长安志图》卷上《唐大明宫图》、《唐宫城图》，台湾商务印书馆 1984 年影印《景印文渊阁本四库全书》第 587 册，页 476 上、下。

② 〔日〕道元：《宝庆记》，〔美〕Takashi James Kodera, *Dōgen's Formative Years in China: An Historical Study and Annotated Translation of the Hōkyō-ki*, Boulder: Prajñā Press, 1980, 附《宝庆记》，pp.247-248。

鼓楼”作为建筑格局的情况，还是有很大不同之处的。

从明代《金陵梵刹志》的记载中得知当时寺刹还建有轮藏，建筑布局中轮藏殿仍占有重要地位，即“左（东）钟楼、右（西）藏殿”的布局，至少明初还是江南最常见的寺院建筑布局模式。又如《帝京景物略》记载，明代大隆福寺有二藏殿，“左殿藏经，右殿转轮”，是将左面（东面）的钟楼也用来作为藏经之所。明初这种情况绝不罕见，如明初营建的南京大报恩寺，基本建筑格局也与大隆福寺相同，藏经殿与轮藏殿并存，两座大殿，尺度、形制也都相同，在佛殿之前，根据中轴线相向对置。

张十庆先生认为明代江南禅寺建筑形制的基本配置已然转变为“左观音殿，右轮藏殿”之格局，[①] 这个观点肯定还可商榷。无著道忠《禅林象器笺》中记载其时（约中国清朝初期）伽蓝配置之基本格局：

忠曰：法堂、佛殿、山门、厨库、僧堂、浴室、西净为七堂伽蓝，未知何据，各有表相。如图：

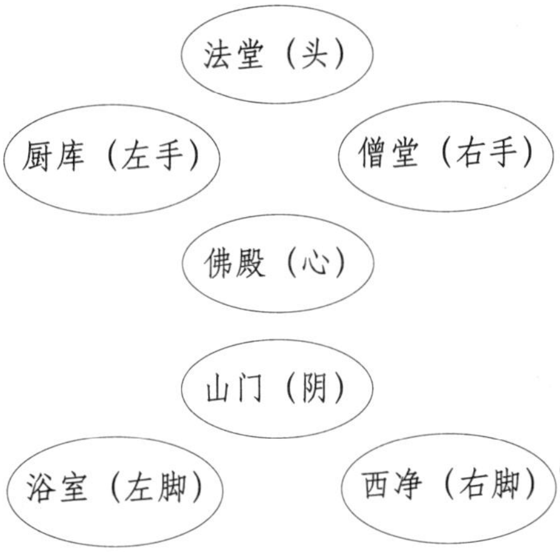

[②]

注意此图方位是：左北，右南，上东，下西。道忠是书刊行于日本宽保元年（清乾隆六年，1741），近年中国学者论说寺院建筑配置时多引此图，但是细究却知此图并未得清初佛寺布局要领。但知是时中国南北各地汉传佛教寺院伽

① 参张十庆：《中国江南禅宗寺院建筑》第三章《禅宗寺院的布局及其演变》第二节（二）《南宋禅寺布局基本模式·2. 明初禅寺的承上启下》，页 46—47。

② 〔日〕无著道忠：《禅林象器笺一》卷一《殿堂类上·伽蓝》，《佛光大藏经·禅藏·杂集部》，高雄：佛光出版社 1994 年版，页 24。

蓝配置基本格局多已不考虑设轮藏及布置轮藏殿位置而已。

但是日本寺院建筑布局似乎比中国保留了更多南宋传统和更多历史信息。从今天日本佛教寺院实地考察的情况看，如今日日本寺院中多可见仍在全寺建筑布局中保留轮藏殿建筑。

明代寺院有时还在修筑规模巨大的三门，如丰坊撰《阿育王寺重建三门记》记载宁波阿育王寺原有一座三门，“大明嘉靖乙酉（四年，1525）正月（三门）毁”，是时诸位寺僧及外护檀越等发心重建，“以是冬闰月庚申经始。讫功于戊子（七年，1528）正月丁酉，为门三，高三丈三尺，延五丈，袤七丈八尺”①。阿育王寺原有三门，遭火毁后当年即开始重建，三年后建成，三门高三丈三尺，宽五丈，深七丈八尺，规模可观。这座三门后来又消失于何时则不知。

明清之际汉地寺院建筑布局渐趋固定，成为一种“中轴两庑”、“大殿居中”、“左钟右鼓”的布局。如今日所见一般寺院，进山门后即见多是“左（东）钟楼，右（西）鼓楼”，即“左钟右鼓”配置，再沿中轴线往里进，即是大雄宝殿，然后是法堂、方丈等。中轴线两庑则左右分别是知客、僧堂和五观堂（厨、库）等，而大“三门”建制已然不存。

二、“五山”伽蓝配置中的转轮藏及轮藏殿

本节再从相对较微观的角度——转轮藏、轮藏殿及相关的伽蓝配置方面对南宋寺院伽蓝配置、建筑风格与寺院制度文化之关系展开一些更深入的讨论。

本人注意到寺院建造转轮藏问题最初是受黄敏枝教授的研究启发。② 但对黄教授认为宋代寺院建造转轮藏主要是为赢利的观点有不同意见，本人认为宋代寺院普遍建造转轮藏首先是与当时因与科举制度相关联的教育文化普及，与雕版印刷骤然发达而印刷品量大增、从而佛经刊行及藏经大增，以及佛教的大众化趋势终于确立的背景相关，其次认为寺院建转轮藏高潮出现在南宋，则与其时之寺院经营制度及方式转化相关，同时也影响到寺院管理中的阅藏制度等方面。

---

① （明）郭子章：《明州阿育王山志》卷三《阿育王寺重建三门记》，台北：明文书局 1980 年影印《中国佛寺史志汇刊》第一辑第 11 册，页 174—176。引文括号中的文字内容系笔者所加。

② 黄敏枝：《关于宋代寺院的转轮藏》，《普门学报》（台湾）第八期，2002 年 3 月。

寺院建造转轮藏的高潮出现在南宋，当时各地寺院普遍地兴起建造轮藏风气，有些规模较大、财力较丰的寺院甚至还要建造多座轮藏。寺院建成转轮藏后向社会大众开放，提供转经服务，但要收取一定费用，这是佛教历史上从未有过的情况。南宋之后此风渐息。寺院转轮藏虽存在时间不长，却在历史上留下深刻痕迹。

南宋寺院转轮藏盛行地域主要是以临安（今浙江省杭州市）为中心的两浙及江苏、福建及四川地区，尤其是“五山”等名刹巨寺，领风气之先，基本上都建有规模宏大的转轮藏及轮藏殿，在当时丛林体制及此后整体的佛教制度文化中留下鲜明痕迹。

日本存世的南宋《五山十刹图》中保留有“五山”中的二山即临安（今浙江省杭州市）灵隐寺和明州（今浙江省宁波市）天童寺以及不包括在“五山”中的天台万年寺共三幅伽蓝配置全图，每幅都较详细地画出寺院建筑的整体布局，从中可清楚地了解南宋时江南禅宗寺院布局的基本情况。三幅伽蓝配置全图中皆清晰可见当时寺院中建有规模可观的轮藏殿。此外《五山十刹图》中另有一幅“三十五甲刹”之一镇江（今江苏省镇江市）金山寺转轮藏的详细写实图。此外，本人在其他一些文献中也发现南宋五山十刹寺院中建转轮藏的痕迹。

（一）南宋灵隐、天童、育王、万年四寺的转轮藏及轮藏殿

以下先据《五山十刹图》绘图卷等文献所载资料，对南宋临安灵隐寺、明州天童寺、阿育王寺及天台万年寺之轮藏、轮藏殿及伽蓝配置位置等展开讨论。[①] 讨论的基点立足于这些寺院，是因这些寺院当时拥有的突出的社会和宗教地位，所以决定了其仪则规制诸方面也具有特殊的示范性意义，故其建筑风格及建筑功能等诸项目就具有较重要的代表性。

1. 临安灵隐寺中的转轮藏

临安灵隐寺不但因为其历史悠久、宗教文化积淀深厚而向被视为佛门标榜，当时更因其地处京兆，作为皇畿大寺而为“五山”标志之一。下引《五山十刹图》所载之南宋灵隐寺伽蓝配置图并据此展开讨论。

---

① 东福寺本《五山十刹图》，见《禅学大辞典》别卷（图录 / 附录 / 索引），驹泽大学，《禅学大辞典》编纂所编，日本大修馆书店刊行，昭和五十三年（1978）；龙华寺本《大宋名蓝图》见〔日〕无著道忠：《敕修百丈清规左觿》附录，京都：中文出版社 1977 年版。

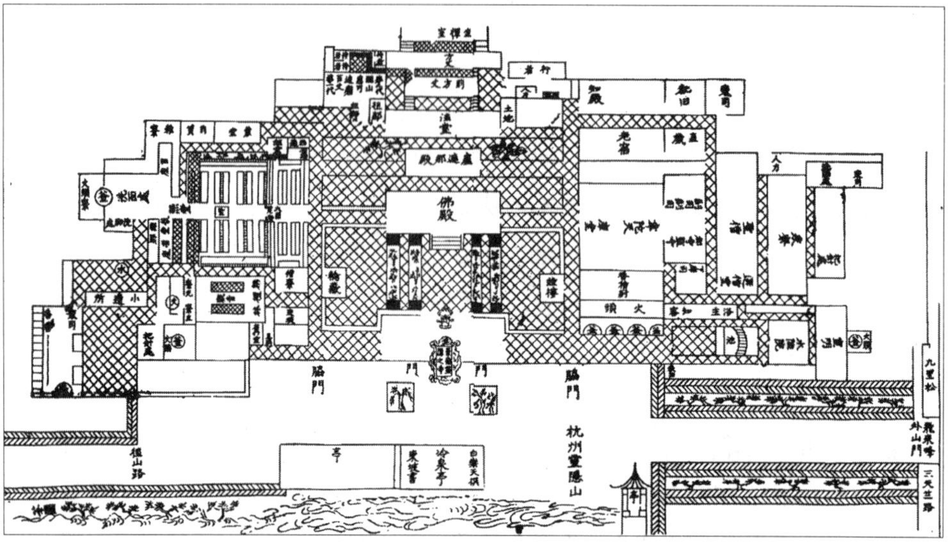

图 8-1　灵隐寺伽蓝配置图（龙华院本《大宋名蓝图》）

资料来源：〔日〕无著道忠：《敕修百丈清规左觿》附录二《大宋名蓝图》（即龙华院本），京都：中文出版社 1977 年影印本，页 1287。

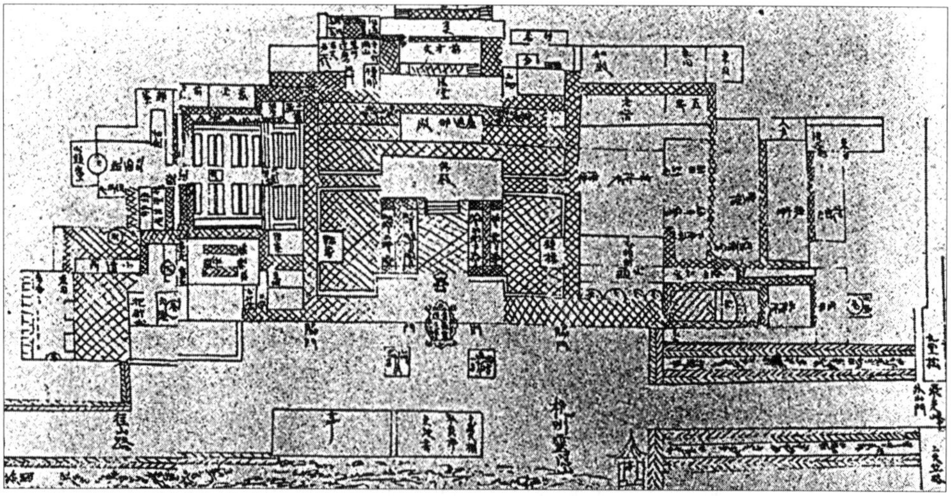

图 8-2　北山灵隐寺伽蓝配置图（东福寺本《五山十刹图》）

资料来源：《禅学大辞典》别卷《图录》，驹泽大学，《禅学大辞典》编纂所编，日本大修馆书店刊行，昭和五十三年（1978），页 13 上。

（1）南宋灵隐寺轮藏殿与伽蓝配置

从图中清晰可见，在全寺建筑中心大“佛殿”（相当于现在一般寺院中的大雄宝殿）右（西）前方的显著位置上，建有一座轮藏殿。（图 8-1、图 8-2）

从图 8-1、图 8-2 中清楚可见轮藏殿在寺院整体的伽蓝配置中占据显著位置：具体是在全寺右（西）前方、佛殿（即现在的大雄宝殿）之前。

杭州灵隐寺始建于东晋咸和（326—334）初年，相传印度僧人慧理至此，认为飞来峰是“仙灵所隐”之地，于是面山（飞来峰）建寺，取名“灵隐”。唐大历六年（771）整修，会昌年间寺毁，五代吴越国时曾两次扩建。南宋灵隐寺最盛时有九楼、十八阁、七十二殿，房屋一千二百余间，僧徒三千。元至正十九年（1359）寺毁，明洪武十七年（1384）重建，宣德五年（1430）又毁，九年重建，隆庆三年（1569）又毁，万历十一年（1583）重修，清顺治六年（1649）又重建。康熙南巡时赐名“云林禅寺”。现在寺中的木雕韦驮像相传为宋代遗物，大雄宝殿高 33.6 米，单层三重檐，琉璃瓦顶，殿正中有金装释迦牟尼坐像，高 9.1 米，皆清代遗构。大雄宝殿前两座八角九层石塔和天王殿前两座石经幢是五代吴越国遗物。寺前飞来峰岩壁上有五代、宋、元时期大小造像 380 余尊，其中袒腹踞坐的笑弥勒佛石雕像是宋代佛教艺术杰出代表。

灵隐寺历来在杭州及江南寺院中地位突出，上图所示灵隐寺“左钟右轮”的伽蓝建筑布局，在南宋丛林曾遍存在，具有代表性。

（2）明清灵隐寺轮藏殿与伽蓝配置

约清康熙二年（1663），孙治、徐增据明万历年间（1573—1620）白珩所撰寺志“稍增损之”重新辑修的《武林灵隐寺志》记载，清初灵隐寺中仍有轮藏，轮藏殿建立时间是顺治七年（1650）庚寅春天，位置是从他处“移建”过来，重建在全寺“东首钟楼南”，[①] 即在全寺伽蓝配置的左前方。但是转轮藏殿从何处“移建”过来不得而知。这座钟楼是“顺治壬寅夏，建在藏殿（原址）之上，古百尺弥勒阁处是也”[②]。顺治壬寅即康熙元年（1662），与前条记载相隔 12 年。所谓藏殿原址，似应是“移建”前之原址，否则于理不通。即谓轮藏殿位置处

---

① （清）孙治初辑、徐增重修《武林灵隐寺志》卷二《梵宇》：“顺治庚寅（1650）春，（轮藏殿）移建于东首钟楼南。”台北：成文出版社有限公司 1983 年影印《中国方志丛书》第 494 号第 1 册，页 102。

② （清）孙治初辑、徐增重修：《武林灵隐寺志》卷二《梵宇》，台北：成文出版社有限公司 1983 年影印《中国方志丛书》第 494 号第 1 册，页 110。

于寺院左前方（东南）的“钟楼南”，处于全寺东南面的最前方。

同书第二卷记载明万历年间（1573—1620）寺院建置：首先是山门，然后天王殿，再是“正殿”，再是五百罗汉（堂），再是“旧铁塔”，然后“建轮藏殿三”，然后是旧法堂，再后面“又进，上坡为方丈”，即方丈室；接下去说：“其余伽蓝殿之在左，祖师堂之在右。”[①] 关于轮藏殿的文字凌乱，意思不太明确。估计万历年间灵隐寺中有过轮藏殿，但到了清康熙年间孙治、徐增重新辑修寺志时轮藏殿已经不存在，所以对具体位置就不太清楚，同时作者对“轮藏殿”之意亦似不了解，一寺中同时建三座轮藏殿总不太可能。

另据厉鹗（1692—1752）编撰的《增修云林寺志》记载，当时灵隐寺中仍有轮藏殿，并说明是“重建”。[②] 同书载郑江《云林寺重建转轮藏记》文曰：“云林轮藏殿，始建于顺治庚寅，迄今几及百年，栋宇颓废，所为轮藏者亦欹倾摧剥而不能转。乾隆庚申，新安光禄少卿汪君上章来游兹山，慨然以重兴为已任，而以是殿为之。”是知这座轮藏殿始建于顺治七年庚寅，至乾隆五年（1740）庚申，已经百余年，其时轮藏殿仍在，只是已经破败，“栋宇颓废”，而殿内的转轮藏亦已“欹倾摧剥而不能转”。乾隆五年既重建轮藏殿，殿中自然有转轮藏，郑江文曰：轮藏殿“落成之日，予适过寺，见夫杰构翔空，若地涌出，入门神耸，则如天枢激而地轴动，月驾旋而风驭行；瑶窗宝网，眩金碧于无定；天龙帝释，俨生气于飞空”；赞叹“伟矣哉，象教之力宏矣！”[③]

厉鹗寺志成书于乾隆九年（1774），距寺中建轮藏及轮藏殿事相隔仅 4 年，应很可靠。可知从清初期至中期，灵隐寺建有转轮藏及一座轮藏殿，建筑结构方面则继承传统，也比较宏伟。

清嘉庆年间（1796—1820）灵隐寺曾遭火毁，朝廷拨银万两并由浙江官吏及商民捐募以助重建，道光三年（1823）开工，八年（1828）完工，全寺伽蓝，“还灵鹫之壮观，复名山之胜景”，但似未再建轮藏，寺中也就不再有轮藏殿。沈镕彪撰于约道光、咸丰年间（1821—1861）的《云林寺续志》辑收当时参与

---

① （清）孙治初辑、徐增重修：《武林灵隐寺志》卷二《明万历癸未易庵建置附载》，台北：成文出版社有限公司 1983 年影印《中国方志丛书》第 494 号第 1 册，页 115—116。

② （清）厉鹗：《增修云林寺志》卷二《梵宇》，台北：明文书局 1980 年影印《中国佛寺史志汇刊》第一辑第 24 册，页 20。

③ （清）郑江：《云林寺重建转轮藏记》，见（清）厉鹗《增修云林寺志》卷五《艺文》，台北：明文书局 1980 年影印《中国佛寺史志汇刊》第一辑第 24 册，页 111—112。

重建的官员士绅所撰数种碑、记、疏文等十余篇，也未见有轮藏记载。[①] 此后灵隐寺就再未建过轮藏及轮藏殿。

2. 明州天童寺中的转轮藏

天童寺同样拥有悠久历史和厚重文化背景。约从北宋中后期起因种种历史和文化因缘，开始在中国佛教寺院中崭露头角，北宋末期名师惟白从京师汴京到天童住持可能是一个标志性事件，从此天童成为江南最重要寺刹之一。南宋时期天童寺达到鼎盛时期，号称宏丽甲于东南，在海内外影响极大，相关制度文化影响，引人瞩目，如藏经方面，至少从现在掌握的文献记载看较当时其他大寺更丰。

综合各种文献载录情况看，南宋天童寺的转轮藏和轮藏殿显然是当时寺院伽蓝配置中一项重要内容。

（1）南宋天童寺轮藏殿与伽蓝配置

从《五山十刹图》所载天童寺伽蓝配置图中同样清楚可见，差不多与灵隐寺建筑位置相仿佛，在天童寺建筑中心有一座“三世如来殿”（即相当于现在一般寺院中之大雄宝殿），在殿右（西）前方显著位置上，建有一座轮藏殿。（图8-3、图8-4、图8-5）

天童寺开创于西晋永康元年（300），唐开元二十年（732），法璇在太白山谷重建，名“太白精舍”，今称古天童。唐至德二年（757），宗弼、县聪等迁太白精舍于今寺址，据说其时始成十方丛林。唐会昌元年（841）镜禅师住持天童时，寺院再有扩展。

北宋起随着江南“五山”迅速崛起，天童寺地位骤升。北宋真宗景德四年（1007）敕“天童景德禅寺”额，真宗大中祥符三年（1010），天台宗僧知礼向朝廷申文提出仿效天童寺制度，实行延庆寺改制。约建中靖国年间（1101—1106）或稍后，京城名师惟白从汴京来天童出任住持，成为一种特殊的文化纽带，顿时使原先地处僻静的天童寺，从此时开始迄于整个南宋时期，约二百年间，与中央行政系统及主流意识形态形成一种紧密的文化联系，至于元、明二朝，仍余响不息。

南宋建炎三年（1129），名师宏智正觉继席住山30年弘曹洞宗风，绍兴四

---

① （清）沈镕彪：《云林寺续志》卷二《重兴》、《梵宇》，台北：明文书局1980年影印《中国佛寺史志汇刊》第一辑第25册，页61—94、页95—108。

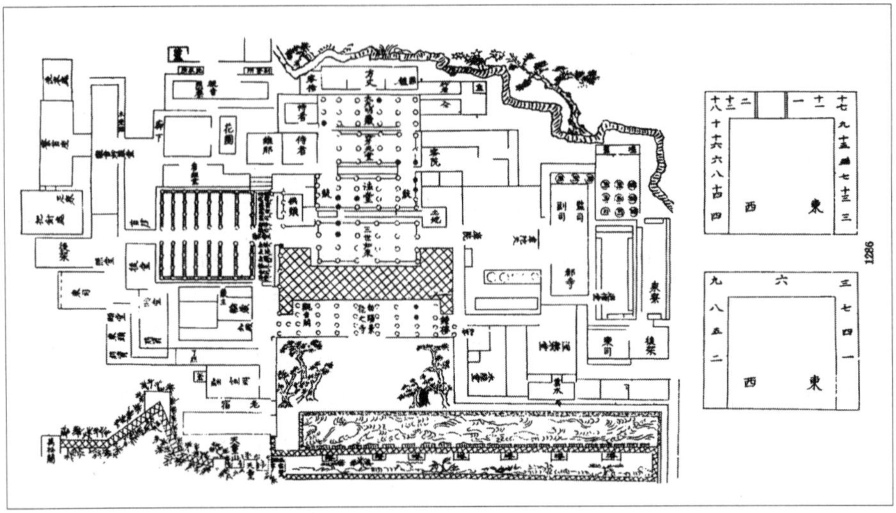

图 8-3　**天童山景德寺伽蓝配置图**（龙华院本《大宋名蓝图》）

资料来源：〔日〕无著道忠：《敕修百丈清规左觿》附录二《大宋名蓝图》，京都：中文出版社 1977 年影印本，页 1286。

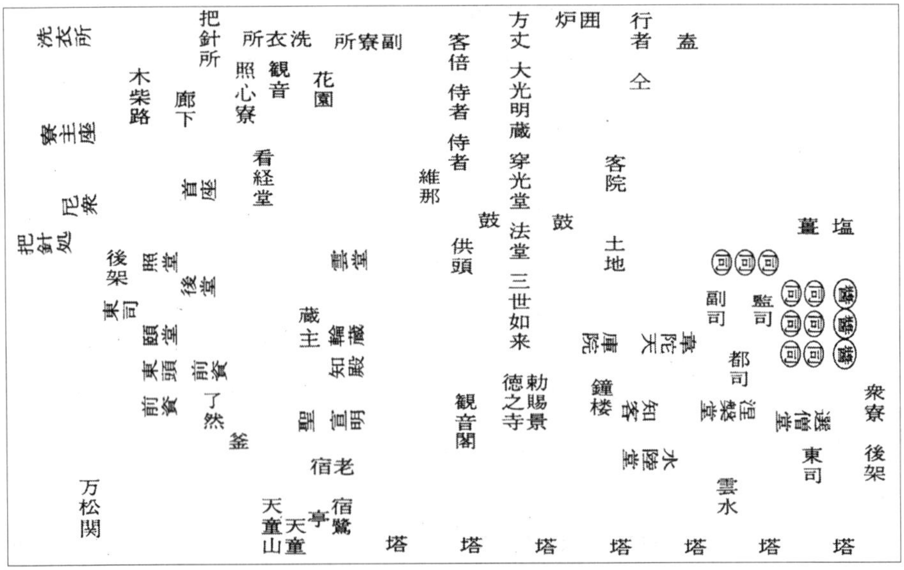

图 8-4　**天童山景德寺伽蓝配置图**（与图 8-3 对应的文字部分）

资料来源：《禅学大辞典》别卷《图录》，驹泽大学，《禅学大辞典》编纂所编，日本大修馆书店刊行，昭和五十三年（1978），页 12 下。

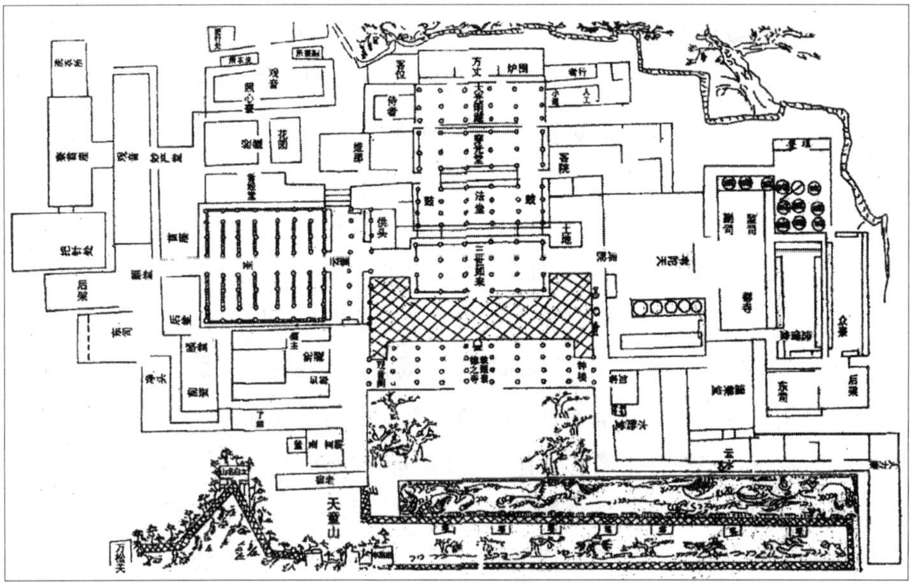

图 8-5　天童山景德寺伽蓝配置图（东福寺本《五山十刹图》）

资料来源：《禅学大辞典》别卷《图录》，驹泽大学，《禅学大辞典》编纂所编，日本大修馆书店刊行，昭和五十三年（1978），页 12 上。

年（1134）建成能容纳千人的僧堂，前后 14 间，有二天井，纵 200 尺，广 16 丈。继而扩建山门，成巍峨楼阁，称千佛阁。淳熙五年（1178）孝宗因丞相史浩奏请翰书“太白名山”四字赐寺。绍熙四年（1193），虚庵智愚任住持，鸠工庀材，历三寒暑，扩建山门并在山门建千佛阁，高三层 12 丈。曾在天童求学的日僧荣西听说祖庭修建山门千佛阁，回国后运来“百围之木凡若干，挟大舶泛鲸波而至，千夫咸集，浮江蔽河，辇至山中”，以此为报“摄受恩”。[①] 嘉定年间日僧道元来寺拜长翁如净门下，回国后将师门宗风及天童文化发扬光大。

现天童寺是在明崇祯四年（1631）重建基础上经历代修建的建筑，有寺舍 999 间，是典型的依山而建的梯级布局，中轴线上，由南向北，依次为外万工池、七塔苑、内万工池、照壁、天王殿、大雄宝殿、法堂、先觉堂、罗汉堂竺，均重檐歇山顶，筒瓦骑缝，并饰以鸱尾脊兽。轮藏殿及大山门则早已不存。

（2）南宋天童寺的藏经及藏经殿

南宋临安成为活字印刷及中国书籍出版中心，名刹大寺由于拥有财力及文

---

① （南宋）楼钥：《千佛阁记》；（清）闻性道、释德介：《天童寺志》卷二《建置》，台北：明文书局 1980 年影印《中国佛寺史志汇刊》第一辑第 13 册，页 89—91。

化力，增加经藏获得更好的条件。天童寺作为当时最重要、财力物力最雄厚的大寺之一，藏经较其他丛林寺院更为丰富，加上其特有的丛林经营体制，全寺伽蓝配置建有规模可观的轮藏及轮藏殿，本来也是题中应有之义。

从上示诸图可见，天童寺除轮藏殿外，正北方中轴线上，还有一座“大光明藏（殿）”，故寺中至少有两套藏经。元代释德辉说，随着佛教发展，丛林庋藏经典增加，“后以众多，列东西藏”[①]。“东西”二字，无法确解，从上示诸图中描绘的天童寺两座藏经殿（轮藏殿和大光明藏殿）位置看，一在寺前（南），一在寺后（北），也不能说是“东西藏”。“藏”字指经藏应无疑，所以这句话也有可能是指轮藏殿中设置有东西两座转轮藏，虽属笔者推测，但是从上面分析过的当时各地寺院建置轮藏情况看，这个可能性应该是存在的。

再从上引二幅天童寺伽蓝配置图可见，二图对寺中若干建筑及功用的细节描绘有所不同。如全寺建筑布局的右（西）后方，在一处大建筑“看经堂”之后（北面），有一处比“看经堂”略小的屋舍，龙华院本未标明其功用，东福寺本则标明是“经藏”。

轮藏殿后一片建筑应是众寮，后面（北面）的“看经堂”，与众寮前（南面）的“藏主寮”功能应类似，即用于藏经及阅藏。

天童寺有三套藏经，相应建有三个藏经殿，即位于全寺右（西面）前方的轮藏殿，位于全寺建筑中轴线上后方、正好位于方丈室之前的大光明藏殿，以及位于全寺建筑布局右（西面）后方，与大光明藏并列但是中间以花园隔开的“经藏殿”。

由于龙华院本并未注明这处建筑的功用性名称，可能是道忠对天童寺是否有第三个藏经殿存有疑问，否则应无不注明屋舍名称之理。所以南宋天童寺是否拥有过第三个藏经殿，值得思考。若是，与当时天童寺显赫地位及盛大规模相应，若非，则另当别论。这个问题下面还要再谈。

3. 明州阿育王寺中的转轮藏

南宋初年，月堂道昌（1089—1171）住持明州阿育王寺时，寺中建有转轮藏。因其时江南战乱未息，育王寺常遭兵灾，所以不太可能大兴土木兴建轮藏，所以这座轮藏很可能建于北宋的某个时期，至于轮藏如何建造的具体情况已不可考。

---

① （元）释德辉：《敕修百丈清规》卷四《两序章·西序头首·知藏》，《大正藏》册48，页1131中。

月堂道昌又称道昌佛行，《嘉泰普灯录》有传。道昌是云门宗僧人，浙江宝溪人，俗姓吴，号月堂，人称“慈月堂禅师”。十三岁落发，谒道场山妙湛思慧，后游方参学，得到圆悟克勤等名师赏识。之后再从妙湛学于净慈寺，曾任典藏等寺职。南宋绍兴初入闽，主大吉、龟山等寺，又出主江苏金陵蒋山寺，临安径山寺、灵隐寺名刹，乾道二年（1166）丙戌入主净慈寺，五年后即乾道七年（1171）示寂，世寿八十三，获赐号“佛行禅师”，传曰：

十三祝发，逾二年，谒妙湛于道场，闻举须弥山话，言下知归。湛戒其藏器于身，复示以雪窦“为道日损”偈令洞究。一日始彻证渊微，亟往告湛，湛为助喜，于是以遍参为志，率时辈俊杰如闻庵宗、正堂辩，偕游淮楚湖湘间，依长灵卓、保宁玑、圆悟勤诸大宗师，咸器赏之。尤于圆悟室中问答无滞，特加前席，命典翰，拂衣不顾。

归省湛于净慈，俾掌藏，为众说法，道声蔼著（原注：时年二十三）。久之，湖守以何山从妙湛勾有道者住持，以师应命。未几补穹窿、瑞光，迁育王。建炎中退席，跨黄犊游天台。绍兴初，居闽中大吉，徙秀峰龟山，方来万指。

诏移金陵蒋山。蒋山新经戎燼，师至一新之。复奉旨擢径山、灵隐。[①]

道昌曾为“五山”中的育王、径山、灵隐、净慈寺住持，也是一位五山禅师。“迁育王”即出任育王寺住持的时间是高宗建炎年间，《佛祖统纪》述其事迹即在此时：

（建炎）四年（1130）正月……庚戌（七日），虏陷明州……育王山月堂禅师道昌，闻虏且至，就山后掘一窖，捧释迦舍利塔坐其中，以陶器覆于上。虏酋至，不得塔，大怒将火其屋，忽壁间观音画像放光，出水满地，轮藏自转。酋大怖畏，拜祷而去。[②]

---

① （南宋）释正受：《嘉泰普灯录》卷一二《临安府净慈佛行月堂道昌禅师》，《卍新纂续藏经》册79，页367上中。道昌事迹另见《净慈寺志》、《径山志》等，道昌住育王寺时还曾主持迁葬天台十六祖、高丽籍僧人、知礼及遵式之师义通骨殖（见《佛祖统纪》卷八《十六祖宝云尊者义通》，《大正藏》册49，页191中下）；道昌并撰：《宝云通法师移塔记》记述此事，见（南宋）释宗晓编：《宝云振祖集》之《宝云通法师移塔记》、《草庵纪通法师舍利事》，《卍新纂续藏经》册56，页703下—704上。

② （南宋）释志磐：《佛祖统纪》卷四七，高宗建炎四年，《大正藏》册49，页424上。

由此可知当时寺中至少有一座转轮藏，轮藏殿的具体情况则不得而知，但既有轮藏，想必轮藏殿也应有一座。

现存最早的育王寺志是明代万历年间成书的《阿育王寺志》，书中记载沈泰鸿撰于万历戊申年（1608）之《四明阿育王寺舍利殿重建藏经阁募缘疏》文，记述育王寺伽蓝配置及寺院建设情况，当时寺中似无转轮藏及轮藏殿之类建筑，也无新建造轮藏打算。①

4. 天台万年寺中的转轮藏

"五山图"中还有一幅天台山万年寺伽蓝配置图，亦弥足珍贵，图中也显示寺中建有一座轮藏殿。

（1）南宋万年寺的转轮藏和伽蓝配置

从这幅南宋时期实地描摹的全寺伽蓝配置图可见，万年寺寺院建筑与灵隐、天童等大寺同样一应俱全，轮藏殿也与灵隐、天童寺同样地在差不多相同的显著位置上。(图 8-6)

相对于临安灵隐寺和明州天童寺，万年寺是一个建筑规模较小的寺院，实际地位以及现实影响，与灵隐、天童这类海内名刹不能相比，可想而知，寺院内部所有规则仪礼等相对而言也应该比较简洁，反映在伽蓝配置的外在方面，也就相应比较简单。

（2）南宋万年寺轮藏殿与寺院制度

南宋时，天台万年寺也是一方名寺。叶绍翁撰《四朝见闻录》载："孝宗（1163—1189 年在位）喜占对，宋之瑞面对，上问以所居，之瑞对曰：'臣家于天台。'上又曰：'闻彼多名山胜刹，孰为之冠？'之瑞对曰：'唯是万年、国清。'上大加赏叹。"②"万年、国清"既是妙对，亦表明万年寺与国清寺齐名，皆天台重刹。

国清寺是"十刹"之一,万年寺虽未列入，但与《五山十刹图》作者彻通义介渊源颇深。义介之师是永平道元，道元之师是明庵荣西。差不多宋之瑞与孝

① （明）沈泰鸿:《四明阿育王寺舍利殿重建藏经阁募缘疏》,（明）郭子章《明州阿育王山志》卷四下，台北：明文书局 1980 年影印《中国佛寺史志汇刊》第一辑第 11 册，页 272—274。仲尧按：原文载其文撰于"戊申岁春"，沈泰鸿系沈德符（1587—1642）长子，"戊申"系万历三十六年（1608），推算年龄似有误。

② （南宋）叶绍翁:《四朝见闻录》乙集《万年国清》，中华书局 1989 年点校本《唐宋史料笔记丛刊》，页 55。

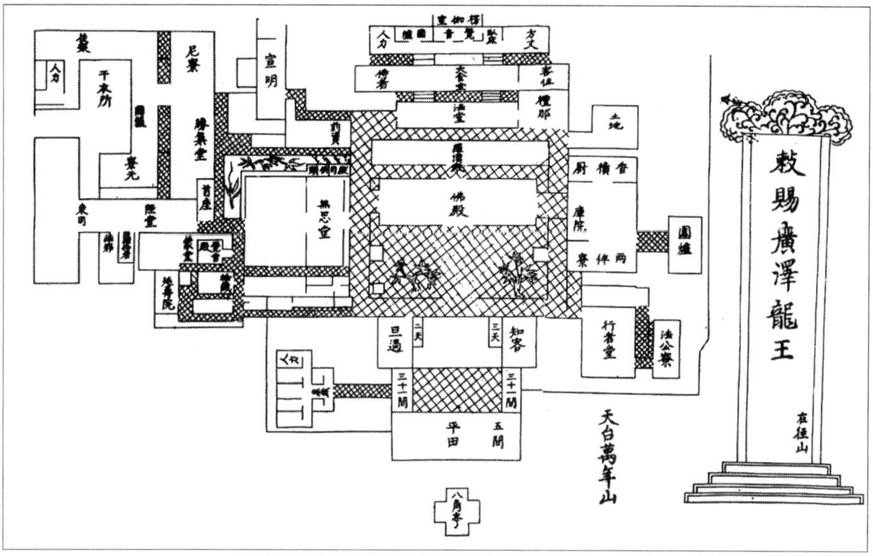

图 8-6　天台山万年寺伽蓝配置图（龙华院本《大宋名蓝图》）

资料来源：〔日〕无著道忠：《敕修百丈清规左觿》附录二《大宋名蓝图》，京都：中文出版社 1977 年影印本，页 1288。

宗妙对当时，也正是虚庵怀敞住持万年寺，收日本弟子荣西于门下之际。孝宗乾道四年（日本仁安三年，1168），荣西首次来华，从明州登岸，至天台万年寺、明州育王寺等参拜，约半年后回国。孝宗淳熙十四年（1187）荣西再度入宋，先到临安，又重登天台万年寺，拜虚庵怀敞门下。南宋淳熙十六年（1189）怀敞住持天台万年寺，荣西拜师即在此时。怀敞后被敕迁明州出任天童住持，荣西也随师前往天童参学。绍熙二年（日本建久二年，1191）荣西返国创日本临济宗。① 荣西来宋前曾在日本入比叡山延历寺学台密，密僧通常被认为具有祷雨能力，所以荣西在明州时曾受请祷雨。荣西曾捐钱物修建天台万年寺之“三门”、两庑，修过天台观音院及智者塔院。② 《天童寺志》载：“光宗绍熙四年（1193）癸壬，虚庵禅师怀敞重修千佛阁，日本千光师荣西航巨木来佐。”③ 可

① 参〔美〕Martin Collcutt, *Five Mountains: The Rinzai Zen Monastic Institution in Medieval Japan*, Chapter 1, Japanese Zen Pioneers, Eisai and the Kamakura Shogunate（荣西与镰仓幕府）, Cambridge: Harvard University Press, 1981, pp.36-41。

② （南宋）楼钥：《天童山千佛阁记》，见（清）闻性道、释德介《天童寺志》卷二《建置考》，台北：明文书局 1980 年影印《中国佛寺史志汇刊》第一辑第 14 册，页 89—92。

③ （清）闻性道、释德介：《天童寺志》卷二《建置考》，台北：明文书局 1980 年影印《中国佛寺史志汇刊》第一辑第 14 册，页 88。

知荣西回国后始终未忘祖庭及师门之恩。

继荣西之后，道元到南宋求法时也专程到万年寺拜师。道元在嘉定十六年（1223）入宋，先投明州天童寺参无际了派，后入天台万年寺参元靠，再上临安径山寺礼浙翁如琰，最后到天童拜长翁如净门下，[①] 终得大成，回国后创日本曹洞宗。万年寺是义介先祖、先师当年求法祖庭，同时也是日本禅门二大宗临济、曹洞宗祖庭，义介绝无不前往参拜之理。作为本宗发迹之源，无论感情或理智上，也愿以之为建筑蓝图以祈吉祥，有如恃怙。

（二）镇江金山寺转轮藏实样图略析

《五山十刹图》中还有一幅精心绘制的镇江府（今江苏省镇江市）金山寺之转轮经藏图样，亦弥足珍贵。

1. 金山寺转轮藏实物图样分析

金陵镇江金山也是南宋时期一座名刹，以后在元、明、清历代以及在近现代都是一座重要寺院。[②] 存世文献所载宋代木质结构的实物图样，由于古代印刷技术等原因，保留下来的极其罕见。宋代转轮藏实物之实地摹写的图样，目前存世所见，仅有一幅，即《五山十刹图》中保存的金山寺南宋转轮藏图，弥足珍贵。因原图未标尺寸，具体大小不能确定，不过从图样看，这座转轮藏建构基本上全同北宋《营造法式》中所载转轮藏图。（见图 8–7）

由图可知，金山寺的这座轮藏，由藏座、藏身和天宫楼阁三部分组成，并有一枝中心木轴贯穿其上下，上端由枋与藏殿之梁架相连，藏身八角，与《营造法式》记载的转轮藏建造规式比较，可知与实物形制几乎完全一致。（见图 8–8）

比较“五山图”描绘的金山寺转轮藏与北宋《营造法式》所载转轮藏图样以及所详细记载的制度尺寸（下文详），二者之高度、直径乃至形制、尺寸，都很接近。“五山图”作者在南宋前后四年，对宋文化当深入了解，从“五山图”

① 〔日〕塙保己一：《续群书类丛·第九辑上》卷二二五《道元禅师行录》，东京：《续群书类丛》完成会昭和五十二年（1977），页 277 下—280 下；《永平寺三祖行业记》，页 281 上—286 上。

② （清）卢见曾：《金山志》，乾隆二十七年（1762）撰，光绪二十六年（1900）刊，台北：明文书局 1980 年影印《中国佛寺史志汇刊》第一辑第 39 册。此寺即与民间流行的《白蛇传》故事关系密切的金山寺。

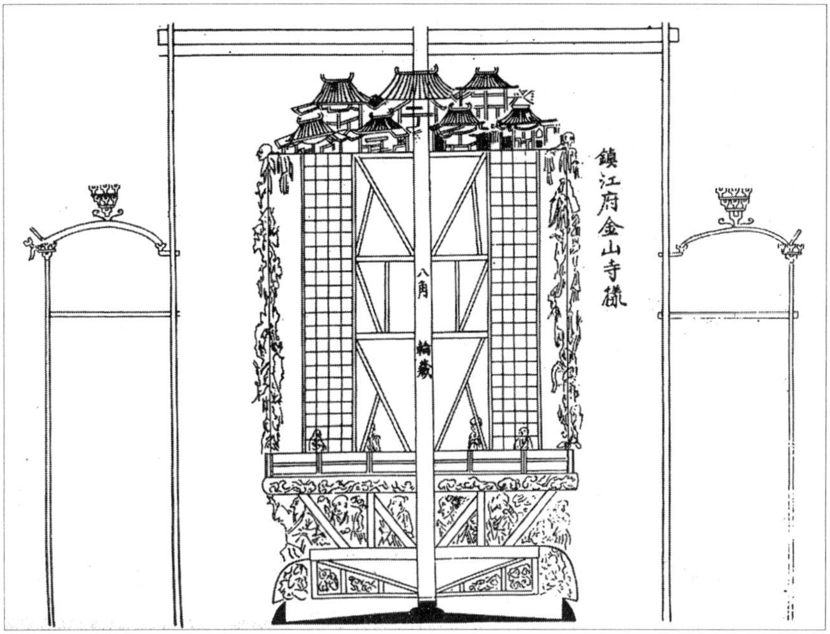

图 8-7　镇江金山寺转轮藏图（龙华院本《大宋名蓝图》）

资料来源：〔日〕无著道忠：《敕修百丈清规左觿》附录二《大宋名蓝图》，京都：中文出版社 1977 年影印本，页 1304。

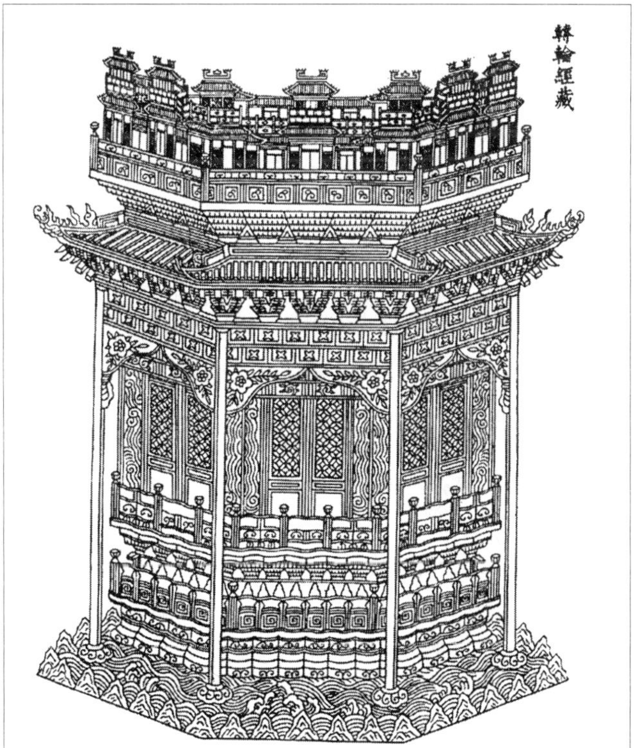

图 8-8《营造法式》所载北宋转轮藏图样

说明：（北宋）李诫的《营造法式》，是北宋官方颁布的一部建筑设计、施工规范书，也是中国古籍中最完整的建筑技术专书。此书原名《元祐法式》，哲宗元祐六年（1091）编修成书，绍圣四年（1097）李诫重新编修，崇宁二年（1103）刊行。

中诸寺伽蓝及大小木作图样看，作者对土木建筑、大小木件等专业水平也很高，因此可能了解并研究过《营造法式》一书。

2. 金山寺转轮藏略析

是否当时禅寺中的转轮藏形制基本上如金山寺轮藏？从上述分析看应有可能。上文提到五山十刹伽蓝配置基本格局是“左钟右轮”，轮藏殿中的轮藏一般来说规模不会太小，而建筑之宏丽堂皇应该也都不在话下。

（三）若干述评

五山图中所载之完整的南宋五山十刹建筑之平面图，共计上述灵隐、天童、万年寺三幅，三幅图中可见诸寺中皆建有转轮大藏和轮藏殿，并在整体伽蓝配置格局中占据举足轻重的位置。加上镇江金山寺中的转轮藏等，似可推知五山十刹中皆建有转轮藏及轮藏殿。南宋其他存世文献中也可找到一些五山十刹转轮藏的蛛丝马迹。

除了上述可确定的资料信息，还有一些可能的情况也在此一并简要讨论。

如杭州净慈寺也是嘉定间列为“五山”之一的名刹，从五代至南宋，寺院与中外文化交流及宗教历史上诸多重要事件及重要人物关联，但是许多细节已不得而知。如有关净慈寺的文献中现存最早的寺志是明代释大壑所撰《南屏净慈寺志》十卷，该书卷二《建置（一）》部分缺佚后半，卷三《建置（二）》全佚，清代释际祥编纂的《净慈寺志》中数处提到“净慈寺旧志”曾记载的寺宇殿阁建筑情况，如曰：“净慈寺旧志：‘藏经殿在正殿右，泰定（1324—1328）间住持善庆建。’今废。”① 这座藏经殿按所处位置看很可能是轮藏殿，若是，则元代尚继前朝而修建过轮藏。但检索寺志得知明清时净慈寺似未有轮藏。一般汉传佛寺中约明、清时起建轮藏之风及这类收费式宗教服务经营不再流行。更具体的情况暂无法了解。

综上所述，试概括三点：

一是与上述灵隐寺、天童寺以及万年寺三幅伽蓝配置图比较，加上金山寺

① （清）释际祥：《净慈寺志》卷二《兴建》，台北：明文书局 1980 年影印《中国佛寺史志汇刊》第一辑第 17 册，页 192。并见（明）释大壑《南屏净慈寺志》卷二《建置》，杭州出版社 2006 年点校本《杭州佛教文献丛刊》，页 67。

的转轮藏图样，从四图所具有的共同性方面看，凡是南宋时期保留下来有绘图记述当时寺院伽蓝配置的寺院中，皆建有转轮藏及轮藏殿，应非偶然；

二是从上述涉及“五山”的三座寺院灵隐寺、天童寺和育王寺，涉及“十刹”的金山寺以及不包括在五山十刹中的天台万年寺情况看，寺院有大小，宗派也有区分，但是皆建轮藏和配套工程轮藏殿，亦非偶然；

三是从存世之南宋丛林伽蓝配置图及其他文献记载的情况综合来看，显示江南寺院之建筑布局已出现风格趋同特征，联系今日所见大江南北中国寺院建筑风格，亦足以证非为偶然。

三、转轮藏、轮藏殿之功用性机制与丛林体制

本节继续据转轮藏、轮藏殿之功用性机制与当时丛林体制关系展开讨论。

佛寺中把供奉神佛的木龛和贮藏经卷的木橱，制成建筑物形式的龛橱，《营造法式》中用三卷篇幅详述龛橱形制，并附图样、材料，有“壁藏”、“转轮藏”“佛道帐”、“九脊帐”、“壁帐”、“牙脚帐”等。壁藏是沿墙设置的贮经壁橱，中分若干间帐身，下为须弥座，上为屋顶，每间帐身有可开启的橱门，内为存放经卷的经屉，屋顶部分做成斗、出檐及平坐，平坐上再做出小殿阁和天宫楼阁。转轮藏是一种储藏佛经的大圆筒（大层龛），用铜制轴，一柱八面，可以人力转动。

转轮藏创始者据说是南朝萧梁傅翕（497—569），[①]《善慧大士录》载：“（傅翕）大士在日，常以经目繁多，人或不能遍阅，乃就山中建大层龛，一柱八面，实以诸经，运行不碍，谓之轮藏。乃有愿言：‘登吾藏门者，生生世世不失人身，从劝世人，有登菩提心者，志诚竭力，能推轮藏不计转数，是人即与持诵诸经功德无异，随其愿心，皆获饶益。’今天下所建轮藏，皆设大士像，实始于此。”[②]这个说法见于多种史籍。

南宋叶梦得（1077—1148）曰：“自汉永平，为佛者始持其书入中国，由晋宋历唐，至于今不绝，梵语华言，更相发明，传其学者，又从而申衍之，其说

① 见《续修四库全书提要·子部·傅大士集》，傅翕是南朝佛教界神异人物，东阳郡乌伤县（今浙江省义乌市）人，号善慧，又称傅大士、双林大士等，传世有《善慧大士录》（又名《傅大士集》）等，（唐）楼颖辑为八卷，（南宋）楼柏删为四卷，但一般认为是书内容多唐宋时人附会增益。

② （唐）楼颖辑：《善慧大士录》卷一，《卍新纂续藏经》册69，页109下。

遂充满天下，辑而藏之，皆设为峻宇高甍，雕刻彩绘，备众宝以为饰，竭众巧以为工，苟可庄严者无不至。梁普通（520—525），复有异人为之转轮以运之，其致意深矣。”[①]“异人”即指傅翕。

南宋释宗鉴曰：“初，梁朝善慧大士（傅翕）愍诸世人，虽于此道颇知信向，然于赎命法宝或有男女生来不识字者，或识字而为他缘逼迫不暇批阅者，大士为是之故，特设便方，创成转轮之藏，令信心者推之一匝则与看读同功。故其自誓曰：‘有登誓藏门者，生生不失人身，又能旋转不计数者，是人所获功德即与诵经无异。’”[②]也提供了同样的说法。

以上两种说法，出自南宋时期佛门内外名家，其间相隔约百年，而看法基本一致。

《禅林象器笺》引《云卧纪谈》曰：“佛印禅师谒王荆公于定林，公以双林傅大士像需赞，佛印掇笔书曰：‘道冠儒履佛袈裟，和会三家作一家。忘却率陀天上路，双林痴坐待龙华。’”[③]认为轮藏还有“和会”儒释道三家作用。无著道忠论曰：“今轮藏八面排列八天像（天龙八部），所谓密迹金刚分二躯，梵天帝释四天王也，异《正统》说。又依《释门正统》、《佛祖统纪》，立保境将军像，谓是在日乌伤县宰发誓护藏者也，然此方少设此。”[④]寺院轮藏殿多设各类神像，可知轮藏殿规模宏伟。

有学者认为转轮藏可能始于唐代，《禅林象器笺》引白居易（772—846）撰《苏州南禅院千佛堂转轮经藏石记》详细记载这座转轮藏情况：

> （经）堂之中，上盖下藏，盖之间，轮九层，佛千龛，彩绘金碧以为饰，环盖悬镜，六十有二，藏八面，面二门，丹漆铜锴以为固，环藏敷座，六十有四。藏之内，转以轮，止以桅，经函二百五十有六，经卷五千五十有八。[⑤]

---

① （南宋）叶梦得：《建康集》卷四《建康府保宁寺轮藏记》，台湾商务印书馆1985年影印《景印文渊阁四库全书》第1129册，页616上。

② （南宋）释宗鉴：《释门正统》卷三《塔庙志》，《卍新纂续藏经》册75，页298中。仲尧按：《释门正统》完成于理宗嘉熙元年（1237）。

③ 〔日〕无著道忠：《禅林象器笺一》卷四《灵像类下·傅大士》，《佛光大藏经·禅藏·杂集部》，页260、261。

④ 〔日〕无著道忠：《禅林象器笺一》卷四《灵像类下·八大神将》，《佛光大藏经·禅藏·杂集部》，页263。

⑤ 〔日〕无著道忠：《禅林象器笺一》卷一《殿堂类上·轮藏》引，《佛光大藏经·禅藏·杂集部》页53。

这座轮藏始建于唐大和二年（828），完工于开成元年（836），建筑结构是“轮藏九层，藏身八面，环藏敷座六十四而内转以轮”[①]。设计理念，显然取自《易经》之八经卦、六十四重卦及阳数之极九数等。这是现知有关文献中最早的对于转轮藏的实地记载。

五代时各地有些寺院也出现了建造转轮藏的情况，洪迈《夷坚志》记载有数例。如福建地区：“福州闽清县白云寺，西廊有大轮藏，名曰千福，王氏据闽日所建也。”[②] 又如湖南地区：“潭州城北开福寺，五代马王时所建。殿宇宏丽，唯经藏作朱转轮，邦人前后欲营之，辄不果。政和四年甲午（1114），住持僧文玉始拆旧藏欲新之，于栋间得一板，题四十五字云：‘吾造此藏，魔障极多，初欲为转轮，众议不可。后二百年当有成吾志者。’……推考立寺之岁，当梁正（贞）明年己亥（元年，915），正马氏有国时，恰二百年矣。”[③] 不过细究二则记载，对于五代所建轮藏皆似含有一定的传说成分，可以肯定的却是南宋时有轮藏或有建轮藏的打算。

从检索文献看，唐五代时期寺院建造转轮藏的记载虽有，但并不多见，不仅如此，文献中有关唐五代时寺院建造转轮藏的记载还多可存疑。如唐谭铢撰《庐州明教寺转轮经藏记》载，江西庐州明教寺有一座转轮藏，轮藏结构，“周回八角”，建于唐咸通十一年（870）。谭铢释曰（大意）：“八角”者，“八觉”也，佛以眼为八邪，耳为八患，鼻为八苦，舌为八难，回八邪为八觉，回八患为八解脱，回八苦为八安乐，回八难为八王子，指四八为三十二相，由此八关，返邪归正而成佛之境。[④] 无著道忠曾对此提出疑问：“（谭）铢自谓常学释氏，然‘眼为八邪’已下，未知何据？”[⑤] 谭铢文中提到自己常学佛，但“眼为八识、耳为八患”之类说法并无佛典依据。总体上看，唐五代时寺院虽然已有转轮藏建造，但至少还未蔚成风气。

---

① （唐）白居易：《白氏长庆集》卷七〇《苏州南禅院千佛堂转轮经藏石记》，台湾商务印书馆 1985 年影印《景印文渊阁本四库全书》第 1080 册，页 781 上—782 上。又见《文苑英华》卷八二〇，台湾商务印书馆 1985 年影印《景印文渊阁本四库全书》第 1341 册，页 159 上—160 上。

② （南宋）洪迈：《夷坚志》支癸卷四《千福藏宝珠》，上海古籍出版社 1995 年影印《续修四库全书》第 1265 册，页 725 下；

③ （南宋）洪迈：《夷坚志》支景卷六《开福轮藏》，上海古籍出版社 1995 年影印《续修四库全书》第 1265 册，页 523 下—524 上。

④ （唐）谭铢：《庐州明教寺转轮经藏记》，《文苑英华》卷八二〇，台湾商务印书馆 1985 年影印《景印文渊阁本四库全书》第 1341 册，页 160 上下。

⑤ 〔日〕无著道忠：《禅林象器笺一》卷一《殿堂类上 · 轮藏》，《佛光大藏经 · 禅藏 · 杂集部》，页 55。

北宋佛寺建造轮藏之风渐起。李诫（？—1108）《营造法式》之《小木作制度》章中专列一节《转轮经藏》详载转轮藏建造规制，曰：

> 造经藏之制，共高二丈，径一丈六尺，八棱，每棱面广六尺六寸六分，内外槽柱，外槽帐身柱上腰檐平坐，坐上施天宫楼阁，八面制度并同。其名件广厚，皆随逐层每尺之高，积而为法。
>
> ……转轮高八尺，径九尺，当心用立轴长一丈八尺，径一尺五寸，上用铁锏钏，下用铁鹅台桶子（原注：如造地藏，其幅量所用增之），其轮七格，上下各札辐挂辋，每格用八辋安十六幅，盛经匣十六枚。[①]

同书《雕作》又记："八曰'缠龙柱'"，"施之于帐及经藏柱之上"。[②]转轮藏外观如八角木塔，中设转轴，下装铁轴，以人力推动运转。北宋转轮藏存世实物目前所知只有一处，即河北正定隆兴寺转轮藏，与《营造法式》所记载的制度图样比较，基本一致。[③]从《营造法式》反映的情况看，至少可肯定大约北宋中期之后寺院中建造转轮藏已经不少。

黄敏枝教授认为："后来就蔚为风气，不论通都大邑或穷山深谷的兰若皆争相设置，这是因为利之所趋，所谓'施者假之以邀福，造者因之以求利'，一针见血地道出造转轮藏的目的和作用。"[④]说"一针见血地道出"寺院造转轮藏因"利之所趋"似嫌武断。寺院造转轮藏首因佛德功用，只是这是一种特定法器，运行机制则相关牟利。

（一）南宋寺院建转轮藏之普遍化趋势

黄敏枝考证并搜集资料述北宋寺院建转轮藏情况，本书不再详涉，但认为

---

① （北宋）李诫：《营造法式》卷一一《小木作制度六·转轮经藏》，中国书店2006年影印本，上册，页222、234。

② （北宋）李诫：《营造法式》卷一二《雕作制度·混作》，中国书店2006年影印本，上册，页251。

③ 北宋转轮藏存世实物目前所知只有一处，即河北正定隆兴寺转轮藏，表面八棱，内外槽柱，下用铁鹅台桶子和缠龙柱构筑，形制正是依《法式》而造，只是实际尺寸比《营造法式》所载稍大。南宋转轮藏实物存世也仅一处，但是道教轮藏，即四川省江油县窦圌山云岩寺道教飞天藏，建于南宋淳熙八年（1181），实际尺寸比《营造法式》所记载要大。参黄石林《四川江油窦圌山云岩寺飞天藏》，《文物》1991年4期，页20—33；哲也《江油发现宋代木构建筑》，《文物》1964年3期，页56—57。

④ 黄敏枝：《关于宋代寺院的转轮藏》，高雄：《普门学报》第八期，2002年3月。

可注意对后来南宋此风剧长产生的推动作用。

到南宋时，寺院建造转轮藏出现普遍化趋势。

如王安石（1021—1086）撰《真州长芦寺经藏记》载，该寺僧人智福，费钱三千万，“建大轴两轮而栖轨于轮间”，建成之轮藏，“土木丹漆，珠玑万金”，闳丽不可名状。[①] 又黄庭坚（1045—1105）《江州东林寺藏经记》载，是时庐山东林寺由名僧常总主持，“总公天下大禅师，门人常数百人或千人”。众人“皆心力为之，于是能者致力，巧者献工，富者输财，辨者劝施，数年之间，为夏屋千楹……最后度为转轮莲华经藏”，且同时建造“转轮藏及藏殿”。[②] 真州长芦寺和庐山东林寺皆名刹，风气使然，南宋时这些轮藏应继续存在。

北宋汴京大寺有些也建有轮藏。约真宗咸平四年（1001），大相国寺进行过一次大规模整修，整修期间对寺院建筑整体布局作过调整。[③] 调整后的寺院布局，据宋白约撰于咸平四五年间（1001—1002）的《修相国寺碑记》记载：“正殿翼舒长廊，左钟曰楼，右经曰藏，后拔层阁，北通便门，广庭之内，花木罗生，中庑之外，僧居鳞次。”寺院基本格局成为“左钟右轮”，左前方（东面）是钟楼，右前方（西面）是轮藏殿。

又如熙宁五年（1072）十月廿四日，来华日僧成寻（1011—1081）参访汴京诸寺，在福圣禅院参礼，位处大佛殿之东的东堂是藏经堂，堂之中，“泗州大师像中坐，四面有一切经，庄严不可思议”，可知是一部壁柜龛藏藏经。成寻在主人引导下依次参礼禅院中之诸堂，参礼东堂之后，参礼禅院大佛殿之南弥勒堂，再参礼大佛殿西之“经藏”（藏经堂），“中心宝殿有银泥一切经，先见成实论，宝殿转轮合见之，四面厨子（橱柜）上有四重小阁，四面壁边有墨字一切经二部，上皆造四重宝，一间有三小阁，不可记尽”[④]。则知是一座轮藏殿，内有一座大转轮藏，且知其基本建筑格局正是如当时通行的伽蓝配置，轮藏殿位置在全寺之西南，即曰右前方。

---

① （北宋）王安石：《真州长芦寺经藏记》，（明）茅坤：《唐宋八大家文钞》卷八八，台湾商务印书馆1985年影印《景印文渊阁本四库全书》第1384册，页88下—89上。

② （北宋）黄庭坚：《江州东林寺藏经记》，（清）谢旻等监修：《江西通志》卷一二四，台湾商务印书馆1985年影印《景印文渊阁本四库全书》第517册，页328下－329下。

③ （明）李濂《汴京遗迹志》卷一〇《寺观》：真宗咸平四年（1001）“增建翼廊、三门、前楼，迎取颍川郡铜罗汉五百尊，置于阁上”。台湾商务印书馆1984年影印《景印文渊阁本四库全书》第587册，页613下。

④ 〔日〕成寻：《参天台五台山记》卷四，佛书刊行会编纂，东京：名著普及会昭和五十四年（1979）影印《大日本佛教全书》第115册，页395下。

南宋寺院建轮藏普遍化，似成伽蓝建筑新观念。叶梦得撰《建康府保宁寺轮藏记》曰："吾少时，见四方为转轮藏者无几，比年以来，所至大都邑，下至穷山深谷，号为兰若，十而六七，吹蠡伐鼓，音声相闻，襁负金帛，踵蹑户外，可谓甚盛。"[①] 叶氏所谓"少时"值北宋末年，当时各地寺院中轮藏还少。此文撰于南宋初，据其亲眼所见，当时从通都大邑乃至穷山僻野，佛寺建转轮藏者已然"十而六七"，仿佛忽然之间风气大盛。除了"五山"轮藏可作为代表性标志之外，下面再做一些深入论证。

1. 临安城中寺院转轮藏

《梦粱录》载，临安一地大小寺数超过480所，而转轮藏建造领风气之先，寺刹庭院中轮藏高耸入云。《佛祖统纪》载，杭州"钱塘法师"北关思净，在城北关创妙行精舍，日加扩建，二十年内，规模宏大，建十莲华藏，规制巧妙，号称天下轮藏之冠："法师思净，钱唐喻氏，受法华于瑛师，既悟厥旨，复深研净土之观，专志念佛，日课观经。大观（1107—1110）初于郡城北关创精舍，匾曰'妙行'，领徒乞食，期饭僧百万，不二十年，竟逾八倍，建十莲华藏，规制巧妙，为天下轮藏之冠。"但思净活动高峰主要在南宋，"绍兴十年（1140）庚申冬，端坐想佛，七日不废，忽起燃香供佛，归座趺坐而化。旬日顶上温暖，面体红润，见者谓其犹生，葬于法堂之右"[②]。这个大轮藏成为临安府一处胜地，群众受其吸引，"舍妻孥为如来徒，募万人结净土会"，集聚人气甚众。"十莲华藏"应是一座轮藏，不会是十座。

绍兴三十二年（1162），"洪济大师智卿"在临安城内安国坊创建仙林慈恩普济教寺，得高宗赐额，隆兴元年（1163）又得孝宗赐额"隆兴万善戒坛"，后建造轮藏，淳祐三年（1243），理宗"赐额曰'飞天法轮宝藏'"。[③]

理宗宝祐五年（1257），崇宁因"使府给帖"出任杭州城东慈云院住持，慈云寺"本院荒芜，数僧同住，额系十方"，但是"常住素无田产"，崇宁主事后"竭力置办"，积极经营，至景定四年（1263）十月，"将周遭欹斜破屋修葺一

---

① （南宋）叶梦得：《建康集》卷四《建康府保宁寺轮藏记》，台湾商务印书馆1985年影印《景印文渊阁本四库全书》第1129册，页616上。

② （南宋）释志磐：《佛祖统纪》卷一五《思净传》，《大正藏》册49，页227中。

③ （明）吴之鲸：《武林梵志》卷一《仙林慈恩普济教寺》，台北：明文书局1980年影印《中国佛寺史志汇刊》第一辑第7册，页7。

新”，此次修葺重建工程中造了一座轮藏，“钟楼轮藏，次第重建，稍成伦序”，获得临安府以及朝廷表彰。①

临安城里的观桥南堍有一座建于五代长兴间（930—933）的观音寺，后改称安国寺，北宋真宗大中祥符年间（1008—1016）改名“法轮寺”，很可能是因当时在寺中建了转轮藏而改名。此寺明洪武年间（1368—1398）仍存，南宋时或应进行转轮藏经营。②

临安城中还有一个“传法五藏院”，寺中有一座比较特别的“五轮藏”，下文再谈。

2. 江南各地寺院转轮藏

江南佛寺，红瓦青墙中，处处耸立起美轮美奂之轮藏，普遍建造转轮藏的大趋势中，“五山”重刹之转轮藏可视为一种代表性标志。而从全国分布情况看，两浙、江苏、四川、江西、湖南、福建一带寺院建造轮藏记载见之于南宋文献者尤多。

两浙地区：临安地区之外浙江其他地区寺院多见建造轮藏记载。如刘一止（1078—1160）撰有多篇文章记载浙江湖州等地寺院建造转轮藏情况，《湖州德清县城山妙香禅院记》载，德清县城山妙香禅院原有一座大型轮藏，北宋神宗熙宁间（1068—1077），天台僧了因结庐于此，时疫病大行，了因收遗骸数千火化，又乞食济流民，邑民感动出财，增治殿堂，了因因此主持建造一座轮藏。据说开始时没有合适轴木，后“梦神僧相告”，乃于寺前溪获得“沉木”，正适合做轮藏中心大轴。南宋初佛智道容来寺住持，自建炎三年至绍兴十一年（1129—1141），十二年间改建整顿，并请到安吉县废寺妙香为敕额，此后寺院香火大盛，转轮藏发挥作用，经营卓有成效，“转轮藏施利之人，未尝有虚日”③。轮藏经营与寺院发展，相得益彰。刘一止《湖州石冢村青莲院记》又载，湖州归安县城南石冢村青莲院转轮藏，建成于绍兴二十三年（1153），信徒

① （清）阮元：《两浙金石志》卷一三《城东慈云院甲乙传流住持部据府帖》，江苏古籍出版社 1998 年影印《历代碑志丛书》第 19 册，页 309 下—310 上。

② （明）吴之鲸：《武林梵志》卷一《法轮寺》，台北：明文书局 1980 年影印《中国佛寺史志汇刊》第一辑第 7 册，页 23。仲尧按：“仙林慈恩普济教寺”所处之地“安国坊”及“观桥”南宋临安时期是城中心地区，现仍是杭州市城区中心。

③ （南宋）刘一止：《苕溪集》卷二二《湖州德清县城山妙香禅院记》，台湾商务印书馆 1985 年影印《景印文渊阁本四库全书》第 1132 册，页 119 上—120 下。

每日前来施财转动轮藏。常住费用，从此不乏。[①] 又如《跋莫用之书藏经》记载，绍兴二十九年（1159），湖州有一座报本禅院，由“同郡莫用之……于报本禅院创修轮藏”，即建造了一座轮藏。[②]

南宋名僧北硐居简撰《福昌院（余姚）记》载，浙江余姚福昌院，唐会昌时被废，当时在普济禅师主持下恢复重建，重建中对转轮藏建造予以特别重视：“先轮藏而钟阁、法堂、两廊，次第皆轮奂。市田三百亩，岁入七百余斛。”[③]

又叶适《水心集》载，孝宗淳熙三年（1176），僧仲参住持睦州乐清县白石净慧院时建造过一座轮藏，“百庐宏丽，像设精严，殆为一院之极”[④]。这座轮藏建成后成为全寺中最为宏丽精致的一座建筑物。

南宋宝庆时期（1225—1227），明州奉化县清莲院“本甲乙住持，久而圮”，以前较长时间里实行甲乙子孙制，已接近废圮，“皇子魏王申请为十方祝圣道场，以传天台宗教，由是内外栋宇，革故一新。惟留旧殿，古佛右偏（边），有轮藏及诸天像，极精巧”[⑤]。

江苏地区：江苏地区也是寺院建造转轮藏较集中地区。如叶梦得记载建康府（今江苏省南京市）保宁寺轮藏：“当承平时，（保宁寺）于江左为名刹，更兵火久废。今长老怀祖，守其故址，于煨烬之余，十有四年，堂殿门庑，追复其旧而一一新之，最后作转轮藏。余镇建康时，见其始经营，后四年余归石林，祖以书来，告曰藏成矣，幸得记其本末。”[⑥] 保宁寺原为“江左名刹”，因遭兵火而毁，南宋初年该寺长老怀祖经14年辛苦经营，建成一座转轮藏。叶梦得曾于南宋绍兴初年（1131）、八年（1138）二次出守建康，第二次守建康时，正值保宁寺在建造这座轮藏，四年后（绍兴十二年，1142）轮藏建成，叶梦得为之

① （南宋）刘一止：《苕溪集》卷二二《湖州石冢村青莲院记》，台湾商务印书馆1985年影印《景印文渊阁本四库全书》第1132册，页123上—124上。

② （南宋）刘一止：《苕溪集》卷二七《跋莫用之书藏经》，台湾商务印书馆1985年影印《景印文渊阁本四库全书》第1132册，页7上—下。

③ （南宋）释居简：《北硐集》卷三《福昌院（余姚）记》，台湾商务印书馆1985年影印《景印文渊阁本四库全书》第1183册，页32上下。

④ （南宋）叶适：《水心集》卷九《白石净慧院经藏记》，台湾商务印书馆1985年影印《景印文渊阁本四库全书》第1164册，页188下—189下。

⑤ （南宋）罗濬等：《宝庆四明志》卷一五《奉化县志卷二·清莲院》，中华书局1990年影印《宋元方志丛刊》第5册，页5196上。

⑥ （南宋）叶梦得：《建康集》卷四《建康府保宁寺轮藏记》，台湾商务印书馆1985年影印《景印文渊阁本四库全书》第1129册，页616上；并见（明）葛寅亮：《金陵梵刹志》卷四八，台北：明文书局1980年影印《中国佛寺史志汇刊》第一辑第6册，页1394—1397。

特撰文《建康府保宁寺轮藏记》。[①]

又如嘉定十三年（1220）正月，江宁府方山定林寺建造一座轮藏，朱舜庸撰记立石，提到转轮藏经营效益："堤濒河之田而岁有计，建转轮之藏而日有资。"[②] 因围堤造田，而保证寺院每年有收成，因这座轮藏，使日常资金有保障。百年之后这座轮藏仍在，元至正九年（1349），虞集撰《方山重修定林寺碑》记载，该寺对轮藏再次修葺。[③]

常州开利寺原建于北宋仁宗至和年间（1054—1056），寺院拥有田产，岁收米数百斛，以此财力接待四方学者，后因"建炎之乱，官军舍其中不戒于火，一夕而烬"，此后寺僧普能及徒弟了原发心募缘，"敛钱数十万"，重造寺院，并"营一大藏殿"，建造轮藏，用黄金、丹砂、珠宝、琉璃、众香装饰，"创宝轮藏"，绍兴二十三年（1153）六月转轮藏建成，规模壮丽宏伟，据孙觌撰《常州无锡县开利寺藏院记》载，轮藏"浮天涌地"，若"龙天拥护发，鬼神环绕，光明晃耀如百千日，道俗赞叹，以为未曾有也"。[④]

孙觌《鸿庆居士集》中保留有多篇南宋时期常州地区寺院建造轮藏之记述，如绍兴十九年（1149）六月撰《常州永庆禅院兴造记》，[⑤] 绍兴二十二年（1152）四月十日撰《常州资圣禅院轮藏记》，皆是特为常州地区寺院中的轮藏撰文记述。[⑥] 此外同书中另有多篇关于江南其他各地建造转轮藏记载，如《宋故武功大夫李公墓志铭》记载淮南吕山华严禅院"营一大经藏"为轮藏，并买田十顷舍入以为供养，[⑦] 又如《光孝寺重建经藏疏》等也是。[⑧]

---

① 据（明）葛寅亮：《金陵梵刹志》卷四八《废寺》，建康府保宁寺废圮于明代，台北：明文书局 1980 年影印《中国佛寺史志汇刊》第一辑第 6 册，页 1392—1393。

② （清）严观编：《江宁金石记》卷五《方山上定林寺之记》，上海古籍出版社 1995 年影印《续修四库全书》第 910 册，页 284 上。

③ （元）虞集：《方山重修定林寺碑》，（清）严观编《江宁金石记》卷七，上海古籍出版社 1995 年影印《续修四库全书》第 910 册，页 298 下—299 下。

④ （南宋）孙觌：《鸿庆居士集》卷二二《常州无锡县开利寺藏院记》，台湾商务印书馆 1985 年影印《景印文渊阁本四库全书》第 1135 册，页 224 下—225 下。

⑤ （南宋）孙觌：《鸿庆居士集》卷二二《常州永庆禅院兴造记》，台湾商务印书馆 1985 年影印《景印文渊阁本四库全书》第 1135 册，页 219 上—220 下。

⑥ （南宋）孙觌：《鸿庆居士集》卷二二《常州资圣禅院轮藏记》，台湾商务印书馆 1985 年影印《景印文渊阁本四库全书》第 1135 册，页 223 下—224 下。

⑦ （南宋）孙觌：《鸿庆居士集》卷三九《宋故武功大夫李公墓志铭》，台湾商务印书馆 1985 年影印《景印文渊阁本四库全书》第 1135 册，页 432 上下。

⑧ （南宋）孙觌：《鸿庆居士集》卷二九《光孝寺重建经藏疏》，台湾商务印书馆 1985 年影印《景印文渊阁本四库全书》第 1135 册，页 295 上。

四川地区：南宋时蜀地寺院建造轮藏情况亦极为多见。如重庆大足石刻北山造像第136窟保存有一座建于南宋绍兴十二至十六年（1142—1146）的石转轮经藏窟。① 又如简阳县白塔寺轮藏建于建炎二年（1128），洪雅县月珠寺轮藏建于绍兴元年（1131），合川县净果寺轮藏建于乾道五年（1169）。② 汉州德阳县安国寺轮藏建于绍兴十七至二十九年（1147—1159）间；因年久等原因轮藏彩绘“丹碧黯晦”，颜色黯淡，李流谦兄弟乃加以清洗一新，道安等人则补充了经文。③

又如南宋李石（1108—？）记载，简州甘泉县安乐院建有一座转轮藏，是由当地杨氏父子杨诜、杨贻发愿建造，两代人赓续完成。④ 又如名僧居简撰《澄心院藏记》记载四川潼州通泉县澄心院有一座“八角轮藏”，由僧众及檀越捐施，费钱万缗，从嘉定五年（1212）开始创建，完成于嘉定十六年（1223）。⑤

又如邓肃（1091—1132）撰《沙邑栖云寺法雨》，记载南剑州沙县有一座栖云寺，历五年时间，建造一座轮藏，当地信士成公，“捐钱百万，易经五千四百八卷”，即购置5408卷藏经，“以实以藏中”，即安放于轮藏之中，还因此而创设传经会，道俗参加者达千人之多。⑥

江西地区：江西寺院建造转轮藏的记载也不少。南宋王庭珪（1080—1172）撰《龙须山转轮经藏记》载，绍兴四年（1134），吉州龙须山寺住持僧秉雍，募缘置经五百函，于寺之西隅建轮藏一座，后因秉雍移席广陵隆庆寺，怀宗继主寺事后，与居士刘存正、胡瑾、张孝友等各出钱百万再建佛寺大殿并两座轮藏，轮藏完工时怀宗示寂，继任者数易其人，此后秉雍又回到龙须山寺。王庭珪文曰：“夫掇拾西方贝叶之文为一大藏，用法轮转之……今之所以聚佛书转大法轮以张皇其说者，盖不为诸佛说法，为凡夫说法尔。此藏之所以宜建也。”⑦ 特地

---

① 参《大足石刻内容总录》，四川社会科学院出版社1985年版，页55—60。

② 黄石林：《四川江油窦圌山云岩寺飞天藏》，《文物》1991年4期，页33。

③ （南宋）李流谦：《澹斋集》卷一六《重修安国寺记》，台湾商务印书馆1985年影印《景印文渊阁本四库全书》第1133册，页738上下。

④ （南宋）李石：《方舟集》卷一一《安乐院飞轮藏记》，台湾商务印书馆1985年影印《景印文渊阁本四库全书》第1149册，页651上—652上。

⑤ （南宋）释居简：《北磵集》卷三《澄心院藏记》，台湾商务印书馆1985年影印《景印文渊阁本四库全书》第1183册页39上下。

⑥ （南宋）邓肃：《栟榈集》卷一八《沙邑栖云寺法雨》，台湾商务印书馆1985年影印《景印文渊阁本四库全书》第1133册，页354上—355上。

⑦ （南宋）王庭珪：《卢溪文集》卷三四《龙须山转轮经藏记》，台湾商务印书馆1985年影印《景印文渊阁本四库全书》第1134册，页254上—255上。

说明建轮藏目的，“不为诸佛说法，为凡夫说法尔”，表明转轮藏大规模兴起与南宋佛教普世化、人间化、民俗化趋势一致。

江西抚州名寺疏山白云禅院，绍兴十四年（1144）冬，在住持了如主持下建造轮藏，费用浩大，“资粮钱用之费以二千万，皆出忠信士捐弃所甚爱，成此一大因缘”，但是轮藏的建造非常顺利，次年（1145）落成，绍兴二十年（1150）十月孙觌撰文为记，曰：

以旃檀像（众）香，黄金百宝，创一大轮，聚藏书五千四十八卷充入之，缥带穿签，琅函钿轴，有大天龙背负之以出于海，诸化菩萨庄严相好之妙，蛮君神伯地行空飞之象，穹堂奥殿，丹漆轮奂之饰，洞心骇目，极一时之巨丽。父老纵观，涕泣作礼，以为未始见也。[①]

文中生动记载了轮藏建成后富丽堂皇、美轮美奂之状。

洪迈《夷坚志》记载，尚书张彦文为布衣时，曾与南康府建昌县景德寺僧人绍光交厚，约乾道（1165—1173）末淳熙（1174—1189）初，张彦文得知绍光死，乃取钱为绍光诵经转轮。[②] 是知该寺建有转轮藏。又如淳熙七年（1180），江西抚州广寿禅院，由寺僧守璞主持，建成一座轮藏，陆游时守抚州，特撰文以记。[③] 又如韩元吉撰《广教院重修转轮藏记》：江西“信州城北有大宝刹”，寺刹之中，即有轮藏。[④]

约南宋光宗绍熙三年（1192）时，江西临江军惠历寺建造一座转轮藏，向社会开放服务经营，并定有价格标准，付千钱可转动一匝（一圈）。[⑤] 临江军惠历寺的这座轮藏因涉及转轮藏经营价格问题另具有典型性，下文还将论及。

湖南地区：湖南寺院建轮藏情况也多见于南宋文献。如胡寅（1098—1156）

---

① （南宋）孙觌：《鸿庆居士集》卷二二《抚州疏山白云禅院大藏》，台湾商务印书馆 1985 年影印《景印文渊阁本四库全书》第 1135 册，页 221 下—222 上。

② （南宋）洪迈：《夷坚志·支甲》卷六《张尚书》，上海古籍出版社 1995 年影印《续修四库全书》第 1265 册，页 420 下—421 上。

③ （南宋）陆游：《渭南文集》卷一八《抚州广寿禅院经藏记》，台湾商务印书馆 1985 年影印《景印文渊阁本四库全书》第 1163 册，页 446 上下。

④ （南宋）韩元吉：《南涧甲乙稿》卷一六《广教院重修转轮藏记》，台湾商务印书馆 1985 年影印《景印文渊阁本四库全书》第 1165 册，页 247 下—248 下。

⑤ （南宋）费衮：《梁溪漫志》卷一〇《惠历寺轮藏》，书成于南宋光宗绍熙三年（1192），上海古籍出版社 2001 年点校本《宋元笔记小说大观》第 3 册，页 3441。

《桂阳监永宁寺轮藏记》记载，桂阳监（今湖南省衡阳市桂阳县）永宁寺转轮藏乃是“比丘慈严”，“悉其志力，以营兹事，勤苦历年，而后克成”：

> 于是裒人之财，竭人之力，印以纸墨，匣而藏之，载以机轮，推而转之，丹砂黄金，文珉香木，穷极侈丽，葩华绚饰，然后为快。[①]

永宁寺这座轮藏“穷极侈丽”，无论是否夸张，至少在当地、当寺是最讲究的寺院建筑之一。

福建地区：建炎四年（1130）夏李纲自南海北归，途中见到福建南安岩均庆禅院中新建转轮藏，绍兴元年（1131）六月十八日乃撰文追记：“余蒙恩归，自海上由梅川以趣闽中，道南安岩均庆禅院，瞻礼定光古佛，遗像退历殿阁循东厅，见新创转轮宝藏，制度精巧，堂宇靓深。”[②]

3. 小寺亦建小轮藏

大刹名寺建造转轮藏往往美轮美奂，形制高耸宏伟。而风气使然，小寺亦以力之所及，也建造轮藏以慰平生。

洪迈《夷坚志》载：绍兴（1131—1162）初，“台州临海县上亭保，有小刹曰真如院，东庑置轮藏，其神一躯，素著灵验，海商去来，祈祷供施无虚日”[③]。

台州临海县佛窟山昌国禅院有绍兴二年（1132）十二月七日题记《佛窟山转轮藏记》碑，记载禅院原只剩荒屋残像，宝因禅师居山三十余年，苦心经营，募集众缘，成就一座转轮宝藏“以屋五十八卷之书”[④]。看样子也是一座小型轮藏。

韩元吉（1118—1187）《南涧甲乙稿》中记载，广教院有一个不知建于何时的轮藏，装潢考究，还饰有“藏神”：“绀面赤发，双角巇然，非龙非妖，非夜

---

① （南宋）胡寅：《斐然集》卷二〇《桂阳监永宁寺轮藏记》，台湾商务印书馆1985年影印《景印文渊阁本四库全书》第1137册，页556上—557下。

② （南宋）李纲：《梁溪集》卷一三三《汀州南安岩均庆禅院转轮藏记》，台湾商务印书馆1985年影印《景印文渊阁本四库全书》第1126册，页541下。

③ （南宋）洪迈：《夷坚志·支庚》卷五《真如院藏神》，上海古籍出版社1995年影印《续修四库全书》第1265册，页675下。

④ （南宋）王以宁：《佛窟山转轮藏记》（碑），王舟瑶《台州府志》卷八七《金石考二》，台北：新文丰出版公司1979年影印《石刻史料新编》第三辑，页260下—261上。并见（清）黄瑞：《台州金石录》卷五《宋佛窟山转轮藏记》，江苏古籍出版社1998年据民国刘氏嘉业堂刊本影印《历代碑志丛书》第20册，页8上—9下。

叉鬼，以指划口，出风雨声，率领眷属，挟持其轮。”这个“藏神”与普通神鬼不同，形貌“非龙非妖，非夜叉鬼”，却能“出风雨声，率领眷属”灵验地管理轮藏，使转轮藏发挥功用，于是“州之境内，若男若女，凡曰祈祷，惟神是依；或时江湖，舟堕险处，出手云间，捄度危急。以是因缘，多历年所”①。这座轮藏在南宋朝“多历年所”，一直受到百姓崇拜敬信。

4. 巧构联动五轮藏

南宋时还出现一种五轮藏，设计有联动装置，以一根大轴贯穿五轮，推动一轮转动而带动其他四轮，五轮同时旋转，构制巧妙。现从文献查到五例：

一是上文已提到的临安“传法五藏院”，因有一座富有特色的“五轮藏”而得名，《咸淳临安志》载，该寺“绍兴初建……有宝藏五轮，一轮转而四轮随之，故以为额”②。这座轮藏是以一根大轴上的主轮转动，带动其他四轮，五轮藏并转，构制巧妙。

二是常州无锡县崇安寺，据孙觌撰于南宋隆兴元年（1163）的《崇安寺五轮藏记》载，崇安寺建筑广袤面积有数百亩，南宋初（建炎间）毁于兵火后，因寺僧义深善医术，无论贫富，不避风雨，悉心诊治疾患，三十年不怠，乃发愿于寺西隅营建轮藏殿，绍兴年间，县承信郎樊仲方首施巨木并钱千万，共襄盛举，“始于绍兴二十八年（1158）十月，以三十年九月计日而成”③，经两年，建成一座五轮藏，文中对五轮藏结构也做了描述。

三是孙觌同文记载，无锡崇安寺设计建造轮藏前，义深曾特地前去长沙开福院访问，因该院有一座由胡僧建造的五轮藏，规模宏丽，结构独特，“以大轴贯其中，创五机轮涌起于地”，即以一根大轴贯串五座机轮，共同转动。义深经实地考察，回崇安寺后即依此图样，主持建造五轮藏设计施工建造。据此可知，崇安寺的五轮藏结构与开福寺类同，也是以一根大轴带动五轮，五座轮藏同转。

四是安徽池州景德寺也建过一座五轮藏。该寺旧有大轮藏，后因火毁。南宋乾道间寺僧颙宁拟主持重建，将原有的转轮藏扩展，工程“始（于）乾道七

---

① （南宋）韩元吉：《南涧甲乙稿》卷一六《广教院重修转轮藏记》，台湾商务印书馆 1985 年影印《景印文渊阁本四库全书》第 1165 册，页 247 下—248 上。

② （南宋）潜说友：《咸淳临安志》卷八一《寺观七·传法五藏院》，中华书局 1990 年影印《宋元方志丛刊》第 4 册，页 4104 下—4105 上。

③ （南宋）孙觌：《鸿庆居士集》卷二三《崇安寺五轮藏记》，台湾商务印书馆 1985 年影印《景印文渊阁本四库全书》第 1135 册，页 240 下—242 上。

年（1171）正月，迄九年十月”，最后建成五座联动的“五轮藏”，与旧轮藏相比，规模更为宏大，五座轮藏以中间一座最为高广，其他四座皆高十九尺，广七尺半。①

五是徽州歙县城阳院。罗愿（1136—1184）撰于淳熙二年（1175）四月十五日之《徽州城阳院五轮藏记》载，乾道七年，寺主宗仁欲建轮藏以贮佛经，得到本地人氏支持，张应周、余实、余端诚等共捐施三万钱，二年之后即乾道九年，建成一座五轮藏，“为大轮八觚，上象钧天帝居，下为昆仑海水，仿百物以为饰，犹不尽其巧，则又分而为五”，乃是一座“五轮藏”，巧构联动，富丽堂皇，转动时，香烟喷出，声砰砰然，“当其无事，不震不动，大小枞然；芬烟既作，有声砰然，起于地中，则有轧轧者群起而和，中听未及审而所观变于前，恍然如入雷电之室，隐辚挥霍，而莫知所为”，阅罗愿之文可以看出，作者极尽描写，似仍未尽述其工巧华丽、“震眩心目”之状。②

从上述文献记载中对第一至三三座五轮藏结构可得到较清楚印象，第四、五两座轮藏结构不很清楚，但是大致可知，各地五轮藏的结构较类似。

（二）“轮藏自转”传说及功用性意义

自从寺院开始建造转轮藏后就相伴出现关于轮藏自转传说，据说在某种特定情况下，轮藏会无人推动而自行转起来，从而实现了轮藏的本来功用。南宋时期各地关于转轮藏记载的文献中，经常提到这类轮藏自转故事。

《佛祖统纪》记载名刹育王寺中轮藏自转的一个故事，时间是在南宋初：建炎四年（1130）正月，“虏陷明州……育王山月堂禅师道昌，闻虏且至，就山后掘一窖，捧释迦舍利塔坐其中，以陶器覆于上。虏酋至，不得塔，大怒将火其屋，忽壁间观音画像放光，出水满地，轮藏自转。酋大怖畏，拜祷而去”③。

洪迈《夷坚志》中记载的一个轮藏自转故事也发生在南宋初，地点是在江西江州（今江西省九江市）：绍兴（1131—1162）初，“江州彭泽县北四十里广

① （南宋）韩元吉：《南涧甲乙稿》卷一六《景德寺五轮藏记》，台湾商务印书馆1985年影印《景印文渊阁本四库全书》第1165册，页246下—247下。

② （南宋）罗愿：《罗鄂州小集》卷三《徽州城阳院五轮藏记》，台湾商务印书馆1985年影印《景印文渊阁本四库全书》第1142册，页491下—492下。

③ （南宋）释志磐：《佛祖统纪》卷四七《宋高宗》，建炎四年正月，《大正藏》册49，页424上。

福寺有轮藏，极华壮妥洁”；时“巨盗李成，犯江西，驻军寺下”，欲尽诛县人，其夜轮藏自转，“（李）成甚惧，诣佛所，焚香谢过”，于是不敢再继续作恶，“迨旦，引众行过县，秋毫不犯，百里赖以全活”。① 因为轮藏自转，将巨盗李成及盗众吓走，可知“轮藏自转”在当时人们心目中拥有的巨大威力。

上述二例皆表明，危急情况下轮藏自转起来而发挥大乘佛教利乐国土、怙持有情之旨。所以“轮藏自转”被民间视为转轮藏本身具有的一种神通，这种神通能产生巨大震慑力，无论是北方入侵的大批“虏兵”还是本地作恶的“巨盗”众恶，因见轮藏自转，就不敢继续做杀人放火恶业。

志磐记载的育王寺轮藏自转，是因所涉乃名僧、名寺，洪迈所记轮藏自转，则是因其对于奇闻逸事最为喜欢。可推论轮藏自转可能是当时流行说法。如《佛祖统纪》载：元祐三年（1088），“敕……主客杨杰，诣双林礼大士轮藏，瞻仰之次，轮忽自转，大众叹异，杰为赞以记其事”②。“双林”即婺州（今浙江省金华市）双林寺（现义乌双林寺），是“十刹”之一，双林寺创始人就是转轮藏创始人“傅大士”。所以传说中的双林寺轮藏自转，实际上也就意味着人们认为转轮藏从一开始就具有“轮藏自转”的种种功用性质。这些故事，都反映出转轮藏在人们心目中具有的尊崇地位。

关于轮藏自转的神秘功用性传说，或还与因“轮藏旋转”的感观性效果所产生的心理感受关联。转轮藏作为一种法器，往往被建造得宏伟壮观，其中充实放置数千经卷，代表法轮，也代表佛法，足以产生令人敬畏之感。而整座轮藏转动起来，更是壮观而充满活力，足以令众生信而获得力量，进而启发智慧，由慧发悟。

轮藏自转，能促人悟道，这个观念从无人怀疑过。明居顶（？—1404）撰《续传灯录》载南宋白杨法顺悟道事迹曰：法顺“依止佛眼，闻普说举傅大士《心王铭》云：‘水中盐味，色里胶青，决定是有，不见其形’，师于言下有省，后观宝藏迅转，顿明大法”③。“佛眼”即龙门佛眼清远，法顺在龙门佛眼门下时因观“宝藏迅转”而“顿明大法”。

《南宋元明僧宝传》亦载此事，还更进一步记述法顺悟道之后济世事功。法

① （南宋）洪迈：《夷坚志》卷八《广福寺藏》，广陵古籍刻印社 1983 年影印《笔记小说大观》第 2 册，页 137 上。

② （南宋）释志磐：《佛祖统纪》卷四七《宋哲宗》，元祐三年，《大正藏》册 49，页 417 中。

③ （明）释居顶：《续传灯录》卷二九《抚州白杨法顺禅师》，《大正藏》册 51，页 669 中下。

顺“观宝轮藏迅转，顿彻教外别传之旨，得受记于龙门佛眼”，因观轮藏之转而悟道，成为名师龙门佛眼门下弟子，不同凡响。是书记曰：“（法）顺住白杨时。其同门俱播令名矣，独白杨败屋数楹，东倾西压，以木丫支拄焉。顺日携盎袋，走抚之乡城，至晚或负斗粟而还，及门数十人乐与之。俱每夜参，必端据木床，徒属或栗足侧耳而听曲折。”名师龙门佛眼门下徒众，“俱播令名”，很早就名声在外，只有法顺不求闻达，仍住在不用“木丫支拄”就要倒掉的破屋，潜心为学，“及门数十人乐与之”，但已受到同门重视。

后来，“云居虚席，闻高庵悟表里端劲，趋龙门聘之。悟固辞，佛眼勉其出住，悟仍不就。顺告悟曰：‘先知觉后知，先觉觉后觉，盖素分也，况云居为江右名刹之首，安众甚便，沾沾小节，奚足喜焉？君应之，顺虽不敏，愿请为辅。’悟乃欣起，于是顺自为藏主，邀贤真牧任维那，通乌头典知客，应庵华莅副寺，德用为监寺，自圆为首座。故佛眼之风大振焉”。①

这个故事极为精彩。江西名刹云居山寺来请名师龙门佛眼门下高徒、以“表里端劲”闻名的高庵悟去任寺主，却被高庵悟谢绝。佛眼也希望弟子应聘，但无论如何劝说，高庵悟不肯离开师门。法顺也来劝高庵悟说，既然学有所成，那就应该出世发挥作用，这是学佛之人本分，何况云居山是“江左名刹之首”，具有优良传统，管理上也不会有大麻烦，就不要再拿架子了（仲尧按：“沾沾小节，奚足喜焉”八字颇传神），应该做一些实际工作，才对得起师门教诲。

法顺不仅只说一通大道理而已，还本着“佛门兴盛，匹夫有责”的责任心，依据师门所见、所学、所得，帮助高庵悟具体设计构建新的云居寺管理体系：法顺自任“藏主”（法顺本因见轮藏转动得悟，现负责经藏及学经事务，不知会动念营建轮藏否），并将“维那”、“知客”、“副寺”、“监寺”、“首座”等涉及寺院管理和经营的最重要寺职一一安排妥当。故人评曰：“佛眼之风大振焉”，即认为历史上佛眼清远门风大振，是因佛眼之理论与理想通过高庵悟、法顺等传人落实到了实践之中。

又如南宋佛海智讷（1078—1157）曾住径山、灵隐寺等，也是一位“五山禅师”，长于寺院经营。智讷是秀州崇德（今浙江省建德市）人，从小“器质不凡，追营香火，练习戒律如成人。久之悟，叹曰：‘吾修无上道，而求之文句中，是刻舟也。’”觉得从文句中“求无上道”是刻舟求剑，故注重寺院经营

---

① （清）释自融、释性磊：《南宋元明僧宝传》卷五《白杨顺禅师》，《卍新纂续藏经》册 79，页 608 上中。

等佛教实践发展事务。因“咸安王韩世忠表请平江灵岩为功德院，荐先福，命师主之”，住持江苏灵岩寺，时“灵岩寺，据绝顶，而井饮不给，盖数百年矣，师择地庀工，伐石凿井，出泉清甘”，后人称为“佛海泉”；住镇江仪真县天宁寺时，主持建大轮藏等殿堂寺塔，“仪真天宁（寺）僧伽一塔，高数百尺，并大轮藏，壮丽甲于淮海，皆师所为”。南宋孙觌曾撰文：“叹曰：‘公材智不下澄，观时方多故，而隐于浮屠中，可惜也。”[①] 认为智讷懂经世致用，才智过人，可与佛图澄比美，表达在世事多艰的时代这样的人才归隐而不出来治世的遗憾。

由此表明，轮藏自转之功用性意义还在于造轮藏以及经营轮藏，与当时寺院制度及相关经营理念关联。

（三）轮藏功用与寺院体制（之一）：藏经与阅藏制度

寺院中较普遍地建造轮藏及轮藏殿作为藏经处所成为南宋寺院建筑一大特色，与此相关，寺院管理制度即受影响也发生调整以适应新的伽蓝布局，本节从与轮藏功能相应的阅藏制度发生的调整和变化角度展开一些讨论。

1. 丛林体制中与转轮藏功用有关的方面

佛教强调因学发悟，重视修学，故称“佛学”，入教称“学佛”。轮藏如法轮，以“法轮常转”表示在轮回中悟道。南宋佛寺普遍建轮藏并开展服务经营是一大时代特色，相应的，配套的藏经及阅藏管理制度也发生调整。

德辉《敕修百丈清规》曰：“推原吾宗，既曰教外别传，犹命僧专司其藏者何也？”原因有二：一以“佛之所言所行为教律，而僧有不遵佛之言行乎”，故须时时温习，如孔子言“学而时习之”，以达到“特吾之所证所得，不溺于文字，而超乎言行之表，以见夫自性之妙焉”；二因“祖之意，欲吾徒遍探诸部与外之百氏，期以折冲外侮，应变无穷，所谓不即不离者是也”。[②] 丛林两序体系中设“知藏”，管理藏经，相当寺院图书馆长，另设“藏主”，“乃其副属”，即“知藏总其纲，而藏主分其执也”。[③] 职责是：“函帙目录，常加点对，缺者补完。

---

① （明）释明河：《补续高僧传》卷一一《妙空智讷禅师传》，《卍新纂续藏经》册 77，页 444 上中。
② （元）释德辉：《敕修百丈清规》卷四《两序章·西序头首·知藏》，《大正藏》册 48，页 1131 上—中。
③ （清）释仪润：《百丈清规证义记》卷六《两序章·西序·知藏》，《卍新纂续藏经》册 63，页 444 中。

蒸润者焙拭，残断者粘缀。若大众披阅，则藏主置簿，照堂司所排经单列名，逐函交付。看毕照簿交收入藏，庶无散失。”①

《禅林备用清规》“专使请住持”条曰：“凡（新）住持补处，公拈已定，文命下寺”，即启动迎请新任住持礼仪：“差能事行者老郎通书，次请人充专使，或上首、知事、耆旧、后堂、书记、藏主，和会已定，若耆旧、头首充专使，知事一人同去，掌财议事，具写本寺该管田产什物须知，迎接从仪，一切毕备。”② 规定迎请新住持时需要有藏主同行，向新住持汇报“本寺该管田产什物”，其中可能既包括本寺藏经情况，但因为主要是指“掌财议事”的财务问题，也很可能包括本寺轮藏经营情况。一咸《禅林备用清规》成书于元初至大四年（1311），乃参考前代规则，改定门类编次而编纂成书，德辉《敕修百丈清规》作于元统三年（1335），乃“集宋以来诸清规大成”，即南宋丛林制度结集，皆可认为是反映了当时的实际情况。

藏经及提供阅藏，是佛寺基本功能之一。而以轮藏作为主要藏经手段后，因为轮藏还要向社会提供开放式的转经服务，就会影响寺院弘法及僧人日常生活方式，其中最直接的就是对阅藏的影响。从日本存世《五山十刹图》可见，南宋江南丛林之伽蓝配置中藏主寮位置在轮藏殿隔壁，如比较上示天童寺之伽蓝配置图，可知读者借书后可就近到藏主寮（即丛林图书阅览室）看经阅读。

后世对知藏之职日益重视，清仪润《百丈清规证义记》曰：“执经橱钥匙，凡经书不借出，以山门为限。夏季风日暄明，晾晒诸经，收橱时查理字号，不可紊乱。凡请看者须登牌，某月某日某人请某字函经，还则消账。若其人告假，并余事欲去者，先查取遗失者，罚抄赔已（方允许）出院。凡交替执事，必须客堂、库房及知藏到，一一检点清楚，对众清交新执，缺少者赔。”③ 规定平时对藏内经典要编号登记，以便查阅，经卷不得携出山门，在经藏外室摆设案几，供众阅经。平时对函帖目录要常加校点，残断缺失，要粘缀增补，僧众借阅经卷，要逐函查点登记，阅毕还回，按登记簿交收入藏等。

这种管理制度已类似现代图书馆管理中的库藏登记、图书借阅登记等体系。明《丛林两序须知》载寺院经藏及管理制度情况曰：“经藏辉煌，佛祖命脉所寄也。司其柄者，贵乎勤谨小心，以护持圣教为念。若夫几案不严，喧烦不息，

① （元）释德辉：《敕修百丈清规》卷四《两序章·西序头首·知藏》，《大正藏》册 48，页 1131 上—中。
② （元）释一咸：《禅林备用清规》卷四《专使请住持》，《卍新纂续藏经》册 63，页 635 中。
③ （清）释仪润：《百丈清规证义记》卷六《两序章·西序·知藏》，《卍新纂续藏经》册 63，页 444 中。

则非藏主待众之道矣。因立数条，端为本寮龟鉴。”藏主职责主要有：

藏内经典宜照字号次第安放，以便寻览。

藏内经典函帙若干、安放某处，宜置总簿记定，以便查阅。

藏内经典湿润蠹坏，须照顾晒焙及时（原注：或霉天或六月是也，又晒焙事烦，另请众帮为得）。

藏内所有经典，函帙目录，常加点对；有残断缺失者，须粘缀增补之。

藏内经典众有请出披阅者，宜然名登簿，及阅毕送还，仍照簿交收入藏，毋致散失。

经藏锁钥须严谨。

洁净藏堂，及严拭几案等。

退职日，将本寮常住物件并藏内经典函帙照号对簿，简点分明，交与新藏主掌管，毋混乱。[①]

显然是针对壁藏的管理制度，寺院中设“藏堂（藏经堂）”，不再另设“看经堂”，看经即在“藏堂”中设案几。

清代《百丈清规证义记》规定知藏职责是“保护经藏，凡函帙安置、修补残缺以及经本出入等事，俱知藏总其纲，而藏主分其执也”，藏主作为知藏副手，职责是“执经橱钥匙，凡经书不借出，以山门为限。夏季风日暄明，晾晒诸经，收橱时查理字号，不可紊乱。凡请看者须登牌，某月某日某人请某字函经，还则消账。若其人告假，并余事欲去者先查取。遗失者，罚抄赔已出院。凡交替执事，必须客堂、库房及知藏到，一一检点清楚，对众清交新执，缺少者赔”[②]。显然相关制度皆是针对壁柜经藏，与其时轮藏不再流行相吻合。

2. 与轮藏殿功能配套的阅藏管理

南宋宗寿《入众日用》、元中峰明本《幻住庵清规》等篇幅较小的清规中未谈到藏经及阅藏管理问题。南宋惟勉《丛林校定清规总要》中提到相关制度：“或每日粥罢下堂，便讽楞严会，则不须诣藏殿讽经。如每日粥罢再打板讽楞严

---

① （明）释通容：《丛林两序须知·藏主须知》，《卍新纂续藏经》册 63，页 668 中。

② （清）释仪润：《百丈清规证义记》卷五，《卍新纂续藏经》册 63，页 444 中。

会，则下堂，仍用诣藏殿讽经祝圣。”[①] 此处之“藏殿”是否指轮藏殿未说明，但应该不是，因为要到这个藏殿中诵（讽）经，下文要谈到，轮藏殿中并无可供僧众聚集诵读经文的空间。

南宋五山十刹多建轮藏殿，同时因当时书籍印刷出版水平提高，一个寺院有可能同时置备两套甚至更多套藏经，因轮藏殿空间不大，不会在轮藏殿庋藏第二套藏经，所以藏经殿也就可能不止一座。

熙宁五年（1072）来华日僧成寻在汴京参访诸寺，十月廿三日，在启圣禅院西大殿中见到“金字一切经，庄严不可思议。东西南北壁边，有墨字一切经二部，每间经上造楼阁，一间三宇，其下棚置经”。该寺有藏经三部，一为金字写经，二为墨字写经，此三部经皆是壁柜龛藏，是知启圣禅院中无轮藏。十月廿四日，成寻到福圣禅院参礼，见福圣禅院东堂是藏经堂，堂中见到“泗州大师像中坐，四面有一切经，庄严不可思议”，这部一切经是壁柜龛藏，西堂也是“经藏”即藏经堂，“中心宝殿有银泥一切经，先见成实论，宝殿转轮合见之，四面厨子（橱柜）上有四重小阁，四面壁边有墨字一切经二部，上皆造四重宝，一间有三小阁，不可记尽”[②]。所谓“宝殿转轮合见之，四面厨子上有四重小阁”，即是一座转轮藏，所以这个作为藏经堂的“西堂”也就是一座轮藏殿。

福圣禅院藏经堂中同时既有转轮藏，又有壁柜藏。转轮藏中贮藏一部银泥写经，壁柜藏中则贮藏了“墨字一切经二部”，共有三部大藏经。但是这座藏经堂中是否有可供阅藏读书之处并不清楚。

北宋地方禅寺中已出现在轮藏殿外另置的“看经堂”，堂中专设几案以供阅经读书之用，由“藏主”负责管理。宗赜《禅苑清规》中述“藏主”职责曰：

> 严设几案，准备茶汤油火香烛，选请殿主街坊，表白供赡本寮及看经大众。请案之法，先白看经堂首座，借问有无案位，欲来依栖。如有案位，即相看藏主白之。茶罢，藏主引至经堂案位前，各触礼一拜，送藏主出。圣像前大展三拜起，触礼首座一拜，巡堂一匝，相看殿主。乞依时会经并无拜礼。早晨大众起，晚间放参前，殿主鸣钟，会经交点出纳，会经僧应于藏内烧香礼拜殷重。捧经路中，不得与人语笑，案上不得堆经、安置笔

① （南宋）释惟勉：《丛林校定清规总要》卷下《建散楞严会》，《卍新纂续藏经》册63，页610上。

② 〔日〕成寻：《参天台五台山记》卷四，《大日本佛教全书》册115，佛书刊行会编纂，东京：名著普及会昭和五十四年（1979）影印本，页395下。

砚杂物及禅策文字。点灯上油退灯，并宜躬亲款曲仔细，恐毁污圣教。堂中不得接待宾客，有人相访，默揖归寮，亦不得于看经窗外，与人说话，恐喧大众。[①]

说明“请案”制度是：“先白看经堂首座，借问有无案位，欲来依栖。如有案位，即相看藏主白之。茶罢，藏主引至经堂案位前”，即先了解“看经堂”中有无案位，如有，则可从管理藏经的“藏主”处借书到看经堂阅读。当然，如看经堂中没有空位，则暂时不能借书。文中提到“看经时端身正坐，不得出声”等语，也表明看经堂与藏经堂是两个地方，其中看经堂是绝对安静之处。

宗赜是襄阳人，29 岁在江苏真州长芦寺圆通法秀座下落发并受具足戒，元祐间（1086—1094）住长芦寺，崇宁间（1102—1106）住真定府（河北正定）洪济院期间著《禅苑清规》，成书于徽宗崇宁二年（1103），值北宋之末。上文曾提到王安石撰有《真州长芦寺经藏记》一文，撰文时间是在元祐年间。《真州长芦寺经藏记》记载寺中建有一座轮藏而且规模很大，“闳丽不可名状”。宗赜在元祐间住长芦寺时，值王安石撰此文之后不久，这座轮藏肯定仍在寺中并发挥功能。宗赜《禅苑清规》中所述寺院藏经及阅经等相应制度，应与真州长芦寺的轮藏管理、经营及相应的阅藏管理体制相关，既是一种理论探讨，同时当然也包括对自己以往工作经验的思考和总结。

南宋临安成为活字印刷及全国书籍出版中心，名刹大寺增加经藏，更具备客观条件。从《五山十刹图》之天童寺伽蓝配置图可见，天童寺除轮藏外正北方中轴线上还有一座“大光明藏”，所以寺中有两座藏经殿。元代释德辉曰，随佛教发展，丛林庋藏经典增加，“后以众多，列东西藏”[②]。“东西”二字无法确解，以天童寺两座藏经殿位置看，一在南一在北，不能说是“东西藏”。“藏”字肯定指经藏，所以是否可能轮藏殿面积较大，其中设置东西两座转轮藏？

《敕修百丈清规》载，禅寺中“藏殿无设几案者”[③]。“藏殿”应指轮藏殿。但因轮藏殿同时乃经营场所，是全寺所有场所中对社会最开放之处，日常担负向社会各界提供转轮藏服务，故是全寺最为人众嘈杂之处，不宜读书思考；同时轮藏殿面积不大，因其功能本来是向公众开放提供转经，故不设置读书几案

① （北宋）释宗赜：《禅苑清规》卷三《藏主》，《卍新纂续藏经》册 63，页 532 上。

② （元）释德辉：《敕修百丈清规》卷四《两序章·西序头首·知藏》，《大正藏》册 48，页 1131 中。

③ 同上书，页 1131 上。

的空间。

借书之处是轮藏殿，看书之处，则是“藏司”。一咸《禅林备用清规》中规定藏主职责曰：“掌握金文，严设几案，常备汤茶香烛，延迎兄弟看经。初入经堂，先白堂主，同到藏司相看，送归案位，对触礼一拜，此古法也。”①

《教苑清规》载：“轮藏乃梁傅大士愍世人不诵经文及不识字，故于双林道场创转轮藏以奉经卷，其誓有曰：‘有能信心推之一匝，则与诵经其功正等。’今诸方仿之，盖重法也，掌斯职者，常加点对函帙，铨次目录，于中缺者完之，损者补之，润者焙之，断者粘之，凡请经看诵者，逐函点付，看毕一一交收入藏，庶免散失。”②意似上天竺寺藏经方式和处所即轮藏，但是藏经场所与阅经场所是否一处则不明。

《教苑清规》一书撰于元至正七年（1347），可能是据南宋已成书的杭州上天竺寺旧本编纂，黄溍曰：“天台《教苑清规》，旧尝刻寘上天竺山之白云堂，后毁弗存，今圆觉云外法师自庆，惧久将废坠，乃取故所藏本，重加诠次，正其舛误，补其阙轶，而参考乎禅律之异同，为后学复刻焉。”③黄溍闽人，“寘”是闽奥方言，安排、放置之义，如《易·坎卦》：“寘于丛棘”；《诗·魏风·伐檀》：“坎坎伐檀兮，寘之河之干兮”；黄溍谓“旧尝刻寘于上天竺白云堂”，“旧”字若指前朝，则是南宋旧有之书，“尝刻寘于上天竺白云堂”即原书曾刻印并存放于“上天竺白云堂”。是书作者释自性，自署“天竺大圆觉教寺住持比丘”，其时乃寺之住持，书中既然提到，则知元至正七年时寺中有轮藏。

《禅林象器笺》释“藏司”曰：“藏司者，藏主寮也。若呼人为藏司，则藏主是也。”④“藏司”即藏主（副知藏）之寮舍，故藏主也别称“藏司”。“经堂”即藏经殿应无问题，但阅藏之几案，并不与“经堂”设于同屋，否则几案上“常备汤茶”，还“常备香烛”，就违反藏书常识。几案之设，是在另屋，即藏主寮（藏司），借书后“同到藏司相看”，故曰：“几案不严，喧烦不息，非藏主所以待众也。”⑤换句话说，“藏司”即阅览室，设有几案（书桌），“藏主”即图书阅览室负责人，“藏司”即藏主寮，亦即“众寮”，是图书阅览室。藏主职责，

① （元）释一咸：《禅林备用清规》卷七《藏主》，《卍新纂续藏经》册63，页646下。
② （元）释自性：《教苑清规》卷一《列职·知藏》，《卍新纂续藏经》册57，页315下。
③ （元）黄溍：《教苑清规序》，（元）释自性：《教苑清规》卷首，《卍新纂续藏经》册57，页298中。
④ 〔日〕无著道忠：《禅林象器笺一》卷二《殿堂类下·藏司》，《佛光大藏经·禅藏·杂集部》，页98。
⑤ （元）释一咸：《禅林备用清规》卷七《百丈龟镜文》，《卍新纂续藏经》册63，页645上。仲尧按：原文为“几桉”，径改，他处同。

即管理好图书阅览室，故须令寮舍保持安静整洁，提供良好阅读环境。

《敕修百丈清规》曰藏主职责："函帙目录，常加点对，缺者补完，蒸润者焙拭，残断者粘缀；若大众披阅，则藏主置簿，照堂司所排经单列名，逐函交付；看毕照簿交收入藏，庶无散失。"[①] 保证藏经完好。但"交收入藏"，则是指入转轮藏。需要借书者先到轮藏殿借书，然后带着书到"藏司"（阅览室）阅读，读完后再到轮藏殿还书。知藏职责所在，对藏书管理具体要做到："凡函帙帖安置，修补残缺，以及经本出入等事"皆编号登记，函帖目录，常加标点校对，残断缺失，要粘缀增补，僧众借阅经卷，要逐函查点登记，阅毕还回，按登记簿交收入藏。借阅经卷，不得携出山门等。[②]

德辉《敕修百丈清规》曰请案法："凡看经者，初入经堂，先白堂主，同到藏司相看。送归案位，对触礼一拜，此古规也。"曰看经法："今各僧看经，多就众寮，而藏殿无设几案者。"[③] 与北宋宗赜《禅苑清规》、元一咸《禅林备用清规》中所言规则相同，丛林藏经和阅藏基本情况并无变化。

3. 作为阅览室的众寮

再继续讨论一下众寮及看经堂的功能和作用问题。

（1）金山寺的众寮平面图研究

五山十刹图中有一幅镇江金山寺的众寮平面图，如此图可靠，则可作为研究的基本依据之一。（图 8-9、图 8-10）

美国学者 Martin Collcutt 的《五山：中世纪日本的临济禅寺院组织》一书第五章《禅寺建筑规制及布局》中曾据此图对南宋金山寺的僧众看经"阅览室"及其对日本中世纪禅宗寺院建筑的直接影响做过一些讨论。[④] 笔者对其结论也

---

① （元）释德辉：《敕修百丈清规》卷四《两序章·西序头首·知藏》，《大正藏》册 48，页 1131 上。

② （清）释仪润：《百丈清规证义记》卷六《两序章·西序·知藏》："执经橱钥匙，凡经书不借出，以山门为限。夏季风日暄明，晾晒诸经，收橱时查理字号，不可紊乱。凡请看者须登牌，某月某日某人请某字函经，还则消账。若其人告假，并余事欲去者，先查取遗失者，罚抄赔已（方允许）出院。凡交替执事，必须客堂、库房及知藏到，一一检点清楚，对众清交新执，缺少者赔。"《卍新纂续藏经》册 63，页 444 中。

③ （元）释德辉：《敕修百丈清规》卷四《两序章·西序头首·知藏》，《大正藏》册 48，页 1131 上。

④ 〔美〕Martin Collcutt, *Five Mountains: the Rinzai Zen Monastic Institution in Medieval Japan*, Chapter 5. The Monastery and Its Sub-temples, the reading room. Published by Council on East Asian Studies, Harvard University; distributed by Harvard University Press, Cambridge（Massachusetts）and London, 1981, pp.215-218.

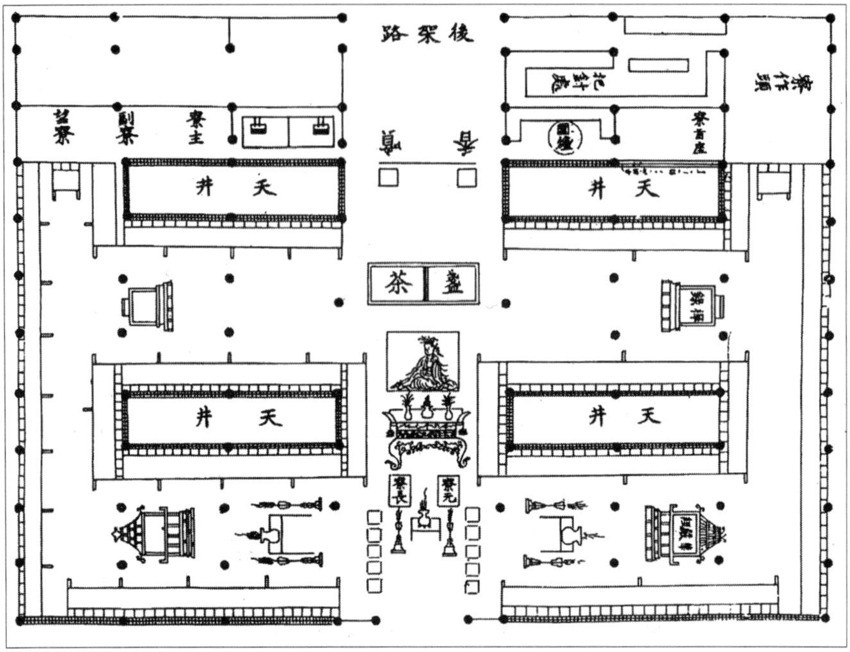

图 8-9　镇江金山寺众寮平面图（龙华院本《南宋五山十刹图》）

资料来源：〔日〕无著道忠：《敕修百丈清规左觿》附录一《大宋五山图说》下卷《众寮图》，京都：中文出版社 1977 年影印本，页 1312。

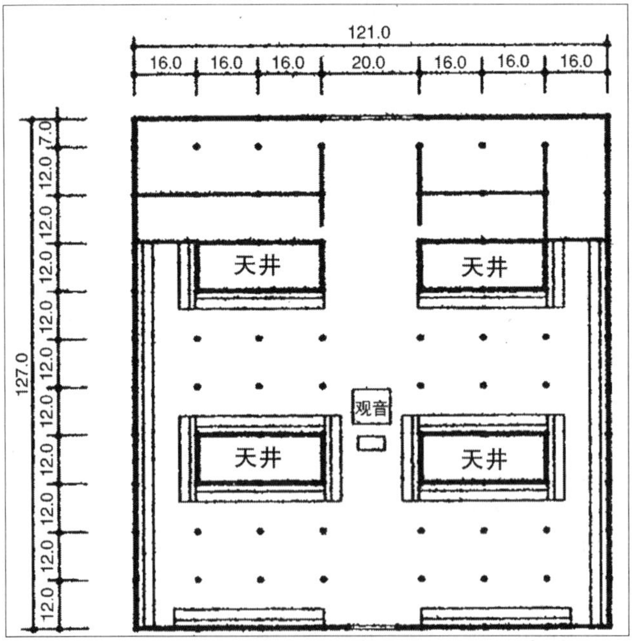

图 8-10　南宋镇江金山寺众寮平面形制图

资料来源：张十庆：《中国江南禅宗寺院建筑》第四章《禅寺建筑的形制与特点》，湖北教育出版社 2002 年版，页 78。

基本同意。

本人进一步认为，南宋丛林寺院建筑的总体格局中，作为看经室或“阅览室”的众寮具有特殊的重要性，从建筑形制看，应该是应僧人读经学习需要即类同现代阅览室的功能而设计，总面积约 15367（宋尺），换算成现代度量衡，按一宋尺约等于 0.312 米，南宋镇江金山寺的这个阅览面积为：

$$127 \times 121 \times 0.312 \div 3.333 = 1438.5 \text{（平方米）}$$

在一个寺院中应算较宽敞的读书场所了。众寮室内，除观音像、香花等法物，并设茶水案备用，同时在不同位置，按管理需要，设有寮长、寮元及寮主、副寮等专用座位。不过更重要的是，在房内四周布置坐榻，与坐榻相应，四周边开有四座天井，以利采光，是作为阅览室的众寮的基本建筑特征。这样，在此读经者可坐在榻上，依壁采光，轻松舒适地看书。

Martin Collcutt 教授说，当时正在天童如净门下求法的日本禅曹洞宗创始人永平道元曾详细记载南宋禅寺中普遍建有的众寮及其作为阅览室的功能性作用和相关管理规制，他指出，按丛林制度，在僧堂中任何人都绝对不可阅藏看经，包括不能阅读任何禅宗典籍，僧人只能出了僧堂去众寮看书，在专用的阅览室中，安静地阅读思考大乘佛教经典及禅宗祖师法语。道元回日本后，在属于曹洞宗的建长寺，如同其他日本临济宗禅寺一样，建造了面积宽敞的仿自南宋丛林中众寮的“阅览室”。①

《五山十刹图》中对金山寺众寮的描绘记载颇详尽细致，应有以之作为南宋江南禅寺建筑布局中的众寮建筑形制代表之意。

（2）天童寺的三座藏经殿及看经堂

五山十刹图中的天童寺伽蓝配置图对本项研究也很有意义。从上引二幅天童寺伽蓝配置图中可见，二图对寺中若干建筑及功用的细节描绘有所不同。如全寺建筑布局的右（西）后方，在一处大建筑“看经堂”之后（北面），有一处比“看经堂”略小的屋舍，龙华院本未标明其功用，东福寺本则标明是“经藏”。

轮藏殿后一片建筑应是众寮，后面（北面）的“看经堂”，与众寮前（南面）的“藏主寮”功能应类似，即用于藏经及阅藏。

天童寺有三套藏经，相应建有三个藏经殿，即位于全寺右（西面）前方的

① 参〔美〕Martin Collcutt, *Five Mountains: the Rinzai Zen Monastic Institution in Medieval Japan*, Chapter 5. The Monastery and Its Sub-temples, the reading room. Published by Council on East Asian Studies, Harvard University; distributed by Harvard University Press, Cambridge（Massachusetts）and London, 1981, p.217。

轮藏殿，位于全寺建筑中轴线上后方、正好位于方丈室之前的大光明藏殿，以及位于全寺建筑布局右（西面）后方，与大光明藏并列但中间以花园隔开的“经藏殿”。

不过龙华院本并未注明这处建筑的功用性名称，不知是否因无著道忠绘图时对天童寺是否有第三个藏经殿存疑而未标出。所以南宋天童寺有第三个藏经殿只是一种可能性。若有，与当时天童寺显赫地位及盛大规模相应，若无，则另当别论。

然而与本书研究的主题关联，对上述讨论也似乎同样可说，若是，则在众寮之前（南面），以藏主寮作为转轮藏及阅藏处所和管理办公室，在众寮之后（北面），以“看经堂”作为“经藏殿”的阅藏处所及阅藏管理办公室，情理上都能说通，与上面关于金山寺众寮的讨论也能呼应；若非，亦另当别论而已。

（四）轮藏功用与寺院体制（之二）：经营性宗教服务机制

转动轮藏一圈如念诵佛经一遍，或抄写、聆听佛经一遍，比日夜诵经听讲便利许多，因此广受各界欢迎。红尘纷扰中，人们藉此省却念经时间及辛劳之功，尤其对于不识字的劳苦大众来说，因此得到亲近佛德机会。转轮藏这种特定功用之实现途径却具有更加鲜明的南宋佛教制度特色，即通过特殊机制——服务性经营机制得到实现。

1. 转轮藏之宗教服务性质与经济经营

南宋江南禅寺之转轮藏具有时代特色；从思想文化角度看，转轮藏经营之内涵是藏经与传教双重功能，其中主要是后者，同时提供宗教服务，但是一项需要收费的经营性服务。

（1）转轮藏之宗教服务性质：两宋名师观点

建置经阁，庋藏佛经，本是佛寺基本功能之一。藏经方式改为立体转动的轮藏，使人们由阅读佛经改成转动佛经，是一大变化，也是一种创造性思维，同时更深的制度文化背景在于符合当时佛教深入发展中体现的三教合一、文化普及的时代潮流。

北宋契嵩曰：“夫转轮藏者，（本）非佛之制度”，乃是中国人创造的传播佛教方式，“实取乎转法轮之义耳，其意欲人皆预于法也”，但因佛教“其理幽微，其义广博，殆非众人概然而辄得，故益其藏而轮之，姑使乎扶轮而转藏者，欲其概众普得，渐染佛法，而预其胜缘，则于道其庶几乎！是亦至人摄化群生之一端耳，其意远且大矣”①。充分肯定藏经方式从壁柜藏改为转轮藏，认为是普及推广佛教的好方式，“意远且大”，与宋代佛教民间化、民俗化、大众化的时代趋势一致。

南宋宗鉴曰：“在在处处，创此机轮，运转不息，欲俾一切含灵同沾利益，尽未来际，成等正觉。大哉神力，讵可思议耶，先民所谓智者创物，大士其有焉。若夫诸处俱奉大士宝像，于藏殿前首顶道冠，肩披释服，足蹑儒履，谓之和会三家。佛印禅师（原注：了元）为王荆公赞其所收画像曰：‘道冠儒履释袈裟，和会三家作一家。’”② 认为轮藏既能有效“接引大众”，又利于“和会三家”，实乃一大创造。也是予以充分肯定。

南宋王庭珪撰《龙须山转轮经藏记》文，论转轮藏功用性质等曰：“今之所以聚佛书，转大法轮，以张皇其说者，盖不为诸佛说法，为凡夫说法尔，此藏之所以宜建也。”③ 指出转轮藏的功用主要是“为凡夫说法”，这个解释很有时代性，表明转轮藏兴起与南宋佛教世俗化、民间化的时代特征一致。

（2）转轮藏之经济经营性质：南宋五个案例

建造轮藏要耗费巨资，管理亦需人力物力，作为一种动态的宗教法器，日常维护必不可少，管理费用较寺院其他弘法设施可能更为昂贵。为大众提供偌大一座可以转动的轮藏，是一种宗教服务，但是却很难做到无偿服务，只好收取一定费用，所以就具有了经营性质。因为这种经营性质，寺院通过向社会大众提供所需要的转轮藏服务而获得供养，具有“双赢”之效。下示南宋五个案例：

案例一：叶梦得论南宋各地诸寺转轮藏之经营性质

叶梦得撰文评论南宋各地、诸寺多建转轮藏，认为皆具有经济经营性质。叶梦得概括曰：据自己亲眼所见，当时江南各地寺院建轮藏者“十而六七，吹蠡伐鼓，音声相闻，襁负金帛，踵蹑户外，可谓甚盛”。大小寺院，建有轮藏者“十而六七”，可谓多矣。叶氏并同样据自己亲眼所见曰，各地寺院造轮藏之目

---

① （北宋）释契嵩：《镡津文集》卷一二《无为军崇寿禅院转轮大藏记》，《大正藏》册 52，页 711 中—下。

② （南宋）释宗鉴：《释门正统》卷三《塔庙志》，《卍新纂续藏经》册 75，页 298 中—299 上。

③ （南宋）王庭珪：《卢溪文集》卷三四《龙须山转轮经藏记》，台湾商务印书馆 1985 年影印《景印文渊阁本四库全书》第 1134 册，页 254 上—255 上。

的，乃“施者假之以邀福，造者因之以求利”。又曰自己“位于镇建康时，始见其经营”，后四年，叶已离开建康，但应“保宁寺长老怀祖”之请特为其轮藏经营事业撰文为记，[①] 在文章中特地指出，寺院建造转轮藏包含“求利”之功能因素、经营性质，即为社会大众提供宗教服务同时要收取一定费用，换句话说，是一种经营性宗教服务。

案例二：浙江湖州地区诸寺院之轮藏经营

刘一止曾撰有数文记载浙江湖州地区一些寺院建造转轮藏并开展经济经营之例。

如刘一止《湖州石冢村青莲院记》载，湖州归安县城南石冢村青莲院转轮藏建成于绍兴二十三年（1153），信徒每日前来施财转动轮藏，自从转轮藏建成之后，“庑廊之下，施利日至，斋厨之费，赖此以给”，常住费用，从此不乏。[②]

又刘一止《湖州德清县城山妙香禅院记》载，妙香禅院自从创建了一座转轮藏后，寺院香火大盛，“施利之人，未尝有虚日”[③]。因为转轮藏提供转经服务，就每日有人前来转动轮藏，轮藏每日转动，檀施也就每日不断。

案例三：江苏江宁祈泽治平寺轮藏经营

江苏江宁祈泽治平寺有一座转轮藏，创建于南宋嘉定年间，该寺当初创建轮藏的初始目的即为经营牟利以解决寺僧斋厨开支和伙食经费问题。据寺存碑刻载，嘉定十二年（1219）七月十五日，檀越李子清及部分寺僧等谋建转轮藏，寺中负责经藏管理的僧人宝华撰文记述经过情形：

> （众议曰：）“此山僧众足矣，但延置禅衲，岁无生计可供斋厨，不若辟堂左隙地而建藏轮焉，姑欲寡助常住，不亦可乎？况木植合用，吾庐有之。”既而诺，请僧员法超、法起为之干造，次以命工，计虑独启巨诚，鼎新创造，天官法轮宝殿一所，及下雕銮像仪母，容裒外工，更饰藏轮佛金一面，其兴事僝工，愈多愈费，随胥随有，略不惮烦。才仅越期之月，已

① （南宋）叶梦得：《建康集》卷四《建康府保宁寺轮藏记》，台湾商务印书馆1985年影印《景印文渊阁本四库全书》第1129册，页616上下。

② （南宋）刘一止：《苕溪集》卷二二《湖州石冢村青莲院记》，台湾商务印书馆1985年影印《景印文渊阁本四库全书》第1132册，页123上—124上。

③ （南宋）刘一止：《苕溪集》卷二二《湖州德清县城山妙香禅院记》，台湾商务印书馆1985年影印《景印文渊阁本四库全书》第1132册，页119上—120下。

庆落成之举。……摄藏事宝华记。[①]

是知发心创建轮藏的起因，是因为当时寺院有所发展，寺中僧众渐增，但是生计问题随之而来，再发展下去到了日益令人担忧的地步，即如何让寺中常住僧众都能吃上饱饭，成为一个弘法事业是否得以持续性发展的最大现实问题。于是众僧及本地施主齐发愿心，以建造一座轮藏来解决问题，“鼎新创造，天宫法轮宝殿”顺利建成，轮藏建成之后不久即其利源源，足以供给寺中众僧日用及弘法资粮。

案例四：浙江台州临海宝藏岩普安禅院轮藏经营

南宋王之望（1103—1170）撰《台州宝藏岩普安禅院记》碑文记述，相传兴建于萧梁时的台州临海宝藏岩普安禅院，北宋英宗治平（1064—1067）年间得额，为十方丛林，“长老住持久矣，睦寇之乱毁圮”，即在方腊之乱中被毁。南宋绍兴初，乃“选于丛林”，“众推耆宿”由释彦筠来寺主事，发心立意，营建轮藏，绍兴二十年（1150），轮藏建成，规模宏伟：“规为转轮大藏，中栖千函，外覆大屋，学者恣取观之，裒其施入，用佐供馈。”[②]“外覆大屋”即同时建造轮藏殿。当初发心建轮藏时明确目的之一即“用佐供馈”。此后普安院僧众日常供馈之费部分就依靠轮藏经营。

案例五：浙江台州临海县佛窟山昌国禅院经营与轮藏

浙江台州临海县佛窟山昌国禅院是一座较小型的寺院，约从绍兴十年（1140）起，在住持僧宗辩主持下，寺院为解决粮食问题而围垦寺院北面二十里近海处高湖堰岸一片涂田，共约开发552亩，此后在长达近百年的时间里，却因这片田产权而与当地的报恩光孝寺以及官府屡兴争讼。[③]可知佛窟山昌国禅院是一座看重经营传统的寺院。据“正信居士”王以宁撰《佛窟山转轮藏记》碑记载，寺院在宝因禅师苦心经营下乃“刀耕火种”，募集众缘，建造一

---

① （清）王昶：《金石萃编》卷一五一《祈泽治平寺建藏殿记》，上海古籍出版社1995年影印《续修四库全书》第890册，页665下—666上。又《江宁金石记》卷五《建藏经记》亦记载此事，上海古籍出版社1995年影印《续修四库全书》第910册，页285下。

② （南宋）王之望：《台州宝藏岩重修普安禅院记》，（清）黄瑞：《台州金石录》卷五，江苏古籍出版社1998年影印《历代碑志丛书》第20册，页358下。

③ （南宋）谢伋：《宋台州临海县佛窟山昌国禅院新开涂田记》，（清）黄瑞：《台州金石录》卷五，江苏古籍出版社1998年影印《历代碑志丛书》第20册，页355上—358上。并见王舟瑶：《台州府志》卷八七《金石考三》，台北：新文丰出版公司1979年影印《石刻史料新编》第三辑，页261下—262上。

座转轮宝藏。① 在佛窟山积极开展经营的风气下这座轮藏很可能成为寺院经营成分之一。

无著道忠引《北硐文集·金粟洞天三教藏记》曰："金粟洞天，在泉南胜处，住山人凝云黄去华，总三家之书，于山中置诸大轮藏。"② 总三家之书，即建大轮藏，集儒释道三家经典伫以其中。但是文出《北硐文集》，以佛典为主应无疑义，而从经营方面看，亦有如今日之商家通过多头经营以广招徕之意。

2. 转轮藏经营价格探讨

这里又引出一个相关的转轮藏价格问题，既然要经营牟利，一般情况下付多少钱可转轮藏一匝？黄敏枝认为宋代转轮藏"收费应该不低才是"，③ 只是较模糊的估计。实际情况如何，需要考证。

（1）转轮藏经营性服务之时代背景

南宋时并非大寺才建轮藏，小刹小院也一样建造。转轮藏既是经济经营，就有价格问题，如何定价、价格标准，就与经营制度之特定社会经济、思想文化和宗教服务经营发达的时代背景有关，先分析一下这些背景情况。

社会与经济背景：轮藏造价很高，除轮藏本身之外，还需要有周边建筑如轮藏殿房舍等配套设施。同时，由于转轮藏是一项收费的经营服务，若在经济贫困地区，即使轮藏得以造成，亦较难开展经营，或经营无法牟利，那还不如不经营。如上述创建轮藏并开展经营的寺院，分布地区，主要集中在临安附近及两浙路、江南东西路、四川路以及福建路等地方，应与这些地区经济比较富庶有关。南宋江南地区商品经济发展较好，庶民生活水平较高，经济富裕，乃有余力从事这项事业。

科技与文化背景：寺院经营轮藏事业，从发展的时间关系看，发生在宋代，其中又以南宋更为发达，而在空间地域关系上，则以两浙路最为集中。当时以临安地区成为中国文化发展的核心区域，以此为中心形成辐射性文化圈。南宋建立后临安也成为当之无愧的全国佛教中心，佛寺中的有关制度性创造活动多

---

① （南宋）王以宁：《佛窟山转轮藏记》（碑），（清）黄瑞：《台州金石录》卷五，江苏古籍出版社1998年影印《历代碑志丛书》第20册，页353上下。并见王舟瑶：《台州府志》卷八七《金石考二》，台北：新文丰出版公司1979年影印《石刻史料新编》第三辑，页260下—261上。

② 〔日〕无著道忠：《禅林象器笺一》卷一《殿堂类上·轮藏》，《佛光大藏经·禅藏·杂集部》，页53。

③ 黄敏枝：《关于宋代寺院的转轮藏》，《普门学报》（台湾）第八期，2002年3月。

在这一地区出现，亦属题中应有之义。

同时，还应该注意与南宋科技发展相关的印刷事业的发达，尤其是以临安为中心的雕版印刷业的大发展，使寺院佛经典藏更加丰富，藏书数量大增。即使知识阶层，面对仿佛突然增加的浩如烟海的佛典，亦叹尽阅大藏之艰，更何况广大文化水平不高甚至当时社会条件下普通民众多文盲的情况下，如有条件转动轮藏，即能得到如同已经阅览宝藏的安慰与无比快乐，那是何乐而不为？这种科技与文化发展的背景，对于转轮藏的发展也大起推波助澜作用。

服务与经营背景：转轮藏建造与日常维护皆需庞大资金，若仅依靠各界檀施或政府资给，无论建造或维持运行都会有困难。当时经济实力最强、宗教地位最高、国内外影响最大的五山十刹多开展转轮藏经营服务，并使其成为寺院经济重要组成部分，这成为一种导向标，结果转轮藏经营不仅限于佛教，其他宗教也积极跟进，如道观也设置转轮道藏。这成为寺院普遍建造轮藏并开展经营性服务的一种宗教与经营背景。

（2）转轮藏经营价格

转轮藏经营定价是一个相当困难但也很有趣的命题。按照中国文化传统历代文士撰正史或野史笔记等皆不重视这类信息，不过既然寺院普遍开展轮藏经营，同时考虑到南宋存世文献相对较丰，笔者相信关于轮藏经营价格的蛛丝马迹肯定会有，从文献中也确查到一些，分析如次。

如南宋笔记《梁溪漫志》中记载有江西临江军惠历寺轮藏经营情况的材料：[①]

> 临江军惠历寺，初造轮藏成，寺僧限得千钱则转一匝。有营妇丧夫，家极贫，念为转藏，以资冥福。累月辛苦收拾，随聚随费，终不满一千。迫于贫乏，无以自存。嫁有日矣，而此心眷眷不能已。遂携所聚之金，号泣藏前，掷金于地，轮藏自转，阖寺骇异，自是不复限数云。[②]

惠历寺根据当地物情，定本寺经营标准，对转动轮藏明码标价，一千文钱

① 临江军即今江西省樟树市，距省会南昌 89 公里。南宋建炎四年（1130）合并江南东、西二路为江南路；绍兴元年（1131）仍分置江南东、西二路，西路治洪州，管辖地区是洪州、江州、筠州、袁州、虔州、吉州、兴国军、南康军、临江军、南安军。

② （南宋）费衮：《梁溪漫志》卷一〇《惠历寺轮藏》，上海古籍出版社 2001 年点校本《宋元笔记小说大观》第 3 册，页 3441。此故事多种南宋笔记中皆载，如（南宋）鲁应龙《闲窗括异志》，文字略不同，如“营妇丧夫”为“营妓丧夫”等，故事情节则同。

转动一匝（即转一圈）。千文钱即一贯，考虑各地物价差别，这个定价在当时是否算贵？

费衮《梁溪漫志》一书成于南宋光宗绍熙三年（1192），此案发生地区是在江西临江军，这个地区曾是联结中原与岭南的舟车途道，在历史上也是与瓷都景德镇并列的江西四大古镇之一，当时亦属经济文化较发达地区。据程民生先生考证，南宋初期南方部分地区币值如次：一千文（即一贯钱）在江南乡间可买到一条布被；或买一具棺材；在两浙地区，可在正月买到一条河豚；乾道年间（1165—1173），在江南东、西路及两广一些地旷人稀地区可买一亩地；乾道二年（1166）七月，在湖北荆门军、襄阳、郢州，可买一石米；乾道六年，在秀州可买一条小狗。乾道七年，可在鄱阳买一顶毡笠。绍熙年间（1190—1194），在浙江金华县可请僧人念诵一部《孔雀明王经》。[①] 又据南宋叶适《叶适集·水心别集》（卷一六）记载，这笔钱在嘉定年间（1208—1224），在浙江温州地区可以买到二斗面。[②]

《梁溪漫志》中提到的千钱币值或大致与上述相当。由此可知，要付一千文钱才能转轮藏一匝，这个收费标准不能算便宜。

从另一方面说，根据当时佛教在社会上的地位，作为一种高级的宗教文化消费，这个价格可能也并未定得过高。如从现代服务经营理论看，以质定价与按需论价是价格制定的两个基点，寺院建造轮藏成本较高，转藏是一种高档精神消费，需求对象则面向社会各界、各阶层人士，据此论定价格标准，不会过于低廉。当然，对于贫穷百姓，千文钱转一匝之价毕竟还是较贵，文中的寡妇想为亡夫转轮藏以邀冥福，虽然辛苦，最终还是无法办到，被迫改嫁，仍无济于事，悲而号泣，导致轮藏自转。但文中也记载，此事发生后寺院对转动轮藏不再要求非出千钱不可，改为视各人情况，不论多少，随缘皆可转藏。换句话说，毕竟建轮藏最终价值非为牟利，而是在于其服务性机制即以佛法接引诸缘，赢利只是其中的功用性机制使然。

据南宋《咸淳临安府志》记载，临安慧因高丽寺（惠因院）中建有轮藏

---

① 程民生：《宋人生活水平及币值考察》，《史学月刊》2008 年第 3 期，据程先生注释所据文献主要是：（南宋）冯时行：《缙云文集》卷一《布被》、（南宋）陆游：《剑南诗稿》卷三六《龟堂东窗戏弄笔墨偶得绝句·又》、（南宋）范成大《吴郡志》、（清）徐松辑：《宋会要辑稿·食货》56 之 56—57、40 之 44 及（南宋）洪迈：《夷坚志》支景卷五《许六郎》、支乙卷七《王牙侩》、《夷坚志》支乙卷八《陈二妻》等。

② 见程民生：《宋代物价考察》，《漆侠先生纪念文集》，河北大学出版社 2002 年版。

殿，[①] 有学者考证认为这座转轮藏殿约毁于南宋末年。[②] 但是至少明代又建了一座，李翥《玉岑山慧因高丽华严教寺志》记载，明万历年间（1573—1619）高丽寺重建轮藏殿，规模宏伟，结构精巧，“绀碧翚飞，高入云际”，轮藏殿“与大殿相连，高则倍之，接构工巧，无凑泊迹，虽诸山缭绕，湖中仿佛隐见。中设转轮，贮钦赐藏经于函，璧水潆环，詹阿翚焕，相轮声闻数里，两山邀游，咸谓目未曾有也”。[③] 当时“轮藏凌云”还被列为“惠因十景”之一。[④] 李翥是阳羡人（今江苏省宜兴市），此书完成于明崇祯元年（1628），刊于清光绪七年（1881），史料较可靠。[⑤] 明代名士张岱《西湖梦寻》中也曾记载高丽寺转轮藏经营情况并且记述了转藏价格：

> （慧因高丽寺）于（元）至正（1341—1368）末毁，（明）洪武（1368—1398）初重葺，俗称高丽寺。础石精工，藏轮宏丽，两山所无。万历间，僧如通重修。余少时从先宜人至寺烧香，出钱三百，命舆人推转轮藏，轮转呀呀，如鼓吹初作。后旋转熟滑，藏轮如飞，推者莫及。[⑥]

张岱记载的高丽寺轮藏是在明初建造，比李翥记载的那座轮藏要早约三百年，是知明代高丽寺起码曾两次重建轮藏，而且两次建造的轮藏皆“规模宏丽”并开展经营活动。

张岱记载的价格是转轮藏一次需“出钱三百”，注意不是转“转一匝”，是“转一次”即一次出三百钱可转动多匝。这是张岱亲身经历，可知高丽寺这座轮

① （南宋）潜说友《咸淳临安府志》卷七八《寺观四·惠因院》：“淳祐十二年（1252）有旨，并以广果院归矣”，即将广果院归并入高丽寺；中华书局 1990 年影印《宋元方志丛刊》第 4 册，页 4065 上、下；又同书记载“广果寺”：“在惠因桥北……（南宋初）绍兴（年间）开分省试于两浙，以惠因为大试院，广果为别试院；惠因藏殿，柱刻尚存。”度宗咸淳（1265—1274）时惠因寺藏殿尚存者仅剩下“柱刻”，似乎此时轮藏殿已经不存；卷七八《寺观四·广果寺》，页 4062 下。

② 见鲍志成：《高丽寺与高丽王子》第四章《高丽寺的建筑与规模》第二节《高丽寺的建筑·二、轮藏殿》，杭州大学出版社 1995 年版，页 61。

③ （明）李翥：《玉岑山慧因高丽华严教寺志》卷五《宫宇·轮藏殿》，台北：明文书局 1980 年影印《中国佛寺史志汇刊》第一辑第 20 册，页 64。

④ （明）李翥：《玉岑山慧因高丽华严教寺志》卷二《景物·轮藏凌云》，台北：明文书局 1980 年影印《中国佛寺史志汇刊》第一辑第 20 册，页 26、页 23。

⑤ 参鲍志成：《高丽寺与高丽王子》第一章《高丽寺史料汇考·第二节玉岑山慧因高丽华严教寺志》，杭州大学出版社 1995 年版，页 25—33。

⑥ （明）张岱：《西湖梦寻》卷四《西湖南路·高丽寺》，广陵古籍出版社影印本《武林掌故丛书》，页 15 右—16 左。

藏对社会开放，提供收费性宗教服务。高丽寺转轮藏因规模宏伟，可能推动起来比较费力，所以张岱自己不推（懒得推或推不动），出钱雇车夫代推。轮藏经营行情肯定好，因为推动起来轮轴“旋转熟滑”，转得“藏轮如飞，推者莫及”，如飞般转动起来，推轮的车夫都几乎赶不上转动速度。所以也就不太可能按转动几圈作为收费标准，是按“次数”收费。该项收费服务正乃南宋临安遗风。

建造转轮藏需花心力、费巨资，如不少社会事业，并非有钱就可以办到，钱财之外，还需很多助缘。[①] 但是因为建造轮藏与财力物力相关，所以同时也颇涉寺院经济经营绩效。

3. 南宋佛教界对转轮藏经营之评价

南宋李纲曾言宋代禅院遍置转轮经藏，[②] 这与南宋丛林皆注重典籍，文风则雅俗并见有关，如后世所见之各种语录、公案、评唱可证。加之当时雕版印刷事业取得重大进步，浙江临安、福建建安等地成为书籍印刷、出版、经销中心，因此寺院注重藏经，无论从主观意愿还是客观条件而言，都有可能实现。转轮藏只是藏经形式之一种，置一整部佛经于轮藏，工程浩大，有的寺院便建造小型轮藏，只放部分经卷，建造和推动较易。而置于其中的经典可能是四大部的小藏。[③] 不过似乎从未出现过更小的缩微版轮藏，如现在藏区随处可见拿在手中转动的那种小型转经筒。

因为谈到转轮藏经营问题，佛教界内部对寺院普设轮藏并开展经营服务如何评价，也就应予注意。从史籍记载看，当时佛教界内部有些人对此也不以为然，批评意见主要集中在寺院设轮藏以经营营利方面。如约南宋中后期，释道璨针对某些禅寺中建造转轮藏并以之作为牟利工具斥曰：“后世遂指为奇货，仰给以为口体之养，郑声乱雅，滔滔者天下皆是也，作法于凉（梁），其弊犹贪，使桑林知此，其不自悔也几希？”[④] 认为后世之人会因禅寺经营转轮藏敛财而

---

① 2007 年 5 月 1 日杭州各媒体报道，高丽寺重新建成开放，寺中亦重建了转轮藏，不久前笔者曾特地前往实地观察。

② （南宋）李纲：《梁溪集》卷一三三《澧州夹山普慈禅院转轮藏记》，台湾商务印书馆 1985 年影印《景印文渊阁本四库全书》第 1126 册，页 537 上—539 上。

③ 即《大般若经》、《八十华严》（附《行愿品》）、《大宝积经》、《大般涅槃经》，共 841 卷。

④ （南宋）释道璨：《柳塘外集》卷二《景福寺轮藏记》，台湾商务印书馆 1984 年影印《景印文渊阁本四库全书》第 1186 册，页 808 上；同卷《重修宝华寺记》载，该寺于嘉泰间（1201—1204）由景昕主持始建转轮藏，见同书，页 808 上、下。

羞愧。不过，其所针对的具体对象情况并不很清楚，也许仅是针对特例而言，道璨是语，是否可作为对普遍性问题的思考和评论并不得而知，但是联系上下文意看做个案批评的可能性大些。

（五）余论："五山"轮藏与文化价值

上面谈到南宋寺院中普遍建造转轮藏之内涵文化价值，这里再进一步谈谈转轮藏经营之制度文化价值观问题。

1. 五山十刹转轮藏之制度文化影响

日本存世五山十刹图是作者参访五山，依据实物，现场写实描绘留下的历史资料，由于五山十刹在南宋乃至全国佛教寺院中的崇高地位，寺中转轮藏建筑以及相关经营制度，不但在当时具有代表性，而且对当时及之后的寺院转轮藏经营都有直接影响。笔者据以上讨论试提出三点推论：

其一，江南五山十刹，皆是当时最重要、规模最大、宗教地位也相应最高的国内大寺，结合上文分析，江南诸寺，几乎不分大小贫富，只要有可能，皆营建转轮藏，因此，五山十刹很可能全部营建有规模较大的转轮藏；

其二，五山十刹是南宋江南，也是当时全国经济实力最雄厚、社会地位最高，相应的，寺院经营活动也是最发达的禅寺，故这些转轮藏很可能是当时国内规模最大、最豪华型的轮藏建筑，同时，由于五山十刹在全国佛寺中领袖群伦的地位和作用，其转轮藏经营亦可能是效益最佳者；

其三，五山十刹所处之地主要在两浙路，其中又以两浙西路为主；所处地域，围绕着行在临安，以此为中心，具体分布地区是明州、湖州、台州、苏州，最北是建康（南京），最南是福州，因此也可推知当时寺院转轮藏并开展经营的最发达的地域，就是在以临安为中心的江、浙、闽一带。

五山十刹经营转轮藏乃至五山十刹中是否曾建有转轮藏的问题，以往从未见文字资料记载，近现代以来也无人注意过这个问题。但从以上所述可知，五山十刹之转轮藏经营，正乃是领袖群伦，开转轮藏经营时代之风气。

2. 对辽金夏及后世影响

能建轮藏，又有缘请名人撰文，其文又能幸运地传之后世者，可能十不及一，当时建造转轮藏的寺院非常多，转轮藏经营也是普遍现象。而南宋当时周边国家地区的情况，及南宋之后的元明清代，也是应有所了解的问题。

（1）辽金西夏三国寺院之转轮藏

宋时与之对峙的辽、金两朝境内是否也有轮藏呢？黄敏枝教授据陈清香教授提供的材料说，辽道宗清宁间（1055—1064）华严寺有一座轮藏保存至今。《全辽文》卷四《重修范阳白带山云居寺碑》载，寺主谦讽在本寺建转轮佛殿，五间六架。既是转轮佛殿，其中当有轮藏。金代，黄敏枝教授说查《金文最》未发现有关于转轮藏的记载。[①] 至于西夏国的情况目前暂时不清楚。

（2）元明清代寺院转轮藏略考

南宋以后，元明清代，汉地佛寺继续营建转轮藏。本节仅限于对该时期汉地佛寺中营建转轮藏的情况进行一些实证考察。

元代佛寺转轮藏及对藏传佛教之重大影响。元虞集撰《方山定林寺重修碑》载元顺帝至正四年（1344），蓬溪金仙寺建造转轮藏。[②]《常山贞石志》载《转大藏经碑记》，[③] 该碑今存正定府隆兴寺转轮藏殿。碑文严重剥落，立石年月及撰书人姓名皆缺，但从残存碑文仍可看出，是元人舍财施永业地五段计一百多亩及骟马一匹，用转大藏经功德之用。正定隆兴寺是宋代最早建轮藏的寺院之一，开宝二年（969）所建的轮藏至今存世，可知自宋初迄元末，隆兴寺一直有轮藏。

其他如元黄溍曾撰写多处寺院碑记，其中有记载各地寺院建造轮藏的有关情况。如《岳林寺经藏记》载，长沙岳林寺于元统元年（1333）冬建有轮藏，《经藏广福院记》载，因北宋天禧年间（1017—1021）金华曹仁寿置经造藏，故名经藏院，元至元十三年（1276）毁于兵，二十八年（1291）重兴，第三代住持覆中在广福院重建轮藏。[④]《龙兴祥符戒坛寺记》载，元至元四年（1267），杭州龙兴戒坛院住持秀公捐衣盂之资作轮藏并建大厦覆之，即建造了轮藏殿。[⑤]

---

① 黄敏枝：《关于宋代寺院的转轮藏》，（台湾）《普门学报》第八期，2002 年 3 月。

② 参黄石林：《四川江油窦圌山云岩寺飞天藏》，《文物》1991 年 4 期，页 33。

③ （清）沈涛辑：《常山贞石志》卷二四《转大藏经碑记》，上海古籍出版社 1995 年影印《续修四库全书》第 906 册，页 716 上、下—717 上、下。

④ （元）黄溍：《金华黄先生文集》卷一三《经藏广福院记》，上海古籍出版社 1995 年影印《续修四库全书》第 1323 册，页 219 下—200 上。

⑤ （元）黄溍：《金华黄先生文集》卷一三《龙兴祥符戒坛寺记》，上海古籍出版社 1995 年影印《续修四库全书》第 1323 册，页 208 下—209 上。

这些建有轮藏的寺院很可能皆展开服务经营活动。

上文提到南宋转轮藏唯一的实物遗存，四川江油县窦圌山之云岩寺内称为星辰车的飞天藏，制作崇宏，较河北正定隆兴寺转轮藏更为壮丽，清《江油县志》载："飞天藏：宋淳熙八年（1181）建，元至正重葺，明季兵火，惟此独存。"可知这具南宋转轮藏之所以能保存至今，还仗元代至正年间（1341—1368）那次"重葺"，既曰"重葺"，或是一次规模较大的修建翻新。不过从总体上看，元代寺院建轮藏风气未如宋之盛，无论是建藏数量还是经营性质，从文献记载看远不如南宋丰富。

因为元代统治者对佛教的信仰以及与此相关的当时藏传佛教与内地的密切关系，转轮藏很可能是从这一时期起大规模传入藏区，以至于后来成为藏传佛教主要特色之一。现在所见藏传佛教使用的形式多样、大小不一的"转经筒"、"转经轮"在藏区几乎无处不在：河川溪涧中安置着水力推动的经轮，寺院四周绕行转经的成群信众推动着成排的经筒，藏民家居屋顶上有风力推动的经轮，厨房里有热力推动的经轮。

转经轮这种修持方法现已传遍世界，笔者在欧美多处见过各种各样、大大小小的转经筒、转经轮。印度至今从未发现过类似实物，可肯定藏地转经轮传统是由汉地宋代的转轮藏传入并演变而来。

然而藏传佛教的转经轮保留的只是向大众传播佛教的功能，直接通过经济经营藉以牟利的功能荡然无存。

明代佛寺中的转轮藏。明代寺院藏经已不使用固定在墙上的壁藏，改用家具柜式的藏经柜，但转轮藏还是相当风行。

如杭州名寺慧因高丽寺，上文已提及，在明初洪武（1368—1398）年间和明后期万历年间（1573—1619）两次重建转轮藏和轮藏殿，皆规模宏伟，结构精巧，对社会开放，进行收费服务。[①]

明代杭州名寺灵隐寺可能有过三座轮藏，清康熙二年（1663）孙治、徐增据明万历二十年（1592）壬辰白珩所撰寺志辑修《武林灵隐寺志》，[②] 记载万历

---

① （明）张岱：《西湖梦寻》卷四《西湖南路·高丽寺》，广陵古籍刻印社影印线装本《武林掌故丛书》，页15右—16左。（明）李翥：《玉岑山慧因高丽华严教寺志》卷二《景物·轮藏凌云》、卷五《宫宇·轮藏殿》，台北：明文书局1980年影印《中国佛寺史志汇刊》第一辑第20册，页26、23、64。

② （清）孙治初辑、徐增重修：《武林灵隐寺志·徐增序》，台北：成文出版社有限公司民七十二年（1983）影印《中国方志丛书》第494号第1册，页16—17。

年间灵隐寺建筑布局，首先是山门，然后是天王殿，再是“正殿”，殿中供奉的“中是三世尊佛，后为五百罗汉涌壁，后列十二圆觉菩萨、梵王帝释、十八尊天”，即今日所见之大雄宝殿位置；再进是“旧铁塔”，然后是“建轮藏殿三”，再进是“旧法堂”。[①] 关于轮藏及轮藏殿的文字比较凌乱，一个寺中同时建三座轮藏殿也有悖常理。不过如果说万历年间灵隐寺轮藏殿中同时有过三座转轮藏，那有一定的可能性，但清代已经不存，清初的寺志作者不但对明代寺中的轮藏位置已不太清楚，而且对“轮藏殿”之意似乎亦不甚了解。

又如四川绵阳平武报恩寺，始建于明正统五至十一年（1440—1446），天顺四年（1460）完工，目前所见之报恩寺建筑，木构部分较完整地保存明代原貌，其中有转轮藏、楠木千手观音、大殿壁塑、万佛阁壁画，这些都是明代留下的佛教工艺。在正殿前两侧，东为大悲殿，内供千手观音像；西为华严殿，殿内有转轮藏一座，高 11 米，六面七层，镂空雕刻，工艺精湛，保存完好。

北京寺院中现存有三处保存较完好的转轮藏，其中之一是建于明代的智化寺轮藏；另两处建于清代的轮藏（一在雍和宫，一在颐和园），下面再谈。

智化寺主题即“法轮常转，帝道遐常。佛日增辉，皇图永固”，轮藏是该寺的主题建筑。智化寺建筑布局，是南北中轴线上依次排列山门、智化门、智化殿、如来殿和大悲堂，轮藏殿是智化殿的西配殿，在一间现在看来外形普通的殿堂中藏着一座明代转轮藏，这座轮藏现在与智化寺“京音乐”共同被视为绝世珍宝。智化寺这座转轮藏高 4 米余，主体部分为木制八角形经藏柜，经柜每一面都有 45 个长方形抽屉，每个藏经抽屉表面都有一尊佛像浮雕，佛座为双层莲花座，莲瓣肥硕，是鲜明的明式佛像风格。共 8 面，每面 45 个抽屉，按千字文顺序排列，共 360 个抽屉，数目与一年天数相等，意味着转动轮藏一匝就代表将一年中需要读的佛经诵读完毕，多转即多积累功德。

清代佛寺及皇家御用的转轮藏。清代佛寺营建转轮藏的情况继续存在，同时清皇室还兴起御用轮藏，如上述北京雍和宫与颐和园的两座转轮藏具有代表性。

雍和宫轮藏可能要算现存等级最高的转轮藏。乾隆九年（1744）雍和宫被改为藏传佛教寺院，但建筑格局仍保留王府形制，既似宫殿之金碧辉煌，

---

① （清）孙治初辑、徐增重修：《武林灵隐寺志》卷二《明万历癸未易庵建置附载》，台北：成文出版社有限公司 1983 年影印《中国方志丛书》第 494 号第 1 册，页 115。

又有寺庙之庄严肃穆，融汉、满、蒙、藏建筑特色于一体，其中万福阁是雍和宫内最高大、最宏伟的殿阁，万福阁旁的永康阁即法轮殿，内设“转轮藏”和“开莲观佛”的地下机关装置，礼佛时转轮藏下的机关可以启动，启动后转动花塔，每面花塔佛像前的门会开合，既营造神秘宗教气氛，亦体现皇家特有气派。

颐和园是清皇室园林，园中佛香阁东侧有一个转轮藏建筑群，由正殿、配亭和“万寿山昆明湖”石碑组成，主要用于帝后或皇室成员藏经、礼佛、念经。转轮藏正殿是一座两层藏经楼，楼阁面阔三间，歇山式三重檐，楼顶为三个勾连搭攒尖顶，上立福、禄、寿三星琉璃塑像。正楼两翼用弧形游廊连接东西配亭，亭内分上下两层，每层正中安设彩油木制转塔，底下设机关，礼佛时启动机关，转轮藏自动旋转。轮藏亭每转一周表示将内贮经文全部念诵一遍，向所有佛像参拜一遍。

清代各地寺院也常见有轮藏记载。2007 年 3 月 20 日，媒体报道山东省济南灵岩寺大雄宝殿东侧两处古建筑遗址开始发掘清理工作，据灵岩寺管委会介绍，两处遗址位于大雄宝殿东侧二三十米处一条石砌道路东西两侧，共约 600 平方米。据《灵岩志》记载，这两处遗址很可能就是唐宋时有名的转轮藏、孔雀王殿遗址。（图 8-11）

此图载清康熙年间所撰修寺志，可知当时寺中有一座轮藏殿。

从清代无论是京城皇寺雍和宫、皇家园林颐和园，还是地方寺院如杭州灵隐寺、山东灵岩寺中的轮藏位置看，可知南宋伽蓝配置中曾普遍采用的“左钟右轮”格局皆已不存。

图 8-11　清康熙年间的灵岩寺原貌图

3. 佛教转轮藏与道教飞天藏

宋代一些道观肯定也仿照佛寺而建转轮道藏，有些甚至在转轮藏前也立傅大士像，这应与傅翕提倡“三教融会，和会三家”有关，《释门正统》载：“若夫诸处俱奉大士宝像于藏殿前，首顶道冠，肩披释服，足蹑儒履，谓之和会三家。佛印禅师（了元）为王荆公赞其所收画像曰：‘道冠儒履释袈裟，和会三家作一家，忘却率陀天上路，双林痴坐待龙华’。”[①] 因为转轮藏是一种普世性弘法工具，所以也天然地被赋予“和会三家”儒、道、释的功能。

上文提及目前硕果仅存的南宋道教的转轮藏实物，是建于南宋淳熙八年（1181）的四川省江油市窦圌山云岩寺道教飞天藏，道教徒称之为“星辰车”，结构为八棱四层，上部有精美天宫楼阁，总高近 10 米，直径 7.2 米，由藏座、藏身、天宫楼阁三部分组成，内部为一个八棱柱体，中心以一长木柱为转轴。藏身屋檐平座和天宫楼阁共六层斗拱，组合巧妙，藏身做功精细。[②]

不过道教轮藏虽是从佛教移植，而功能却有很大不同，道教飞天轮藏内部并无放置经匣之处，也就是说道教“转轮藏”的用途似乎不是用来贮藏道经，而是一种另有作用的法器，道教界称为星辰车也自有其道理。

4. 转轮藏之国际影响

南宋转轮藏之文化影响及于海外，如日本佛寺中转轮藏之兴建犹多。约在镰仓时代南宋寺院转轮藏和禅宗一起传入日本，此后各宗寺院多置轮藏。《禅林象器笺》引《护法录·日本瑞龙山重建转法轮藏禅寺记》记载日本转轮藏情况曰：

> 我佛如来，其正法之流通者有三藏焉：一曰修多罗藏，二曰阿毗昙藏，三曰毗尼藏。惟此三藏，谆谆化导，使一切有情灭妄趋真，诚昏衢之日月，苦海之舟航也。琅函玉轴，多至五千四百四十八卷，众生根钝，莫能融贯；善慧大士以方便力，造为毗卢宝藏，函经其中，一运转间，则与受持读诵等无有异。[③]

---

① （南宋）释宗鉴：《释门正统》卷三《塔庙志》，《卍新纂续藏经》册 75，页 298 下。

② 黄石林：《四川江油窦圌山云岩寺飞天藏》，《文物》1991 年 4 期，页 22。仲尧按：1988 年云岩寺因保存有南宋的飞天藏而被列入第三批全国重点文物保护单位。

③ 〔日〕无著道忠：《禅林象器笺一》卷一《殿堂类上·轮藏》，《佛光大藏经·禅藏·杂集部》，页 53。

图 8-12　日本京都东福寺（禅宗寺院）轮藏殿（作者摄于 2009 年 6 月 15 日。进东福寺园区后，左是三门通道，中间小阁是钟楼，右即此座轮藏殿）

图 8-13　日本京都西本愿寺（净土宗寺院）轮藏殿（作者摄于 2009 年 6 月 15 日）

张十庆先生说，目前日本寺院中的轮藏皆晚于13世纪，现存转轮藏遗构最早的是岐阜安国寺轮藏（建于1408年）及滋贺园城寺轮藏（约建于16世纪末）、高野山金刚峰寺奥院轮藏（建于1599年）、京都大德寺轮藏（建于1636年）等。[①]

日本寺院轮藏从南宋江南丛林制度移植这一点绝无问题，但考察其流变情况及现存的转轮藏实物却很有意思。本人在日本实地考察时曾仔细观察保存完好的西本愿寺、东福寺二座轮藏殿，从图中可见二寺轮藏殿位置相仿，皆处于三门右前方，二寺轮藏殿面积与建筑式样也几乎一样，藏殿内空间仅能容纳一座转轮大藏，除了提供转经以外，所余空间不可能再置放其他任何设施，同时也不可能容纳任何与经营有关的活动。（见图8-12、图8-13）

东福寺是典型的仿自中国南宋江南的禅宗建筑。西本愿寺是净土真宗本愿寺派大本山，净土真宗创立者是亲鸾（镰仓时代，1173—1262），亲鸾寂后女儿觉信尼于文永九年（1272）将其遗体迁运东山大谷，得龟山天皇赐名“本愿寺”，天正十九年（1591）由丰臣秀吉再移京都并建现在的西本愿寺建筑。从寺中现有的轮藏殿形制、规模、格式看，也是受南宋寺院轮藏殿的影响。但是与文献记载的中国寺院曾有过的轮藏殿情况比较，日本现存的这类轮藏殿显然规模较小。

还有一点顺便提及，有些学者常说南宋寺院建造转轮藏后如有条件会再造一座转轮藏殿，将转轮藏安置在殿中，意思是如条件不具备则不造轮藏殿。这种推想是不对的。原因就是出于想当然，或是因未见转轮藏实物。如从日本寺院中保存较完整的轮藏殿实物现场看，既造了轮藏，无论轮藏建筑材料是木料还是石料，因其中庋藏经书，不可能受日晒雨淋，就一定要造一座配套的轮藏殿。

---

① 见张十庆：《中国江南禅宗寺院建筑》第六章《寺院家具与小木装修》第三节（四）《佛帐与经藏》及注71，并刊岐阜安国寺及滋贺园城寺二座轮藏之正面、剖面图（图6-3-52，图6-3-53），湖北教育出版社2002年版，页255、259。

下编

丛林营为制度

导言

本编从南宋寺院体制的内部结构关系角度展开，围绕因寺院体制结构中内含的经营性质而体现的寺院经济经营模式与社会经济运行机制互动的性质、和谐的程度及相应制度安排，展开分析和讨论。

寺院存在的基本价值在于弘扬佛法。弘法的基本途径在于合理吸收社会资源并回馈社会，利乐大众，为文明发展和社会进步作贡献，这也是佛教的基本价值。历代寺院经济运作模式的嬗变演进，即其因世出世不二之谛而不断寻找并重新定位、调整，以便更契合这个价值方向的过程。

宋朝经济发达，农业生产、手工艺制作、海上交通与制船业以及基础科学等多领域水平都得到大幅度提高，[①] 与此相应，宋朝也是中国古代经济立法最活跃的时期之一，如南宋袁采曰：于时“官中条令，惟交易一事最为详尽，盖欲以杜争端也”，因此社会经济生活中皆注重簿籍契账，“人户交易，当先凭牙家索取阄书砧基”，“如系转典卖，则必问其元契已未投印，有无诸般违碍，方可立契”。[②] 其中最为详备者又推田产交易法规，土地所有权受国家法律保护，对于提高耕种和占有土地的积极性有直接作用。[③] 根据宋代土地政策，授田制基本废弃，承认并保护土地私有产权的合法性及土地商品化，允许流转买卖，对农业乃至整个社会经济起着巨大的促进作用，这同样也体现于寺院田产占有及寺院经营体制。

这样的制度文化环境为寺院经济经营发展提供了可能性。如南宋五山十刹制度因外在的“行政化”体制必然要符合内在的宗教性价值诉求，否则佛寺不

---

① 如蒙文通先生说宋朝农作物单位面积产量惊人，唐时平均每亩产量约 1.5 石，宋代达到约 2 石，提高约 30%；其他经济作物如茶、棉花、甘蔗、桑蚕等产量也均高于唐朝；见《中国历代农产量的扩大和赋役制度及学术思想的演变》，原载《四川大学学报》1957 年第 2 期，收入《蒙文通文集》第 5 卷《古史甄微》，巴蜀书社 1999 年版。

② （南宋）袁采：《袁氏世范》卷下《田产宜早印契割产》，台湾商务印书馆 1984 年影印《景印文渊阁本四库全书》第 698 册，页 673 上、下。

③ 参郑辉：《宋代土地政策对经济发展的积极作用》，《光明日报》2009 年 2 月 24 日。

成佛寺，丛林不是丛林，五山十刹亦即不存，故而五山十刹之自有经济基础较牢固，为社会提供的宗教服务也较有效益，系统的运行与社会体制基本上能达到和谐共振，这就意味着这种自有经济基础已经融汇进整体的社会经济运行机制，即成为整个社会制度体系之有机组成部分。

丛林清规中对寺院经济经营有一个专用名称叫“丛林营为”，按现代概念可理解为“寺院经济经营与管理行为”。既有经营，就要有相应的管理制度即“丛林营为制度”，按现代概念可叫做“寺院经营制度”。

第九章　寺院经营与制度体系

谈寺院经营使人联想到寺院经济研究。20 世纪初迄今百余年间，寺院经济研究受到学界重视，其中包括宋代寺院经济研究主题。但是宋代寺院经济研究中有一个特点与南北朝隋唐不同，因比较而言宋代之前有关寺院经济的文献相对集中，线索梳理较易，而宋代寺院经济资料浩繁，线索杂多，治理尤非易事。本人从前贤研究成果中获益良多，但是觉得方法和视角的调整可能导致新的结论，甚至可能因此发现新义。

一、南宋寺院经营价值论

赞宁《大宋僧史略》论佛“寺”之起源曰：“经像来思，僧徒戾止；次原爰处，必宅净方。是以法轮转须依地也，故立寺宇焉。”意思是佛教弘法要有一个具体场所，所以创立寺宇作为立足之处，东汉明帝时曾以鸿胪寺专门负责接待外来宾客，西域僧人东来传法也由鸿胪寺负责食宿，后来僧尼就习称修行食宿处所为“寺”，赞宁曰：“寺者，释名曰寺，嗣也。治事者相嗣，续于其内也。本是司名，西僧乍来，权止公司，移入别居，不忘其本，还标寺号。僧寺之名，始于此也。”[①]“公司”，即国家公务司法部门，佛寺所以称“寺”，是因寺院从一开始就有“公司”即国家事务部门的性质，这也符合中国传统的“社会—国家”一体化社会体制。我国近代以来将英文 company 或 corporation 译为“公司”，虽与原意稍有距离，但与中国国情接近，本应专业从事经济经营事务的具有合伙制性质的“公司”，不但在传统上往往官商一体，而且现实中往往希望实际具有行政性质并内含行政级别，如此才有利于在商场上寻求取胜机会。与这样的制度文化氛围相关，历代佛寺也往往具有行政性质，且多从事

① （北宋）释赞宁：《大宋僧史略》卷上《创造伽蓝》，《大正藏》册 54，页 236 下。

经济经营。

南宋寺院制度与经营性机制关联尤为密切，是突出的时代特征之一。

（一）檀施机制：历代对佛教的四种布施方式

佛教传入中国后虽然表面上看起来也是接受社会各界布施，但是中国长期封建社会体制下国家政权的一元性特征，决定了社会资源调控与配置的一体化特征，也就连带地决定了长期以来以社会上层布施为主的一种檀施机制。这种机制一开始就与印度佛教接受布施的机制有所不同。

1. 佛教与檀施机制

印度佛教最初的戒律规定僧人应托钵行乞为生，《金刚经》首句曰："如是我闻，一时佛在舍卫国祇树给孤独园，与大比丘众千二百五十人俱，尔时世尊，食时著衣持钵，入舍卫大城乞食，于其城中次第乞已，还至本处，饭食讫，收衣钵，洗足已，敷座而坐。"乞食，是佛陀亲自带头、身体力行的日常行为。原始戒律规定僧人不能参与经济活动，不能积蓄私财，甚至手不可碰金银。佛陀初成道度化五比丘时订立"四依住"：依乞食、依粪扫衣、依树下住、依陈弃药，以此作为僧伽生活四条基本原则。又别立"八不净物"：比丘不得持受田宅园林、种植储积谷物、蓄养奴仆、蓄养禽兽、蓄钱宝贵物、蓄毯褥釜镬、蓄象金饰床。后因僧团扩展、雨季困扰及慈悲垂顾信众等故，方允许受衣、受请，进而受施田园房舍等，僧团生活方式发生改变，但无论是在雨季结夏安居或平时和合共处中皆订立共住规约，除僧侣个人使用的衣钵等物外，其他物品如床具、房舍、园林等均属僧团共有，同时推选有德长老，领导僧众日常训戒作息及共住管理，然而僧团整体仍维系于托钵乞食原则，教团因获得各界布施而成立、活动，造寺立塔，皆因施主所施，施主还施与田园产业等为教团生存、维持之根本。接受布施，是印度佛教立足之本，法显《佛国记》载：

> 自佛般泥洹后，诸国主长者居士，为众僧起精舍供养，供给田宅、园圃、民户、牛犊、铁券、书录。后王王相传，无敢废者，至今不绝。众僧

住止房舍，床褥、饮食、衣服，都无缺乏，处处皆尔。[1]

说明印度僧团（“众僧”）获得布施的范围很广，从田宅、民户、房舍等“大件”至床褥、饮食、衣服等日常生活所需皆有。

按照印度文化传统，僧尼乞食也是受社会尊敬的行为，绝无任何可耻之处。如今南传佛教流行的一些亚洲国家和地区如斯里兰卡、缅甸、泰国、柬埔寨等仍保留僧人出门托钵行乞风俗。在印度，传统上将出家僧尼视为“圣人”，僧侣上门行乞代表一种祝福，是非常受欢迎之事。《四分律》载：

时有比丘，食已默然而去。彼檀越不知食好不好、食为足不足？诸居士皆讥嫌，诸外道人皆称叹布施，赞美檀越，而沙门释子食已默然而去，令我等不知食好不好、足不足？诸比丘白佛，佛言：不应食已默然而去，应为檀越说达儭，乃至为说一偈（偈云）：若为利故施，此利必当得，若为乐故施，后必得快乐。……若檀越欲闻说布施，应称叹布施；若欲闻说檀越法，应为赞叹檀越法；若欲闻说天，应为赞叹天；若欲闻说过去父祖，应为赞叹过去父祖。应为檀越赞叹布施，赞叹檀越，赞叹佛法僧，为诸比丘说食上法，诸比丘应随顺。[2]

檀越即施主给予布施，僧尼接受布施，对于双方都是高兴之事，但是僧尼接受饭食后不可以吃了就走，还应对施主多说感谢话，多多祝福，义净《南海寄归内法传》载：

众僧亦既食了……师乃手中执花，承其（施主）注水，口诵陀那伽他(Danagatha，祝福和答谢施主的偈语）。初须佛说之颂，后通人造，任情多少量时为度。须称施主名：愿令富乐，复持现福；回为先亡（祝诵施主家庭成员及先人），后为皇王，次及龙、鬼，愿国土成熟，人物又安。释迦圣教住而莫灭，其伽他译之如别。斯乃世尊在日亲为咒愿，但至食罢，必为说特欹拏伽他，是持施物供奉之仪。特欹尼师，即是应合受供

① （东晋）释法显：《佛国记·摩头罗国》，《卍新纂续藏经》册77，页62上。
② （姚秦）佛陀耶舍共竺佛念等译：《四分律》卷四九《比丘尼犍度》下，《大正藏》册22，页935下—936上。

养人是故圣制。每但食了，必须诵一遍陀那伽他，报施主恩，若不然者，既违圣教。①

中国佛教经济观与原始印度佛教有很大不同。如乞食行为就不符合中国传统风俗。《孟子·离娄章》中的“齐人有一妻一妾”，《史记·淮阴侯列传》中的韩信“常从人寄食饮，人多厌之”及“乞食于漂母”之类故事，都表明人们把乞食看成一种可耻的行为。中国文化观念中，人生失意、落魄江湖，不一定被人瞧不起，但如果做乞丐“讨饭”，那就不同，如《礼记·檀弓》载“嗟来之食”故事，说明与其被看做乞丐，还不如饿死。中国民间有些地方流行“击盏敲盅”禁忌，孩子吃饭时不可敲击碗沿，因为只有叫花子才用筷子击打盘碗发出叮叮当当的声响来配合嘴上的哀告，求人施舍。可想而知，在这样的文化和民俗氛围中，乞食传统很难流行，“一钵千家饭，孤僧万里游”这种在印度次大陆一带人们习以为常的景观，在中国被修正为“一日不作，一日不食”的丛林规则。

原始印度佛教传统传到中国后性质发生改变的情况不少。如腊八粥原是为纪念佛陀成道时受牧羊女供养，在中国却倒过来，变成佛教人士在腊月初八日向社会各界布施粥饭的行为，笔者写作本文时的 2009 年 1 月 3 日值腊月初八，杭州的寺院将数万份腊八粥送到社区，送上市民家门。②

佛教僧尼为成就道业需假色身，故托钵乞食，因假修真，上从佛乞法，济养慧命，下从檀施乞食，以资色身。中国佛教并未改变这个原则，但接受檀施的主体演化为僧团或寺院而非僧尼个人。表面上看来，这是接受布施的方式的转变，实际上体现了因中国特有制度环境而决定的中国佛教生存观中的自立特征。长期封建社会条件下的农业经济系统中，自立的根本在于拥有田产，数千年来中国农民的理想无非是有一块自己的田地。于是中国佛寺或多或少也有田产，因此也始终具有一定的独立性。北魏太武帝、北周武帝至唐武宗三次法难，无非因当时佛教僧团的生存方式具有一定的经济独立性，未被完全纳入统一的行政制度体系，因而可能导致一定程度上偏离主流社会政治及经济运行轨道，这就足以使皇朝政治时代“率土之滨，莫非王土”的“天下一统”观念受到挑

① （唐）释义净：《南海寄归内法传》卷一《受斋轨则》，《大正藏》册 54，页 211 上中。

② 见《5.2 万份灵隐粥·吉祥送到家门口》，《钱江晚报》2009 年 1 月 4 日第 A0007 版《每日新闻·现场》；仲尧按：近年中国各地多兴起佛教界向市民派送腊八粥做法，当日国内各种媒体多以图文刊载当地佛教界向市民派分“腊八粥”的热闹场景。2010 年的“腊八节”同样如此热闹了一番。

战和威胁，可能引发社会性的不安全感，于是发生所谓“灭佛”的浩劫。

佛教因此反思并调整自身体制以适应中国政治文化和制度环境，主动适应主流经济运作机制，通过系统的自震荡机制，争取达到系统平衡，以实现资源的重新配置以及生存机制协调的发展。如“魏武灭佛”之后北方出现不少“伪经”，南北朝各佛教学派相继涌现，意味着中国化佛教在痛定思痛之后表现出的一种新的思想建设和理论建构。又如“周武灭佛”后从北方逃逸到南方的佛教家开始系统、全面、深刻地进行理论反思与思想总结，结果出现了智者大师这样的杰出代表，开创出中国第一个佛教宗派天台宗，这不仅意味着中国佛教理论的诞生，还表明在实践中开始对应地探寻和建构僧团生存的新颖模式、僧团与皇朝政治共处的新的制度途径。又如“唐武灭佛”后禅宗兴起，对佛教在文化形态上与传统儒道思想相冲突的部分以及可能是更重要的对自身在政治经济上与现实政治、经济制度的不协调部分进行自我调整，发展出自力更生、相对独立的自生性丛林模式，结果一花五叶，以一种全新姿态再生，为此后中国佛教的发展奠定了体制基础。

道端良秀认为中国佛教接受布施“是随教团的发达、寺院的隆盛正比例进行。由多布施见寺产确立的寺院，渐次得其权力和财力，由之买得下层阶级的土地，更用一切方法兼并，和当时一般贵族富豪、大地主等是有不同的地方。又从事不靠如此财力不得作的开垦事业。开垦须要大资本和多劳力。在任何时代都是富生富，投大资本以多数奴婢、庄户从事开垦事业的寺院，利用其开垦地的一个期间的免税，遂占有基地，因此其富愈增加”①。谢和耐《中国五到十世纪的寺院经济》一书中观点也基本相同。这些较笼统的说法反映了“布施”行为在中国也是随着佛教发展的历史而逐步演进的过程。

但是这个演进过程中实际上伴随着布施行为、性质以及对象的不断变化和调整。檀施即布施行为，檀施机制即社会各界的布施方式。中国南北朝至隋唐佛教教团主要还是依靠布施生存，但是与印度佛教接受布施的方式有所不同。

2. 历代对佛教的四种布施方式

印度佛教所接受的布施主要来自民间，中国佛教接受的布施一开始主要依

① 〔日〕道端良秀：《唐代佛教寺院与经济问题》（李孝本译），《现代佛教学术丛刊》第9册，台北：大乘文化基金会1980年，页71，并参同书同文页80—81。

靠国家资源。唐释道世《法苑珠林》载："若是国家大寺，如长安西明、慈恩等寺，除'口分'地外，别有敕赐田庄，所有供给，并是国家供养。"[①] 从南北朝至隋唐，僧团基本上都依靠国家供养，地方政府对于某个教团、某处寺院的支持和供养，前提也是因为有这个国家供养体制，教团制度、寺院制度与国家制度因此也就具有密切的关联性。

晋唐时期中国佛教的生存主要依靠国家及社会上层布施，但布施方式主要不是饭食，而是可概括为四类：创建寺院、布施金钱、馈施土地、敕给封户租税。以下分述之。

（1）创建寺院

中国最早的寺院就是由国家创建，历史上关于中国佛教第一座寺院有两种不同说法：一是北宋赞宁的观点，认为最早的寺院是东汉明帝永平年间（58—75）创建的河南洛阳白马寺，因竺摩腾、竺法兰二人来华传扬佛教，"明帝忻悦，初于鸿胪寺延礼之"，鸿胪寺，"本礼四夷远国之邸舍也"，相当于官方外事接待宾馆，"寻令别择洛阳西雍门外盖一精舍，以白马驮经夹故，用'白马'为题也"。[②] 明帝"用'白马'为题"即可理解为敕额"白马寺"。二是南朝僧祐的观点，认为最早的是江南建初寺，三国孙吴赤乌十年（247），孙权在江南为康僧会造建初寺，先建塔，后造寺，因是中国"始有佛寺，故曰'建初寺'"[③]，"建初寺"即可理解为敕额。后来孙皓"乃修治会所住寺，号为'天子寺'"，不过正式名称仍叫建初寺。[④]

《释氏要览》载："后汉明帝永平十年（67）丁卯，佛法初至，有印度二僧摩腾、法兰，以白马驮经像届洛阳，敕于鸿胪寺安置……至十一年（戊辰），敕于雍门外别建寺，以白马为名，即汉土佛寺始也。"接下去又说："吴孙权立建初寺为始也。"[⑤] 则似说白马、建初二寺皆中国佛寺之始。实际上二寺创建时间先后相隔近二百年，不过至少从现有文献看在此期间似乎一直未出现过其他正规佛寺。

南北朝时因政治与文化背景使然，佛教在社会上层的活动空间已很开阔，皇

① （唐）释道世：《法苑珠林》卷六二《祭祠篇·献佛部第二》，《大正藏》册 53，页 750 中。

② （北宋）释赞宁：《大宋僧史略》卷上《四·创造伽蓝》，《大正藏》册 54，页 236 下。

③ （梁）释僧祐：《出三藏记集》卷一三《康僧会传》，《大正藏》册 55，页 96 上—下。该寺址原在上海吴淞江（今苏州河）北岸，初名沪渎重玄寺，唐代改名永泰禅院。北宋大中祥符元年（1008）改名静安寺，南宋嘉定九年（1216）因江水冲击寺基之危，迁至芦浦沸井浜一侧；现寺址在上海市南京西路。

④ 同上书，页 97 上。

⑤ （北宋）释道诚：《释氏要览》卷上《住处·寺》，《大正藏》册 54，页 262 中。

室及高官显贵积极营建寺塔，贵戚勋臣建寺而由帝王敕额的风气盛行，如北魏黄门侍郎李裔，舍元氏县山第为寺，延昌（512—515）末，宣武帝元恪“赐其‘偃角’之名”，孝昌（525—527）时又改为“隐觉”，[①] 即先敕额“偃角”寺，后改额“隐觉”寺。南梁光禄大夫江蒨，梦饮慧眼水而眼疾得愈，即舍同夏县牛屯里住宅为寺，乞武帝赐嘉名，梁武帝敕答：“纯臣孝子，往往感应……知卿第二息感梦，云饮慧眼水。慧眼则是五眼之一号，若欲造寺，可以慧眼为名”，赐额“慧眼寺”。[②] 又如《洛阳伽蓝记》记载的平等寺、景宁寺、归觉寺、冲觉寺、追光寺、大觉寺、凝圆寺等大寺，都是由皇室或达官贵富捐巨资或豪宅创建。[③]

还可注意的是当时也已出现较大的僧团在民间自创寺院，但须请帝王敕额以获得合法身份，如陈太建十年（578）天台智者大师创建天台山佛陇精舍，宣帝敕名“修禅寺”，并由“吏部尚书毛喜题篆榜，送安寺门”[④]。

唐代在佛教高度发展背景下盛行帝王贵胄创建寺院行为。如玄奘大师西行回国后在首都长安主持译经事业，俊彦翕从，唐太宗、高宗两代皇帝皆极尊崇，先后为大师及其所领导的译经僧团创建的寺院有弘福寺、慈恩寺、玉华宫等，皆是都市巨刹，如慈恩寺“凡十余院，总一千八百九十七间，敕度三百僧”[⑤]，这样的规模，除非国家财政，民间力量很难办到。上层显贵亦乐于营创寺院，北宋司马光曰：“（唐）中宗以来，贵戚争营佛寺。”[⑥] 至唐代中后期显贵营建佛寺仍是较普遍的现象。

有时创建寺院的帝王贵胄等“大檀越”（出资人）实际上并不明白佛教宗旨，甚至言语行为与大乘精神相悖，如《魏书》载，文明太后之兄车骑大将军、洛州刺史、太师冯熙（？—495）信佛并多建寺院，但是所作所为又完全违背慈悲本怀：

---

① （清）沈涛：《常山贞石志》卷四《大唐开业寺李公之碑》，上海古籍出版社1995年影印《续修四库全书》第906册，页345上—349上。

② （唐）姚思廉：《梁书》卷四七《孝行·江䌽传》，中华书局1973年点校本，第3册，页656。

③ （北魏）杨衒之：《洛阳伽蓝记》卷二《平等寺》，页1007中；《景宁寺》，页1008上；卷三《归觉寺》，页1010上；卷四《冲觉寺》，页1013下；《追光寺》，页1017上中；《大觉寺》，页1017中；卷五《凝圆寺》，页1018中；《大正藏》册51。

④ （隋）释灌顶：《国清百录·序》，《大正藏》册46，页793上。

⑤ （唐）段成式：《寺塔记》，《大正藏》册51，页1024上。

⑥ （北宋）司马光：《资治通鉴》卷二一一《唐纪二十七·玄宗开元二年》，上海古籍出版社1987年影印本上册，页1426中。

熙（冯熙）为政不能仁厚，而信佛法，自出家财，在诸州镇建佛图精舍，合七十二处，写一十六部一切经，延致名德沙门，日与讲论，精勤不倦，所费亦不赀。而在诸州营塔寺多在高山秀阜，伤杀人牛。有沙门劝止之，熙曰："成就后，人唯见佛图，焉知杀人牛也。"①

谢和耐对此评论说："我们在'高贵'阶层中还可以发现另外一种所作所为"，"很明显，在他们之中，佛教之虔诚也伴随着残酷性。他们用于功德的虔诚，与佛教慈悲的原则是背道而驰的。佛教最虔诚的信徒，往往又都是残忍凶恶的人"。斥巨资营造佛寺，同时却因此"伤杀人牛"。②

（2）布施金钱

向僧团或僧尼个人布施金钱也是历代最常见的布施形式之一，僧团领袖的社会影响力对于所在僧团获得布施会起重要作用，但说到底僧尼个人获得布施要与僧团相关。如东晋道安（314—385）率僧团逃难到河南襄阳，名士习凿齿赞其所领僧团："师徒数百，斋讲不倦……洋洋济济，乃是吾由来所未见"，予以很高评价。当时显贵对道安僧团多予倷施，如"高平郄超，遣使遗米千斛，修书累纸，深致殷懃"。晋孝武帝（373—396 年在位）亦嘉表护持之意："承风钦德，遣使通问，并有诏曰：'（道）安法师器识伦通，风韵标朗，居道训俗，徽绩兼着，岂直规济当今，方乃陶津来世，俸给一同王公。'""俸给一同王公"即意味着由国家财政支给僧团金钱财物，并且数额较大。15 年后道安又被苻坚迎去长安五重寺，"僧众数千，大弘法化"③。这个规模庞大的僧团就是依靠国家财施来维持生存和进行弘法活动的。

又如鸠摩罗什僧团，"是时鸠摩罗什为姚兴所敬"，迎请至长安主持译经事业，"于长安草堂寺集义学八百人，重译经本"④。罗什僧团从学译经僧人达到三千之多，长安成为国内佛教文化中心，《大唐内典录》载："冬，（罗）什到雍，（姚）兴加礼遇，待以国师，崇敬甚隆，大阐经论，震旦宣译，盛在此朝。四方沙门，云奔凑集，先是长安自前汉废到苻秦兴，其间三百三十一载旷绝朝市，民俗荒芜，虽数伽蓝，归信尠寡。三千德僧，同止一处，共受姚秦天王供

① （北齐）魏收：《魏书》卷八三上《冯熙传》，中华书局 1974 年点校本，第 5 册，页 1819。
② 〔法〕谢和耐：《中国 5—10 世纪的寺院经济》，耿升译，上海古籍出版社 2004 年版，页 278—279。
③ （梁）释慧皎：《高僧传》卷五《晋长安五重寺释道安传》，《大正藏》册 50，页 352 下。
④ （北齐）魏收：《魏书》卷一一四《释老志》，中华书局 1974 年点校本，第 8 册，页 3031。

养。”[①] 罗什领导的这个庞大僧团，所有生活来源以及译经、弘法所需，皆依靠后秦朝廷施给。

曹仕邦先生《寺院经济文化背景》一文中给出若干帝王贵胄布施金钱之例，[②] 笔者再从文献中检出数笔：

《高僧传》支昙兰（约卒于419—420）传：“支昙兰，后憩始丰赤城山，忽见一人而形长数丈，呼兰令去，又见诸异形禽兽来以恐兰，见兰恬然自得，乃屈膝礼拜，云珠欺王是家舅。尔后三年忽闻车骑，称珠欺王，从其妻子男女等二十三人，乞受归戒。（支昙）兰即授之。受法既竟，傒钱一万。”[③]

《高僧传》道照（388—453）传：“释道照，宋武帝（402—422在位）尝于内殿（设）斋，（道）照初夜略叙百年迅速，苦乐参差，必由因果。帝言善，别傒钱三万。”[④]

《高僧传》法愿（414—500）传：“释法愿，四远士庶，并从受戒，咸致随喜，日盈万（钱）计。”[⑤]

《比丘尼传》妙音传（生卒年不详）：“妙音，晋孝武帝太传会稽王道子，以太元十年（385）为立简静寺，以（妙）音为寺主，徒众百余人，供傒无穷，富倾都邑。”[⑥]

《比丘尼传》宝贤尼（401—477）传：“宝贤，（晋）孝武（帝）雅相敬待，月给钱一万。”[⑦]

《比丘尼传》智胜尼（427—492）传：“智胜，（齐）文惠帝特加供奉，日月充盈。”[⑧]

《续高僧传》道宠（约505—520）传：“释道宠，（魏宣武帝，500—515在位）日赐黄金三两，尽于身世。”[⑨]

《续高僧传》静端（543—606）传：“释静端，获利即散，余无资蓄。（隋）

① （唐）释道宣：《大唐内典录》卷四《后秦传译佛经录》，《大正藏》册55，页251下。

② 曹仕邦《寺院经济文化背景：从宗教与文化背景论寺院经济与僧尼私有财产在华发展的原因》，《华冈佛学学报》第八期，1985年7月，页159—191。

③ （梁）释慧皎：《高僧传》卷一三《晋始丰赤城山支昙兰传》，《大正藏》册50，页396下。

④ （梁）释慧皎：《高僧传》卷一三《宋京师祇洹寺释道照传》，《大正藏》册50，页415下。

⑤ （梁）释慧皎：《高僧传》卷一三《齐正胜寺释法愿传》，《大正藏》册50，页417中。

⑥ （梁）释宝唱：《比丘尼传》卷一《简静寺支妙音尼传》，《大正藏》册50，页936下。

⑦ （梁）释宝唱：《比丘尼传》卷二《普贤寺宝贤尼传》，《大正藏》册50，页941上。

⑧ （梁）释宝唱：《比丘尼传》卷三《建福寺智胜尼传》，《大正藏》册50，页843上。

⑨ （唐）释道宣：《续高僧传》卷八《魏邺下沙门释道宠传》，《大正藏》册50，页482下。

文帝后从受正法，敕以牙席、檀龛及诸金货。”①

《续高僧传》昙崇（生卒年不详）传：“（周静帝）大象之初（约580），皇隋肇命，法炬还照（隋文帝杨坚为北周宰相后恢复佛法），高祖唐公（李渊）偏所归信，遂割宅为寺，敕赐额可为‘清禅（寺）’，隋氏晋王（杨广，即后之隋炀帝）钦敬定林，降威为寺檀越，前后送户七十有余，水硙及碾，上下六具，永充基业。开皇之初（约581—582），敕送绢一万四千匹，布五千端，绵一千屯，绫二百匹，绵二十五张，上色米前后千石。皇后又下令送钱五千贯，毡五十领，剃刀五十具。”②

《续高僧传》阇提斯那（约594—602年在华活动）传：“及献后（隋文帝后独孤氏）云崩（602），空（中）发乐音，并感异香。（隋文帝）具以问由，（阇提斯那）答曰：‘西方净土名阿弥陀，皇后往生，故致诸天迎被生也。’帝奇其识鉴，赐绵绢二千余段，辞而不受，因强之。”③

《续高僧传》昙延传：昙延原“隐（居）于南部太行山百梯寺”，“（北周）太祖以百梯太远，咨省路艰，遂于中朝西岭形胜之所为之立寺，名曰云居。国俸给之，通于听众”。④

《续高僧传》智凝（约卒于611）传：“释智凝，或一宿施会，些赉及百千（钱），或一时外食，倸兼金帛。”⑤

《宋高僧传》道氤（668—740）传：“释道氤，开元十八年（730）于花萼楼对御（对唐玄宗）定二教优劣，氤雄论奋发，道士尹谦对答失次，理屈辞殚，帝再三叹羡，诏赐绢五百匹用充法施。”⑥

天台智者大师创建的天台僧团则开始了以僧团自力在民间活动的方式，其间得到民间各界倸施，《续高僧传》载：

> 释智𫖮，往居临海，民以沪鱼为业，罾网相连，四百余里，江沪溪梁，六十余所。𫖮恻隐贯心，劝舍罪业，教化福缘，所得金帛，乃成山聚，即

① （唐）释道宣：《续高僧传》卷一八《隋西京大禅定道场释静端传》，《大正藏》册50，页576下。

② （唐）释道宣：《续高僧传》卷一七《隋京师清禅寺释昙崇传》，《大正藏》册50，页568中。

③ （唐）释道宣：《续高僧传》卷二六《隋中天竺国沙门阇提斯那传》，《大正藏》册50，页668下。

④ （唐）释道宣：《续高僧传》卷八《隋京师延兴寺释昙延传》，《大正藏》册50，页488中。

⑤ （唐）释道宣：《续高僧传》卷十《隋西京禅定道场释智凝传》，《大正藏》册50，页505上。

⑥ （北宋）释赞宁：《宋高僧传》卷五《唐长安青龙寺道氤传》，《大正藏》册50，页734下。

以买斯海曲，为放生之池。[①]

“所得金帛，乃成山聚”，成为天台僧团立足弘法的主要经济基础。由于智者大师的卓越影响及僧团的出色表现，入隋后天台僧团继续获得隋朝帝室贵胄持续、丰厚的钱物供养，《续高僧传》智璪（556—638）传载：

（隋炀帝）大业元年（605）驾幸江都，璪衔僧命出参，引见内殿，御（炀帝）遥见璪，即便避席命令前坐，种种顾问，便遣通事舍人卢正方送璪还山，为智者设一千僧斋，度四十九人出家，施寺物二千段，米三千石并香酥等。大业六年，（智璪）往扬州参见（炀帝），仍遣给事侍郎许善心送还山，为智者设一千僧斋，度一百人出家，施寺物一千段，倸斋僧（每）人绢一匹。（大业）七年又往涿郡参（见炀帝），劳谢远来，施寺物五百段。[②]

可知在当时檀施机制下一些高僧领导的僧团从帝王贵胄所获得的金钱倸施极为丰厚。李剑农先生还指出，另如阇提斯那、智凝、道氤、智璪等获赐的是绢帛，但因魏晋隋唐时绢帛也可当货币使用，所以也可归入获得金钱布施的类型。[③]

（3）馈施土地

晋唐朝廷及社会各界通过馈施土地的方式对僧团檀施也不少见，但是发生的数量不如金钱布施多，原因与历朝土地政策有关，同时因为檀施土地行为包含土地所有权转移关系，这种情况下土地要以馈施或其他形式布施给某个寺院或相对较固定地居住在某个寺院中的僧团。本书仅略谈南北朝隋唐时期僧团拥有寺田问题，下据历代僧传撷摘部分案例如次：

《高僧传》法显传：“释法显，三岁便度为沙弥。十岁，尝与同学数十人于田中刈稻。”[④]

《高僧传》道安传：“（释道安）年十二出家，驱役田舍，至于三年。”[⑤]

《续高僧传》静琳（565—640）传：“释静琳，七岁投僧出家，以役田畴，

---

① （唐）释道宣：《续高僧传》卷一七《隋国师智者天台山国清寺释智顗传》，《大正藏》册 50，页 567 下。

② （唐）释道宣：《续高僧传》卷一九《唐天台山国清寺释智璪传》，《大正藏》册 50，页 585 下—586 上。

③ 参李剑农：《魏晋南北朝隋唐经济史稿》，中华书局 1963 年版，页 75—79。

④ （梁）释慧皎：《高僧传》卷三《宋江陵辛寺释法显传》，《大正藏》册 50，页 337 中。

⑤ （梁）释慧皎：《高僧传》卷五《晋长安五重寺释道安传》，《大正藏》册 50，页 351 下。

无垂道训，不果本望，深惟非法也。自顾而言曰：'此而未舍（指未放弃耕作），与俗何殊？' 更从一师，服膺正化。"[①]

《高僧传》慧义（372—444）传："宋（武帝）永初元年（420），车骑（将军）范泰（355—428）立祇洹寺。宋（文帝）元嘉初（约425），徐羡之（364—426）、檀道济（卒于436）等专权朝政，泰有不平之色，尝肆言骂之，羡（之）等深憾，闻者皆忧泰在不测，泰亦虑及于祸，乃问（慧）义安身之术。义曰：忠顺不失，以事其上，故上下能相亲也，何虑之足忧。因劝泰以果竹园六十亩施寺，以为幽冥之佑，泰从之，终享其福。"[②]

《宋高僧传》义湘传："释义湘（约669）入国（自中国回新罗）之后，国王钦重，以田庄奴仆施之，（义）湘言于王曰：'我法平等，贵贱同揆，《涅盘经》八不净财，何庄田之有，何奴仆之为？贫道盂耕待稔（意即持盂乞食），法身慧命，藉此而生矣。'"[③]

《宋高僧传》道标（740—823）传："（肃宗）至德二年（757），诏白衣通佛经七百纸者命为比丘，（道）标首中其选，即日得度，蒙配（杭州）天竺寺焉。（代宗）永泰初（约765），受具品于灵光寺颢律师。（道标）登以护戒严谨，为时所推，经一十二载，（为天竺寺）置田亩岁收万斛，置无尽财与众共之。"[④]

道标试经成绩优秀，顺利得度并"配住"杭州上天竺寺，因"护戒严谨"且才华出众，受僧众推举负责寺院经营重任，12年间，新置寺田，"岁收万斛"，又置无尽财开展金融经营。

道标及上面的慧义之例常被学者作为南北朝隋唐寺院经济案例提出，但是当时这样的案例实际上不多，也可说较罕见，原因即与当时佛教生存的基本单位有关，如玄奘大师西行回国后主持译经事业时曾在短时间内历经长安的数个寺院，大师一动则整个译经僧团都要跟着动，大师移住他寺则整个译经僧团亦随移该寺。即佛教主体单位是僧团而非寺院。这个情况与本书下文将讨论的南宋寺院住持体制确立后佛教生存之基本单位转化成寺院不同。

（4）敕给封户租税

晋唐历代朝廷还常敕给高僧、名僧领导的僧团以租税、封户等类布施。这

---

① （唐）释道宣：《续高僧传》卷二〇《唐京师弘法寺释静琳传》，《大正藏》册50，页590上。

② （梁）释慧皎：《高僧传》卷七《宋京师祇洹寺释慧义传》，《大正藏》册50，页368下。

③ （北宋）释赞宁：《宋高僧传》卷四《唐新罗国义湘传》，《大正藏》册50，页729中。

④ （北宋）释赞宁：《宋高僧传》卷一五《唐杭州灵隐山释道标传》，《大正藏》册50，页803下—804上。

类布施特征有二：一是最具有中国制度特色，也是中国佛教史上特有的现象；二是发生的数量虽不算多，但是从结果看成为各类檀施中力度最大者。因封户租税本属国家体制中的内容，只能由皇帝颁敕，是一种最为典型的政策性布施，故此项布施只能曰“敕给”。仍从历代文献中撷部分案例以示：

“北齐，割数州租税以充供养……食邑一千户，请充清禅寺。”①

“北齐高氏……又割八州之税，以供山众衣服之资。”②

齐高帝建元二年（480），“益州刺史傅琰言：沙门玄畅，建齐隆寺，感青衣神人绕山守卫，敕蠲百户，用充资给”。③

“竺僧朗，（南）燕主慕容德（400—409年在位）钦（僧）朗名行，给以二县租税，其为时人所敬如此。”④

陈宣帝太建九年（577）敕：“智顗禅师，佛法雄杰，时匠所宗，训兼道俗，国之望也。宜割始丰县调以充众费，蠲两户民，用供薪水，主者施行。”⑤

“（隋文帝）仁寿（元年，601）置塔，敕（法瓒）送舍利于齐州泰山神通寺，即南燕主慕容德为僧朗禅师之所立也，事见前传（即《高僧传》）。燕主以三县民调用给于（僧）朗。”⑥

比较而言，这类布施中，智者大师的天台僧团与陈、隋二朝的布施关系最有典型性。陈宣帝将始丰县全部赋税收入一次性划拨智顗僧团支配，成为天台僧团基本的经济基础。入隋，帝室朝臣对天台僧团仍大量馈施，包括时任扬州刺史的杨广斥巨资为智者创建国清寺。

唐代这类政策性布施案例仍有，如代宗大历九年（774）六月，“诏加（不空三藏）开府仪同三司，封肃国公，食邑三千户”⑦。德宗建中元年（780），“沙门圆照进新定《四分律疏》，敕赐紫衣，充内供奉检校鸿胪卿，食邑三百户”⑧。也是封户食邑之例。

---

① （刘宋）释延一：《广清凉传》上，《大正藏》册51，页1106下、1107中。

② （唐）释慧祥：《古清凉传》上，《大正藏》册51，页1094上。

③ （南宋）释志磐：《佛祖统纪》卷三六“齐高帝建元二年”，《大正藏》册49，页346下。

④ （梁）释慧皎：《高僧传》卷五《晋太（泰）山竺僧朗传》，《大正藏》册50，页354中。

⑤ （隋）释灌顶：《国清百录》卷一《太建九年宣帝敕施物》，《大正藏》册46，页799上。（南宋）释志磐：《佛祖统纪》卷三七“陈宣帝太建九年”二月，“诏曰：‘顗禅师佛法雄杰，时匠所宗，训兼道俗，国之望也。宜割始丰县调，以充众费。’”《大正藏》册49，页353上。

⑥ （唐）释道宣：《续高僧传》卷一〇《隋西京胜光道场释法瓒传》，《大正藏》册50，页506下—507上。

⑦ （南宋）释志磐：《佛祖统纪》卷四一“唐代宗大历九年”，《大正藏》册49，页379上。

⑧ （南宋）释志磐：《佛祖统纪》卷四一“唐德宗建中元年”，《大正藏》册49，页379上。

从上述四种对于佛教的檀施机制看，布施对象主要是特定的僧团，有时是流动性的僧团，有时也是在某个特定时期拥有相对固定居所的僧团。

（二）自生机制：寺院经营价值论

约从中晚唐起，一开始以完全不引人注目的方式，仿佛从岩栖穴止间产生出来的丛林（寺院），以一种出乎意料的生存模式改变了佛教经济的基本方向和提出了寺院经营的基本价值，仿佛突然焕发出一种全新活力，继而迅速扩大影响，几乎彻底改造了佛教生存方式：以自生性生存机制，作为佛教生存及弘法资粮来源之基础。

1. 创建的方向：自生性生存机制

寺院经济价值本身并不在于融入封建大一统经济体系之中，实际上从中世纪开始的寺院经济的实际发展过程中始终存在与主流封建经济系统的游离性——从不会格格不入，也绝不会丝丝入扣——因二者之价值本来有异。然而正因为存在这种不一致性，从而导致中世封建经济运行系统中产生出一个新的子系统：佛教寺院经济。

中世寺院经济与社会整体经济运行价值的不一致性，即在于为自身建构一个自生性生存平台，其价值绝不仅限于生产自救这样的低层次，而是要寻找并确定一个剥离封建主流经济体系运行目标的自我价值定位。

这是认识中世寺院经济应注意的一个视点。从历史角度看，唐代开始寺院普遍开展起来的经营性经济活动不但是寺院经济的一个新生长点，而且还有更重要的意义，即成为中国佛教得以在社会立足的一个新基点。分析其特征和价值观，有利于完整、准确地认识中国中世经济和寺院经济性质。这也是本书试图建立的一个新角度：佛教制度文化对于佛教生存的根本价值。

中国佛教寺院从一开始出现就具有一个鲜明的中国文化特点，即对于住在本寺中的所有僧尼根本就不主张、不要求他（她）们出外乞食，而是由寺院负责供给食宿。这与印度佛教传统中僧伽集团成立后仍由佛陀带头每天出外乞食的制度根本不同。所以对于中国佛教来说，要创立一座寺院，就要考虑今后是否有能力每天维持本寺所有僧众（还要接待游方僧尼）的住宿以及一日三餐。维持常住僧尼的日常生活问题从一开始就是寺院体制中的一个主题，这是与印度佛教寺院体制不同的一个显著特征。

《续高僧传》载，隋开皇六年（586）长安一带发生旱灾，原北周僧统昙延（516—588）时居长安延兴寺，此时乃挺身而出，积极设法为寺中僧众解决吃饭问题：

> （昙）延虚怀物我，不滞客主为心，凡有资财，散给悲敬。故四远飘寓，投造（延兴寺）偏多。一时粮粒将尽，寺主道睦告云："僧料可支两食，意欲散众。"延曰："当使都尽方散耳。"明旦，（隋）文帝果送米二十车，大众由是安堵。惑者谓延有先见之明，故停众待供。未几，帝又遗米五百石。于时年属饥荐，赖此僧侣无改。①

可能因昙延较有影响力，延兴寺得到的各界供养较丰。可是问题也随之出在这里，因延兴寺能解决吃饭问题，远近僧人来投奔食宿者日多，结果由于来吃饭的人太多，以至寺内粮食将尽。寺主道睦不得已与昙延商量，说存粮只够大众吃两天，这些米吃完，本寺只好关门散伙。昙延建议待存米吃光再散不迟。所幸次日隋文帝送来二十车米，于是大众又有米吃，不久隋文帝又送米五百石到寺，于是延兴寺得以继续维持。

这类案例表明，当时寺院已体现出两点体制性特征：一是寺院要有能力为僧众提供食宿，才能维持生存，如寺院不能提供食宿，就意味着不能生存；二是由此寺院的性质日益向佛教生存的主体性单位演变，僧尼个人要依靠寺院生存。也由此才能理解，中国佛教史上，历代檀施对象日益表现为以寺院为主、僧尼个人为辅的特征，僧尼个人即使得到较大额的布施也往往用于本寺寺院建设等方面。寺院制度建设围绕这个主题不断展开。

寺院必须向常住僧尼提供饭食住宿，于是解决食宿资源就成为寺院制度中必有的主题。对于寺院而言，如完全依赖外来布施，可能会因某种程度的不可控性与不可测性而产生一定程度的不安全性，因为一旦外来布施中断，就会产生直接威胁生存的巨大危险。

由此就能理解，中国佛教史上，佛教从不满足于任何从皇室贵胄、各级官僚乃至民间各界的供养馈赠，正是在佛教发展高峰的唐代中期，正是在那

---

① （唐）释道宣：《续高僧传》卷八《隋京师延兴寺释昙延传》，《大正藏》册 50，页 489 中。

个帝皇及上层社会供养极尽奢华的时代（如从法门寺地宫中发现的极尽奢华的帝室供养可证），在佛教社会最底层，祖师大德，筚路蓝缕，以启山林，形式上散布于大江南北无数深野浅壑之间，实质上内部严谨细密的丛林体制，稳健地建立并极快地发展起来。中国式戒律制度——禅门清规之“一日不作，一日不食”成为新的佛门戒训并以最快速度为各宗派接受，由此标志着佛教开始在经济上摆脱单纯依赖檀施的格局，而以自立品格，寻求新的自生性生存模式。

一种生生不息、日新又新的生存机制即自力更生的农禅，以特立独行的风格蔚为大观，演变为中国佛教的基本生存方式，一直发展到现代工禅、商禅、医禅等文化，成为佛教走向现代化、融进当代世界文化潮流的途径。寺院经济的意义不仅限于挣钱自养的辅助手段，更在于从物质文化层面为佛教的生存和发展创建自生性生存机制作为立足基石，表明佛教的生命力开始转化为一种自生性生存机制，以此作为生存和弘法的发展平台。

可进一步引出的思考题是：寺院经济之价值追求为何？何以在总体的中国封建经济系统之中产生出佛教寺院经济这样一个子系统？这个子系统具有何种优势，使其可能在对于整体系统运行作出特定贡献的同时为自身价值定位？如对这个问题认识不清，会导致对寺院经济存在以及运作机制的认识模糊，并可能导致方法论上的失误。

对宋代寺院经济，以往学者多将其价值定义为封建经济体系中之附加成分，有时并由此进一步将其作用定义为压迫民众、盘剥劳苦人民，乃是代表地主阶级剥削劳动人民的一种罪恶的经济成分。[1] 这种观察视角需要调整。

封建经济在特定历史时期之合理性是由其先进性所决定的，而个别作为整体组成部分的成分，是总体价值实现的推进器之一，否则就会失去存在的理由而被系统所排斥并最终淘汰出局。寺院经济体系既然是整体封建经济体系中的一个要素，其存在和运行的价值基础也必须与系统在大方向上一致。而个性存在的前提只能在于其自身所具有的价值特征，以及由此发生的对整体的价值互补作用。这也就是系统运行中各个有机因素综合平衡的结果往往会大于简单相加之和，即“$1+1>2$”的效应。因此研究立场的历史性、客观性和公允性，应是寺院经济研究中要注意的一个基本问题。

---

① 如近年版的《宋代寺院经济史稿》（河北大学出版社 2003 年版）等文著似多基于此类立场。

2. 认识的转型：丛林营为之开创性

通过认识角度和研究方法的转换，还可能进一步发现南宋寺院经济的个性，而在研究方法上则可能导致价值认定的转向。佛教六波罗密之“布施”波罗密认为，先必有舍，后乃有得，丛林营为机制无非这种价值观之具体体现，而机制的建立则是具有开创性的事件。

戒律是佛法住世的伦理保障。佛弟子从凡夫发心到因地之中的修行，身份的取得、因缘的增上到佛果的圆满，是因戒律受持与熏修。是否佛弟子，根据本人是否受持佛戒而定；修学情况如何，则要因戒律熏染的程度而言。佛法修学，不管在家出家，戒律都是必不可少的行为规范，戒律既是个人修学依学之处，又是僧伽修学和合规范。然而如何认识戒律及如何住持戒律，还与跟个体经验相关的止持与作持戒律过程关联。戒律也是佛法住世的制度保障。佛陀入灭后，关于戒律的歧异主张，佛经结集和教团的分裂、部派的出现，根本上说皆因对戒律的不同看法和修持方法之异而导致。而戒律作为佛教内部制度，在发展过程中会因时代发展和文化环境的变化而不断调整。佛教传入中土后历代王朝为加强宗教管理，往往由中央政府出面出台各种僧尼令或僧道格，僧团亦因此调整甚至新制相应僧制规范乃至后世之清规。当然戒律的调整和发展要以佛教内部要求为基调，但是外部环境的变化和制约同样不可忽视。

僧制或僧道格是一种政令，即政府有关行政部门针对佛教僧尼管理等事务制定的制度法规，代表历代王朝的宗教政策，并由相应的政治设施保证贯彻实施。清规则主要是中国佛教结合本土政治、风俗、民情等文化环境及当时制度环境，在佛门内创制的僧团制度。因为先是从禅宗丛林中诞生和应用，所以称丛林清规，但是后来也成为中国佛教各宗派共同奉行的佛教制度规范。南宋时期，在佛教制度文化发展中出现了一个引人瞩目的现象，即僧制和清规的高度趋同性特征。

清规创建，从寺院体制角度看经历过两种主要方式（注意二者非为阶段性关系）：

一是在都市寺院中禅宗与诸宗共居的方式。但对这个问题历史上一直存在一些误解。如《景德传灯录》载：“以禅宗肇自少室，至曹溪以来，多居律寺，虽别院，然于说法住持，未合规度故。”[①] 类似说法影响很大，所以通常都说丛

---

① （北宋）释道原：《景德传灯录》卷六《禅门规式》，《大正藏》册 51，页 250 下。

林制度建立之前是“禅律共居阶段”，谓从达摩在少室山传禅开始到六祖慧能，近两百年时间，禅僧多住律寺，但别院而居。但是“禅僧团体”如何“多居律寺”，并无有说服力的材料证明，从逻辑上分析也不太合理。如从本书已讨论的新发现的北宋山东兖州龙兴寺碑中反映的情况可知，事实并非如此，比较合适的说法似应称为“诸宗共居阶段”。[①]

直至北宋末这种情况可能仍普遍存在。如建中靖国元年（1101）八月，惟白撰集《建中靖国续灯录》30卷进呈，[②]徽宗赵佶序曰：“元丰三年（1080）诏于大相国寺创二禅，辟惠林于东序，建智海于西庑；壬戌之岁（元丰五年，1082）以越国大长公主及集庆军节度观察留后驸马都尉张敦礼之请，复建法云禅寺于国之南。”[③]可理解为两个禅僧集团住在大相国寺中活动，元丰三年（1080），朝廷在大相国寺“东序”和“西庑”分别创立惠林院、智海院两个禅院。元丰五年（1082）复建的法云禅寺，则是一个独立禅寺，创建后由惟白主持。

二是以乡野兰若方式创建独立的禅僧团体同居共修方式。从达摩传禅到僧璨时代，禅修者往往在山野水边个别修禅，约中唐开始，情况日益变化，四祖道信、五祖弘忍在湖北黄梅领袖东山法门，地处深山，却因创建的僧团修行活动方式而受到社会各界关注，名声在外，如唐陈诩所述，形式上似“好尚幽隐，栖止云松”，实际上“遗名而德称益高，独往而学徒弥盛，其有遍探讲肆、历抵禅关，滞着祛空有犹阂，靡不缄藏，万里取决一言，疑网云张，智刃冰断，由是齐、鲁、燕、代、荆、吴、闽、蜀，望影星奔，聆声飙至”。[④]至慧能在岭南曹溪传法，组织起主要依靠自力生存、修行居住有固定场所（寺院），但与当时社会体制并行不悖的独立的千人大禅团。

寺院存在的前提是满足僧团修行弘法需要，丛林制度的出现，是为适应新的历史条件。百丈清规为丛林发展及寺院经营创建了制度基础，确立寺院

---

① 详本书第三章“寺院体制与住持制度”中据新发现的北宋山东兖州龙兴寺碑有关内容对北宋寺院制度的讨论。

② （南宋）释正受：《嘉泰普灯录》卷五《东京法云佛国惟白禅师》：“建中靖国一年（1101），以所集宗门续灯录三十卷上进称旨，恭承御制序文，仍敕其录入藏，颁行天下。”《卍新纂续藏经》册79，页319上。

③ （北宋）释惟白：《建中靖国续灯录》卷首《御制建中靖国续灯录序》，《卍新纂续藏经》册78，页640下—641上。

④ （唐）陈诩：《唐洪州百丈山故怀海禅师塔铭（并序）》，（元）释德辉：《敕修百丈清规》卷八，《大正藏》册48，页1156下。

以经营机制为立足之本，以规范化的制度体系，在寺院职事体系、建筑格局等方面创建诸多相应新制以为保障，据此在社会体制中争取并赢得生存、发展的话语权。晋唐都市重刹往往就是一个地方的学术和文化活动中心，而北宋迄南宋，一些地处边缘的大寺也成为社会瞩目的文化枢纽，受到的舆论监督和制度监管只会更加严格，这就反过来要求丛林营为中相应地要有更严谨的制度性操作。也就是说，要以自身经营机制来保障与社会政治、经济体制之和谐性。

3. 寻找的过程：自我约束之平台

寺院经济制度作为一种独立自主的经营机制，以向社会大众提供宗教服务为己任，以具有唯一性的佛教服务功能为特色，成为任何其他经济和文化因素无法替代的绝对性资源。与此相关，其价值还在于因此构建起内在的自我约束平台。以大乘佛教精神展开寺院经营，是出发点也是目标，由此确定所有经营过程皆是在价值之自我约束中获得可能的经营回报，以之作为弘法资粮、常住日供。因为寺院经营中必须参与到社会经济运行大系统机制之中，并成为其有机组成部分之一，于是无论寺院生存体制还是体制中的具体执行人、具体经营行为，都不可避免地要受到相关社会法制、伦理机制和文化观念的审察，在过程中经常不得不根据大系统机制的要求而做出对自身制度体系及运作机制方面的微调。

这种动态过程，对于佛教来说，绝不仅限于有利于加强活力的问题，还在于在与社会各层面的扩大的关系面上，根据因时因地的舆论反馈、效益反馈乃至微观层面上的社区反馈等信息通道，更清楚地看清自己，检讨自身，由此形成一种特有的约束平台。若非如此，设想历代佛教寺院皆以檀施为主维持基本生存所需，则此种自我约束力则无从产生，就始终只能以外在的制度规范作为自我发展的约束机制，从而难免影响根本价值。

因此寺院经营既是一种具有重大开创性的自生性发展机制，同时也成为一种自我约束机制，而丛林营为制度在一系列的发展和完善过程中形成一种自我约束的张力，具有平台性意义，这是认识寺院经营的另一个价值坐标。

从这个立场出发对历代寺院经营方式进行考察，可能厘清一些先前看不太清楚的线索。本书主要关注南宋寺院经营制度，主要从南宋社会、政治、经济和文化民俗的时空关系中认识和分析与寺院经济制度相关的问题。两宋时期出现很多与前代不同之处，丛林营为要面对时代特征，南宋时表现更明显，也更具有典型性。

二、南宋寺院经营制度论

中国封建社会的特征之一是家、国、社会不分，国家财政政策和财务制度也就等于社会财政制度与财务规则。如果说历代僧制从一个重要侧面反映了中国佛教僧团生存发展之动态演进过程，那么，从丛林营为制度发展而来的普遍性寺院经营体制，则是从另一个侧面对国家宗教体制和相关的经济、财务等制度的积极回应。谈寺院经济离不开丛林清规，本书也谈一下这个问题，笔者认为从北宋《禅苑清规》、南宋《咸淳清规》到元代《敕修百丈清规》等皆详载的寺院财务体制及相应的财会账册章程中可见丛林营为观念之深入性及程序体系之完备性。

（一）百丈清规与丛林经营

东晋慧远（334—416）为庐山僧团建立制度，僧团高尚其事，清名远扬，使桓玄整顿全国佛教时特别强调对庐山网开一面。[①] 这可能是最早的有相对固定居处的僧团内部规制，可能因为与后来在社会条件变化后产生的僧团体制不同，皆未传世。在慧远前后，南北朝历朝帝王多参与僧制制定，如僧祐《出三藏记集》中列举北齐文宣王（459—494）著作时记载僧制及在家布萨仪规多达四十余种。[②] 这些僧制则属带有行政性质的政府佛教管理体制内容。伴随早期僧制演绎着的佛教制度演进轨迹，尚少牵涉教团自生性生存机制主题，内含的经济和财务内容较少。

1. 百丈清规与丛林经营制度

佛教认为人性本净，但因无明之覆，贪嗔痴三毒之染，加之外缘攀援，会产生生理和心理多层次、多方面、不断变化的各种欲求，佛经中多载对治之法，

① （梁）释慧皎：《高僧传》卷六《释慧远》，《大正藏》册 50，页 358 下。

② （梁）释僧祐：《出三藏记集》卷一二《齐太宰竟陵文宣王法集录序》，《大正藏》册 55，页 85 下—86 上。（唐）释道宣：《四分律行事钞》卷上："昔齐文宣王撰在家布萨仪。"《大正藏》册 40，页 34 中。

把人具体化、实在化，客观地承认人性之内在根源及发展趋向，强调如实人性，这是佛门制度前提。

（1）清规与新型丛林制度

百丈怀海（720—814）俗姓王，福州长乐（在今福州市东南）人，从南岳法朝律师受具足戒。后闻马祖道一（709—788）在南康（江西省赣县）龚公山传法，皈投为侍者，在马祖门下六年，承继门风，创造农禅合一的僧伽经济制度。[①]百丈的历史功绩或非在为佛教“创建制度”，而在于为丛林“创建营为制度”或曰“创建寺院经营制度”，即以制度化方式规定寺院（僧团）通过经营自养，摆脱完全以依赖外界倸施为主的生存基础，而以自力更生的经营体制创造自生性资源为生存和弘法基础。

《百丈清规》约诞生在唐贞元元年至元和九年间（785—814），原本已佚，但概貌可从以下文献得知：

（唐）陈诩《唐洪州百丈山故怀海禅师塔铭》；[②]

（北宋）赞宁《宋高僧传》卷一〇《百丈怀海传》；[③]

（北宋）道原《景德传灯录》卷六《百丈传》及附录《禅门规式》；[④]

（北宋）宗赜《禅苑清规》卷一〇《百丈规绳颂》；[⑤]

（北宋）杨亿《古清规序》，载（元）德辉《敕修百丈清规》卷八。[⑥]

《禅门规式》载百丈言：“‘祖之道欲诞布化元，冀来际不泯者，岂当与诸部阿笈摩教为随行耶？’[⑦]或曰‘《瑜伽论》、《璎珞经》，是大乘戒律，胡不依随哉？’师曰：‘吾所宗非局大小乘，非异大小乘，当博约折中，设于制范，务其宜也。’于是创意，别立禅居。”[⑧]《宋高僧传·怀海传》曰：“天下禅宗，如风偃草，禅门独行，由海之始也。”[⑨]禅门因有规式，乃肃肃济济。程颢偶游定林

① 怀海生平见（唐）陈诩：《唐洪州百丈山故怀海禅师塔铭（并序）》，《全唐文》卷四四六，又（元）释德辉：《敕修百丈清规》卷八《古清规序》，《大正藏》册48，页1156中—1157中。

② （元）释德辉：《敕修百丈清规》卷八《古清规序》，《大正藏》册48，页1156中—1157上。

③ （北宋）释赞宁：《宋高僧传》卷一〇《百丈怀海传》，《大正藏》册50，页770下—771上。

④ （北宋）释道原：《景德传灯录》卷六《禅门规式》，《大正藏》册51，页250下。

⑤ （北宋）释宗赜：《禅苑清规》卷一〇《百丈规绳颂》，《卍新纂续藏经》册63，页550上。

⑥ （元）释德辉：《敕修百丈清规》卷八《古清规序》，《大正藏》册48，页1157下—1158中。

⑦ （北宋）释道原：《景德传灯录》卷六：“旧梵语阿含，新云阿笈摩，即小乘教也”，《大正藏》册51，页251上。“诸部阿笈摩教”指《阿含经》之教，意思是小乘戒律。

⑧ （北宋）释道原：《景德传灯录》卷六《禅门规式》，《大正藏》册51，页251上。

⑨ （北宋）释赞宁：《宋高僧传》卷一〇《唐新吴百丈山怀海传》，《大正藏》册50，页771上。

寺，见而叹曰："三代礼乐，尽在此矣。"[1] 赞宁将禅门清规提到与儒家礼乐比肩的高度，[2] 清规也是佛教戒律和儒家礼乐制度结合的产物，如《咸淳清规·序》曰："吾氏之有《清规》，犹儒家之有《礼经》。"[3] 清规以佛戒为准绳，但与儒家礼制结合，形成严谨的中国式丛林（寺院）体制。唐武宗会昌法难使都市佛教几遭灭顶之灾，而作为山林佛教的禅宗却一枝独秀，后日益兴盛，直到挟巨大文化影响力走向世界，迄今势头不衰，与其以制度文化方式保障与各时代社会生活和谐共存的生存机制相关。

经唐末五代，百丈清规文本散佚。两宋丛林制度则多有沿革，所出诸清规增废不同。元明清代教门规制混乱，丛林法度虽在实行中日渐废弛，却有有心人记录文本以求传续。近现代以来则有《金山江天禅寺规约》、《高旻寺规约》、《云居仪轨》、《佛光山禅堂规约》等。（见表 9-1）

表 9-1 历代丛林清规简况示意表

书名	别名	作者	卷数	朝代	撰作年代	公元
百丈清规	古规、古清规、禅门规式	百丈怀海	不明	唐	约唐贞元元年至元和九年间	785—814
禅苑清规	崇宁清规	真定宗赜	10	北宋	徽宗崇宁二年	1103
入众日用清规	日用小清规	无量宗寿	1	南宋	宁宗嘉定二年	1209
丛林校订清规总要	咸淳清规、婺州清规	金华惟勉	2	南宋	度宗咸淳十年	1274
禅林备用清规	至大清规	泽山一咸	10	元	武宗至大四年	1311
幻住庵清规	—	中峰明本	1	元	仁宗延祐四年	1317
敕修百丈清规	—	东阳德辉	10	元	顺帝元统三年	1335
丛林两序须知	—	金粟通容	1	明	思宗崇祯十二年	1639
百丈清规证义记	—	源洪仪润	9	清	道光三年	1823

唐宪宗元和十三年（818）十月三日，距百丈寂后四年，陈诩所撰《唐洪州百丈山故怀海禅师塔铭》[4]，是最早记载百丈事迹的文献，但文中未提及《百丈

① （元）释德辉：《敕修百丈清规》卷八《叙》，《大正藏》册 48，页 1159 上。

② （北宋）释赞宁《大宋僧史略》卷上："礼乐征伐自天子出，则王道兴；为佛寺僧规，禀如来制，则正法住矣。"《大正藏》册 54，页 240 中。

③ （元）释德辉：《敕修百丈清规》卷八，《大正藏》卷 48，页 1158 中。

④ （元）释德辉：《敕修百丈清规》卷八载（唐）陈诩《唐洪州百丈山故怀海禅师塔铭（并序）》，《大正藏》册 48，页 1156 中—1157 上。

清规》，后世常有学者因此质疑百丈清规是否成文抑或仅后人传说，如认为百丈未制清规，理由有三：一是陈诩《塔铭》无只字提到清规，二是百丈嗣法弟子及门下参学僧传中也从无清规记录，三是“百丈清规”一语在百丈之后约三百年即 12 世纪的《禅林备用清规》中才出现。① 然而传世文献中保留了一些百丈清规内容痕迹，如从本书关注的寺院经营方面看即如此。

陈诩《塔铭》载百丈寂后遵照净行婆罗门葬法，塔铭碑侧载“大众同记五事”：塔院常请一大僧，及令一沙弥洒扫；地界内不得置尼台尼坟塔及容俗人家居止；应有依止及童行出家，悉令依院主一人，僧众并不得各受；台外及诸处不得置庄园田地；住山徒众不得内外私置钱谷。② 内容涉及佛戒、寺院行政、寺院经济诸项目，但更具体的内容不得而知。

禅林僧众无论身份高下全部住在僧堂，依受戒后结夏安居年数定先后以体现平等原则，依法而住，无非朝参夕聚，升堂说法，日常普请作务。日僧圆仁《入唐求法巡礼行记》记载唐文宗开成五年（840）九月，五台山开始“下雪”，“自九月中旬以来，寒风渐起”，圆仁在五台山寺院看到众僧在寺田“收蔓菁、萝卜，院中上座等，尽出拣叶”。“叶”指萝卜菜叶，也要收起来吃。不仅如此，寺院里的其他杂务也都是众僧一起参与，如“库头无柴时，院中僧等不论老幼，尽出担柴去”③。由此可知，百丈时期各地有些佛寺中早已有普请作务的自养机制，这就是中国佛教的一种传统制度文化背景，而在百丈清规中被作为僧团常住章程而规范化、制度化。

普请作务制度化，根据原始戒律要严禁的修行者参与生产劳动行为，被制度化地提升到生活禅的高度，丛林体制中设两序体系，两序设维那、饭头、菜头、园头乃至厕头、浴头之类职事，人人出力，分工合作，和谐高效，这种新型丛林制度，成为了不起的创造。

（2）丛林营为之制度意义

常有人说百丈清规是佛教制度创建之始，代表中国佛教走上制度化发展新阶段。这个说法不对，“百丈清规”前佛教非无制度，佛教传到中国后就在本土

---

① 〔日〕木村静雄：《古清规考》，《禅学研究》第 31 号，1939 年；〔日〕近藤良一：《百丈清规の成立とその原形》，《北海道驹泽大学研究纪要》第 3 号，1968 年。

② （元）释德辉：《敕修百丈清规》卷八载（唐）陈诩《唐洪州百丈山故怀海禅师塔铭》，《大正藏》册 48，页 1157 上。

③ 〔日〕圆仁：《入唐求法巡礼行记》卷二，“开成四年九月廿八日”，上海古籍出版社 1986 年点校本，页 71—72。

制度文化影响下创建和调整自身制度，禅宗当然也从一出现就有特定制度体系。百丈清规所以被误为“中国佛教走上制度化发展之始”，原因至少有二：一是清规诞生之后以制度规范了丛林乃至整个中国佛教生存和发展的基本面貌，因此以其普遍性而被误认为“制度之始”；二是与此相关，现在人们看到的佛教制度基本上是承“丛林清规”而来，清规出现前历代佛教制度多已废佚，因此以其现实性而被误代为“佛教制度”。

百丈创清规，既根据佛陀教导，循规蹈矩，又契理契机，创造发展。佛陀寂前告诫阿难等众：“汝等宜当于此法中，和同敬顺，勿生诤讼”；“我成佛来所说经戒，即是汝护，是汝所持。阿难，自今日始，听诸比丘舍小小戒”。①《教诫经》载佛陀之教：“汝等比丘，于我灭后，当尊重珍敬波罗提木叉，如暗遇明，贫人得宝，当知此则是汝大师。”② 波罗提木叉，梵文 Pratimoksa 音译，指律藏中应遵戒律的全部条文，又称“戒本”。《五分律》载，佛陀对戒律实施中碰到的具体问题教诲说：“复告诸比丘：虽是我所制，而于余方不以为清净者，皆不应用。虽非我所制，而于余方必应行者，皆不得不行。”③ 可知佛陀既强调要“以戒为师”、“以法为师”，也告诫不可拘泥教条，以致僵化，必要时应“舍小小戒”，对待与当时、当地条件不适宜的戒规不应拘泥不化，而应即舍弃不用。戒律传入中国，由于自然环境、社会制度、文化背景不同，教团在执行过程中就应适应国情人情，制定新规，作为补充。

如《祖堂集》载，药山惟俨（751—834）创建独立僧堂：“师初住时，就村公乞牛栏为僧堂，住未得多时，近有二十来人，忽然有一僧来请他为院主，渐渐近有四五十人，所在迫侠（狭），就后山上起小屋，请和尚去上头安下。”④ 药山僧堂在唐代就属于不在“天下寺有定数”的国家限额之内的招提、兰若之类，不可能得到敕额，所以严格地说在当时只能算是一个非法寺庵，但已经具有丛林制度文化特征。

如与僧籍相关的个人身份方面，《祖堂集》载：“（药山）师因唤沙弥，道吾曰：‘用沙弥童行作什摩？’师曰：‘为有这个。’吾曰：‘何不弃却？’师曰：

---

① （后秦）佛陀耶舍共竺佛念译：《长阿含经》卷三《游行经》第二中、卷四《游行经》第二后，《大正藏》册1，页16下、26上。

② （后秦）鸠摩罗什译：《佛垂般涅槃略说教诫经》卷一，《大正藏》册12，页1110下。

③ （刘宋）竺道生等译：《五分律》卷二二，《大正藏》册22，页153上。

④ （南唐）静、筠二禅师：《祖堂集》卷四《药山和尚》，上海古籍出版社1994年影印本，页84下。

‘有来多少时？’”[1]是知在这个虽是非法的乡野山间小僧堂中，出家僧人与未正式剃度的沙弥童行，各自的身份也是明确的。

又如丛林营为方面，不但开展生产经营，以之为自生性生存机制，而且已经建立起相应的体制规范，或者也可以说，正因为已经开展生产经营，所以相应制度规范也就应运而生。如《祖堂集》载：“（药山）师问园头：‘作什摩来？’对曰：‘栽菜来。’师曰：‘栽则不障，你莫教根生。’园头曰：‘既不教根生，大众吃个什摩？’师曰：‘你还有口摩？’”由此可知有专任的“园头”，职责应是负责同住修行众人的口粮菜蔬等供给事宜；又同书载：“有僧在药山，三年作饭头，师问：‘汝在此间多少时？’对曰：‘三年。’师曰：‘我总不识汝。’其僧不会，恨而发去。”[2]可知还有专任“饭头”负责安排寺众日常饭食。由此可知，药山小庵这个在当时“非法”、地处山乡僻野的小小僧堂，却五脏俱全，两序体制，已见雏形。

这种情况，并非个别现象。凡开展普请等生产活动的丛林中，多已产生这种在当时具有先进性但是纯属民间自发性质的体制。

如赵州从捻（778—897）时居赵州（今河北省石家庄市）观音院，《五灯会元》载从捻与来僧对答：“（僧）问：‘如何是西来意？’（从捻）师下禅床立。（僧）曰：‘莫祇这个便是否？’师曰：‘老僧未有语在。’问菜头：‘今日吃生菜，吃熟菜？’（菜）头拈起菜，呈之。师曰：‘知恩者少，负恩者多。’”[3]是知当时该“院”置有“菜头”之职。

丛林规范这种原本完全是从山野丛林中，草根般自发性地生长起来的民间性质的寺院体制，却由于符合中国社会文化发展的历史方向而因缘际会，以坚韧生命力，在不经意间发展、完善，后来在南宋时期被确立为正式制度，并由此进一步成为日后中国佛教乃至世界佛教的基本体制。

2. 不同声音之辨听

对于清规尤其是其中的营为内容，并非众口一词全是赞美，历代反对者也在所不少。对此既应有所注意，也需要作分析。

唐代律宗大师道宣《续高僧传·习禅篇论》中曾对清规提出严厉批评，认

---

① （南唐）静、筠二禅师：《祖堂集》卷四《药山和尚》，页85下。
② 同上书，页87上下。
③ （南宋）释普济：《五灯会元》卷四《赵州从捻禅师》，《卍新纂续藏经》册80，页93中。

为是“排小舍大，独建一家；摄济住持，居然乖僻”[①]，说百丈清规是一种“乖僻”之论。在清规出现的早期可能因其不完备以及尚不为世所了解而导致某些批评、指责，本来也在所难免，一种事物在发展的初始和完善的过程中，总是难免经历这样的阶段。

南宋天台宗僧良渚宗鉴《释门正统》曰：“元和九年（814），百丈怀海禅师始立天下禅林规式，谓之清规。议者恨其不遵佛制，犹礼乐征伐自诸侯出。”[②]说明先前确有人认为百丈清规乃“不遵佛制”、另搞一套之典型。宗鉴此语则显然是对清规的肯定。

较早的批评，是出于不同立场直接针对百丈清规而发，可看做对清规这种出自民间自发性质的体制的认识的历史过程，本身也代表在这个过程中人们的观念转变和深化的过程。大约可以这么认为，宗鉴及其之后再发生的有关针对清规的批评性言论，基本上不再是针对丛林清规这个体制或清规的内容本身，而是针对后人因理解有误或明知故犯等原因导致的种种弊端而发。

如明末藕益智旭认为，百丈清规之后各代相继出现的某些禅门“清规”，成为律学不彰、戒行凌夷的原因，如元德辉《敕修百丈清规》一出，导致佛门中出现儒家仪式化、僵硬化倾向，结果使丛林清简生活被异化；又因末法时代后世之人因不明百丈立规法旨，结果只知僵化地奉行教条，因而使禅林生活趋向复杂化，因而被恶化，于是使清规反成累赘之物。智旭《竹窗三笔》曰：“盖建立丛林，使一众有所约束，则自百丈始耳；至于制度之冗繁，节文之细琐，使人之仆仆尔、碌碌尔，日不暇给，更何从得省事省缘，而悉心穷究此道也？故曰：后人好事者为之，非百丈意也。”[③]认为丛林清规本意，原是在使“一众有所约束”，即作为行为规范；至于后来演变出来的内容则是因“清规一书，后人增广”，尤其是“制度之冗繁，节文之细琐”，系后人好事作伪之物，已非百丈原意。

近代弘一大师评论《百丈清规》说：“百丈于唐时编纂此书，其后屡经他人增删，至元朝改变尤多，本来面目，殆不可见。故莲池、藕益大师力诋斥之。”又引藕益之说曰：“正法灭坏，全由律学不明，百丈清规，久失原作本意。并是元朝流俗僧官住持，杜撰增饰，文理不通。”又曰藕益云：“非佛所制，便名非法。”斥曰：“百丈清规，元朝世谛住持穿凿，尤为可耻。”称百丈之后的清规为

---

① （唐）释道宣：《续高僧传》卷二〇《习禅篇论》，《大正藏》册50，页596中。

② （南宋）释宗鉴：《释门正统》卷四《兴衰志》，《卍新纂续藏经第》册75，页312中。

③ （明）释株宏：《竹窗三笔·百丈清规》，金陵刻经处（清）光绪二十四年（1898）刊行本，页76中—77上。

“伪清规”，宣称“伪清规一日存在，佛教亦一日无改良之望也”[①]。所针对者显然也是指已“失原作本意”之“伪清规”而言。

现代圣严法师说：“百丈大师对于中国佛教的贡献，在组织制度及丛林规式上的建树，于中国佛教史上，堪称空前，那就是因他参考律制，适应环境，编纂‘百丈清规’……但据弘一大师说：‘其后屡经他人增删。至元朝改变尤多，本来面目，殆不可见，故莲池藕益大师力诋斥之。’藕益大师说：‘正法灭坏，全由律学不明……即百丈清规，久失怀海禅师本意，并是元朝流俗僧官住持，杜撰增饰，文理不通，今人有奉行者，皆因未谙律故也。’又说：‘非佛所制，便名非法，如元朝附会百丈清规等。’又说：‘百丈清规，元朝世谛住持穿凿，尤为可耻！’弘一大师又说：‘案律宗诸书，浩如烟海，吾人尽形学之，尚苦力有未及，即百丈原本，今仍存在，亦可不须阅览，况伪本乎？’”圣严法师说：“一般人不知佛门有戒律，却无有不知佛门有清规者，百丈清规之对中国佛教的影响可谓钜而且深了。可是百丈清规的传流改变而已面目全非者，知道的人就不多了。”[②]所表达之意与弘一大师基本相同。

可知从明末藕益智旭以下直到现代弘一大师和圣一法师，对于清规的批评角度和批评方式皆一脉相承，即认为现行清规版本都存在问题，但是问题非在清规本身，而在于后来所出并非百丈本来面目的那些内容。

这些观点皆不应忽视。不过从南宋佛教制度文化建设角度看，正好也表明南宋之后因丛林制度文化影响广被，天下寺院，则而行之，追根溯源，则皆起于百丈清规，于是对其认识不断深入，在肯定清规“钜而且深”之影响的同时，在历史之反思中针对当时、当下之所需而对“已非百丈本来面目”的一些后出思想、观念、方法提出质疑。

（二）丛林营为与经济基础

佛教从一开始就具有两个方面的特质：一是作为现实世界中的物质性存在，就是一种“经济的”存在方式，财富本来是弘法资粮的一种，自然会产生

---

① 释弘一：《问答十章》，《弘一大师全集》第一册《佛学卷·佛学论述》，福建人民出版社1991年影印本，页252下。

② 释圣一：《律制生活——〈百丈清规〉合法吗？》，http://zhihai.heshang.net/Article/fxjc/fjyg/200608/35491.html，2010年3月30日。

相应的佛教经济观，并以之与现实政治经济社会在互动中协调适应；二是佛教同时是一种精神性存在，价值特质在于注重对人内在智慧的开发和精神力量的提升。以上两点特质，决定了佛教经济观既具有共时性的经济学的理性特征，又表现出超越性的深刻人本关怀内涵，比一般意义上的经济学应有更全面的包容性。

如果说人类所有活动中争取获得财富的经济活动是入世性最强的领域的话，那么，由于佛教强调出世的价值观，如果始终保持贫困形态，就可能失去体现佛的慈悲本怀的力量。财富本来是人类社会的创造物，佛教既然要担当文明和社会进步的责任，就必须积极承担引导、管理和妥善运用财富的社会责任。①

从三种主要僧传《高僧传》、《续高僧传》及《宋高僧传》看，后出的《宋高僧传》中关于寺院经营的记载明显较多，即因宋代寺院经济经营问题更突出而更受重视。南宋，一些重要寺院如江南“五山十刹”都具备经营性基础条件，拥有丰厚田产。

1. 案例分析一：南宋杭州上天竺寺田产及经营

杭州上天竺寺在五代吴越国时成为白衣观音形象诞生地，历南宋而元、明、清诸朝迄今仍香火旺盛，与唐代在道标主持经营下以雄厚经济实力打下寺院经济基础或不无关系。南宋时上天竺寺是“朝廷祈祷去处”②，即朝廷和皇帝祈福的皇家寺院，具有代表性，故先以此寺为案例分析。下表是南宋上天竺寺田产情况一览，当时是上天竺发展最盛之时，相应的，该寺田产也以此时为最丰。（见表 9–2）

从表 9–2 可知，南宋从高宗赵构、孝宗赵昚、光宗赵惇、宁宗赵扩、理宗赵昀，到度宗赵禥，六朝皇帝赐上天竺寺田、山、荡、沙地等共计约二万亩，如将北宋时得到的二百亩庄田亦计入，至度宗时（1265—1274）上天竺寺共有常住田产 20200 亩。

---

① 参见拙著《佛教财富观·前言》，宗教文化出版社 2006 年版，页 1—3。

② （清）徐松辑：《宋会要辑稿·道释》2 之 18：“庆元三年（1197）十二月十四日诏，上天竺灵感观音寺为系祈祷去处，今永作天台教寺。”中华书局 1957 年影印本，第 8 册，页 7897 下；仲尧按：上天竺寺为朝廷“祈祷去处”在南宋建国之初即定，宁宗庆元三年诏是强调并重申寺院“永作天台教寺”。并见同书《道释》2 之 16，页 7896 上。

表 9-2　南宋杭州上天竺寺常住田产一览表①

<table>
<tr><th>获田时间</th><th>常住田山数量</th><th>资料来源</th><th>备注</th></tr>
<tr><td>高宗绍兴三年（1133）</td><td>平江府浒墅庄田二十顷</td><td>《宋会要辑稿·道释》2之16，《寺志》10[1]</td><td>皇室敕赐（嘉定五年重申）</td></tr>
<tr><td>高宗绍兴十二年（1142）</td><td rowspan="3">钱塘县、仁和县、秀州县、秀州嘉兴县、崇德县、平江府等处皆有田产，亩数不明</td><td rowspan="8">《寺志》10</td><td>蠲免钱塘、仁和、秀州、崇德诸县及平江府等田科敷、和买、色役等</td></tr>
<tr><td>宁宗庆元二年（1196）</td><td>再旨重申上述蠲免</td></tr>
<tr><td>宁宗嘉定五年（1212）</td><td>再旨重申上述蠲免</td></tr>
<tr><td>宁宗嘉定六年（1213）</td><td>赐崇德田十五顷</td><td>敕赐，善月承领</td></tr>
<tr><td>理宗端平三年（1236）</td><td>赐钱塘、仁和、富阳、海宁等县田、山、荡、沙地四十五顷</td><td>敕赐，梵奎承领</td></tr>
<tr><td>理宗嘉熙二年（1238）</td><td>赐钱塘、仁和、富阳、临安县山十五顷</td><td>敕赐，文杲承领</td></tr>
<tr><td>理宗淳祐三年（1243）</td><td>赐松江府华亭海田，亩数不明</td><td>敕赐，法照承领</td></tr>
<tr><td>理宗宝祐元年（1253）</td><td></td><td>《咸淳临安志》80</td><td>蠲免各处庄田粮税</td></tr>
<tr><td>理宗景定二年（1261）</td><td>吴中田二千亩</td><td>《寺志》10</td><td>丞相贾似道因寺田水荒，捐吴中田[2]</td></tr>
<tr><td>理宗景定三年（1262）</td><td>赐湖州府德清县、乌程、归安、长兴等县田五十顷</td><td rowspan="2">《寺志》4</td><td>敕赐，智观承领</td></tr>
<tr><td>度宗时（1265—1274）</td><td>敕赐田三顷</td><td>助佛光法照塔香灯费[3]</td></tr>
<tr><td>合计</td><td>共赐田约二万亩</td><td colspan="2"></td></tr>
</table>

说明：

1. （明）释广宾：《杭州上天竺讲寺志》卷一〇《施田》，台北：明文书局 1980 年影印《中国佛寺史志汇刊》第一辑第 26 册，页 276。北宋时杭州上天竺寺获得过一笔田产，哲宗绍圣间（1094—1097）宰臣韩缜施予“平江府浒墅庄田二十顷”，所在地是平江（今江苏省苏州）。当时临安大寺往往拥有外地的大量田产，可想象其经济势力范围。
2. （明）释广宾：《杭州上天竺讲寺志》卷一〇《施田》、《贾魏公施田记》，台北：明文书局 1980 年影印《中国佛寺史志汇刊》第一辑第 26 册，页 276—277。
3. （明）释广宾：《杭州上天竺讲寺志》卷四《佛光法照传》，台北：明文书局 1980 年影印《中国佛寺史志汇刊》第一辑第 26 册，页 104。

① 表 9-2 系笔者据相关文献编制，见表中“资料来源”栏。

五代时依上天竺寺而诞生的白衣观音形象，南宋时发扬光大并正式定形，日后更成为传遍亚洲、继而又传播世界的观音文化的一个代表性形象。上天竺寺是一个不但当时在江南影响很大，而且对后世中国佛教文化的发展有多方面影响的寺院。因寺院身份的特殊性，也使寺院体制具有特定代表性、普遍性。由是或可归纳，南宋寺院之生存发展，与其特有的田产基础以及建立在此基础上的经营体制密切相关。

2. 案例分析二："五山"常住田产与经营

长期以来，国内外学者有关寺院经济的研究多集中在隋唐或之前，对宋及之后寺院经济的研究相对薄弱。近年来有些学者关注到这个问题，如黄敏枝《宋代佛教社会经济史论集》、游彪《宋代佛教经济史稿》[①]等著作的问世使这一局面有所改观，其中黄敏枝对宋代寺院经济作了多层面的扎实研究，游彪则对宋代寺田来源、生产关系、赋役负担及唐宋变革背景下的财产所有权关系等展开积极考察。何兹全先生序游彪书曰："任何历史问题都是历史发展长河中的一点，也是它所在社会中的一环。研究任何历史问题，都要从历史发展长河和社会全面中去研究，才能深入透彻地理解这个问题。"可说二书皆努力凸现了宋代寺院经济之时代特性。

本书继续考察南宋寺院经济基础——寺田规模及相应的经营规模问题，兹据寺志等资料列表，俾便参考；又为讨论展开的方便仅列影响较大、文献资料保存相对较丰的"五山"寺田及经营情况。

（1）南宋灵隐寺常住田产及经营考

《灵隐寺志》载："南渡后，高、孝二宗，翠华屡幸，理庙亲洒宸翰，增辉山水，当时号称禅窟，为五名山之第二山焉。改法堂为直指堂，赐直指堂印。"[②]灵隐寺由慧理创建于东晋，五代而宋，盛极一时，据说寺院建筑规模达到九楼、十八阁、七十二殿堂，共有房屋一千三百余间，僧徒三千余众，常住田数量亦巨。

南宋绍兴五年（1135），"宋高宗皇帝敕改榜曰'灵隐山崇恩显亲禅

---

① 黄敏枝：《宋代佛教社会经济史论集》，台北：台湾学生书局1989年版；游彪：《宋代佛教经济史稿》，保定：河北大学出版社2003年版。

② （清）孙治初辑、徐增重修：《武林灵隐寺志》卷二《梵宇》，台北：明文书局1980年影印《中国佛寺史志汇刊》第一辑第23册，页79。

寺'”，乾道三年（1167）孝宗诏“每岁佛诞日，例赐帛五十匹”。乾道八年（1172）“正月二十八日，（孝宗）车驾幸灵隐，明日，赐僧慧远直指堂印”。慧远即时任住持的瞎堂慧远。乾道九年（1173），“宣灵隐慧远奏对内殿称旨，有《奏对录》”。淳熙四年（1177）八月，孝宗皇帝诏灵隐寺住持德光“入对内殿，赐诗二首”。宋理宗皇帝赐灵隐寺御书“觉皇殿”三字，赐御书“妙庄严域”四字，并赐御制《千佛赞》。宝祐六年（1258），理宗亲制《观音记》，御书刻石。

宋代灵隐寺获赐钱赐田的数量巨大，但并非仅针对灵隐寺的特殊政策，而是当时制度框架中的一种合法、合理行为，如北宋天圣三年（1025）“皇太后赐脂粉钱九千五十四贯”[①]，这笔钱被用来买田，计有“杭州钱唐县山林田土五顷、盐官县思亭乡水田一千顷、秀州崇德县积善乡水田一千顷”[②]，共计 2005 顷即 200500 亩（按 1 顷 =100 亩计算）。天圣四年（1026），皇太后赐钱予灵隐寺用以购田 25 亩。[③] 天圣八年（1030）仁宗“敕赐灵隐住持禅定大师延珊放免粮田一万三千亩”[④]。

南宋时灵隐寺也获得过一大块田地，是理宗赐予，过程较特别。灵隐寺近旁原有两块菜园分别叫上菜园和下菜园，皆是寺产。理宗淳祐四年（1244）名师痴绝道冲被旨来主灵隐，十年（1250），理宗想征用下菜园，为阎妃之父建功德院，不料遭到道冲激烈反对，当日即傲然退院（辞职）以示抗议。理宗遣使挽留，痴绝坚持不回。理宗为平息事端，“乃赐灵隐古荡（田）千亩、圩田若干亩与易”[⑤]。古荡在杭州郊区，距灵隐寺不太远，仅隔一山，管理耕种皆较方便。

上述宋代灵隐寺获得的赐田共计有以上四笔，数量皆较大，具体情况见表 9-3。

---

① （清）孙治初辑、徐增重修：《武林灵隐寺志》卷五上《累朝檀越·历代帝王》，台北：明文书局 1980 年影印《中国佛寺史志汇刊》第一辑第 23 册，页 242。

② （清）孙治初辑、徐增重修：《武林灵隐寺志》卷二《天圣三年皇太后赐钱买田数附载》，台北：明文书局印行 1980 年影印《中国佛寺史志汇刊》第一辑第 23 册，页 97—98。

③ （北宋）夏竦：《文庄集》卷二一《赐杭州灵隐山景德灵隐寺常住田记》，安徽教育出版社、上海辞书出版社 2006 年版，《全宋文》卷三五二，第 17 册，页 172—174。

④ （清）孙治初辑、徐增重修：《武林灵隐寺志》卷五上《累朝檀越·历代帝王》，台北：明文书局 1980 年影印《中国佛寺史志汇刊》第一辑第 23 册，页 242—243。

⑤ （清）孙治初辑、徐增重修：《武林灵隐寺志》卷三下《痴绝道冲禅师》，台北：明文书局 1980 年影印《中国佛寺史志汇刊》第一辑第 23 册，页 179—180。并见同书卷二《坞内》，页 128。

表 9–3 宋代灵隐寺敕赐寺田表①

获田时间	田产情况	资料来源	备注
北宋仁宗天圣三年（1025）	章懿李太后赐钱买钱塘县山林田土 5 顷、盐官县思亭乡水田千顷、秀州崇德县积善乡水田千顷，并免税；	《寺志》5、《寺志》2，并见《淳祐临安志》辑佚 2	赐住持禅定延珊
天圣四年（1026）	皇太后赐直百万，市田二十五亩以施之	夏竦《赐杭州灵隐山景德灵隐寺常住田记》	
天圣八年（1030）	敕赐免粮田一万三千亩	《寺志》5	明洪武初年该田尚存
南宋理宗淳祐十年（1250）	理宗特赐古荡田千亩、圩田若干亩 *	《寺志》3	理宗取寺之下菜园地建阎妃功德院，乃赐田以易

说明： * 古荡在杭州近郊，离灵隐寺不远，现随城市发展已经成为杭州市区之一部分，约在今之杭州景区西溪湿地附近地区。

表 9–3 中的四笔田产中三笔得自北宋，一笔得自南宋，合计：200500 + 25 + 13000 + 1000 =214525（亩）

《灵隐寺志》作者曰："常住供众僧田，宋时最多，数不可考。迄明宣德年间尚存山田一百九十余顷，至（清）顺治初，田土释归乌有。"② 其曰"数不可考"，有两种可能：一是作者对上述数字也已不甚了解，二是认为此外尚有其他田产。笔者认为第二种可能性或较大。

（2）南宋净慈寺常住田产考

净慈寺原名慧日永明院，也是南宋临安城中最重要的大寺之一，位于杭州西湖南岸，与北岸之昭庆寺对峙。寺依南屏山，峰峦耸秀，环立若屏。后周显德元年（954），吴越钱忠懿王创寺，号慧日永明院。南宋初，寺毁于火，高宗诏湖州佛智寺道容来杭主持寺事，聚集工匠，重建寺院，五年而成，并据《涅槃经》等经义塑五百罗汉像，置田字殿，称五百罗汉堂。绍兴九年（1139），高宗敕改寺名"报恩光孝禅寺"，并将惠照寺并入。绍兴十九年（1149）十月改

① 表 9-3 笔者据有关资料编制，并参黄敏枝：《宋代佛教社会经济史论集》，《宋代敕赐寺田表》，台北：台湾学生书局 1989 年版，页 54。

② （清）孙治初辑、徐增重修：《武林灵隐寺志》卷八《山地》，台北：明文书局印行 1980 年影印版《中国佛寺史志汇刊》第一辑第 23 册，页 648。

“净慈报恩光孝禅寺”，简称净慈寺。继道容之后住持净慈寺的还有肯堂彦充，五山名师痴绝道冲、无准师范等均曾师从肯堂学法。

南宋嘉定三年（1210），妙崧奉旨住持净慈，嘉定十三年（1220），妙崧主持重建净慈寺，“湿红映地，飞翠侵霄，檐转鸾翎。阶排雁齿。星垂珠网。宝殿洞乎琉璃；日耀璇题。金榱耸乎玳瑁”，乃“大显于湖山”。嘉定间名僧长翁如净也曾两度住持净慈，后因旨去住天童，寂后又归葬南屏，至今如净墓塔仍在净慈。

净慈寺也具有足够的经济基础和经营能力，寺志载南宋净慈寺因自营或朝廷敕赐共获得过三笔田产，数量也都很可观：

一是宁宗（1195—1224 在位）朝时，净慈寺第二十六代住持石桥可宣来寺后，“自裒其囊，合缗市田千亩”[①]。寺志载石桥于“嘉定丁亥，丞相鲁国公请居径山”。“嘉定丁亥”指宁宗嘉定八年（1215），石桥可宣任净慈住持应在此后。

二是理宗绍定初（约 1228 年或稍后）以整座“泰宁庄”，“赐住持妙崧”，共计“田地山场三千亩有奇”，田地位置，“坐落富阳县”。[②]

三是理宗景定五年（1264），将仁和县天赐庄“田地山荡三千七百三十三亩三分二厘四毫九丝”，“钦赐住持至（智）愚，永充祝延香火、膳给僧众之产，自历宋、元，寺众赖以焚修”。[③] 这笔田产共计 3733.32 亩。以上三笔田产数据如表 9-4 所示。

表 9-4　南宋净慈寺所获田产一览表[④]

获田时间	田产情况	资料来源	备注
宁宗时（1195—1224）	石桥可宣裒其囊合缗市田千亩	《寺志》8	住持可宣自购
理宗绍定初（约 1228 年或后）	敕赐富阳县泰宁庄，田地山场，三千亩有奇	《寺志》7	赐住持妙崧
理宗景定五年（1264）	敕赐仁和县天赐庄田地山荡三千七百三十三亩三分二厘四毫九丝	《寺志》7	赐住持智愚

① （清）释际祥：《净慈寺志》卷八《石桥可宣》，台北：明文书局 1980 年影印《中国佛寺史志汇刊》第一辑第 18 册，页 556。

② （清）释际祥：《净慈寺志》卷七《寺产二·附录寺旧志载田各十一条》，台北：明文书局 1980 年影印《中国佛寺史志汇刊》第一辑第 17 册，页 506。

③ 同上书，页 501—502。

④ 表 9-4 系笔者编制，并参黄敏枝：《宋代佛教社会经济史论集》，台北：台湾学生书局 1989 年版，页 53。

净慈寺在南宋时期获得敕赐田产数量亦极巨，从现有资料看，这里列出的三笔是最为可靠的，其他不确定的未计在内。合计：

1000 + 3000 + 3733 = 7733（亩）

寺志载南宋时净慈寺常住僧约千人，这些田产足够支撑寺院生存及弘法活动所需。

明代释大壑撰《南屏净慈寺志》中对寺院田产经营等内容不太关注，本书所引资料出自清代释际祥所撰寺志，际祥时任净慈寺住持，书中说明除列出的上述田产外，当时另在超山、临平镇等还有田产，数量可能百余顷，但具体情况际祥也已不很清楚，曰："尝考志载，宋朝钦赐（田地）至百余顷，后多侵没……十无一二。"其中有不少"后被侵佃，年远无考"。[①] 所述乃际祥那个时代的情形。

（3）南宋径山寺常住田产考

径山又名"径坞"，距离南宋都城临安西北约七十华里，因径通天目山而得名。径山寺始建于唐，向称江南名寺，唐代宗时（762—779年在位）名僧道钦（701—792）到径山开山建寺。[②] 北宋前期径山为甲乙子孙寺院，元祐五年（1090）改为十方寺院体制，徽宗政和七年（1117）赐额"径山能仁禅寺"。南宋径山因地处行在，得吉气之先，与上天竺寺同为钦定的"朝廷祈祷去处"[③]，又幸得多位大师住持弘法，寺院迎来空前大发展，成为临安、同时也是江南甚至可能是当时全国佛寺中香火最盛、声名最著、影响最大者。

从地理位置看，径山所处，离都城临安尚有一段距离，既不如灵隐、净慈那样居都城闹市，也不如天童、育王那样靠近海口交通便利，却自有得天独厚优势，如处风水佳境。南宋吴咏曰："国家驻跸临安，自西天目，龙翔凤舞，舒冈布麓，蟠结而为帝王之都者，钱唐也；自东南天目，熊腾马奔，凌深拔峭，发越而为梵释之宫者，径山也。山以径名，乃天目之径路，其地尊，故鬼神不敢宅其境胜，故凡庶不得居必也。以大法力，建大道场，然后能储精会秀，接光景而纳于其中。"[④] 是谓径山得堪舆之胜。当时文化背景下，这是促使径山兴

① （清）释际祥：《净慈寺志》卷七《寺产二·附录寺旧志载田各十一条》，台北：明文书局1980年影印《中国佛寺史志汇刊》第一辑第17册，页492—493、页506。

② （明）宋奎光：《径山志》卷一《开山大觉国一贞元禅师》，台北：明文书局1980年影印《中国佛寺史志汇刊》第一辑第31册，页63—74。

③ （清）徐松辑：《宋会要辑稿·道释》2之16，中华书局1957年影印本，第8册，页7896下。

④ （明）宋奎光：《径山志》卷七《碑记》：（南宋）吴咏《径山禅寺重建记》，台北：明文书局1980年影印《中国佛寺史志汇刊》第一辑第32册，页635—636。

盛的重要原因之一。

绍兴七年（1137）七月二十四日名僧大慧宗杲（1089—1163）出主径山，香火大盛，寺僧超过千人。后宗杲因受秦桧案牵连遭逐，后曾诏住明州育王寺，绍兴廿八年（1158）三月九日宗杲再度被敕来径山住持，声名更重，径山也盛况再现。① 宁宗嘉定时径山被定为“五山”首刹。

南宋另一位名师无准师范（1178—1249）曾住径山20年，对于径山寺经营发展也起了重大作用。“师大坐方丈垂二十祀，年谷屡登，有众如海……呜呼盛哉”。20年经营，显示师范是一位寺院经营大才，住持径山期间曾置田千亩，植松杉数百万株，又在距径山寺四十里处置接待院，“市良田九千亩”。②

淳祐十一年（1251）九月二十三日，理宗下指挥札谕平江府及所属诸县常熟、昆山、嘉定等，对径山寺在该地区之田地所收和籴（即寺田租米）九千余石，所有蠲税科敷皆免。③

师范之后，径山历经名师痴绝道冲（1146—1227）等七代，元至元十七年（1280）云峰妙高主寺时仍然兴盛，规模号称“三千楼阁五峰寒”④。

南宋径山寺与上天竺同为钦定的“朝廷祈祷去处”⑤，与其在海内外崇高地位匹配，朝廷敕赐或权贵舍与径山常住田产数量颇巨。孝宗时“敕赐‘香灯山；界限广大莫考”，即以山产为寺院香火资费之意。孝宗隆兴元年（1163）杨和王施与苏州径山庄一笔大田产，计田一万三千亩并舟车、解库、犁牛等，岁收二万斛，孝宗并蠲免其税。⑥

又上面提到的无准师范主持时径山寺“市良田九千亩”，上下文是（师范主持）“去寺四十里，筑室数百楹，接待云水，堂殿楼观，凡丛林所宜有者悉备。

① （明）宋奎光：《径山志》卷一《佛日大慧禅师》，台北：明文书局1980年影印《中国佛寺史志汇刊》第一辑第31册，页89—138；同书卷六（南宋）张浚：《大慧普觉禅师塔铭》，页527—534；同书第32册卷七（南宋）楼钥：《径山兴圣万寿寺记》，页627—634。

② （南宋）粲无文：《径山无准禅师行状》，《无准和尚奏对语录》附，《卍新纂续藏经》册70，页278中下。并参〔日〕服部俊崖：《径山寺考》，《佛教史学》第一卷第12期，京都：平乐寺书店1912年版，页71—83；同氏《径山志解说》，《佛教史学》第一卷第4期，1911年，页45—52。

③ （明）宋奎光：《径山志》卷四《宋理宗蠲免径山和籴指挥札》，台北：明文书局1980年影印《中国佛寺史志汇刊》第一辑第31册，页350—352。

④ （明）宋奎光：《径山志》卷七《碑记》；（元）家之巽：《径山兴圣万寿重建碑》，台北：明文书局1980年影印《中国佛寺史志汇刊》第一辑第32册，页650—656。

⑤ （清）徐松辑：《宋会要辑稿·道释》2之16，中华书局1957年影印本，第8册，页7896上。

⑥ 皆见（明）宋奎光：《径山志》卷一四《寺产》，台北：明文书局1980年影印《中国佛寺史志汇刊》第一辑第32册，页1063。

皇帝亲御宸翰，赐额曰‘万年正续’，市良田九千亩”[①]。是由理宗“市得”而赐径山寺还是师范自购，不很清楚。

此外寺志还记载径山寺在临安之外各地有多处田产，如在嘉兴庄、仁和庄、梅谷庄、临安庄等有多处庄田，在苏州昆山、嘉兴、湖州、狱庙（今余杭县余杭镇之南）、天平庄（今临安县横畈镇附近）等寺都有田产，在余杭县北湖永建乡一带有草荡田3000亩。但是据明代宋奎光所撰寺志记载，当时这些庄田的具体情况已无法详考，意思是多已不属径山。

据《径山无准禅师行状》及《径山志·寺产》等文献记载情况统计，南宋径山寺共有田26216.8亩，地276.25亩，山1998.2亩。下面仅将南宋径山寺三笔主要田产制表以示。(表9–5)

表9–5　南宋径山寺常住田产一览表[②]

获田时间	田产情况及亩数	资料来源	备注
孝宗隆兴元年(1163)	苏州径山庄，计田一万三千亩，并舟车、解库、犁牛等，岁收二万斛	《径山志》14、《武林梵志》10	杨和王施与，孝宗蠲其税
孝宗时(1163—1189)	敕赐径山寺“香灯山”，界限广大莫考	《径山志》14	—
孝宗时(1163—1189)	敕赐吴郡田一百顷	《四朝闻见录》甲集	赐大慧宗杲
理宗端平元年至淳祐九年(1234—1249)	置田千亩、市田九千亩	《径山无准禅师行状》	无准师范主住持期间

径山寺拥有的嘉定甪直镇（径山庄）田产13000亩，尤引人瞩目。这笔田产是杨和王（史籍又作“阳和王”）所施，杨和王，即南宋名将杨存中，字正甫，山西代县（今山西省原平县）人，著名的“杨家将”杨令公杨业之四世孙，高宗时以太尉领殿前司都指挥使，为禁军最高统帅，封太师，死于孝宗时，追封和王。乾道二年（1166），杨和王欲“以苏州庄施径山长老”，苏州庄田13000亩，“岁出二万斛”，并“犁牛舟车、解库应用，百事具足”，“遂达孝

① （南宋）粲无文：《径山无准禅师行状》，《无准和尚奏对语录》附，《卍新纂续藏经》册70，页278中下。
② 表9–5系笔者据有关文献编制。

宗圣听”，孝宗表示支持并蠲免所有税赋。① 当时径山住持是大慧宗杲法嗣长芦了明，人称“妙喜会中龙象”，长相“奇伟”，“身长八尺，腹大十围，所至人必聚观之”，前住建康蒋山寺，隆兴元年（1163）孝宗诏主径山。据说了明受田后作《化杨和王舍田疏》为谢：

> 天下真胜境，烟云古宝刹。径山三千口，每人三寸舌，都来九十丈，水食沧溟干，粥饭斛斗竭，油盐许多般，蔬菜更罗列，百事总艰难。一身当不迭，特来谒郡王，故意叮咛说，冷处着把火，大家向暖热。两堂坐禅僧，真个修行彻，心源湛如水，脊梁硬如铁，等心供养渠，因果岂虚设。福慧自庄严，共出轮回劫。
>
> 大根大行大财主，舍田一万三千亩。归依径山供众僧，保暖安然度寒暑。两堂衲子欣欣然，高谈慷慨贤中贤，愿君福寿等山川，留与声名万古传。②

疏文诙谐而坦白。维持丛林，每日免不了水食粥饭、油盐蔬菜诸般琐事，上千常住人众，每日需要大量米柴，当家方知“百事艰难”，得到这笔田产，加上精心经营，径山僧众于是可“保暖安然度寒暑”，解决了大问题。

（4）南宋天童寺田产及经营情况

天童寺位于浙江省宁波东30公里太白山麓，创建于西晋永康元年（300），时僧人义兴云游至此，见山明水秀，于是结茅修持。忽有童子日奉薪水，自称“太白金星”化身，受玉帝派遣来护持，自此山名“太白”，寺曰“天童”。唐开元间（713—741），法璇建太白精舍，即后人所称之“古天童”。唐至德二年（757），宗弼将寺址迁到太白峰下，即今之寺址所在。唐乾元二年（759）肃宗赐额“天童玲珑寺”，宣宗大中元年（847），咸启在天童始弘洞山宗风，为曹洞宗发轫伊始。咸通十年（869），唐懿宗敕额“天寿寺”。北宋景德四年（1007），真宗赐“天童景德禅寺”额。

---

① （明）宋奎光：《径山志》卷二《大禅了明禅师》，台北：明文书局1980年影印《中国佛寺史志汇刊》第一辑第31册，页153—156；又见（明）吴之鲸：《武林梵志》卷一〇《古德机缘·径山寺》、（清）赵翼：《陔余丛考》卷一八《南宋将帅之豪富》。

② （南宋）释了明：《化杨和王舍田疏》，转引俞清源《径山史志》，浙江大学出版社1995年版，页54。据（明）宋奎光：《径山志》卷二《大禅了明禅师》，施田二日前了明“先已迁化”；台北：明文书局1980年影印《中国佛寺史志汇刊》第一辑第31册，页156。

南宋天童寺是“五山”之一，海内外享有崇高声誉，与其巨大的宗教及文化影响力相称，常住田产之丰，同样引人注目。《宝庆四明志》载天童寺在南宋宝庆年间有“常住田三千二百八十四亩，山一万八千九百五十亩”[①]。清代《天童寺志》辑前代寺志等文献亦载：“昔寺有三十六庄，计田一万三千亩；宋《宝庆志》载常住田三千二百八十四亩，山一万八千九百五十亩。”[②]（见表9–6）

表9–6　南宋天童寺常住田产一览表[③]

获田时间	田产情况及亩数	资料来源	备注
南宋初 （约1127年后若干年）	昌国、定海二县，福林庄、增益庄、保成庄三庄，共田两千余亩	《寺志》9	宏智正觉、慈航置
宝庆三年 （1227）	寺田三千二百八十四亩， 山一万八千九百五十亩	《宝庆四明志》13、 《寺志》9	
南宋时期	定海县大宴庄，有田六百余亩	《寺志》9	应庵、昙华置
南宋时期	天童寺“有田一万三千亩”， “跨三都五县，有庄三十六所”	《寺志》9	

南宋刘昌诗记载天童、育王寺规模曰：“四明僧庐在六邑，总大小二百七十六所，只鄞一县，城内二十六，城外八十”，其中天童、育王规模最大，吸引海内外僧人往来游方，川流不息，“天童日饭千僧，育王亦不下七八百人，行仆称是”。维持每日生活，需巨额资粮，“等而下之，要皆有足食之道”，才能供得起这么多人吃饭。而“天童岁收谷三万五千斛，育王三万斛，且分布诸库，以罔民利”。两个巨寺，“足食之道”皆毫无问题。刘氏并曰：“尝观唐武宗时废浮屠法，天下毁寺四千六百，招提兰若四万，籍僧尼为民二十六万五千人，今以一郡会之，真有是哉。”[④]对于这些大小寺院而言，“足食之道”即是生存基础。

元一咸《禅林备用清规》中也提及天童寺田产经营情况：“唯天童诸庄，古式不坠，监收无人，已望望畏之，每年至再和会，加礼敦请，特为了。至下庄

① （南宋）罗濬等：《宝庆四明志》卷一三《天童山景德寺》：“本寺常住田三千二百八十四亩，山一万八千九百五十亩。”中华书局1990年影印《宋元方志丛刊》第5册，页5168上。

② （清）闻性道、释德介：《天童寺志》卷九《庄产》，台北：明文书局1980年影印《中国佛寺史志汇刊》第一辑第14册，页695。

③ 表9–6笔者据有关文献数据编制。

④ （南宋）刘昌诗：《芦浦笔记》卷六《四明寺》，中华书局1986年点校本《唐宋史料笔记丛刊》，页48。

日，山门首钉挂，讲茶汤礼，鸣楼钟集众，门送上轿，至今遗风在焉。”① 认为天童寺严格的监寺负责下的田产经营制度堪为丛林楷模。

（5）南宋育王寺田产及经营情况

公元前486年佛陀涅磐、弟子阿难等荼毗其身，有五色珠，光莹坚固，是为舍利。相传印度孔雀王朝国王阿育王统治时期（前2世纪），在波吒利费城举行了佛教史上规模最大的第三次结集，编纂整理经、律、论三藏经典，并派遣僧侣四方传播佛教；又取出王舍城大宝塔阿阇世王分得的佛陀舍利，分成八万四千份，“令羽飞鬼，各随一光尽处，安立一塔”，在中国也建造了19座舍利塔，其中保存到后世的只有一座，即西晋会稽鄮县塔，就是阿育王寺舍利宝塔。

据传晋太康三年（282）僧人刘萨诃（慧达）寻找宝塔来到鄮山乌石岙（现北仑区大碶镇），闻地下铮铮钟声，乃膜拜念佛，地中涌出小宝塔，四方五层，高尺四，方广七寸，内悬宝磬，中缀舍利，即阿育王所造八万四千座舍利塔之一。慧达得塔后就地结茅供养。东晋义熙元年（405）安帝敕建塔亭，赐27僧守护。刘宋元嘉二年（425）文帝敕名僧僧祐创寺，立阿育王常住田，十二年（435）建塔寺，寺初具规模。从阿育王寺于西晋太康三年（282）创建始，迄今已近1800年，因珍藏释迦牟尼佛真身舍利及有玲珑精致的舍利宝塔，历代皆得殊遇。

梁武帝萧衍普通三年（522）赐“阿育王寺”额，并扩建寺院，大同五年（539）武帝赐黄金五百两造铜佛四百躯，敕令免除育王寺田赋。唐天宝三年（744）鉴真第三次东渡日本，船在舟山海面触礁沉没，鉴真及随员被救起安顿在阿育王舍利塔殿，唐中宗遣使赐金，下诏加护，育王寺得以兴盛。北宋大中祥符元年（1008）敕“阿育王山广利禅寺”额，熙宁元年（1068）大觉怀琏出任第五世住持，“法席鼎盛”。

宋代住持育王名师有真戒、净昙、了空、介堪、圆悟、大慧、佛照、妙智、笑翁等。南宋育王寺地位突出，高宗赐育王寺舍利塔“佛顶光明之塔”匾，绍兴廿六年（1156）大慧宗杲来寺住持，“四方学徒，川奔涛涌”，因禅衲众多，食竟不继，乃于明州奉化忠义乡海堤“请海岸闲地千顷，开筑为田”，“成田一千七百亩”，诏赐名“般若庄”。② 以后名师佛照德光来育王寺住持时，乃“尽

① （元）释一咸：《禅林备用清规》卷六《诸庄监收》，《卍新纂续藏经》册63，页644下。

② （明）宋濂：《阿育王山广利禅寺碑铭并序》，（明）郭子章：《阿育王寺志》卷四下，台北：明文书局1980年影印《中国佛寺史志汇刊》第一辑第107册，页237。并见（明）宋奎光：《径山志》卷一《佛日大慧禅师》，台北：明文书局1980年影印《中国佛寺史志汇刊》第一辑第31册，页134。

鬻赐赍之资，市田四千余亩，视大慧加三倍焉，名‘吉祥庄’”[①]。这是南宋时期育王寺确切可考、得自自营性质的最大两笔田产。又《宝庆四明志》载阿育王寺寺田数：“本寺常住田三千八百九十五亩，山一万二千五十亩。”[②](见表 9–7)

表 9–7　南宋阿育王寺常住田山一览表[③]

获田时间	常住田山地亩	资料来源	备注
宋文帝元嘉二年（425）	赐寺东十里塔墅	《全唐文》335	梁武帝蠲其赋，梁普通中（520—526）称常住田，陈隋时遭乱，鞠为茂草
唐中宗时（705—709）	割湖东十顷赐之，辟为良田		
南宋高宗绍兴三年（1133）	赐田一千二百五十亩	《宝庆四明志》13	
孝宗乾道三年（1167）	奉化县官地海涂田一千七百亩	《山志》4	大慧宗杲募缘捐衣成立般若会，得钱万缗市田称“般若庄”
孝宗淳熙十六年（1189）	佛照德光为寺买田四千亩	《山志》4	佛照德光尽卖赐赍以市田，称“吉祥庄”，岁收谷五千石
理宗宝庆三年（1227）	常住三千八百九十五亩，山一万二千零五十亩	《宝庆四明志》13	

南宋阿育王寺规模巨大，每日吃饭“不下七八百人”，若无“足食之道”，根本无法支撑。[④]育王寺在寺田经营的同时开展长生库经营，两种经营互相依托。如僧人允禧“复为如靖谋，从富人乞谷三百石贷之下户，量取其息，以为其徒目前之供”[⑤]；在妙智主持下，“增庾入数千斛，施者委金帛，创为长生局五所，百需皆备，月施金钱卜僧以万计”[⑥]。即由信众檀施谷物三百石，再以寺田经营的部分粮食收成作为长生库资本金，开展长生库金融经营。

育王寺有五所长生库开展经营，规模不小，经营效益则肯定不错，因为有能力每月盈利，足够“饣卜僧以万计”，成为寺院生存的基本保障。

---

① （明）宋濂：《阿育王山广利禅寺碑铭并序》，（明）郭子章：《阿育王寺志》卷四下，台北：明文书局1980年影印《中国佛寺史志汇刊》第一辑第107册，页238。

② （南宋）罗濬等：《宝庆四明志》卷一三《鄞县志卷二·阿育王山广利寺》，中华书局1990年影印《宋元方志丛刊》第5册，页5167下。

③ 表9–7是笔者据有关文献数据编制而成。

④ （南宋）刘昌诗：《芦浦笔记》卷六《四明寺》，中华书局1986年点校本《唐宋史料笔记丛刊》，页48。

⑤ （南宋）陈亮：《龙川集》卷一六《普明寺长生谷记》，台湾商务印书馆1984年影印《景印文渊阁本四库全书》第1171册，页640下。

⑥ （南宋）楼钥：《攻媿集》卷一一〇《育王山妙智禅师塔铭》，台湾商务印书馆1984年影印《景印文渊阁本四库全书》第1153册，页678上下。

（三）寺田经营之若干问题辨析

若经营不善，即使万贯家产，也会很快坐吃山空。丛林对田产经营制定了严格的制度，以为法住资粮。但寺院本业是弘法，田产经营实非易事，经营过程中各种层出不穷的问题，都不容回避，须劳心劳力，直面解决。

1. 大小寺院差别

对照上述“五山”拥有的大量寺田，可了解寺田经营基本模式。但南宋时非仅五山十刹如此，各地大小寺院，拥有数量不小的寺田成为普遍现象。《宝庆四明志》载有南宋宝庆年间（1225—1227）明州地区寺院田产情况的数据资料，下仅将明州郡治及鄞县地区寺院田地产业情况列表。（见表9–8）

表9–8包含的信息中有几点值得注意：

一是有的寺院拥有田地两千多亩，这个数目在北方地区或不算什么，在浙东地区则属巨额。

二是同一地区，不同寺院的田地拥有量多寡相差也颇大，如报恩光孝寺连山田在内，要比东寿昌院多一百五十余倍，表明不同寺院田产规模不等，也可能有不同类别的经济经营模式。

三是尼院全无土地，或表明尼众基本不参与农业生产及其他经济经营活动。

四是六家“废寺”全无土地，严耀中教授认为，这种情况说明寺院无土地田产就可能遭废弃厄运。[①]

总之，寺院田产及经营从小处说决定一个寺院的生存，从大处看关系其根本气数。当时佛门大德决不掉以轻心，视为寺院生存因素重中之重。

---

① 严耀中教授认为因经济而废寺有一个原因可能是官府租税太重，考虑到有些寺院有田地但无僧人，成为废寺。如《嘉靖延平府志》卷一九《顺昌县重修儒学记》载，该县在南宋绍兴二十年（1150年）“括废寺荒地，岁得租……专充赡学之费”。其中或有经营不善问题，因当时福建寺院大部分有田产，废寺有田产是少数。又《三山志》卷三三载闽县七个观音院租税情况，方岳里观音院最多，“旧产钱二贯九百九十六文”；永盛里观音院最少，“旧产钱二十九文”；平均不到一贯，看上去并不太重。故同上志卷十“户口”条：“浮屠氏田若地二千余顷，食僧徒一万四千余人，是民七人共百亩而僧以二人食之。民产钱八千缗有奇，僧寺一千五百，不啻当民八之一。”虽然还有其他赋税，但田产经营状况或是寺院兴废主因。《夷坚志·甲志》卷五“妙智寺田”条云：“建昌新城县妙智寺，有田皆上腴。会寺僧尽死，寓客吕郎中方来郡城卜筑，垂涎其产，嘱诸邑宰张君，欲承佃。吕之女嫁军守孔之弟，张畏其挟势，遂给与之。寺以是废，并屋室亦毁撤无遗。”则是僧亡而导致地夺寺废。见严耀中：《中国东南佛教史》，上海人民出版社2005年版，页332注。

表 9-8　南宋宝庆年间（1225—1227）明州部分寺院拥有土地情况一览表①

（单位：亩）

性质	寺院名	常住田	山	性质	寺院名	常住田	山
禅院	万寿院	1405	110	教院	延庆寺	2210	无
	报恩光孝寺	2159	260		宝云院	531	无
	吉祥院	“常住见置”[1]			白衣广仁寺	50	无
十方律院	广福水陆院	352	无		兴圣院	“常住无”[2]	
	开元寺	250	无	甲乙律院	圣功院	25	无
	太平兴国寺	50	无		广福院	280	无
	经藏院	180	无		东寿昌院	16	无
	景福寺	50	无		崇教院	22	无
	能仁罗汉院	50	无		兴法院	260	无
尼院	（共五所）	全无			保安院		无
废院	（共六所）	全无					

说明：

1.（南宋）罗濬等：《宝庆四明志》卷一一《吉祥院》，中华书局 1990 年影印《宋元方志丛刊》第 5 册，见页 5130 下。此寺当时正重建完毕，“常住见置”，意思大概是常住田产等正在置办中。

2.（南宋）罗濬等：《宝庆四明志》卷一一《兴圣院》，中华书局 1990 年影印《宋元方志丛刊》第 5 册，页 5131 下。此寺原为尼寺，“建炎兵火，未能复其旧，今为僧（寺），房屋十余间”，是规模较小的寺院。

2. 住持职责所在

德辉曰，丛林体系确立，“作广堂以居其众，设两序以分其职，而制度粲然矣”。住持作为主要负责人，“苟非其人，一寺废荡”②，强调住持与寺院经营之责任关系。又曰：

> 住持如年老有疾，或心力疲倦，或缘不顺，自宜知退。常住钱物，须要簿书分明，方丈什物，点对交割，具单目，一样两本。住持两序，勤旧佥押，用寺记印。住持库司，各收一本为照，公请一人看守。方丈至退日，

① 表 9-8 是笔者据（南宋）罗濬等《宝庆四明志》卷一一《寺院》记载各寺田地数据编制而成，中华书局 1990 年影印《宋元方志丛刊》第 5 册，页 5130 上—5134 上。

②（元）释德辉：《敕修百丈清规》卷二《住持章》，《大正藏》册 48，页 1119 上。

上堂叙谢，辞众下座，掛鼓三下而退。[1]

规定住持因各种原因（如年老、疾病等）“退院”时，需详细查对留下的所有账目文书，类如现代之离任审计。所有钱物，必须账物点对，所有账簿，一式两份，每份由退院住持及两序人等画押、签字，各示其责，“簿书分明”，清楚交代给新任住持。

《日用清规》“专使请住持受请”条曰：“本寺库司，会知事、头首、单寮耆旧献茶，言定何日，先遣行者老郎通书，书纸系库司客头，送往头首寮”，新住持人选一旦确定，要规矩分明，“仍商议请行人充专使，有两班中一人，或后堂，或书记，或单寮大耆旧一人，或都寺自充”。其中尤其是都寺一职，因为担任寺院财会事务管理，特别规定：“都寺同专使前往，干事掌财，具帐历，涂中有事，即与专使商量。”[2]《敕修百丈清规》明确要将田产物业移交新住持，派专使迎请新住持时，“请专使，或上首知事，或勤旧，或西堂首座，或以次头首充之。若非知事充专使，亦须以下知事一人同去掌财议事，具须知一册，该写本寺应有田产物业，及迎接仪从，一切毕备”[3]。

新住持上任后，着手接管一寺事务，规定“须会两序勤旧茶，详细询问山门事务，砧基、契书、什物，逐一点对交割，计算财谷，簿书分明，关防作币，务在详审”[4]。包括田产经营在内，接收账簿，会同所有中层管理人员，详细核对账目，当众“逐一点对交割”所有田产，包括“计算财谷”。无著道忠释曰：“方丈什物点对交割，具单目，一样两本，住持、两序勤旧佥押，用寺记印。”[5]“什物”点对交割，要一一点对单账，尤其注意三项检验：一是现有实物，二是簿籍登记，三是“关防作币”即印章签押等，以防作弊。

住持作为主要责任人，是维持丛林制度的核心，绝不同于世俗荣耀高位。住持与十务寮舍诸首领都居于僧堂，地位与一般僧众相比并无高下，僧堂中“设长连床，施椸架挂褡道具”，行住坐卧，“具四威仪”，“卧必斜枕床唇，谓之带刀睡。为其坐禅既久，略偃息而已”。[6] 日常行事，以修行为要：“其阖院

① （元）释德辉：《敕修百丈清规》卷三《住持章·退院》，《大正藏》册48，页1127上。
② （南宋）释惟勉：《丛林校定清规总要》卷上《专使请住持住持受请》，《卍新纂续藏经》册63，页596上。
③ （元）释德辉：《敕修百丈清规》卷三《住持章·请新住持·发专使》，《大正藏》册48，页1123下。
④ （元）释德辉：《敕修百丈清规》卷三《住持章·交割砧基什物》，《大正藏》册48，页1127上。
⑤ 〔日〕无著道忠：《禅林象器笺三》卷一六《簿券类·单目》，《佛光大藏经·禅藏·杂集部》，页1215。
⑥ （北宋）释赞宁：《宋高僧传》卷一〇《百丈怀海传》，《大正藏》册50，页770下。

大众，朝参夕聚，长老上堂升座，主事徒众，雁立侧聆，宾主问酬，激扬宗要。”① “至于作务，犹与众均其劳，常曰：一日不作一日不食，乌有庾廪之富、舆仆之安哉？”② 住持同样要守“一日不作，一日不食”规矩，绝无生活享受、仆从服侍可言。

《禅林象器笺》载：“集众作务，曰‘普请’。”又引《根本说一切有部毗柰耶杂事》：“如世尊说，若扫地时有五胜利。”③ 无著道忠引《毗柰耶杂事》释“五胜利”：“世尊在逝多林，见地不净，欲令彼乐福众生于胜田中植净业故，即自执篲欲扫林中。时舍利子、大目乾连、大迦叶波、阿难陀等诸大声闻，见是事已，悉皆执篲共扫园林。时佛世尊及圣弟子遍扫除已，入食堂中就座而坐，佛告诸苾刍：‘凡扫地者有五胜利。云何为五？一者自心清净；二者令他心净；三者诸天欢喜；四者植端正业；五者命终之后当生天上。’”④ 即佛说可通过普请作务，“植端正业”。

《禅林象器笺》引《清拙澄禅师录》曰：“除夜小参云：‘爆竹已催残年去，明朝普请贺新年。’”⑤ 僧众全体出动，参加体力劳动，喜迎新年。无著道忠说普请依据曰：“如佛言‘随要当扫，若月八日或十五日，应鸣犍稚，总集众僧，共为洒扫埽’。古德以此鸣犍稚，集众作务，为丛林普请之据。”⑥ 普请制度有佛言依据，作务则是僧团共同规范，尊卑上下，一律平等，生产劳动制度化，成为禅林法规，也符合戒律本义。

出家僧人本业是修道，如整天忙于田园农耕“作务”，则与一般农民无异，这在佛门中易引起非议。中峰明本《幻住庵清规》曰：

> 公界普请，事无轻重，均力为之，不可执坐守静、拗众不赴。但于作务中不可讥呵戏笑、夸俊逞能，但心存道念、身顺众缘，事毕归堂，静默如故。动静二相，当体超然，虽终日为而未尝为也。⑦

---

① （元）释德辉：《敕修百丈清规》卷八《古清规序》，《大正藏》册48，页1158上。
② （元）释德辉：《敕修百丈清规》卷二《住持章》，《大正藏》册48，页1119中。
③ 〔日〕无著道忠：《禅林象器笺二》卷九《丛轨类·普请》，《佛光大藏经·禅藏·杂集部》，页662。仲尧按：“扫”原作“埽”，下同。
④ 〔日〕无著道忠：《禅林象器笺二》卷一二《执务类·扫地》，《佛光大藏经·禅藏·杂集部》，页889。
⑤ 〔日〕无著道忠：《禅林象器笺二》卷九《丛轨类·普请》，《佛光大藏经·禅藏·杂集部》，页665。
⑥ 同上书，页662。
⑦ （元）释明本：《幻住庵清规·外缘》，《卍新纂续藏经》册63，页584上。

心存道业，行动随缘，归禅堂后如如不动，作务与坐禅本无二致。将作务视为修行之一种，以此解决农耕作务与日常修行之矛盾，是一种制度性开创。从制度文化视点观察其发展过程具有特别意义：因为正是从此点开始，中国佛教开始了自主性生存机制及自我约束平台的构建。

3. 经营性寺职设置

丛林体系中设置的经营性寺职，是寺院经营制度之重要标志。随着南宋寺院住持体制的确立，寺职体系中的经营性岗位凸显出其重要性。兹以“监寺”职为例展开一些讨论。

“监寺”又称“都监寺”，是丛林营为总管。德辉《敕修百丈清规》中再三强调此职对丛林生存之重要性：“古规惟设监院，后因寺广众多，添都（监）寺，以总庶务，早暮勤事香火，应接官员施主，会计簿书、出纳钱谷，常令岁计有余。尊主爱众，凡事必会议，禀住持方行。”并举例：“如杨岐之辅慈明，石窗之辅宏智，可为法则。”特别提出两位监寺任职案例“可为法则”。

杨岐和石窗，二人皆名师，而且皆曾任监寺之职，下略述二师故事：

一、“杨岐之辅慈明”：“杨岐”即北宋名师杨岐方会（992—1046，一说992—1049），慈明，即方会之师石霜楚圆（986—1039），俗姓李，名楚圆，字慈明。石霜门下桃李夭夭，法嗣五十余人，尤其是黄龙慧南、杨岐方会后来各成一派，即禅宗史上著名的“黄龙派”和“杨岐派”。[①]

上文已提到，方会年轻时曾从事课征商税行业，因有不称职行为而受法律追究，《续传录》方会传曰：“少警敏滑稽，谈剧有味，及冠，不喜从事笔研。窜名商税，务掌课最，坐不职当罚，宵遁去，游筠州九峰。”因不适应做财会一类行当，不知出了什么差错，怕吃官司，潜逃至瑞州（即筠州，今江西省高安县）九峰山出家。后依止名师石霜楚圆，石霜却委以寺职，仍令其发挥专长做库司，专管一应财物管理杂务。方会颇苦，每次参问，石霜皆推托，曰“库司”事务，最为繁忙，参禅就以后再说。后来方会又“升职”任监寺，负责全寺财务，石霜又用新借口推托，曰，你现在做监寺了，将来会儿孙满天下，参禅就不必急于一时。后“慈明迁兴化，（方会）因辞之还九峰。萍实道俗诣山，请住

---

① 石霜楚圆，生平事迹见（明）释居顶：《续传灯录》卷三《石霜楚圆禅师》，《大正藏》册51，页482上—484中。

杨岐。时九峰长老勤公不知（方）会，惊曰：‘会监寺亦能禅乎？’”[①] 寺僧先前的印象中，对本寺这位监寺，只知其办事干练，不知居然也懂禅，表示惊讶。

方会出世后上堂，说法风格鲜明，如曰：“雾锁长空，风生大野，百草树木，作大师（狮）子吼。”又曰：“莫道杨岐山势险，前头更有最高峰。”开创朴质无华宗风，外似枯淡，内涵丰腴，平实之中，深具机用，见性之时，湛然澄莹。杨岐派和黄龙派同时兴起，后黄龙派法脉中断，杨岐派成为临济正宗。杨岐派禅法从南宋起传入日本，在日本镰仓时代禅宗二十四流（派）中，有二十流出于杨岐派法系。

二、“石窗之辅宏智”：“石窗”即石窗法恭（1079—1181），“宏智”即指南宋天童寺名师宏智正觉（1091—1157）。《续灯录》载：“明州瑞岩石窗法恭禅师，郡之奉化林氏子，于栖真院下发受具。往延庆讲下，一夕诵《法华》，至父母所生眼悉见三千界，时闻风刺棕榈叶声，忽然有省。弃依天童，始明大旨。凡当世弘法者，悉往咨决。出住能仁、光孝、瑞岩。”[②]《补续高僧传》法恭传载：

> 法恭，自号石窗叟，奉化林氏子。其母感胡僧入梦而生，落发受具戒，习南山律于湖心寺，闻天童宏智名，往从问道。……宏智诘以所得非谬，命居侍职。既而遍参诸识。……三年复归天童，主藏钥，为第一座，分座说法。宏智所举宗要，师不为苟合，智爱而畏之。绍兴二十三年（1153），光孝虚席，越帅移书宏智，求一本色人补处。智以师应命。……（乾道七年，1171）荥阳郡王起住瑞岩（寺），辟舍宇以安众，开山田以足食。……师天姿挺特，持律甚严，累主大刹，起居寝食，率与众共，不务缘饰，无他嗜好，峭直骨鲠，不借人以辞色，有道者力加提引，慧而狂者必叱之。[③]

法恭闻宏智正觉大名，前往拜师，宏智“诘以所得非谬”，觉得是个人才，却“命居侍职”，也是做了监寺，让其担任繁重杂务，经受锤炼。后法恭离开宏智，云游天下，“遍参诸识”，三年后仍归天童恩师身旁。再因宏智之荐，出世住光孝寺，再移住明州瑞岩寺，一生“累主大刹”，所在往往“辟舍宇以安众，开山田以足食”，经营能力极强，被誉为“天姿挺特”，声望卓著。

---

① （明）释居顶：《续传灯录》卷七《杨岐方会禅师》，《大正藏》册 51，页 506 下—507 上。

② （明）释居顶：《续传灯录》卷二四《明州瑞岩石窗法恭禅师》，《大正藏》册 51，页 632 中。

③ （明）释明河：《补续高僧传》卷九《法恭传》，《卍新纂续藏经》册 77，页 433433 上—中。

上述杨岐、石窗二例，并非罕例，而是代表了一种丛林经营与弘法的应有态度，事属常见。再举一例，如宏智正觉师尊是北宋名师芙蓉道楷（1043—1118），道楷早年在投子义青（1032—1083）门下担任过繁杂寺职，专做一应寺中杂务，但从不以为烦，而是兢兢业业，恪尽职守，如“作典座，（投）子曰：‘厨务勾当不易。’师（道楷）曰：‘不敢。’（投）子曰：‘煮粥邪？蒸饭邪？’师曰：‘人工淘米着火，行者煮粥蒸饭。’子曰：‘汝作甚么？’师曰：‘和尚慈悲，放他闲去。’一日，侍投子游菜园，子度拄杖与师，师接得便随行。”[①]可知道楷在师门时曾任“典座”及打理厨房、菜园一类低级寺职，负责寺中“厨务勾当”，日常所做就是煮粥、蒸饭、淘米、烧火、种菜、捉虫之类。然而非凡大师，正是在日常运水搬柴、淘米烧饭、种菜捉虫的锤炼中，不辞猥琐，心性自在，功夫成长，终为参天大树。

德辉强调，监寺之职，“若网罟之巨绳，提之则百目正矣；梵语摩摩帝，此云寺主，即今之监寺也；又《大集经》云：‘僧物难掌，我听二种人掌三宝物，一阿罗汉，二须陀洹’”；德辉根据丛林经营实际，提出自己的观点，增加两种选人标准曰：“更复二种：一能持净戒识知业报者，二畏后世罪有诸惭愧者。”[②]与监寺职直接关联的有副寺、直岁、庄主、诸庄监收等职，下亦略论。

副寺：都监寺之经营副手。都监寺事务众多，特设“副寺”为辅，“古规曰库头，今诸寺称柜头，北方称财帛，其实皆此一职，盖副贰都监寺分劳也”。实际职责是“掌常住金谷、钱帛、米麦出入，随时上历收管支用。令库子每日具收支若干佥定飞单呈方丈，谓之‘日单’，或十日一次结算，谓之‘旬单’；一月一结，一年通结，有无见管，谓之曰‘黄总簿’。外有米面五味各簿，皆当考算。凡常住财物，虽毫木，并是十方众僧有分，如非寺门外护官员、檀越宾客迎送庆吊合行人事，并不可假名支破侵渔。其上下库子，须择有心力能书算、守己廉谨者为之。病僧合用供给之物，即时应付，如仓库疏漏、雀鼠侵耗米麦，蒸润一切物色。顿放守护有不如法者，并须及时照管处置”[③]。规定得详尽具体。

直岁：职责是“职掌一切作务，凡殿堂寮舍之损漏者，常加整葺；动用什物，常阅其数，役作人力，稽其工程，黜其游堕，毋纵浮食，蠹财害公。田园

---

① （南宋）释普济：《五灯会元》卷一四《东京天宁芙蓉道楷禅师》，《卍新纂续藏经》册 80，页 291 中。
② （元）释德辉：《敕修百丈清规》卷四《两序章·东序知事·都监寺》，《大正藏》册 48，页 1132 上。
③ （元）释德辉：《敕修百丈清规》卷四《两序章·东序知事·副寺》，《大正藏》册 48，页 1132 中—下。

庄舍、碾磨碓坊、头匹舟车、火烛盗贼，巡护防警，差拨使令，赏罚惟当。并宜公勤，劳逸必均，如大修造，则添人同掌之”①。

庄主：职责是“视田界至修理庄舍、提督农务、抚安庄佃，些少事故，随时消弭”。因“近时丛林凋弊百出，而庄中尤甚，略举其三：诸方通害初争庄职，安能遍及？构怨住持，上下不睦，一也；一充其职，离寺相远，靡所不为，致争起讼，供众钱粮，尽皆耗费，复积逋负，以累于后，因而纪纲不振，庄佃生侮，租课不还，其弊二也；纵使老成能事充之，而州县应酬、吏胥管干、乡都职役、邻里富豪，皆合追陪，既启其端，稍有不及，便生衅隙，虽不明支，而巧立除破，公私无益，故庄中之费或半于寺，其弊三也。只如大家业产，巨富不闻，分遣子弟，遍居庄所；盖耕种有佃，提督则有甲干，收租之时自有监收僧行，此外纵有输纳、修圩、依粮等项，只临时分委勤旧知事，限期使办，事毕旋归，非唯省费，有补常住而消祸未萌，公私攸济。今诸方之废如逃亡家，住持勤旧能恤念寺门，欲撙费救弊，汰除滥冗，请自此始”。

诸庄监收：“古规初无庄主监收，近代方立此名，此名一立，其弊百出：为住持私任匪人者有之，因利曲徇者有之，为勤旧执事人连年占充者有之，托势求充者有之，树党分充者有之，角力争充者有之；蠹公害私，不可枚举。虽欲匡救，未如之何。倘得廉正勤旧，辅佐住持，公选区用，或对众阄拈之充。充此职者，当克己为念，奉众为心，毋苛取佃户，毋亏损常住，则自他俱利矣。”②

其中又以“庄主”、“诸庄监收”二职更重要，不但因为是寺田经营直接责任者，而且还因最易从寺田经营中中饱私囊。

《敕修百丈清规》中说明，此二职责为管理寺田庄舍、提督农务、抚安庄佃等事务，并曰，“丛林凋弊百出”，而这些“凋弊”事件就往往发生在与此二职相关的方面，表现主要有三：一是“诸方通害，初争庄职，安能遍及，构怨住持，上下不睦”；二是“一充其职，离寺相远，靡所不为，致争起讼，供众钱粮，尽皆耗费，复积逋负，以累于后，因而纪纲不振，庄佃生侮，租课不还”；三是“纵使老成能事充之，而州县应酬，吏胥管干，乡都职役，邻里富豪，皆合追陪，既启其端，稍有不及，便生衅隙，虽不明支，而巧立除破，公私无

① （元）释德辉：《敕修百丈清规》卷四《两序章·东序知事·直岁》，《大正藏》册48，页1132下。

② （元）释德辉：《敕修百丈清规》卷四《两序章·列职杂务·庄主》、《庄主监收》，《大正藏》册48，页1133中。

益”，致使“庄中之费或半于寺”。

德辉最忧虑关切者，经营问题中之“供众钱粮，尽皆耗费”、“复积逋负，以累于后”、“庄佃生侮，租课不还”类也。田庄经营费用过高，糜费过甚，导致“庄中之费或半于寺”；作为住持，不能不对此极为关注。而这些直接涉及经济利益的管理职位，一立就“其弊百出”，实在令人莫知如何为好。德辉提出一些想法，说不如干脆通过“阄拈”充任，但是“充此职者，当克己为念，奉众为心，毋苛取佃户，毋亏损常住，则自他俱利矣”，说得也不是很有信心。

德辉指出，这种现象如“大家业产巨富不闻分遣子弟，遍居庄所，盖耕种有佃，提督则有甲干，收租之时，自有监收僧行。此外纵有输纳、修圩、依粮等项，只临时分委勤旧知事，限期使办。事毕旋归，非唯省费，有补常住而消祸未萌，公私攸济”；因此，住持必须选“勤旧能恤念寺门”之僧人充任，此事极为重要，故“欲撙费救弊、汰除滥冗，请自此始”。并指出：“其初例有当重难，而应充庄职者，别议酬补之。”

又如“诸庄监收”职，与庄主配合，即上文中说的“收租之时，自有监收僧行”，以起监督保证作用。德辉强调，“古规初无庄主监收，近代方立此名”。但是此职若所得非人，则“其弊百出”，如“为住持私任匪人者有之，因利曲徇者有之，为勤旧执事人连年占充者有之，托势求充者有之，树党分充者有之，角力争充者有之，蠹公害私，不可枚举”。所以必须“得廉正勤旧，辅佐住持，公选区用，或对众阄拈之充。充此职者，当克己为念，奉众为心，毋苛取佃户，毋亏损常住，则自他俱利矣”[①]。

德辉附宗赜《崇宁清规序》曰：“夫禅门事例，虽无两样毗尼，衲子家风，别是一般规范。”佛门之中是一种共性存在，然而事有个别，丛林规范各自特点，“是以佥谋开士，遍摭诸方，凡有补于见闻，悉备陈于纲目”，这样做也是因事不得已，因“丛林蔓衍，转见不堪，加之法令滋彰，事更多矣；然而庄严保社，建立法幢，佛事门中，阙一不可”；故而“亦犹菩萨三聚声闻七篇，岂立法之贵繁，盖随机而设教，初机后学，冀善参详；上德高流，幸垂证据”[②]。其言之谆谆，苦口婆心，而制度谨严，诸方思虑周详。

---

① 引文皆见（元）释德辉：《敕修百丈清规》卷四《两序章·列职杂务》之《庄主》、《庄主监收》，《大正藏》册48，页1133中。

② （元）释德辉：《敕修百丈清规》卷八附《崇宁清规序》，《大正藏》册48，页1158中。

（四）寺院经营与寺田争讼

既然是开展经济经营，与社会经济运行机制衔接，涉及经济利益，难免有得有失，不可能包赚不赔，于是会牵动各方面是非。寺院经营中，即使主体不愿，最终却也难免卷入土地司法之类经济纠纷争讼。下撷部分案例做些讨论，先从唐代说起。

1. 唐代寺田争讼二案例

唐代寺院经济已开始走上较正规方向，有些寺院田产也开始出现固定化、产权化现象，经济纠纷相应地随之而来。兹检《续高僧传》中所载二例以资参照。

案例一：寺院间之田产纠纷案

既然开展寺院经营，就涉及经营自主权及相应经营效益、经济利益，若寺院间有经营往来，相互之间就难免经济纠纷。《续高僧传》释明恭（539—623）传载：

> 释明恭，住郑州会善寺，曾与超化寺争地，彼（寺）多召无赖者百余人来夺会善（寺）秋苗，众咸忧恼，（明）恭曰："勿愁！"独诣超化（寺），脱其大钟，塞孔以干饭六升投中，和水可啖，一手承底，一手取啖，须臾并尽，仍取大石可三十人转者，（明）恭独拈之如小土块，远掷于地，超化（寺人）既见，一时惊走。①

这场争地案，争夺的结果，因为明恭身怀奇功，饭量似牛，力大如神，略作展示，吓走了超化寺僧和他们请来助阵的百余无赖，才护住了本寺寺田以及秋苗。

这是发生在寺院与寺院间的一件田地纠纷案，从处理的方式、过程和结果看，始终无依法处置之意，属于民间争斗性质。

案例二：寺院与地方之田产争讼案

寺院若从事寺田经营，与地方上的经济纠纷则更难避免。如《续高僧传》释道英（557—636）传载：

---

①（唐）释道宣：《续高僧传》卷三五《隋郑州会善寺释明恭传》，《大正藏》册50，页659下。

> 释道英，（隋炀帝）大业九年（613），尝任直岁，[①] 与俗争地，遽斗不息，便语彼云："吾其死矣！"忽然倒仆，如死之僵。诸俗同详，（认为）道人（即道英）多诈，以针刺（指）甲，虽深不动，气绝色变，将欲洪膖。傍有智者，令其归命，誓不敢诤，愿还生也。寻言（道英）起坐，语笑如常。[②]

寺田经营不易，道英时任"直岁"，具体负责寺院中这一块经营事务。道英性格与行为"多诈"，可能是善用计谋，在这场寺院与俗家地主间发生的田地纠纷案中，道英用诈死恐吓对方，迫其让步，虽然可能是出于不得已而采用这种手段，结果总算保住了寺田。

这件田产纠纷案的处理性质与上案相同，处理过程并无进入正式制度程序的迹象。

唐代类似案例很难再找到。以上二案表明，唐代寺院已开始有田产经营，但是尚非属制度性质，一旦因经营而发生经济纠纷，按俗话说法，不能进入"打官司"的程序，只能依照民间争斗途径解决。

2. 南宋寺田争讼五案例

北宋这类记载较少见，南宋就多了起来。因寺院经济发达，寺田数量较大，经济经营开放，与社会经济接触面更广，相应地发生经济纠纷案的可能性也就增加，从案由看性质也更复杂。同时，因为南宋寺院事务被纳入行政体系，寺院经营被制度化地包含于其中，所以一旦发生寺田经营类经济纠纷，即与司法相关，即像俗话所说的要通过"打官司"的途径来解决。

下就本人阅读所见撷举五个案例，其中涉案的台州昌国禅院在浙东，杭州灵隐寺在行在临安，泰山灵岩寺在山东，建康蒋山寺在江苏，饶州荐福寺在江西。这五个案例分布地域较广，有一定代表性。

---

① "直岁"，（北宋）释宗赜《禅苑清规》（卷三）："直岁之职，凡系院中作务并主之，所为院门修造、寮舍门窗墙壁、动用什物，逐时修换严饰，及提举碾磨、田园、庄舍、油坊、后槽、鞍马、舡车、扫洒、栽种、巡护山林、防警贼盗、差遣人工、轮选庄客，并宜公心勤力，知时别宜。如有大修造、大作务，并禀住持人矩划，及与同事商议，不得专用己见。"（《卍新纂续藏经》册63，页531上）所述虽是北宋末寺院直岁职责范围，但可推知隋唐时寺院中直岁职之大致情况。按"直"，"值"也，"直岁"即每年轮值，负责本寺所有维修、防护和种植等事项之主管。

② （唐）释道宣：《续高僧传》卷二五《唐蒲州普济寺释道英传》，《大正藏》册50，页654中。

（1）案例一：台州昌国禅院之寺院间及寺院与官府间田产争讼案

浙江台州临海县佛窟山昌国禅院开发围垦“高湖涂田”，结果却因田产权而“争踞迭讼”，从南宋高宗绍兴十年（1140）（三月）起至理宗淳祐二年（1242）止，近百年间，与当地另一座寺院报恩光孝寺以及官府都发生经济纠纷。

据《宋佛窟岩涂田记碑》记载，释宗辩奉敕来主佛窟山昌国禅院，因寺院藏粮不富，乃发起开垦寺院北面二十里近海之处高湖堰岸一片涂田，僧尼及各界信众多檀施以助，如碑刻捐施人及捐施数：“胡承璋并妻阮三娘钱一百千、牛一头；童居允并妻丁十二娘钱一百千、牛一头；柯宗海并妻董十八娘、孙可寿，舍庄基一片”等；其他还有不少以个人名义施舍的士女如：“姜廿八娘舍山一片；高容、王安上各舍田一亩；比丘用分二十千”等；经两年经营后新开垦涂田约522亩，但是这些田产被附近的报恩光孝寺僧所“争踞”而因此屡兴争讼。南宋理宗端平二年（1235），太守赵必愿为化解纠纷乃做主“以其半为学需”，即将其中一半涂田归为“学田”。淳祐二年（1242），新任太守赵与杰又将其余涂田也索性尽归为州学“学田”，多年争讼才因此平息。[①]

（2）案例二：杭州灵隐寺与皇家田产争讼案

南宋寺院拥有的田地受国家政策保护，当时历史条件下，尤其“五山”重刹发生争田之讼不会太多，但也不是绝对没有，灵隐寺名师痴绝道冲与阎贵妃争灵隐寺菜园田，最后由皇帝宋理宗介入，亲自出面解决，也是一件有名的公案。

阎妃想通过宋理宗征用灵隐寺的一片菜园地，为其父建功德院。当时灵隐寺的住持是名僧痴绝道冲，道冲对阎妃的意图表示反对，还引起了其他纠纷。道冲以退院（辞职）表示抗议，并且离寺出走。理宗特遣使挽留，道冲坚持不回，先去云游庐山，后前往径山居住。结果，宋理宗以古荡之田千亩以及圩田若干与灵隐寺作为交换，方才了结此事。《灵隐寺志》载：

> 痴绝道冲禅师：嘉定己卯（1219）由径山第一座出世嘉禾光孝。淳祐甲辰（1244），有旨移灵隐。后理宗取下菜园地，建阎妃功德寺，（道冲）即日退院，躬荷包笠，往游庐山。遣使留之不回，乃赐灵隐古荡千亩，圩

---

① （南宋）谢伋：《宋佛窟岩涂田记碑·宋台州临海县佛窟山昌国禅院新开涂田记》，（清）黄瑞：《台州金石录》卷五，江苏古籍出版社1998年影印《历代碑志丛书》第20册，页355上—358上。并见（民国）王舟瑶《台州府志》卷八七《金石考三》，台北：新文丰出版公司1979年影印《石刻史料新编》第三辑，页261下—262上。

田若干亩与易。[①]

痴绝道冲是名师，理宗本来敬仰，《寺志》载："南渡后，高、孝二宗翠华屡幸，理庙亲洒宸翰，增辉山水，当时号称禅窟，为五名山之第二山焉。"[②]"淳祐甲辰"即淳祐四年（1244）。理宗以皇帝之尊，最终对灵隐寺应拥有常住田产的制度作出了让步。

（3）案例三：泰山灵岩寺与当地豪强田产争讼案

金明昌七年（南宋宁宗庆元二年，1196），翰林学士党怀英撰文，"当山住持广琛"立石之《灵岩寺记》碑记载，建于北魏正光（520—525）初年的山东泰山灵岩寺，宋代开始兴盛，"土木丹绘之功，日增月葺，庄严为天下之冠；佛事□（盛）兴而居者益众，分而为院者凡卅有六"，寺有36个分院，规模不小。神宗熙宁六年（1073）禅宗云门宗僧人天元"始来唱道，自是禅学兴行，丛林改观"，从此执行丛林体制，包括相应经营制度。至南宋光宗绍熙（1190—1194）至宁宗庆元初（1195），临济宗僧人广琛住持期间，发生一场寺院与地方豪强间因田产收益而导致的剧烈冲突。

明昌三年（1192），当地提刑司"许民采伐"，致寺田山林被严重侵占，"师至之日，属山门魔起，规夺寺田，四垣之外，皆为魔境，大众不安其居，师为道猛□，卒以道力，摧伏群魔，山门之旧，一旦还复"。[③]

碑文对案情经过有所记载，虽细节语焉不详，但尚能了解大概。碑载，其间"琛公诉于部省，才得地之十一二"，即广琛通过与中央及地方政府部门的交涉，将被地方豪强侵夺的寺田山林要回一二成，但大部分仍被侵占。明昌五年（1194），广琛乃"走京师，诣登闻鼓，院陈词蒙，奏断用阜昌天德所给文字为准，尽付旧地"[④]。即直接上诉于朝廷，最后终于全部要回了原属寺院的田地山林等寺产。

这一桩因寺院田产经济利益引发的纠纷，因为发生在寺院与地方豪强之间，

① （清）孙治初辑、徐增重修：《武林灵隐寺志》卷三下《痴绝道冲禅师》，台北：明文书局1980年影印《中国佛寺史志汇刊》第一辑第23册，页179—180。

② （清）孙治初辑、徐增重修：《武林灵隐寺志》卷二《梵宇》，台北：明文书局1980年影印《中国佛寺史志汇刊》第一辑第23册，页79。

③ （金）党怀英：《十方灵岩寺记》，（清）王昶：《金石萃编》卷一五七，上海古籍出版社1995年影印《续修四库全书》第891册，页45上、下。"临际"即"临济"，是碑载因"避金主允济讳改"。

④ 同上书，页46下。

涉及剧烈的利益冲突，当时乃至“四垣之外，皆为魔境”，形势一度极为恶劣，而且因寺田几乎全部被夺而导致全寺僧众失去生活来源，“大众不安其居”。广琛不得不挺身而出，以出世精神，奋而做一场入世事业。

释广琛生平不详，但应是出身知识阶层或有上层社会家庭背景，此项寺田争夺案最后才得以寺院夺回原有田产山林的完胜告终。

（4）案例四：建康蒋山寺与地方缙绅土地争讼案

南宋五山名师石谿心月是一位典型的“雅士”，如时人刘震孙评其学问人品曰：“其要言精义，往往多与孟子合，所谓贫贱不能移，威武不能屈者，大慧有焉。”比之于大慧宗杲。但是石谿心月出任建康名寺蒋山寺住持期间，曾与地方缙绅因寺田经营发生过一场激烈争讼案。大致情况如次：

> 石谿之在蒋山也，有王氏子，实介甫苗裔，挟权贵势，规取山中地为墓田。石谿争之不得，则鸣鼓说偈而去之。以为是其先世以学术误天下者，而吾徇其请，独不为山灵笑乎？乃往趋东淛，遍游佳山水，将终老焉。自是名重一时，不惟搢绅诸公知之，圣天子亦知之。[①]

石谿心月乃当世大学者，精内外典，通释儒道，然而既“出世”为住持，即须入世通管俗务，乃至亲自出马打官司。

“介甫”即王安石（1021—1086），字介甫，封荆国公，宋神宗时宰相。王安石是抚州临川人（现山东省抚州市），北宋杰出政治家、文学家和改革家，唐宋八大家之一。庆历二年（1042）登杨镇榜进士第四名，先后任淮南判官、鄞县知县、舒州通判、常州知州、提点江东刑狱等地方官。英宗治平四年（1067）知江宁府，旋召为翰林学士，熙宁二年（1069）升任参知政事，熙宁三年（1070）起两任同中书门下平章事，推行新法。王安石因创新法、改革旧政而著称于世。熙宁九年（1076）罢相，封宁国公，又改封荆国公，故世称王荆公，后病死于江宁（今江苏南京市）钟山（即蒋山）。

石谿心月在蒋山时与王安石后裔因寺田利益发生争讼，对方“挟权贵势”，起心欲夺蒋山寺田产做家族墓地。虽整个过程细节不能详知，但从文中叙述语

① （南宋）释正彬等编：《石谿心月禅师语录》卷上，（南宋）刘震孙《序》，《卍新纂续藏经》册 71，页 22 中。刘震孙时任中奉大夫、宗正少卿兼国史院编修官等，是文撰于南宋景定元年（1260）七月。

气看，这场官司的过程肯定极为激烈。不过最后以心月胜诉告终，实使人对这位“雅士”刮目相看，心月也从此更加“名重一时”，“搢绅诸公”、“圣天子”皆知其声名，肃然起敬。《心月语录》中载有一偈，语气清新而又轻松：

> 山前行道上堂，山前田地谁为主？喜见灵苗战晚风，将谓年年求岁稔。由来岁岁愿年丰，且年丰岁稔，是同不同？向田头田尾行一遭，蓦然踏着也不定。①

寺田争讼案胜诉，又经营有成，心月雅士，喜见寺田丰收，亦情不自禁，常“向田头田尾行一遭”，似可见对入世事务积极负责之乐。

（5）案例五：饶州荐福寺与当地百姓田产争讼案

南宋绍兴末，江西饶州荐福寺一位住持因“寺傍旧多隙地，浸为人侵渔，僧自度力不能制，乃谓其徒曰：‘寺有主者，所以主张是寺也。坐视地为他人有而不能直，焉用主者为？吾甚愧矣，今当去矣。’……众愕眙，视之已逝矣”②。寺中有田地，常被人侵渔掠夺的是“隙地”，即产权界限不清的边际地。这样的官司，碰上最为麻烦。

这位住持，作为出家人，可能本来所图六根清净而已，但寺院必须经营，面对经济纠纷，作为寺院住持，这样的事务，本在职责范围之内，正是欲清静而不可得，对冲突却不能推其咎，但是又实在“自度力不能制”，无可奈何之下，最后活活气死。

三、经营的时代

佛曰：地狱不空，誓不成佛。佛教生存发展之价值，说到底非自身之生存发展，而在于以自身之生存发展为慈悲资粮，奉献为众生之生存发展，即普度众生。丛林僧尼众多，维持日常生活需要庞大开支，而法门赖以不堕，需仰经

---

① （南宋）释祖定等编：《石谿心月禅师语录》卷上《住建康府蒋山太平兴国禅寺语录》，《卍新纂续藏经》册71，页34上。

② （南宋）费衮：《梁溪漫志》卷六《江西长老》，《宋元笔记小说大观》第三册，上海古籍出版社2001年点校本，页3402。

营成效，这成为中国佛教发展的新阶段。寺院住持面对的现实问题不仅限于戒律整饬、思想整顿、弘法事务诸方面，还要处理社会交往、各界公关、财务预算、会计账簿之类经济经营。南宋寺院制度体系中体现的日趋显著的经营性主题表明，寺院生存模式与南北朝隋唐比较发生重大变局，出现了一些新鲜的时代元素，形成具有制度性的“营为”特征。

（一）南宋寺院生存模式

这个话题可能会有争议，笔者试提出作为南宋寺院生存性主题的经营性特征之三个外显性方面：一是常住僧尼数量剧增，二是寺院建筑趋于简朴，三是南宋寺院较普遍地拥有大量寺田，冀方家之教。

1. 修行道场：常住僧尼剧增

历代寺院常住人员除僧尼外还有童行、行者，以及从事各项日常杂务和田园耕作的人员，因各时代具体情况有所不同及寺院大小各异，常住僧尼的具体人数也大有不同。

《洛阳伽蓝记》记载北魏洛阳有些大寺中有数千人等，但其应包括奴婢等在内。后秦鸠摩罗什在长安西明寺主持译场时有3000余人，唐代玄奘主持的译场也有2000余人，但这是因译经之故，并且全国唯此一处，在当时或不具有普遍性。唐武宗会昌废佛时毁寺4600余，平均一座寺院有33人，这些都是大寺，小寺未计在内，但可推知人数不会多于此数。再如有学者据敦煌文献考证敦煌地方寺院常住僧尼数，认为较小者有38人，大者有62人。[①] 但似不能作为确数看待。

圆仁《入唐求法巡礼行记》载有唐中期后南北各地一些寺院的人数资料，如扬州开元寺有100僧，淄州醴泉寺有100僧，天台山国清寺有150僧（夏300僧），天台山禅林寺有40僧（夏70僧），五台山华严寺善住阁院有禅僧50余人，竹林寺40僧，登州赤山院30僧，山东庐山寺5僧，龙兴寺2僧。似乎一般情况下一个寺院少者30僧，最多及300僧或略多一些，最小的庵舍中只有二三人。不过这只是正规僧尼数目，如加上当时寺院中一般都有的沙弥、童行、

---

① 参〔日〕道端良秀：《唐代佛教寺院与经济问题》（李孝本中译），《现代佛教学术丛刊》第9册，台北：大乘文化基金会1980年，页57。

奴婢，则不止此数。各寺僧尼和童行、行者比例则不确定，如同样据圆仁记载，五台山大华严寺斋会时，“于食堂内：丈夫一列，女人一列……童子一列，沙弥一列，大僧一列，尼僧一列”[①]。“一列”多少人数不知，但是男女俗人及童子、沙弥及大僧（比丘）、尼僧（女尼）各占一列，可能差不多各1/6，除去俗人，常住僧尼与童行、沙弥则占1/4。玄奘在西明寺译经时寺中有童子150人，[②]如上述比例成立，则西明寺可能有常住僧人计：150×4=600（人）。不过这个数字只能作为参考。

唐代长安在玄奘大师主持下的大慈恩寺、西明寺、玉华寺等寺院当时主要是作为译经场所，作为修行道场的功能或居其次，庞大僧团聚集一处，主要是为了完成纳入国家行政管理体系、作为国有文化事业的译经任务。晚唐丛林兴起，因开展经济经营，有了自养能力，因此生存模式发生重大变化，即在一地共住修行的僧团人数骤增。

如道信主持东山法门，“于时山中五百余人，并诸州道俗”，即常住僧俗达到五百多人。[③]又五祖弘忍之时，东山法门更达到七百余僧。[④]又如慧能归宝林寺时有“缁白千余人”[⑤]。因丛林生存模式之自生机制，当时这些有代表性的僧团人数从500（人）→700（人）→1000（人），处于明显的递增态势。又如：

洪諲：“至（唐）咸通六年（865）上径山（寺）觐本师，明年无上大师迁神，众请諲嗣其法位。”洪諲住持杭州名寺径山时，“始唯百许僧，后盈千数。于时四众共居，肃然无过”[⑥]。

道膺：唐昭宗（889—904年在位）时住江西云居山寺，“所化之徒，寒暑相交，不下一千余众。牛头香树围绕者，皆是栴檀；金翅鸟王轩翔者，不齐尺鷃；四方馈供，千里风从，如荆南帅成汭，遣赍檀施，动盈巨万”[⑦]。

义存：住福州雪峰寺，“（义）存之行化四十余年，四方之僧，争趋法席者

① 〔日〕圆仁：《入唐求法巡礼行记》卷三，“开成五年七月二日”，上海古籍出版社1986年点校本，页129。

② （唐）释慧立、释彦琮：《大慈恩寺三藏法师传》卷一〇《起显庆三年正月随车驾自洛还西京至麟德元年二月玉华宫舍化》，《大正藏》册50，页275下

③ （唐）释道宣：《续高僧传》卷二〇《释道信》，《大正藏》册50，页606中。

④ （北宋）释道原：《景德传灯录》卷三《第三十二祖弘忍大师》，《大正藏》册51，页222下。

⑤ （北宋）释道原：《景德传灯录》卷五《第三十三祖慧能大师》，《大正藏》册51，页235下。

⑥ （北宋）释赞宁：《宋高僧传》卷一二《唐长沙石霜山庆诸传（洪諲附）》，《大正藏》册50，页781上。

⑦ （北宋）释赞宁：《宋高僧传》卷一二《唐洪州云居山道膺传》，《大正藏》册50，页781中。

不可胜算矣，冬夏不减一千五百”[①]。

当时杭州径山寺、江西居山寺、福州雪峰寺常住僧众都超过千人或者千五百人。

如仅从绝对数看，这些人数与鸠摩罗什僧团3000余人或玄奘大师僧团2000余人的庞大数字比较，似乎也并不引人注目，但是问题在于罗什僧团和玄奘僧团的所有常住日供，都是来自国家财政或帝王贵胄。再如与圆仁记载的各地寺院中所见僧尼人数比较，最多有三百余人，这些寺院，也都是主要依靠各界檀施生存。

然而，从道信、弘忍开始的东山法门以及此后出现的民间丛林，在一个地方共住修行的僧团人数近千或过千数，差不多与晋唐时代直接受国家财政支持的最大的罗什僧团或玄奘僧团（当时全国也仅此一家）规模相同，而丛林所有成员的几乎所有生活来源全部依靠自力更生、自供自养解决。

南宋丛林，一寺僧众过千是较普遍现象。如文献记载“五山”之一天童寺，建炎四年（1130）正月“宏智禅师正觉主天童，开拓众宇，聚众至千二百人”[②]。刘昌诗撰文记载明州天童、育王等寺常住僧众人数：“天童日饭千僧，育王亦不下七八百人。”[③]大慧宗杲住径山时，绍兴七年（1137）创千僧大阁以安众，座下弟子达二千余人。又如明万历三十二年（1604）周汝登撰文记载，广东南华寺自唐宋以来保持“栋宇千楹，山田千顷，僧徒千众”规模。[④]又如南宋郑思肖《十方禅刹僧堂记》中述南宋中后期江南禅寺僧尼人数：

> 向者径山、灵隐、天童、净慈、育王、中竺、雪窦、蒋山、道场、能仁、东林、仰山、黄龙、开先、百丈、双林、鼓山、大沩、石霜、西禅、保宁、疏山、金山、焦山、何山、夹山、福严、圆通、江心、大慈、华藏，名山百余，皆为法窟。大刹禅单近千数，小刹禅单亦不少。[⑤]

---

① （北宋）释赞宁：《宋高僧传》卷一二《唐福州雪峰广福院义存传》，《大正藏》册50，页782中。

② （南宋）释志磐：《佛祖统纪》卷四七《法运通塞志第十七之十四高宗》，“建炎四年（1130）正月”，《大正藏》册49，页424上。

③ （南宋）刘昌诗：《芦浦笔记》卷六《四明寺》，《唐宋史料笔记丛刊》，中华书局1986年点校本，页48。

④ （清）马远、释真朴重修：《康熙重修曹溪通志》卷首《旧志序三》[序（明）万历丁酉（二十五年，1597）寺志]，台北：明文书局1980年影印《中国佛寺史志汇刊》第二辑第4册，页15。

⑤ （南宋）郑思肖：《郑菊山清隽集·附所南诗文集》：《郑所南先生文集·十方禅刹僧堂记》，商务印书馆民国二十三年（1934）影印《四部丛刊续编》单刻本，页57右—左。

“禅单”即在禅寺中挂单的僧尼，较大的禅寺常住僧尼往往“近千数”，与其他文献所载数字比较，这个数字毫不夸张。类似情况，南宋文献多见。

2. 风格简朴：建筑不再奢华

南北朝建寺主体多为皇室贵胄，寺院建筑格局与整体伽蓝配置明显具有巨型、豪华特征，表象之一还在于多画有丰富多彩甚至奢华炫目的壁画。如《洛阳伽蓝记》记载永宁寺情况：

> 永宁寺，熙平元年（516）灵太后胡氏所立也。……中有九层浮图一所，架木为之，举高九十丈。有刹复高十丈，合去地一千尺，去京师百里已遥见之。初掘基至黄泉下，得金像三千躯，太后以为信法之征，是以营建过度也。刹上有金宝瓶，容二十五石宝瓶，下有承露金盘三十重，周匝皆垂金铎。复有铁锁四道，引刹向浮图，四角锁上亦有金铎，铎大小如一石瓮，子浮图有九级角，角皆悬金铎，合上下有一百二十铎。浮图有四面，面有三户六窗，户皆朱漆，扉上有五行金钉，合有五千四百枚。复有金环铺首布，殚土木之功，穷造形之巧。佛事精妙，不可思议，绣柱金铺，骇人心目。至于高风永夜，宝铎和鸣，铿锵之声，闻及十余里。浮图北有佛殿一所，形如太极殿，中有丈八金像一躯，中长金像十躯，绣珠像三躯，织成五躯，作功奇巧，冠于当世。
>
> 僧房楼观，一千余间，雕梁粉壁，青缫绮疏，难得而言。栝柏松椿，扶疏拂檐，丛竹香草，布护阶墀。是以常景碑云：“须弥宝殿，兜率净宫，莫尚于斯也。”外国所献经像，皆在此寺，寺院墙皆施短椽，以瓦覆之，若今宫墙也。
>
> 四面各开一门，南门楼三重通三道，去地二十丈，形制似今端门图，以云气画彩仙灵，绮□青锁，□赫丽华。拱门有四力士四狮子，饰以金银，加之珠玉，装严焕炳，世所未闻。①

永宁寺的“僧房楼观”有1000余间，建筑规模巨大。有一次不慎失火，“帝登凌云台望火，遣南阳王宝炬录尚书长孙稚将羽林一千救赴火所”，派遣羽

---

① （北魏）杨衒之：《洛阳伽蓝记》卷一《城内·永宁寺》，《大正藏》册51，页999下—1000上。

林军千人，尚无法将大火扑灭，只得任其焚烧，结果三个月还未烧光。这样的建筑规模与建筑风格简直诡谲，而奢华程度简直不可思议。

隋唐都市寺院仍多为国家或达官显贵创建，并且继续保持南北朝寺院的那种鸿篇巨构以及壁画盛行的风格。如唐中宗景龙三年（709）韦嗣立曰，凡创建佛寺，“大则费耗百十万，小则尚用三五万余”。《旧唐书》王缙传载：“缙弟兄奉佛，不茹荤血”，“晚年尤甚”，“舍财造寺无限极”，“施财立寺，穷极环丽”，叙五台山金阁寺建筑曰：“五台山有金阁寺，铸铜为瓦。涂金于上，照曜山谷，计钱巨亿万。”[①] 又《旧唐书》狄仁杰传载武则天朝仁杰谏建寺事宜，说到当时寺院建筑制度之豪华风气，曰：“今之伽蓝，制过宫阙，穷奢极壮，画缋尽工，宝珠殚于缀饰，瓌材竭于轮奂。”[②] 寺院建筑豪奢胜过宫阙。唐代从唐初太宗、高宗起，凡皇家创建寺院，均以奢华为风格，如《寺塔记》载贞观二十二年（648）唐太宗为玄奘大师建慈恩寺，规模“凡十余院，总一千八百九十七间”[③]。《慈恩传》载大慈恩寺建筑规模情况曰：

瞻星揆地，像天阙，仿给园，穷班、倕巧艺，尽衡、霍良木，文石梓桂、橡樟栟榈充其材，珠玉丹青、赭垩金翠备其饰。而重楼复殿，云阁洞房，凡十余院，总一千八百九十七间，床褥器物，备皆盈满。[④]

大慈恩寺有10多个属院，屋宇1897间，规模备极豪阔。又显庆三年（658），唐高宗“敕（玄奘）法师徙居西明寺”之际，朝廷对西明寺大规模整修扩建：

其年夏六月，营造功毕，其寺面三百五十步，周围数里，左右通衢，腹背廛落。青槐列其外，渌水亘其间，亹亹耽耽，都邑仁祠，此为最也。而廊殿楼台，飞惊接汉，金铺藻栋，眩日晖霞。凡有十院，屋四千余间。庄严之盛，虽梁之同泰、魏之永宁，所不能及也。[⑤]

---

① （后晋）刘昫等：《旧唐书》，中华书局1975年点校本，第10册，页3417、3418。

② （后晋）刘昫等：《旧唐书》，中华书局1975年点校本，第9册，页2893。

③ （唐）段成式：《寺塔记》，《大正藏》册51，页1024上。

④ （唐）释慧立、释彦琮：《大唐大慈恩寺三藏法师传》卷七《起（贞观）二十二年六月天皇制〈述圣记〉终永徽五年春二月法师答书》，《大正藏》册50，页258上。

⑤ （唐）释慧立、释彦琮：《大唐大慈恩寺三藏法师传》卷一〇《起显庆三年正月随车驾自洛还西京至麟德元年二月玉华宫舍化》，《大正藏》册50，页275中—下。

扩建后的西明寺规模更巨，有10个属院，屋宇4000余间，规模大大超过北魏永宁寺，简直不可思议。

唐代寺院墙壁上画有大量壁画是一种普遍情况。如慈恩寺，“珠玉丹青、赭垩金翠备其饰”，色彩绚丽、技艺高超、往往出于名家之手的大量壁画装饰，是显示寺院建筑豪华宏丽的一个重要特征。如《寺塔记》载，长安城中的长乐坊安国寺有“东禅院，亦曰木塔院，院门北西廊五壁，吴道玄弟子释思道画释梵八部，不施彩色”；常乐坊赵景公寺，“三阶院西廊下，范长寿画西方变及十六对事宝池”。[①] 崇圣坊资圣寺有“净土院，门外（有）相传吴生一夕秉烛醉画”[②]。北宋郭若虚撰《图画见闻志》曰：“蜀之寺观，尤多墙壁。”笔者初读不明其意，后悟即当时作画多在寺观墙壁，北宋《大圣慈寺画记》碑记载：“举天下言唐画者莫如成都之多，就成都较之，莫如大圣慈寺之盛。”[③] 成都大圣慈寺有96个属院，众多院墙上，保留下了唐代画满的壁画。

唐代绘制壁画之风盛行，佛门内外画家皆乐在寺院墙壁作画，如净土宗善导大师一生造“净土变相”300多壁，大圣慈寺则到宋代还保存有唐代壁画8500多壁，数量惊人。文献记载的如初唐阎立本在慈思寺画的功德、尉迟乙僧在光泽寺画的“降魔变”，千怪万状，号为奇踪，盛唐吴道子在长安、洛阳寺观中画壁画300多铺，又常与其弟子卢楞伽、李生藏、翟琰、王耐儿等合作，一般由吴道子落墨构图，其弟子敷彩着色补成。盛唐以后，周昉最负盛名，曾画章敬寺壁画，精妙绝伦。天宝末年，唐皇避乱长安，随去一批中原画家，又使蜀中寺院壁画大盛。

但是从乡野丛林发展起来的禅寺，情况不同，似乎一开始就根本不追求奢华的“雕梁画栋”，不以“珠玉金翠”为饰，江南重要禅刹似不存在由当时名家在墙壁上作画的迹象。从南北朝至隋唐时期曾普遍存在的寺院墙壁上大量的佛教绘画传统，似从南宋起，在丛林体制规约下的寺院中不复存在了。[④]

如南宋《精严禅寺记》碑载，淳熙四年（1177），秀州精严寺改制为十方禅寺，通过诸山公选，由“道学既高，世法亦熟”而年纪尚不满五十岁的景寿出任住持，此后寺院经营方面的成就引人瞩目，寺院并积极开展建筑建设，乃

---

① （唐）段成式：《寺塔记》，《大正藏》册51，页1023上。

② 同上书，页1024上。

③ （北宋）李之纯：《大圣慈寺画记》，龙显昭主编：《巴蜀佛教碑文集成》，巴蜀书社2004年版，页132。

④ 这种情况的出现与当时纸的使用普及化，纸张便宜，画画于纸上也有关，另论。

取前任住持一因“所用之余，计四千缗”，并（嘉兴知府）“韩使君（彦质）所施之财与大众之所施者，又为数千缗”，主持建造“秀王祠堂三间，戒坛一所，廊庑三十四间，法堂一十一间，僧堂六间，雨花堂五间，资寮行堂共一十三间”。[①] 这类记载中，从未见雕梁画栋以及满画壁画的描述。

南宋丛林的建筑规模相对而言只能说适中而已，而建筑风格则显然不再奢华，转变成一种朴素无华的风格。从一些文献记载中可见诸如南华寺“栋宇千楹”之类记载，但已绝对不是如北魏永宁寺那样大得不可思议，也绝对不同于唐代长安西明寺、大慈恩寺那般豪华宏阔。丛林制度下寺院体制发生的改变，反映在作为外化的物质文化形态的寺院建筑方面，不但表现为不再建造规模巨大的包容万象式的廊院结构，而且在于寺院建筑形式以及由此形成的道场空间形式总体上代之以简洁明快、更适合修行和弘法的简朴形式。

3. 经营主题：寺田规模扩张

上文述及贞观二十二年（648）唐太宗为玄奘建的大慈恩寺有 10 多个属院，屋宇 1897 间，高宗显庆三年（658）整修扩建后的西明寺规模更大，有 10 个属院，屋宇 4000 余间，大得不可思议。但这还不是最宏伟的巨型寺院。大历二年（767）鱼朝恩为章敬太后造章敬寺，规模达 48 个属院，屋宇 4130 余间；[②] 又唐玄宗于成都所立大圣慈寺规模更宏大，有 96 个属院，屋宇 8524 间。[③] 但是这些寺院拥有的田地数量不多，如成都大圣慈寺建成后，“上皇说（悦），御书‘大圣慈寺’额，赐田一千亩”[④]。寺院虽有田千亩，但与南宋寺院拥有的巨大的寺田山林数目比较只能算很少。

北宋都市中的官立寺院继续维持与唐代类似的巨型寺刹规模，如京城汴京

---

① （南宋）王希吕：《精严禅寺记》，见（元）单庆修、徐硕纂：《至元嘉禾志》卷一八《碑碣三》，中华书局 1990 年影印《宋元方志丛刊》第 5 册，页 4545 上下。

② （北宋）宋敏求：《长安志》卷一〇《城外》，上海古籍出版社据四库全书版 1993 年影印本，页 150 上。

③ （南宋）释志磐：《佛祖统纪》卷四〇《唐肃宗》，“至德元年”，《大正藏》册 49，页 376 上。同书卷五三《建寺造塔》，页 464 上。并见（南宋）范成大：《成都古寺名笔记》，龙显昭主编《巴蜀佛教碑文集成》，巴蜀书社 2004 年，页 192。

④ （南宋）释志磐：《佛祖统纪》卷四〇《唐肃宗》，“至德元年”，《大正藏》册 49，页 376 上。同书卷五三《建寺造塔》：“上皇（指唐玄宗）幸成都，沙门英干施粥救贫馁，愿国运再清。敕建大圣慈寺，九十六院，八千五百区。”页 464 上。

（今河南省开封市）大相国寺，元丰六年（1083）七月时有62院，[①] 东京另一名寺开宝寺有24院。[②] 地方大寺情况也似如此，如上文提到的兖州北宋嘉祐八年（1063）龙兴寺碑记载，龙兴寺有28个分院，规模也不小。南宋寺院规模大小或是见仁见智的问题，但是如进行纵向的历史比较，南宋寺院出现另一个引人瞩目的特征，即寺田规模急遽扩大，如“五山”大寺，更拥有数量广大的山林田庄。

寺院建筑占地面积缩小，而寺院总体规模并未缩小，具体就表现在与前朝相比寺院田产规模较普遍地得到了扩张。南宋丛林，无论地处都市之灵隐、净慈寺，或居乡野之天童、阿育王寺，虽皆巨刹，但绝不以巨型建筑规模为主要特征，引人瞩目的是非同小可的田产规模。如广东南华寺有“山田千顷”，“僧徒千众”。[③] “千顷”即十万亩。

本章第二节第二部分“丛林营为与经济基础”中在讨论杭州上天竺寺、“五山”田产与经营情况以及明州等地寺院拥有的田产情况时，已据文献记载的数据资料，谈过南宋寺院拥有广大田产的情况，如明州地区一些规模并不大的寺院也多拥有一二千亩田产。这里再略撷各地寺院田产的一些情况为例：

嘉兴地区：嘉兴天宁禅寺，初建于唐，北宋治平间重建，熙宁元年得赐额“寿圣院”，崇宁二年赐“天宁寺”额，南宋绍兴七年（1137）改额“广孝院”，“绍兴十三年（1143）改‘光孝禅院’，赐田二千亩”。[④]

秀州（即今浙江省嘉兴市）精严寺，淳熙四年（1177），因时任嘉兴知府的韩彦质“请于朝，愿以是寺改为十方，有旨从之”，改为十方制禅寺后寺产公开，寺院建筑及经济经营皆取得引人瞩目成就，田产四千余亩，计有：“为水田二千余亩，岁得米一千余石；为芦场二千余亩，岁得薪五万余束。”[⑤]

---

① （明）李濂：《汴京遗迹志》卷一〇《寺观》；参周宝珠：《宋代东京研究》第十六章《宗教信仰》，河南大学出版社1992年，页574。

② （南宋）江少虞：《宋朝事实类苑》卷四三《建寺》，（明）李濂：《汴京遗迹志》卷一〇《寺观》；参周宝珠：《宋代东京研究》第十六章《宗教信仰》，页575。

③ （清）马远、释真朴重修：《康熙重修曹溪通志》卷首《旧志序三》，台北：明文书局1980年影印《中国佛寺史志汇刊》第二辑第4册，页15。

④ （明）刘应珂修，沈尧中等纂：《嘉兴府志》卷四《寺观》，台北：成文出版社有限公司1983年据万历二十八年刊本影印《中国方志丛书》第505号第一册，页181—182。

⑤ （南宋）王希品：《精严禅寺记》，见（元）单庆修、徐硕纂：《至元嘉禾志》卷一八，中华书局1990年影印《宋元方志丛刊》第5册，页4545下。

明州地区：明州延庆寺："有田二千二百一十亩，山无。"[①] 延庆寺因地处市区，故无山地，但是拥有田产两千多亩，规模颇巨。

明州昌国县（今舟山地区）梅岑山观音宝陀寺：有常住田五百六十亩，山一千六百零七亩。[②]

杭州地区：杭州"崇恩演福禅寺"：咸淳五年（1269），"圣上御书六大字为匾，且赐平江田为亩五千，除其科役"[③]。这座寺在杭州市郊的"小麦岭积庆山"，这次得赐田五千亩是在平江（今江苏省苏州），此外在杭州本地很可能还有田产。

杭州旌德显庆寺，"理宗皇帝益买田以赐，凡三千亩有奇"[④]。这座寺并非大寺，亦非有什么特别之处的名寺，但同样拥有巨额田产三千亩。

笔者发现南宋寺院拥有田产数量之巨时，觉得惊讶，但是在进一步的文献检索中发现，这种情况当时相当普遍。如相对而言地处较偏僻之海岛的昌国州（今浙江省舟山市），据《大德昌国州图志》记载，（南）宋时当地二十余座寺院皆拥有数十至数百顷田、地、山产，即使规模较小的寺院亦如此，如：

吉祥寺，有"田四十五顷十四亩，地六顷一十六亩，山七十三顷四十二亩"[⑤]。

普慈寺，有"田三十六顷二十亩，地一十顷四十八亩，山六十五顷一十二亩"[⑥]。

兴善寺，位于昌国县"富都乡之溪口"，淳祐十年（1250）请得"'教忠兴善'为额"，寺地处僻壤，却同样拥有规模不小的田产，有："田八顷九十九亩，地九顷五十五亩，山一百二十八顷四十三亩。"[⑦]

---

① （南宋）罗濬等：《宝庆四明志》卷一一《延庆寺》，中华书局1990年影印《宋元方志丛刊》第5册，页5131上。

② （南宋）罗濬等：《宝庆四明志》卷二〇《梅岑山观音宝陀寺》，页23上，中华书局1990年影印《宋元方志丛刊》第5册，页5255上。并见《延佑四明志》卷一六。

③ （南宋）潜说友：《咸淳临安志》卷七八《崇恩演福禅寺》，中华书局1990年影印《宋元方志丛刊》第4册，页4070下。

④ （南宋）潜说友：《咸淳临安志》卷七八《旌德显庆寺》，中华书局1990年影印《宋元方志丛刊》第4册，页4071下。

⑤ （元）冯福京等：《大德昌国州图志》卷七《吉祥寺》，中华书局1990年影印《宋元方志丛刊》第6册，页6100下—6101上、6102上。

⑥ （元）冯福京等：《大德昌国州图志》卷七《普慈寺》，中华书局1990年影印《宋元方志丛刊》第6册，页6100上下。

⑦ （元）冯福京等：《大德昌国州图志》卷七《兴善寺》，中华书局1990年影印《宋元方志丛刊》第6册，页6102上下。

再如《宝庆四明志》记载的南宋宝庆年间明州昌国县23座禅寺拥有田产山地的情况，可与上文互相印证。如九峰山吉祥禅院，有常住田1566亩，山3779亩；普慈院，有常住田918亩，山3120亩；万寿院，有常住田960亩，山8660亩；保宁院，有常住田149亩，山1229亩等。[①]

南宋寺院拥有寺田数额颇大，而“五山”大寺临安径山、灵隐、净慈寺及明州天童、育王寺皆拥有规模巨大的田产，这种当时特有的现象更值得注意。《建炎以来朝野杂记》载：“今明州育王、临安径山等寺常住膏腴多至数万亩，其间又有特旨免支移科配者。”[②]类似记载在南宋、元、明历朝各类文献中多见。本章上文已据历史文献对南宋中期“五山”田庄进行统计，这里再概括如下：

径山寺：田26216亩，地276亩，山1998亩；

灵隐寺：田214525亩；

净慈寺：田7733亩；

天童寺：田13000亩，山18950亩；

育王寺：田3895亩，山12050亩。

此外如杭州上天竺寺有田产约2万亩，已见上述。将视野再放宽，可见当时全国各地寺院普遍存在类似田产经营现象，如洪迈《夷坚志》记载江西饶州安国寺：“饶州安国寺据庄园田地之入，资用饶洽，胜于他刹。”[③]可能江浙闽赣等地区寺院，差别不是太大。

顺便提一下，还有一个情况可能也值得引起注意。南宋不少寺院拥有的大量田产不仅限于本地，而且往往还在外地拥有大量田产。这个情况北宋已现端倪，如哲宗绍圣年间（1094—1097）杭州上天竺寺获得过一笔外地田产，是宰臣韩缜施予的“平江府浒墅庄田二十顷”，田产所在地是平江（今江苏省苏州）。[④]南宋时这种情况更多，而且拥有的外地田产数额也更巨，除上述外，又如《咸淳临安志》中也多见这类记载：临安小麦岭积庆山“崇恩演福禅寺”，原

---

① （南宋）罗濬等：《宝庆四明志》卷二〇《昌国县·寺院·禅寺十》，中华书局1990年影印《宋元方志丛刊》第5册，页5254上—5256下。

② （南宋）李心传：《建炎以来朝野杂记》卷一六《僧寺常住田》，徐规点校，中华书局2000年，页352。

③ （南宋）洪迈《夷坚志·支乙》卷三《安国寺僧》记载江西寺院情况：“饶州安国寺据庄园田地之入，资用饶洽，胜于他刹。”上海古籍出版社1995年影印《续修四库全书》第1265册，页454下。

④ （明）释广宾：《杭州上天竺讲寺志》卷一〇《施田》，台北：明文书局1980年影印《中国佛寺史志汇刊》第一辑第26册，页276。

是一座教院，咸淳四年（1268）奉旨改为禅院，“圣上御书六大字为匾，且赐平江田，为亩五千”[①]。杭州护国仁王禅寺，“宝祐六年（1258），拨赐平江官田三千亩”[②]。此外尚多，不赘述。

寺院在本地及外地往往拥有大量田产，可想象其经济势力范围以及寺院经营体制。南北朝迄隋唐，虽然寺院建筑动辄鸿篇巨制，规模宏伟，结构壮丽，但未出现过寺院普遍拥有广大田产的情况，即因当时寺院（僧团）生存主要经济基础来自帝王贵胄之檀施机制。

南宋寺院以上三特征若能成立，则足可表明寺院经营时代的到来。

（二）丛林营为之观念评价

南宋寺院普遍多开展形式多样的土地及工商业经营乃至金融经营，并以特有功能为社会提供宗教服务。这类服务一方面为社会大众所需，是社会生活中不可或缺的方面，另一方面只有寺院所提供的服务才被认可，否则会使人觉得不正宗或质量不够，物非所值，换句话说即具有绝对性、唯一性价值。

如作于元明时期的《缁门警训》作者认为，南宋佛教生态达到历史上的最好时期：“方今州县，净侍寔繁，每岁选人，必量经业，开场考试，合格精通，公榜星罗，奖平生之勤苦；纶恩露坠，许毕世以安闲。外被田衣，内怀戒宝，为法王子，作人天师。不事耕桑，端受信施，栖心物外，旅泊寰中，释子之荣，岂复过此。”僧人社会地位提高到“为法王子，作人天师”的程度，不由僧人自我珍惜，然而事实却令人遗憾，“近世出俗，多无正因，反求他营，不崇本业，唯图进纳，预滥法流”[③]。作者对于后世佛教界有些人不务正业，“反求他营”的做法，提出批评。

《古尊宿语录》载云峰悦禅师曰：“看却今之丛林，更是不得也。所在之处，或聚徒三百五百，浩浩地，只以饭食丰浓、寮舍稳便为旺化也，中间孜孜为道者无一人。设有十个五个，走上走下，半青半黄，会即总道我会，各各自谓握

① （南宋）潜说友：《咸淳临安志》卷七八《崇恩演福禅寺》，中华书局1990年影印《宋元方志丛刊》第4册，页4070下。

② （南宋）潜说友：《咸淳临安志》卷八〇《护国仁王禅寺》，中华书局1990年影印《宋元方志丛刊》第4册，页4098上下。

③ （元）释永中补，（明）释如卺续补：《缁门警训》卷七《释门登科记序》，《大正藏》册48，页1079上—中。

灵虵之宝，孰肯知非？洎乎挨拶鞭逼将来，直是万中无一。苦哉，苦哉！所谓'般若丛林岁岁凋，无明荒草年年长'；就中今时，后生才入众来，便自端然拱手，受他别人供养，到处菜不择一茎，柴不搬一束，十指不沾水，百事不干怀，虽则一朝快意，争奈三涂累身。岂不见教中道：'宁以热铁缠身，不受信心人衣；宁以洋铜灌口，不受信心人食。'上座若是去，直饶变大地作黄金，搅长河为酥酪，供养上座也未为分外。若也未是，至于滴水寸丝，便须披毛戴角、牵犁拽耙，偿他始得。……诸上座，光阴可惜，时不待人！"[①]

作者除了对"菜不择一茎，柴不搬一束"，"百事不干怀"，什么也不会做，实际上也就是不懂禅修者直叹"苦哉"，"不得（了）也"，还更进一步，对某些只求丰厚供养，却大事干不来，小事又不干之辈提出批评告诫：受人"滴水寸丝，便须披毛戴角、牵犁拽耙"偿还，即"今世不了道，披毛戴角还"（今世若不能对受到的供养报恩，下辈子要变成畜牲偿还宿债）之意。

由上可以看出当时法门龙象所曰"了道"，虽具体途径千万，了道过程各异，却不例外地皆认为不能白受供养，反对"菜不择一茎，柴不搬一束，十指不沾水，百事不干怀"的不负责任的做人、为僧态度，鼓励"披毛戴角、牵犁拽耙，偿他始得"的精神，提倡从日常小事做起，懂得"择菜搬水皆学问，牵犁拽耙即文章"的经营道理。

四、丛林营为制度内容与经营风格

与此相关，体现在寺院体制中，诸清规皆重视经营，并予以一个专有名词称丛林"营为"，这是佛教史、佛教寺院经济史上一个新出现的名词，也是南宋佛教制度文化之特有概念。

这些制度内容，外在地通过丛林体制之实际主持者即寺院住持的经营行为具体地得到体现，换句话说，那一个时代的"五山禅师"之文化人格，与其他时代相比，有一个特殊之点，即他们往往都是经营大师。

---

① （南宋）赜藏主编：《古尊宿语录》卷四一《云峰悦禅师初住翠岩语录·室中举古》，《卍新纂续藏经》册 68，页 269 上—中。

（一）诸清规所载之营为制度

诸清规皆强调丛林经营及相关财务管理问题，同时包含操作细节及方法，内容有所不同，然而对“营为”之重要性从无异议，品读之下，发人深思。下据《禅门规式》、《禅林备用清规》、《幻住庵清规》中有关营为制度内容展开一些讨论。

1.《禅门规式》之营为制度

《景德传灯录》载《百丈怀海禅师传》附《禅门规式》，曰：

> 斋粥随宜，二时均遍者，务于节俭，表法食双运也。行普请法，上下均力也。置十务谓之寮舍，每用首领一人，管多人营事，令各司其局也。（原注：主饭者，目为饭头，主菜者，目为菜头，他皆仿此）①

这段文字中有关丛林经济经营即营为（“营事”）的思想相当明确，其中至少包含三层营为制度内容：

一曰“斋粥随宜”，而必“务于节俭”，以表“法食双运”。勤俭者必谦恭，是中国文化历来强调的美德。东汉班固将道家思想总结成一种管理艺术，曰：“（道家）历记成败存亡、祸福古今之道，然后知秉要执本，清虚以自守，卑弱以自持，此君人南面之术也。合于尧之克攘，《易》之谦谦，一谦而四益，此其所长也。”唐代颜师古注“合于尧之克攘”句曰：“《虞书·尧典》称尧之德曰‘允恭克让’，言其信恭能让也。”又注“易之谦谦，一谦而四益”句曰：“四益，谓天道亏盈而益谦，地道变盈而流谦，鬼神害盈而福谦，人道恶盈而好谦也。此《谦卦·象词》。”② 周公旦告伯禽：“易有一道，大可以保天下，中可以保国家，下可以保性命。”此“一道”，即《易》“谦谦之道”也，皆是倡导谦恭勤俭之意。

二曰“行普请法，上下均力”，丛林所有成员，无论年龄少长、身份高下，都要每日参加生产劳动，此意深且远，不仅以此表达人人平等的大乘佛教精

① （北宋）释道原：《景德传灯录》卷六《禅门规式》，《大正藏》册51，页251上。
② （东汉）班固：《汉书》卷三〇《艺文志第十》，中华书局点校本1962年版，第6册，页1732。

神，也不仅表示对自食其力的赞美和提倡，更意味着中国佛教全新的生存平台的建立。

三曰“置十务谓之寮舍，每用首领一人，管多人营事，令各司其局也”。即体现管理绩效观念，“置十务谓之寮舍”，是设立制度，“每（个寮舍）用首领一人”，乃担当管理责任，以“管多人营事，令各司其局也”，即管理众人参与之寺院营为（经营）事务也。以此防止政出多门而职责不明，影响经营效益，故以专人负其责，责任到人。

2.《禅林备用清规》之营为制度

《禅林备用清规》作于元武宗至大四年（1311），作者泽山一咸时住持庐山名寺东林寺。其文述两序职责，特别说明副寺、典座、直岁、庄主等直接的经营性岗位职责：

副寺：“职小任重，众人命脉所系。米面当须细洁，粥饭贵得精丰，酱黄豆豉，合办及时，盐醋姜油，满足供众。缺乏预谋上首，克落常慎下流；无徇私情，勿图己计，推情保惜，如护眼睛。”然而若“粗饭薄粥、臭醋淡韭，非惟任责者之无知，实在住持之有过”。认为出现这种情况，应归咎于住持用人不当之失。

典座：职责包括“广种蔬菜，力除草秽，四时合种杂物，勤看老圃须知，园丁当以私惠优其寒暑，调和羹菜，五味须全。油酱椒料，常住有限，须出己囊，助办堂供。一人办心，诸天办供，多见所在”。此外，若有较重要事务典座应与其他职事人员商议以决定处理方案，俾使减少衍失，如寺中“若设大斋，食次与上首知事商议，过多、减除，皆不可也”。

直岁：“日生事务，无爽其时；护惜山林庇风水，牧养火佃，成褫常住。扫洒廊庑，疏决沟渠，措办柴薪，巡警火盗，灰记漏迹，待晴整捉。凡大修造，各有司存，勤苦向前，以尽厥职。古人一日不作，一日不食，思之。”

庄主：“提督农务，不可失时；检察田段，牧养客佃，顽暴者惩戒之，贫病者优补之，单丁者以时差役之。旱涝灾氛，课诵禳保，勿纵淫祀，恣害物命。诸佃重过，具申山门，暂到经过，温存食宿。毋尚刻剥，竭力运谋。使火佃有追思之心，常住有羡余之益，方为善美。”①

① 以上副寺、典座、直岁、庄主四条材料皆见（元）释一咸《禅林备用清规》卷七《汤·列项职员》，《卍新纂续藏经》册 10，页 648 上—中。

以上规定，都与具体的管理经营事务直接相关，从思虑之周详、用心之缜密以及语之谆谆、言之切切可以想见，清规作者本人对日常经营管理中所有琐碎事务，绝不掉以轻心。

3.《幻住庵清规》之营为制度

《幻住庵清规》作于元延祐四年（1317），作者中峰明本（1263—1323），时僧俗瞻礼，人称“江南古佛”，元仁宗曾赐金襕袈裟及“佛慈圆照广慧禅师”、“高峰佛日普明广济禅师”等号。明本撰《幻住庵清规》时住浙西道湖州路城北卞山幻住禅庵，既称禅庵，即规模较小。但所有丛林事务，同样无可缺者，于是因实际需要，制定这份针对小寺特色，与大丛林规矩有所不同的清规。作者述撰文意义曰：

> 其治田治圃之具，须坚淬其锋铓，实穿其柄杷，圆活其机栝，茂丰其畔岸，举无败事，岁有成绩矣。冥资道力，远助胜因，乃发真归源之大本也，其可忽诸。
>
> 且作务既周，营为必备。谓营为者，遇暑伏，则合酱、造醋、做豉、收椒花、晒瓜茄、糟藏卤闲等，须求醯酿作用之法，最良者取而效之，庶无损坏而亦美众口也。凡缸、缶、器、仗所用之物，须时时护惜收贮，勿令秽污。兹亦岁计之不可免者。[①]

明本极为强调“营为”对修道之意义，文中排列“日资”、“月进”、“年规”等项目，分别详列一年各时节之“营为”要务及所有“营为”规章，然后叙年终算账的“岁计”事务，曰：

> 田畴乃一岁之计也，蔬圃亦一岁之计也，治生之理其可罔诸。古人有栽田博饭与开田说大义及插锹叉手之风，又灌溪与巩禅师俱作园头，遗风盛扇道韵充。然法久弊生，上下偷安之习既盛，尸位素餐，犹兴嗟怨。焉知镬头边有立地成佛之旨哉。
>
> 以故，庵居营务，远效古人，既有口腹之急，敢求形体之安，作则同

① （元）释明本：《幻住庵清规·年规·岁计》，《卍新纂续藏经》册 63，页 574 上。

其劳，息则同其逸。虽不能扶犁荷锸，亦须当奉饷供汤。要知其作之为我也，故百丈有一日不作一日不食之戒，岂徒然哉。[①]

明本曰，即使“寻常粥饭”，也不得不“委曲安排”，“亦须日日留心，时时整顿，方便易改，转俭为丰。内不致金谷之侵滥，外不见冰雪之相看，全在用心，宛成胜行，或不如此，何以成住众责哉（或住作任）”[②]。明本不厌其烦，寺中大小事务，诸如“屋壁”、“漏雨”、“粪秽”、“浴室”、“缸壶桶杓”、“灶镬柴薪”乃至“灶下风烛、照夜之灯、御寒之火”、“糊窗拭器，扫地装香，划草夹篱”，皆一一予以规矩，俾得方圆：

屋壁欲久为风雨之蔽，而不致旁穿上漏之乖，须平时损则补之，虚则实之，穴则塞之，坠则支之，勿使失时而至坏陋。

后架乃粪秽之聚，其称为东净西净者，其净在人不在境也。诸方立净头之职，巾以揩拭，水以洗涤，帚以扫荡，灯以照明，虽秽而常净也。今庵居既无持净之士，凡执事之者，皆可留心，常时管带，凡后架种种器具，使无缺乏可也。

浴室乃大众宣明妙触之方，洗尘涤垢，孰能免之。其缸壶桶杓灶镬柴薪，常加检看，去水沟渠，勿令壅塞，开明香洁，以悦众心。当有抛下筹子，拈起杓头者颖悟，赵州东司头不是说佛法处之神机脱略，古灵为本师揩背之妙用，以报无功用行，岂小补哉。

庵前之路径，常使廓通；庵内之房寮，常令整密；灶下之风烛，常加谨护；佛前之供具，常用精严。毋昏照夜之灯，勿佚御寒之火；糊窗拭器，扫地装香，划草夹篱，搬柴运水，既不妨于道用，亦有助于行门。习成本色住庵人，乃见古风犹不坠者也。[③]

《幻住庵清规》根据小寺庵管理需要，特别指出，古来大德为丛林生活井然有序，特设制度，“设东西两序，谓量才补职，丛林具有典章”。然而物有因循，需因地制宜，“今庵居宜从简略，不可多设名分，以乱道情”。如宾客迎送等事

① （元）释明本：《幻住庵清规·年规·岁计》，《卍新纂续藏经》册63，页574上。
② （元）释明本：《幻住庵清规·斋馔》，《卍新纂续藏经》册63，页580中。
③ （元）释明本：《幻住庵清规·修葺治叠》，《卍新纂续藏经》册63，页580下。

项较为简单，就不必如大丛林那样设维那、知客等职，可由副庵代行。还规定，“或庵主首座，从其宜便，皆可互用也。或施主有佛事见命，庵主首座互推其能以当之，但不失其化仪。便是庄严法社，或大众思念法化、怀香致请，庵主首座亦当互应，但据自己之见闻，勉顺方来之恳祷，随宜开导，平实商量”。又如“饭头”，“惟设一人，乃当其名耳”，实际工作中，俾各尽所能。不过庵虽小而事务俱全，有时“百务具兴，岂只手之能应”，这种情况下，所有“行堂清众”，应“各奋诚心，如运水、搬柴、提瓶、挈钵等，惟虑作者□□之无当，但恐身之不先。尽其所能，皆是互用之方便”①。

根据这样的务实性管理理念和经营目标，明本《幻住庵清规》中列出针对规模较小的庵居的制度体系，寺职体例主要如下：

庵主：“夫为庵主者，即丛林所以长老也，譬如屋之有梁，船之有柁，权之有衡也。凡庵门一切取舍营为，必先谋之于心，或不能自决，须旁询历事老成之者，事无大小，一主于公。”明本强调，处理所有事务，须“一以护善遮恶之道宽厚处之”。庵主，一般寺院称住持，因为小庵，故称庵主。

首座：“首座之称，居一众之首也”，“十方之仪范所钟，一众之道业所系，凡打板坐参、放禅行道，种种动静，靡不关心。惟恐道缘未辨，法化不周，众有怠堕者当策之以精勤，犯众者当制之宽厚”。明本根据较小的庵居之具体情况特别指出：“庵居法令，又非大丛林所比，凡礼貌供需，厨堂受用，或丰或俭，一切折中。常以火种刀耕，形影相吊为怀，自然不落今时，道用在其中矣。”首座，即寺庵事务管理执行者，如现代之 CEO 也。

副庵：即庵主副手，职责是：“副其主者，犹身之有臂也，谓副者辅也。乃辅佐其正，不使偏邪之也。凡庵主失于思虑，罔于行持，当随宜举觉，密迩商量，使公道日开，正因日著”，具体职责也有明确规定：“或庵主他出，事或临己，凡假手以为之，须酌量主者之情，宛转酬应。不可专于己见，不顺主情，甚非佐辅之良也。然久副不已，主柄将归，为副既不夺其主情。非但上和下睦，他日必有忍俊不禁者继踵而善辅之，是谓形直影端。”并指出这个职务的意义还在于：“由是观之，非副其主，乃所以副自己也。置身于名分之下者，可不尔思。”②

知库：“古丛林无副寺之名，惟称库头，掌一切支收出内，即知库之职也。

① （元）释明本：《幻住庵清规·互用》，《卍新纂续藏经》册 63，页 583 中。
② （元）释明本：《幻住庵清规》之《庵主》、《首座》、《副庵》，《卍新纂续藏经》册 63，页 582 下。

凡库司、金谷、庵门资具，物无大小，悉书于簿。”具体职责为：“凡供众物，如米、麦、油、面、酱、醋、茶、盐等，须时时检举，念念贮藏，防护虫侵，勿令蒸坏。及财帛与所用什物，皆随时收拾，勿令弃置。使一时付之容易，万事以之废忘。”对此职务之重要性，则特别进行论证，可谓苦口婆心：“古诸尊宿，其播美名、成胜行，如用大碗宝生姜。神照法师之流，假道于此，即成佛作祖之阶梯也。当称量计算之顷，诚及第心空之捷径，若曰尘劳拘绊，知其非正因之士也。思之思之。”①知库，即大寺之副寺，是寺院经营及财务主管。

饭头：“粥饭乃一众命脉所系，不可不留心于其间。故丛林自典座而下至应接，无虑数十人，皆职司五味供给、二时之至，公之道也。今庵居但设一饭头总柄其事，凡任此责者，须拳拳以大众心食之重，观察时分之早晚，酌量食指之寡多，检看米谷之精粗，分别水浆之清浊，樽节菜蔬之多少，顾虑柴薪之有无，乃至收藏洗涤等，勿令秽污，毋致馊淹。弗及则食观不充，过多则遗弃何益。使生熟之得所，令咸淡之合宜。一朝不动众人心，万古积成身后福。然出家以利他为行，今此职务，庄严保社，安慰众心，助转食轮，远资法化，诚利他之极致者也。”并谆谆告诫曰：“前辈如雪峰、大随、沩山诸老，自此而高登祖位，盛播遗风，岂猥屑之谓哉。有力于道者宜审之。”②

中峰明本曰：“鱼相忘于江湖，人相忘于道术。斯入世之道，尚能易使而相忘，矧佛祖出世之道，混彼此齐自他，交彻融摄而无间然者也。心存乎道，不待礼而自中，不俟法而自正矣，又何丛林规矩云哉？”但是现实要求丛林应有清规，因为“人心之不轨道久矣”，即使只是一座小庵，虽“不敢效丛林礼法，而日用又不可破规裂矩”，也需“自成一家之规”，而后人或“以是编为疣赘，则我何敢辞焉”。③清净佛门，何以清规中要不厌其烦写进大量似乎极俗的日常生活琐细内容？明本曰，宁被后人误解，认为是“疣赘”，还是必须写入，“我何敢辞焉”！拳拳之心，后来者其察之。

（二）制度即烦恼，烦恼即菩提

“五山禅师”不仅是宗教家、文化人，同时往往是经营大师。这是那一个时

① （元）释明本：《幻住庵清规·知库》，《卍新纂续藏经》册63，页583上。
② （元）释明本：《幻住庵清规·饭头》，《卍新纂续藏经》册63，页583上—中。
③ （元）释明本：《幻住庵清规·序》，《卍新纂续藏经》册63，页571中。

代的特色，也是关注南宋佛教制度命题时要注意到的一个环节。这些问题都直接牵涉相当具体和现实的领域，非完全可以文本方式记述，但是从诸清规文本及其他文献中仍然可见一斑。

1. 制度即烦恼：清规对经营管理之关注

与历代其他所有佛教文献相比，宋元清规中有一个特别之处即始终对寺院经营问题予以特殊关注，不惜重笔浓墨，予以强调。

如一咸《禅林备用清规》载“监收之职”条规，提及因经营所需，“监收”一职，乃“众人命脉，贵在择人”，因此提出：“当请公心大小耆旧，无任小师乡人，苟用非其人，不识因果，隐瞒常住，苛取佃甲，无所不至，非特岁计不足，抑且累及山门。”并举例证曰：

> 晦堂见黄龙有不豫之色，因逆问之。龙曰：“监收未得人。”晦堂荐感副寺，龙曰：“感暴，恐小人谋。”晦堂又曰：“化侍者廉谨，如何？”龙曰：“化虽廉谨，不若秀庄主，有量而忠。”灵源问晦堂曰：“黄龙请一监收，何过虑如此？”晦堂曰：“有国有家者，未尝不本此，岂特黄龙为然，先圣多诫之。”①

一咸此例引自南宋净善《禅林宝训》，文字比原文简略。② 故事中提到三人，“黄龙”即一代大师黄龙慧南（1002—1069），“晦堂”即晦堂祖心（1025—1100），是慧南门下嗣法首徒，“灵源”即灵源惟清（？—1117），是祖心门下，属黄龙派第三代弟子，曾住持数寺，也是名师。祖孙三代大师曾为了丛林管理中的一件“小事”：选择一名合适的人担任“监收”而举棋不定，踌躇再三。最后如晦堂解释：“有国有家者，未尝不本此，岂特黄龙为然。”正是自身经验之谈，个中甘苦，非亲身经历者不能知。

与清规文风相关，实际上此一历史时期中诞生的禅典亦多载寺院经营内容，

---

① （元）释一咸：《禅林备用清规》卷六《诸庄监收》，《卍新纂续藏经》册 63，页 644 中。

② （南宋）释净善：《禅林宝训》卷一：“晦堂一日见黄龙有不豫之色，因逆问之。黄龙曰：‘监收未得人。’晦堂遂荐感副寺。黄龙曰：‘感尚暴，恐为小人所谋。’晦堂曰：‘化侍者稍廉谨。’黄龙谓化虽廉谨，不若秀庄主，有量而忠。灵源尝问晦堂：‘黄龙用一监收，何过虑如此？’晦堂曰：‘有国有家者，未尝不本此！岂特黄龙为然，先圣亦曾戒之。’”《大正藏》册 48，页 1020 中。

也是其他历史时代之佛教文献中所无者。

如《禅林宝训》中记载灵源惟清常与人讨论住持职责与管理方式问题，其中如惟清与佛眼清远的讨论：

> 灵源清和尚住舒州（今安徽省怀宁市）太平（寺），每见佛眼临众周密，不甚失事，因问其要。佛眼曰："用事宁失于宽勿失于急，宁失于略勿失于详；急则不可救，详则无所容，当持之于中道，待之以含缓，庶几为临众行事之法也。"①

清远以"宽、急、详、略"四字，来解说"临众行事之法"，应是自身管理经验之谈。

再如上面提到的一咸引文，是灵源向其师晦堂讨教同一主题，师生二人对话。当年黄龙慧南拟选人担任黄龙寺"监收"之职，晦堂先后推荐副寺感禅师、侍者化禅师，黄龙皆不满意，权衡再三，最后才选定由"秀庄主"出任。监收本非要职，但黄龙慎重如此，是因当家不易。晦堂曰："有国有家者"皆须如此，否则家业败起来会很快。《禅林宝训》又载晦堂之论曰："住持之要，当取其远大者，略其近小者。……故曰：谋在多，断在独，谋之在多，可以观利害之极致，断之在我，可以定丛林之是非也。"② 亦其经验之谈。

黄龙派一脉兴盛与注重丛林事务传统不无关系。黄龙慧南曾引《易经》之《乾》、《坤》、《否》、《泰》、《损》、《益》诸卦之理论住持心要，曰：

> 佛言人情者为世之福田，盖理道所由生也。故时之否泰，事之损益，必因人情。情有通塞，则否泰生，事有厚薄，则损益至。惟圣人能通天下之情，故易之，别卦乾下坤上，则曰《泰》，乾上坤下，则曰《否》，其取象，损上益下，则曰《益》，损下益上，则曰《损》。夫乾为天，坤为地，天在下而地在上，位固乖矣。而返谓之泰者，上下交故也。主在上而宾处下，义固顺矣，而返谓之否者，上下不交故也。是以天地不交，庶物不育，人情不交，万事不和。损益之义，亦由是矣。夫在人上者，能约己以裕下，

①（南宋）释净善：《禅林宝训》卷二，《大正藏》册48，页1023上。

②（南宋）释净善：《禅林宝训》卷一，《大正藏》册48，页1020上。

下必悦而奉上矣，岂不谓之益乎？在上者蔑下而肆诸己，下必怨而叛上矣，岂不谓之损乎？故上下交则泰，不交则否。自损者人益，自益者人损。情之得失，岂容易乎？先圣尝喻人为舟，情为水，水能载舟，亦能覆舟，水顺舟浮，违则没矣。故住持得人情则兴，失人情则废，全得而全兴，全失而全废。故同善则福多，同恶则祸甚。善恶同类，端如贯珠，兴废象行，明若观日，斯历代之元龟也。①

黄龙慧南所说表面上看是一番寺院管理的大道理，亦今天之所谓“中国传统管理文化”，实际上是经验之谈，述自己经营与管理之苦心孤诣。

历代禅籍中记载了不少这方面的言论，如《禅林宝训》载黄龙曰：“夫人语默举措，自谓上不欺天，外不欺人，内不欺心，诚可谓之得矣；然犹戒谨乎独居隐微之间，果无纤毫所欺，斯可谓之得矣。”这种高尚风格、道德境界，现实中岂人人能得？故同书亦载：“黄龙谓荆公曰：‘凡操心所为之事，常要面前路径开阔，使一切人行得，始是大人用心；若也险隘不通，不独使他人不能行，兼自家亦无措足之地矣。’”②

如此才能包容万象，海纳百川，如《道德经》曰：“上善若水，水善利万物而不争，处众人所恶，故几于道矣。”（第八章）又曰：“江海所以能为百谷王者，以其善下之。是以圣人欲上人，必以言下之；欲先人，必以身后之。是以圣人处上而人不重，处前而人不害，是以天下乐推而不厌。以其不争，故天下莫能与之争。”（第六十六章）如大慧宗杲所说：“不聋不哑，不做大家公。”③

亦如上述泽山一咸《禅林备用清规》之所言，一个寺院之日常管理，即使“米面粥饭”、“酱黄豆豉”、“盐醋姜油”、“臭醋淡韭”之类琐碎杂务，皆涉及丛林正常生存暨弘法大事，皆应“预谋常慎”，“无徇私情，勿图己计”，“推情保惜，如护眼睛”。

2. 烦恼即菩提：大师与经营管理之实施

那个特殊的时代，那些在禅宗史上和文化史上贡献卓著的大师往往皆是经

① （南宋）释净善：《禅林宝训》卷一《黄龙曰》，《大正藏》册48，页1020下—1021上。

② （南宋）释净善：《禅林宝训》卷一《黄龙谓荆公曰》，《大正藏》册48，页1021上。

③ （明）宋奎光：《径山志》卷一《佛曰大慧禅师》，台北：明文书局1980年影印《中国佛寺史志汇刊》第一辑第31册，页134。

营大师。清规中皆有针对丛林经营的一般制度化操作规章与具体程序，但是在实际经营中因为物情万变，一般规则总还要化为具体方式去实施，如兵法原则，在于兵形似水，因形而形，不能拘于一格。下就南宋名师无准师范、石田法熏、北磵居简三例做一些简要讨论。

（1）案例一：无准师范之经营手段

无准师范出任径山住持后，没想到六七年中径山连续两次遭受大火，几乎将径山事业全部毁于一旦。但是师范处变不惊，大力主持恢复建设，得到海内外檀施源源，事发后没多久，径山不但恢复旧观，而且比原先更见气势，在此基础上，师范以大精进愿力更开展寺院经营。南宋粲无文撰《径山无准禅师行状》，文中述无准师范之非凡经营才华的内容不少，如记师范主持寺田争讼、购置寺田、创办接待院、种植松杉事迹等，曰：

> 洞霄介临安，在衲子登山者必枉道过之，县市丛脞，食息无所。旧有保锦废寺，师葺新之，买田具爨，至者如归。绍兴（1131—1162）初，立国钱塘，北马骈集，至无所容。以浙西濒湖，草泽为牧，荡马政废，许有力者围而为田，赋税加民田三之一。端平（1234—1236）更化，廷臣言事者以围田多隐冑，复行经界，京师豪贵家举不免。寺之广陵一庄，悉指为围，师诣阙敷奏，有旨特免。径山虽在万山间，而樵薪不给炊爨，旧募民入山樵采，辍其半以酬力役，四山濯濯，实由于此。师置田千亩，立局收掌，取直庸工，贷山林斧斤之厄，且植松种杉数百万，补其形胜。①

这段文字内容相当丰富。“洞霄”即南宋时期最重要的道教宫观洞霄宫，位于临安附近大涤山，百姓从临安城内去洞霄宫，来回途中往往绕道过径山，但是因“食息无所”，颇为不便。途中有一座废圮已久的保锦寺，师范主持修葺一新，“买田具爨”，即购置寺田，用寺田收成供应饮食，以利大众。

文中还提到师范主持寺院经营的具体情况和管理操作经过，尤其是一些制度性操作层面的内容更有意思。如曰：“师置田千亩，立局收掌，取直庸工”，其中的“立局收掌”，即在寺院中设立专业管理部门，对于这项田产经营进行管理，“取直庸工”，即根据田产收成给予具体经营操作者以相应报酬，作为激励

---

① （南宋）粲无文：《径山无准禅师行状》，《无准和尚奏对语录》附，《卍新纂续藏经》册70，页278下。

机制，类似于现代经济管理中之所谓"绩效管理"也。

粲无文《行状》中还提到师范在寺院经营中的一个相当特殊的案例，即根据实际需要，在体制范围内采用变通手段，争取管理绩效：

> 去寺四十里，筑室数百楹，接待云水，堂殿楼观，凡丛林所宜有者悉备……市良田九千亩，奏其徒以甲乙主之。[①]

师范根据当时寺院弘法和发展体制，在距离径山寺40里的地方主持创建一座云水接待院，"筑室数百楹"，即有房屋数百间，与径山寺规模相等，"堂殿楼观，凡丛林所宜有者悉备"，相当可观，并"市良田九千亩"以为经济经营基础。总体上看，这是径山弘法事业中的相当重要的一块内容，若经营有成，自然径山寺的生存发展锦上添花，但是规模如此巨大的事业，万一经营不当，后果肯定也极其严重。

但是这些寺院的田地产业经营，与寺院的弘法经营有所不同，径山寺是绝对的十方体制，而对于这些田产经营，师范却采取一个特殊管理步骤，即奏明朝廷，采取甲乙承续体制实施管理（"奏其徒以甲乙主之"）。这样的一种制度化管理措施，诸丛林清规中也从未见，完全是师范自已根据径山寺弘法经营发展的需要而采取的一种创造性措施，俾使"责、权、利"三项经营要素完全落实到个人，以此从根本上消除可能出现的为谋取私利而导致败坏寺院弘法事业的可能性。

师范这些高明的经营手段，细忖之实，令人叹为观止。这个记载仅见于师范之同时代人粲无文最早记载师范行履事迹的《无准行状》中，此后历世师范传记文字中皆不再见，或撰文者已不太理解此为何意，皆未予注意。

（2）案例二：石田法熏之经营风格

五山禅僧之社会声望和政治地位，非仅环境使然，更因其中国特色文化条件下独具之人格魅力显现。南宋宁宗时名师石田法熏，由"庙堂精选择"敕差住持蒋山寺，理宗宝庆元年（1225）又敕任杭州净慈寺，再于端平二年（1235）奉旨迁住灵隐寺："俄出世苏之高峰……劳苦戢缩，以身率之，未三年为改观。次迁枫桥，众绳绳然。有辈行高德，高原泉、无准范、即庵觉、石豁月，五六

① （南宋）粲无文：《径山无准禅师行状》，《无准和尚奏对语录》附，《卍新纂续藏经》册70，页278下。

人相伴而住，提持擎展，厥响益宏。钟山虚席，庙堂精选择，乃以师补处，宝庆元（年，1225），有旨迁南山净慈。端平二（年，1235），复有旨迁北山灵隐，两山居各十年。”物初大观曾在净慈寺法熏门下就学，评其师曰：

师握麈为人，则机不容凑泊，兴事莅众，则明不容欺蔽。五迁望刹，阅三十有二年，其策励衲子，面目严冷，斥其外求，激其自到。当时或不怿而去，久而后，知其真实相为也。垂示机语，当时或不乐为传称，及示寂后，惟恐其尽见也。故江湖谓师死后道行，亦其兴造实诣，有弗容磨灭而然耶。

撙节而足用，审量而计功，虽有大兴建，一毫不以干人。见它处持疏，鹭候人门，呫嗫纵臾以希施予者，直鄙而笑之。而土木金碧，在处成就，南北两山殆遍焉。北山又增寘溧隔，上腴二千余亩，皆它人所难。而师出于游戏，至词章骈俪，丛林所需者，虽不从事乎此，或有所为，操笔立就，敷腴调畅，非凡浅者所能到也。

末叶雕零，人物眇然，长于此或短于彼。若师者，可谓兼之矣。①

名师石田法熏平时对人“面目严冷”，甚至有些学生还因受不了其过于严格的要求而离去，但是时间长了终能体会师尊良苦用心。同时，石田之为人，不仅文采焕然，“词章骈俪”，也“撙节而足用，审量而计功”，于寺院经营管理等入世俗务，亦能精明打算，精明的程度甚至令人认为过于琐屑鄙俗，“直鄙而笑之”。然而正是从这些“它人所难”之处，法熏能够取得“土木金碧，在处成就，南北两山殆遍焉”之非凡成就，物初大观评曰：“非浅者所能到也”，认为这不是那些肤浅者所能领会的。谓其32年间“五迁望刹”，诚因其特具之非凡人格也，而其中当然也包含了法熏特殊的经营风格。

（3）案例三：北磵居简之经营才华

北磵居简之行履、人格及所有传世作品中诗风、文风，可说完全符合中国历代一切关于“纯文人”的标准。但是在那个特殊的时代，即使如居简这位文化才子，也是一位经营大师。

---

① （南宋）物初大观：《行状》，（南宋）释了觉、释师坦编：《石田法薰禅师语录》卷四附，《卍新纂续藏经》册70，页355上—356上。

谈北硐居简的“经营”才华，将这位大雅士与半斤八两之菜市、柴米油盐之计较联系，按照传统观念看，简直显得滑稽。但是居简曾出世任多所寺院住持，“起应霅之铁佛、西余，常之显庆、碧云，苏之慧日，湖之道场，奉旨迁净慈。所至道化大行”[①]。从出世住湖州铁佛寺、西余寺始，历住常州之显庆寺、碧云寺，苏州之慧日寺，湖州之道场寺，再奉旨迁任“五山”之净慈寺，晚年退居后寄住杭州灵隐飞来峰。居简任多所重要寺院住持时，在寺院管理和经营方面都相当成功。

北硐居简曾撰《自赞》评价自我，曰：“字不识，禅不会，数米量柴，料水打碓，不是末后全提，亦非现前三昧。待众生成佛尽，众生界空，任从沧海变，终不为君通。”[②]说自己字不识，禅不会，却只会做一些“数米量柴”、“料水打碓”的粗事，但是表示自己愿意做这些事情，直至“众生成佛尽”，否则“任从沧海变，终不为君通”，意思就是决不动摇。虽是诙谐语言，却表明其特有人格。

居简这样一位大雅士，因为出世做住持，也就难免要做那些“数米量柴，料水打碓”之经营事务。但并非被迫去做，而是出于责任感主动地去做。上文曾谈到，居简不再担任净慈寺住持后又被众人推举，邀为灵隐等寺之住持，居简皆推年老不能胜任，或因其文人品性，内心要求回归平淡而已。

（三）修道在人间，成佛在人间

中峰明本著《东语西话》论丛林与“法道所寄，材器所出”之关系曰：

> 世称丛林者，盖取喻于草木也，法道之所寄，材器之所从出焉。然草木培植则丰，沾濡则荣，霜雪则雕，斧斤则败。丛林以无上大道为培植，以慈悲喜舍为沾濡，以偷安利养为霜雪，以贪欲瞋恚为斧斤。主丛林者不谙其培植之道，沾濡之理，则草木病矣，况偷安利养之霜雪，贪欲瞋恚之斧斤，时时斫伐而殄获之，故其草木区萌芽蘖犹不暇，而欲望丛林之盛，材器之萃，难矣哉！[③]

---

① （明）释文琇：《增集续传灯录》卷一《杭州净慈北硐居简禅师》，《卍新纂续藏经》册83，页268中。

② （南宋）释居简：《自赞》，（南宋）释大观编：《北硐居简禅师语录》，《卍新纂续藏经》册69，页679下。

③ 见〔日〕无著道忠：《禅林象器笺一》卷一《区界类·五山》引，《佛光大藏经·禅藏·杂集部》，高雄：佛光出版社1994年版，页5。

丛林生存，必须经营，即如“草木培植”也似，价值固然在于“无上大道”，方式当在时时处处，“慈悲喜舍”，然而不得不知，既要去除“贪欲瞋恚”，也不能耽于“偷安利养”。

佛陀精神，本来是修道在人间，成佛在人间，应和社会脉搏同跳动，与时代命运共呼吸。相对于“清净无为”，与众生同命运、敢担当，面对烦恼会更多，困难也更大。但正因此走向阿罗汉境界，如《维摩诘经》曰：

> 譬如高原陆地，不生莲华；卑湿淤泥，乃生此华。……烦恼泥中，乃有众生起佛法耳。又如殖种于空，终不得生；粪壤之地，乃能滋茂。……一切烦恼，为如来种。①

丛林既开展营为，即有大量俗务要处理，有事务处理，就需要制度，所有缘，皆烦恼。

是谓制度即烦恼，烦恼即菩提。

---

① （姚秦）鸠摩罗什译：《维摩诘所说经》卷二《佛道品第八》，《大正藏》册 14，页 549 中。

第十章 长生库与金融经营

金融经营是“丛林营为”或寺院经济经营的重要组成内容之一。中国佛教的寺院经济活动从不仅限于农业生产经营，从有寺院经济活动之始就同时开展金融经营，应是认识佛教制度和研究寺院经济的一个重要观察点。寺院金融经营不但源远流长，而且对社会经济产生过显著影响，如早在南北朝时期在寺院经济领域中开创出来的典当业，在隋唐时走出佛寺独家经营的圈子，成为社会经济系统中一个普遍性领域，并由此还传播到亚洲其他一些国家和地区。宋代，寺院经济领域中包括典当业在内的金融活动即长生库经营持续发展，南宋时更成为寺院经营的主要内容之一，这至少表现在两个方面：一是不但位于中心城市的大寺，而且地处偏僻村野的小院小庵同样积极开展经营；二是寺院长生库等金融经营方式和经营资本金等不但与社会通行法规、各地民间习惯性做法同步，而且还出现寺院经营中特有的与宗教服务内涵相关的多种经营模式。

中外学者对中国佛教寺院长生库的有关命题很早就有所研究并奉献过出色的研究成果，本人从中得益良多。[①] 本章主题则仅围绕南宋佛寺长生库的经营情况展开一些讨论。

---

① 据杨联陞先生说日本学者宫崎道三郎（1855—1926）很早就对中日两国早期典当业作研究，认为典当业起源于佛教，日本僧侣在镰仓时或更早前从中国引进了典当业；宫崎讲座“质屋の话”讲于1899年（日本明治三十二年，清光绪二十五年），次年出版后收入《宫崎先生法制史论集》（中田薰加编），东京1929年版，页11—44；见《佛教寺庙与中国历史上的四种募钱制度》，《中国制度史研究》（彭刚等译），江苏人民出版社2007年版，页160。笔者撰写本主题时参考的文献主要还有：〔日〕日野开三郎：《宋代长生库的发达》，《东洋史学论集》卷七，东京：三一书房1983年版；〔日〕道端良秀：《支那佛教寺院の金融事业と无尽について》，《大谷学报》，14（1），1933年；刘秋根：《试论宋元寺院高利贷——以长生库资本为中心》，《宋史研究论丛》（第二辑），河北大学出版社1993年版；刘秋根：《试论宋元寺院金融事业》，《世界宗教研究》1992年第3期等。

一、南宋寺院长生库经营之制度渊源

历代寺院中从事的长生库金融经营名称较多，如“无尽藏”、“无尽财”、“长生钱”或“质库”、“解库”等，“无尽”之意即希望如长流水源源不绝，无穷无尽。无著道忠《禅林象器笺》曰：“无尽财者，以金财假货逐利焉，本生息，息复为本，故云无尽。”又曰：“无尽财名长生钱。”并引《释氏要览》曰：“寺院长生钱，律云无尽财，盖子母展转无尽故”；引《两京记》曰：“寺中有无尽藏”；引《则天经序》曰：“将二亲之所蓄，用两京之旧邸，莫不总结招提之宇，咸充无尽之藏。”引《十诵律》曰：“以佛塔物出息，佛听之。”引《僧祇律》曰：“供养佛华多，听转卖买香油，犹多者，转卖入佛无尽财中。”道忠并论曰：“详诸律，三宝皆有无尽财。”① 概而言之，历代寺院中开展的长生库经营被认为是一种既合法又合律的行为。

寺院开展这类经营因特有的宗教背景而被社会公众认为比较可靠，发生背信弃义行为的可能性较小，这也是何以在寺院经济中最早出现金融经营的原因之一。

（一）寺院经营背景：从无尽藏到长生库

长生库经营作为一种金融经营需要资本金，历代寺院长生库经营的资本金来源不一，概括而言，有皇室贵胄及民间檀施、民间寄存或合股资本及寺院农田庄园、工商业经营收入等。长生库的经营方式，主要是通过信用借贷、抵押借贷及各种实物借贷如谷物、耕牛等借贷、租赁盈利。

唐代开始，无尽藏走出原由佛寺独家经营的金融业务圈子，进入到社会经济系统。② 然而也正因为这样而使佛寺自身的无尽藏经营在与社会经济系统的互动中更加得到发展，宋元时寺院中经营无尽藏成为相当普遍的现象，如《敕修百丈清规》卷首载元元统三年（1335）元顺帝敕修本书之旨，提到丛林制度下的寺院经营项目时有“寺家水土、园林、人口、头匹、碾磨、店铺、解典库、

① 〔日〕无著道忠：《禅林象器笺》卷二〇《钱财类·无尽财》，《佛光大藏经·禅藏·杂集部》，高雄：佛光出版社1994年版，页1600—1601。

② 〔日〕道端良秀：《唐代佛教寺院与经济问题》，李孝本译，《现代佛教学术丛刊》第9册，台湾：大乘文化基金会1980年版，页53—105。

浴堂、竹园、山场、河泊、船只等"的字眼，并强调敕修清规宗旨之一即加强对寺院这些项目经营的管理。[①]其中"解典库"即长生库经营，可知在丛林经营中长生库是普遍存在的经营项目。

金融经营的模式、经营的具体过程以及经营效益，都涉及敏感的利率问题。历代寺院长生库经营利率与所处时代社会通行的高利贷利率相类，如南宋法定高利贷利率是月息四厘（4%）、年息五分（50%）（下文详论），寺院金融经营中差不多也是按照这个比率。但是这类比率历代差别颇大，这是认识寺院金融经营活动之制度背景、历史过程和实际模式时首先要面对的问题。

（二）制度文化背景：南宋金融经营观念

检诸宋元时期清规内容，似乎并没有具体说到长生库经营管理的问题，但又似可理解为所有清规涉及的丛林经营制度皆与金融经营相关。同时因为长生库经营已成为整个社会金融事业的重要组成部分，寺院的长生库或无尽藏经营也就自然影响到社会生活的一些重要方面。

南宋商品经济发达，市场商品贸易中交易量巨大，由此带动金融经营也相应繁荣，行业中甚至还出现雇用专人组成贷款网络、坐收其利的做法，如叶世昌先生认为："南宋铁钱流通地区广（四川以及江北宋境都是铁钱流通区），纸币种类多，金银的货币性又有加强，因此民间的货币兑换业比北宋更发展。"[②]因为南宋时金融经营已成为社会经济生活中的一个重要方面，所以从事金融经营业务的商家店家也就很多。如据《梦粱录》记载，临安城中极多"金银盐钞引交易铺"，如"自融和坊北至市南坊，谓之'珠子市'，如遇买卖，动以万数。又有府第富豪之家质库，城内外不下数十处，收解以千万计"。临安作为当时世界性大都市，不但金融经营规模巨大，开展金融经营的方式也极具特色，《梦粱录》中对此描述说：

> （店铺门脸）前列金银器皿及见（现）钱，谓之"看垛钱"，此钱备准榷货务算清盐钞引，并诸作分打钑炉鞴，纷纭无数。[③]

---

① （元）释德辉：《敕修百丈清规》卷首《元统三年七月十八日圣旨》，《大正藏》册48，页1110b。

② 叶世昌：《南宋的货币兑换业（史海钩沉）》，《国际金融报》2002年4月15日。

③ （南宋）吴自牧：《梦粱录》卷一三《铺席》，上海古籍出版社1993年影印本《都城纪胜（外八种）》，页106上。

临安城中金融业务经营的独特方式是：各家从事金融经营的店铺都在自己的店铺门脸前，当街将“金银器皿及现钱”摆列出来示人，以向顾客证明自家所具有的经营实力。这种做法表面看来违反生意场上“财不露白”的传统习俗，实际上却正是反映了金融经营行业的特殊性之一在于资金借贷信用必须与资金实力联系在一起。上述数条记载也较清晰地反映了当时金融机构普遍存在的其他一些历史现象，如临安城中“府第富豪之家质库，城内外不下数十处，收解以千万计”。“质库”即从事金融借贷业务的机构，性质类似后来的“钱庄”之类，作用则类似现代的银行。

交引铺的性质以及经营业务、经营方式则与金银彩帛交易铺关联，而且也只有在京城中才能开展这项金融经营业务。

如《东京梦华录》载，开封城中“南通一巷，谓之界身，并是金银彩帛交易之所。屋宇雄壮，门面广阔，望之森然，每一交易，动即千万，骇人闻见”[①]。界身巷在当时的开封城中大概相当于今日美国纽约之“华尔街”，是全国金融业集中之地，很可能也是当时全球最大的金融街。戴裔煊先生指出：“所谓‘金银彩帛交易之所’，盖即交引铺，验以‘每一交易，动即千万’之语，及其门面壮阔之情形，使人毫无疑义认为非交引铺无此种情形。”[②] 这是北宋京城开封的情况。

从《梦粱录》记载的南宋京城临安的情况看，其金融经营活动似有过之而无不及，如：“杭州大街，自和宁门杈子外，一直至朝天门外清和坊，南至南瓦子北，谓之‘界北’；中瓦子前谓之‘五花儿中心’；自五间楼北至官巷南街，两行多是金银盐钞引交易铺……市西坊南和剂惠民药局，局前沈家、张家金银交引铺，刘家、吕家、陈家彩帛铺。”[③] 可知临安城中各条商业大街上，多有金银交引铺间杂于其他各类店铺之间，数量相当之多，但是金融经营布局似与北宋京城中金融商家较集中于一条街道有所不同，这种情况的出现，应与南宋城市商贸经济进一步兴盛和金融经营活动更加发达有关。

---

① （南宋）孟元老：《东京梦华录》卷二《东角楼街巷》，台湾商务印书馆1984年影印《景印文渊阁本四库全书》第589册，页133下。

② 戴裔煊：《宋代钞盐制度研究》，中华书局1981年版，页149。

③ （南宋）吴自牧：《梦粱录》卷一三《铺席》，上海古籍出版社1993年影印本《都城纪胜（外八种）》，页105下—106上。仲尧按：文中“界北”、“五花儿中心”、“五间楼北至官巷南街”、“清和坊”、“市南坊”、“市西坊”以及“南瓦子”、“中瓦子”等地现在仍是杭州市区繁华的商业中心街区，也仍是各家银行集中之地。

有关南宋京城临安金银交引铺兴盛的这类记载，史籍中颇多见。如上述两条引文中可注意，作者记载北宋京城中的金融行业，称为“金银彩帛交易之所”，记载南宋京城中的则明确指出是“金银盐钞引交易铺”。“交引铺”是宋代特有的从事有价证券买卖的金融机构，只能由京师坐贾设立，但是需经榷货务批准，因为要进行的是“交引”交易，所以必须具有特定的官方背景。“交引”，是商人或边地居民在边塞交纳粮草后取得的政府凭证，以此为据，可到京师向榷货务领取一定量的现钱或茶、盐等实物。有些持有交引的人为谋取更高利润（当然有时也为了更加方便），也愿意将其出卖，于是买卖交引的店铺即“交引铺”就应运而生。实际上，在一些重要州府中也有进行交引买卖的，但是买入者最后还是要将其带到京师，由“交引铺”作保向政府部门领取相应价值的钱、物，或转售给交引铺，所以最后实现利润的“交引铺”只能开在京城。

“交引铺”的利润来自保费和交引买卖的差价，所以“交引铺”或称“金银盐钞引交易铺”，金银买卖同茶盐钞引（取茶盐凭证，即交引）的买卖结合在一起。金银铺是打造、买卖金银器饰的店铺，买进金银时付出钱币或纸币，卖出金银时收入钱币或纸币，即进行货币兑换，也可存款待取。交引经营买卖则成为金银彩帛铺的重要业务。金银彩帛铺同时也是交引铺，姜锡东先生认为：“交引铺交引买卖资本之登上历史舞台，确切地说，不是一个产生问题，而是一个转化问题。就是说，它是由其他商业资本或高利贷资本以专营或兼营的方式转化而来。综合各种材料看，它主要是由金银铺、彩帛铺、停塌、质铺等转化而来。”① 交引是一种有价证券，经营交引业务必须有雄厚财力。雄厚的资金实力，是从事这一行必须具备的信用前提。金银铺、彩帛铺、质铺这些行当，由于从事的经营业务关系，需要一些特定的入行条件：一是具备雄厚的资金，这样才有能力收购交引或为之做担保；二是与商界及官方关系密切，这样才能方便交引交易；第三条与上述两条相关，是必须具备优良信用（社会信誉），这样才可能在这一行立足。具备这三条的个人和机构才有能力和条件开展交引业务。

南宋时因商品经济发展以及相应的金融经营观念更新，在社会舆论和人们的普遍观念中形成浓厚的金融经营的文化氛围，认为钱能生钱，应该让钱生钱，

---

① 姜锡东：《宋代商业信用研究》，河北教育出版社1993年版，页167。

这种金融观念深入人心。甚至如袁采《袁氏世范》那样的教人以治家处世的伦理之道、内容以仁厚敦谨著称而受历代推崇的书中，也强烈地具有这种倾向，如《袁氏世范》曰：

> 人有兄弟子侄同居，而私财独厚，虑有分析之患者，则置金银之属而深藏之，此为大愚。若以百千金银计之，用以买产，岁收必十千。十余年后，所谓百千者，我已取之，其分与者皆其息也，况百千又有息焉！用以典质营运，三年而其息一倍，则所谓百千者吾已取之，其分与者皆其息也，况又二年再倍，不知其多少，何为而藏之箧笥，不假此收息以利众也！余见世人有将私财假于众，使之营家久而止取其本者，其家富厚，均及兄弟子侄，绵绵不绝，此善处心之报也。……凡百君子，幸详鉴此，止须存心。①

袁采认为，若将金银钱财藏起来，不使用这些钱去从事“典质营运”即投资金融经营，“此为大愚”。这种观念，反映出南宋时代鲜明的一种经营文化特色。

袁采说，有人与兄弟子侄共同生活，因自已私财独多，怕将来被均分，就买金银之类收藏，这种做法太愚蠢。他告诫说，钱财应用来购置产业，投资经营，如从事金融经营，典质放贷，十年所得，可至百千之利，而这百千之利还可继续用于投资放贷，如此利生利、利滚利，如滚雪球一般，最后“不知其多少”，其利不可胜数。更何况，借贷经营中将钱借出去给予需要者，是有利于人，以此“利众”，真是何乐而不为！故从事经营，利己利人，行善积德，“绵绵不绝”，最后“其家富厚”，正是“善处心之报也”。袁采书中反映的这种思想，在当时应是一种流行观念，今天看来，仍具有先进性，作为社会舆论，则是对南宋信贷经营发达的社会存在的真实、生动反映。

寺院长生库作为典当业的起源以及金融经营业的重要经济领域，则在继承传统的基础上继续与时俱进地发展。南宋寺院长生库金融经营开展的普遍性，与当时这种社会背景、文化氛围息息相关。

---

① （南宋）袁采：《袁氏世范》卷上《睦亲》，台湾商务印书馆1984年影印《景印文渊阁本四库全书》第698册，页603上、下。

二、南宋寺院长生库经营机制及经营利率

南朝或隋唐时寺院无尽藏经营一般叫“质库”或“解库”，如吴曾《能改斋漫录》曰：“江北人谓以物质钱为解库，江南人谓为质库，然自南朝已如此。”① 当时是否已有“长生库”之称并不能定论。但是南宋时称长生库则可确定，如陆游《老学庵笔记》曰：“今僧寺辄作库质钱取利，谓之‘长生库’。”② 其他南宋文献中也多见使用“长生库”或“长生局”等用语，如楼钥《育王山妙智禅师塔铭》、《嘉兴资圣禅寺长生修造局碑》等。③

（一）长生库经营成为寺院立足基础之一

按照中国佛教寺院历来的做法，社会各界信众对僧团或寺院以及僧尼个人檀施之建寺、舍田、造佛像、造佛塔、铸铜钟、铸造铁鼎等钱物，或对僧团、寺院举办的法会提供财力支持，或为寺院长生库提供经营资金等，都要一一镌刻在碑文、宝塔或钟鼎上，无论是施舍一大笔钱如一千贯或数千贯，或只是施舍一些小钱如几百文或只有二三十文甚至数文，寺院都应不论多少，一视同仁，公平处理，无论施主身份高低、施舍钱数多少，都应将大小檀越姓名、居住地以及捐施钱财数目毫无差错地镌刻在石碑上，以示功德无量，俾流布后世，令施主得以积聚福田。无论是高官显贵还是普通百姓，因为曾捐施给佛以及佛寺财物，他们的姓名被平等地镌刻在石碑文字中留传后世，对于施主而言，心理上会觉得是一种慈悲的体现，因而得到莫大慰藉。当然实际执行中有时难免由于种种因素打一些折扣，但是历代寺院总是本着秉持佛法的心愿而尽力地如此去做。

佛门广大，情无高下，纵然所捐财物不多，只要已经尽力，任何一个人，就都可以问心无愧地觉得有权利面向诸佛菩萨，表达出内心的期望，甚至提出

① （南宋）吴曾：《能改斋漫录》卷一《物质钱为解库》，江苏广陵古籍刻印社 1983 年影印《笔记小说大观》第 8 册，页 170 上。

② （南宋）陆游：《老学庵笔记》卷六，上海古籍出版社 2001 年点校本《宋元笔记小说大观》第 4 册，页 3503。

③ （南宋）楼钥：《攻媿集》卷一一〇《育王山妙智禅师塔铭》，台湾商务印书馆 1984 年影印《景印文渊阁本四库全书》第 1153 册，页 677 下—679 上；又（清）阮元编：《两浙金石志》卷一五《嘉兴资圣禅寺长生修造局碑》，上海古籍出版社 1995 年影印《续修四库全书》第 911 册，页 176 上、下。

某些要求，如祈求生者得到各种庇护，福寿绵延，希望子孙福昌吉祥，或者为死去的亲人洗涤他们生前的各种罪孽，期盼他们死后的灵魂能够得到救赎，不会堕入阿鼻地狱遭受无尽的痛苦。黄敏枝教授说寺院的长生库经营首先要有资本金注入，当时一般士庶家庭对寺院各种物质供养的范围很广，如包括田地、山林、现钱、寺院日常所需各种供品、用品如刺绣、幡帜，举办法会所需的各种饮食等，长生库经营的资金主要也来源于此。①

南宋寺院建设和弘法发展中，长生库经营成为寺院立足基础之一，也成为寺院经济的重要生长点，文献记载中多见寺院开展长生库经营，这是与以往历代所不同的情况。以下是两个南宋寺院依靠长生库经营生存、立足和弘法发展的典型案例：

一是《橘洲文集》中记载南宋明州宝云禅寺长生库经营的一则案例：

> 住持莹公，坐席未温，首敛巿盂，以估于众，得钱一十万，内外道俗又得钱十万；太师魏国史公捐国太夫人簪珥以施之，合为利益长生库，以备岁时土木、钟鼓无穷之需。后五年，建大讲堂，半取其赢，以助工役，实其志也。②

《橘洲文集》作者释宝昙（1129—1197），俗姓许，龙游（今四川省乐山市）人，少习五经章句经论，出蜀到浙，在径山、育王寺等从学于大慧宗杲，又从东林卍庵、蒋山应庵学，出世住四明仗锡山、蜀地无为寺，受到太师史越忠定王（史浩，1106—1194）深敬，“筑橘洲使居焉”，宝昙因自号“橘洲”。

“住持莹公”指释晓莹，此案记载晓莹住持明州宝云寺时主持创建寺中长生库金融经营。宝云寺长生库资本金由三个来源构成：一是由晓莹自筹的十万钱，二是内外道俗捐赠的十万钱，三是由“太师魏国史公”即史浩捐助的一笔钱（具体数目不详）。晓莹在寺中创建的长生库经营目标就是备“土木、钟鼓无穷之需”，土木之需指寺院修建费用，钟鼓之需即日常弘法活动所需，这些活动皆属寺院日常事务，但是可能需要庞大的开支，解决这些问题都是丛林体制下

---

① 参黄敏枝：《宋元佛教寺院的长生库与金融业》，刊于《转变与定型：宋代社会文化史学术研讨会论文集》，台北：台湾大学历史系2000年版，页275—324。

② （南宋）释宝昙：《橘洲文集》卷五《宝云院长生库记》，上海古籍出版社1995年影印《续修四库全书》第1318册，页98上下。

住持职责分内之事。结果，在晓莹主持下，宝云寺长生库的无尽藏经营取得相当大的成功，五年之后，寺院中创建一座大讲堂，其中一半资金就是来自无尽藏经营的盈利。

二是徐闻诗撰于南宋宝祐三年（1255）的《本觉禅院记》记载的嘉兴本觉禅院长生库经营案例。

位于杭嘉湖平原的本觉禅院只是一座较小的寺院，原先因“禀入素薄，岁上熟，犹不足以给众”，如嘉熙庚子（四年，1240），因逢“旱魃为虐”（大旱灾之年份），“自是擅粥弗给，缁徒星散”，导致“丛林规矩，荡不复存”。当时寺院几乎已无法继续维持，眼看就要崩溃，面临关门大吉的下场。淳祐十一年（1251），因地方政府延请，“宗远迁住兹山”，地方政府做主将有一定声望又比较擅长于寺院经营的宗远禅师请来本寺做住持，从此局面开始改观。此后在宗远主持下，寺院因缘聚赀，还开始对寺院建筑进行重修重建，大得成效：“葺重门、步廊、法堂、方丈，为屋宇八十楹”，规模扩展到有屋宇 80 间之多，很快发展成为一座中等规模的寺院。“又明年，鼎新长生库庐，捐衣钵所有以营子本之入”，开始经营长生库并因此而促进寺院持续性建设和弘法发展。[①] 阅其文意，可以肯定其间长生库经营成功，在获得经济效益的同时也赢得了社会声誉，成为寺院发展阶段中具有关键作用的转折点。与上例类似，表明长生库经营成为这些寺院立足和生存的经济基础。

（二）案例分析：韶州南华寺、湖州报国寺二寺

长生库经营能给寺院带来经济收入，同时也为社会提供了具有唯一性的宗教服务，经济效益则是在提供这些服务的前提下获得的经营性回报。南宋寺院长生库经营因为开展得比较普遍而留下了不少较全面系统地记载有关情况的文献资料，本节继续以更具有典型意义的两个个案为基础，展开案例分析。

1. 案例一：韶州南华寺之长生库经营

南宋理宗宝庆元年（1225）立石的《长生库碑记》记载的嘉定七年（1214）

---

① （南宋）徐闻诗：《本觉禅院记》，（南宋）常棠撰，（元）单庆修、徐硕纂：《至元嘉禾志》卷二二《碑碣七》，中华书局 1990 年影印《宋元方志丛刊》第 5 册，页 4581 下—4582 上。仲尧按：原文为“宝祐己卯”，应为“宝祐乙卯”即理宗宝祐三年（1255）。

前后广东韶州南华寺长生库经营情况，以笔者之孤陋寡闻认为此碑可能是有关南宋寺院长生库经营信息量最丰富的历史文献之一。[①] 下以此个案为例展开一些讨论。

南华寺即著名的六祖寺，南宋五山制度体系中列为三十五甲刹之一。南华寺创建于南朝梁天监三年（504），初名宝林寺，唐仪凤二年（677）禅宗六祖慧能住持曹溪，成为著名禅宗祖庭，唐赐名“中兴寺”、“洪泉寺”，宋初赐名“南华禅寺”，沿用至今。

从碑文记载内容可知，施者施入寺院的钱财根据本人意愿是要施入长生库，通过长生库经营放贷，这样在保证本金不会减少的前提下，使用产生的利息作为对寺院及各项弘法事业的供养资金。既可保本，又能实现宗教愿望，这样的一种机制，对于寺院吸收社会各界供养，或社会各界对寺院事业的支持，都非常有利。南华寺长生库由住持释闲云创建于南宋宝庆元年（1225），[②] 侯安石《长生库碑记》中记载长生库经营内容曰：

> 处子文三九娘，幼无父母，与女兄三八娘、妹四十娘、弟文通，檀栾共居，营造生理，相守五六十年，始终以不适人为愿，亦不以出家为是；岁时攒积，自常膳衣服之外，一无妄构，由此家道稍完。
>
> 一日姊妹相谓曰：“我与若小孤，父母之德未报。今幸有余，欲以囊橐所有作良缘，聊伸追远之义，并以修我姐妹兄弟来生之福道，不亦美乎？”咸诚心乐从，于是舍钱二百贯足，入南华（寺）长生库；内一百贯足，以追修姊三八娘七七水陆讫，尚有一百贯足，系三九娘七七水陆斋钱，存本运息，每岁七月二十四日为母成氏，小伸追远斋供，俟三九娘终日，即支此项钱，照（三）八娘例修斋供。又舍钱一百二十贯足，三九娘、四十娘预修水陆之费。又舍钱一百贯文，运息存本，每岁九月十九日与姊三八娘讳日斋供之费。又舍钱一百贯文，存本运息，每岁四月初一日为三九娘生朝斋供，异日却作讳辰之费。又舍钱一百贯文，运息存本，每岁正月十七日为妹孺人四十娘追修之费。又舍钱六十贯足，崇建追修之费。又舍钱

---

① （南宋）侯安石：《长生库碑记》，见（清）马远、释真朴重修：《康熙重修曹溪通志》卷三《碑记》，台北：明文书局1980年影印《中国佛寺史志汇刊》第二辑第4册，页319—324。

② （清）马远、释真朴重修：《康熙重修曹溪通志》卷一《建制规模·长生库》，台北：明文书局1980年影印《中国佛寺史志汇刊》第二辑第4册，页111。

二十贯足，创建生祠堂内龛台供器。又舍钱二十贯足，存本运息，为生祠并佛祖灯油之费。

以上舍财，嘉定七年（1214）岁在甲戌秋，管应尝砻石以纪其先后之数，予弟安信为之记，今碑犹存。既而其姊三八娘与弟文通，又相继湆没，独三九娘在，痛念无以资其姐及弟冥途之福，乃发诚心，再施黄金七两，命工镕镂金一枚入寺，永充佛祖供具。又舍钱四十五贯足，预为三九娘异时殁，请适大祥三会水陆之费。又舍钱三十贯足入寺，添修寝室工食之费，以资妹冥途生界。

计在前所施八项，当钱六百三十贯文足，在后所施金相等三项，见（现）钱共计二百二十五贯文足；通计前后一十一项，所施几千缗足。……求文三九娘，乃予表姑也，一日贻书其前后所施，俾予重为之记。[①]

碑文内容涉及南宋佛教及相关社会、经济、民俗、妇女等诸多方面，主要是南宋后期岭南地区士大夫家庭妇女由于某种原因不愿出嫁，根据自己心愿将资产施舍给佛寺的有关情况。

文氏一家，包括文三八娘、三九娘、四十娘姐妹三人，皆善经营，并有一定经济实力，但三姐妹既不嫁人也不出家，与弟弟文通一起捐钱数千贯给南华寺，前后共计 11 项。

按南宋寺院长生库规定施者有权决定捐施财物用途，碑文载文氏姐弟指定施入长生库的所有本钱不能动用，只能“存本运息”，产生的利息除供佛寺日常开支如“预修水陆之费”、置办“龛台供器”、“佛祖灯油之费”、购买“佛祖供具”、“添修（寺庙）寝室工食之费”外，其余约半数用作“生朝斋供”或“讳辰（斋供）之费”，追荐死者、为生者修福。

南华寺长生库经营资本来源不一，除自有资金外也吸收信徒檀施加入长生库经营。长生库得到这笔檀施后要专款专用即用作长生库资金运营，盈利之后本金不动，所得利息可以提出使用，但是如何动用这笔收入，要根据施者规定的意愿执行，一般是用于寺院生活与弘法开支，也可以根据施主需求提供特殊的个人性质的宗教服务，如斋供或水陆法会之类。

① （南宋）侯安石：《长生库碑记》，（清）马远、释真朴重修：《康熙重修曹溪通志》卷三《碑记》，台北：明文书局 1980 年影印《中国佛寺史志汇刊》第二辑第 4 册，页 320—324。引文括号中文字及数字系笔者所加。

长生库经营资本金中的自有资金和檀施资本两部分比例，不得而知，估计应是各寺根据各种不同情况而酌定规矩。

2. 案例二：湖州报国寺之长生库经营

上例广东韶州南华寺因为是一座著名大寺而使案例具有典型性，而差不多同时期的湖州报国寺，说起来在地域上处于江南繁华之地，实际上只是远离京城的安吉州南林镇（今浙江省湖州市南浔镇）附近地方上一座小寺院。但是历史文献中保留的有关该寺长生库经营的内容不仅极为全面、系统，而且非常深入、细致，使该案例具有另一种性质的典型性。

报国寺长生库经营情况见载于多篇南宋存世的碑文记载，文献资料相当齐全。碑文中记载的时间范围约从宁宗嘉定十一年（1218）四月（据《接待忏院公据碑》记载）至理宗嘉熙元年（1237）三月（据《报国寺碑》记载）前后。

报国寺所在地南林镇地处水陆要冲，南宋时早已是杭嘉湖平原与苏南地区诸州商旅汇聚之地，号称“耕桑之富，甲于浙右”，是一个经济和商贸发展的富庶地区，如《接待忏院公据碑》书曰：“南林一境，系平江、嘉兴诸州商旅所聚，水陆冲要之地，乃衲子云□□□（仲尧按：缺字当系‘游去处’三字)。”报国寺是一座很小的寺院，并且是才创建不久的新寺，所以也无任何历史积淀可作依凭。当时是在僧人宗伟等人的努力下，纠集“诸檀越募缘，创立屋宇数□□（仲尧按：从下文看缺字当系‘十间’二字)，新置佛像，今初圆备，专一行道（原注：下缺九字)”，规模初具后，向地方政府申请，按照当地接待忏院体例，被批准成为一座接待院。宁宗嘉定十一年（1218）四月，得到当地官府“出给公据”即核发公文给额，成为合法寺院，嘉定十三年（1220）庚辰九月，宗伟立石为志。[①]

这样宗伟就成为报国寺开山，但是当时似尚未正式敕额，故只称“接待忏院”。后来寺院继续发展，其间情况不明，至理宗端平元年（1234）二月，该

---

① （清）陆心源：《吴兴金石记》卷一〇《接待忏院公据碑》，台北：新文丰出版公司1982年（第二版）影印《石刻史料新编》第一辑第14册，页10793下—10794上。有关宋元时期接待院情况的研究可参〔日〕石川重雄：《宋元時代における接待；施水庵の展開——僧侶の遊行と民；教化活动》及《宋代の知识人——思想，制度，地域社会》，东京：汲古书院1993年版，页137—192；黄敏枝：《宋元佛教的接待庵院》，《清华学报》新27卷第2期，1998年，页151—199。接待院对僧俗皆提供食宿接待，其经济来源不一，其中长生库经营往往是重要方面；参本章下文对南宋临安崇福院之兴建过程及长生库经营的有关讨论，以及本书提到的南宋临安径山寺在名师无准师范主持下建造并运营径山接待院之案例。

寺已正式得到报国寺敕额。[①] 即已经从接待忏院发展成为一座正式的合法寺院。据绍定六年（1233）撰文，端平元年（1234）立石的《报国寺告示碑》，其间寺院体制也经历过一个发展的过程，报国寺创建之初原属甲乙体制，后改制成为十方住持制度，获正式敕额的时间是在绍定六年（1233），此后寺院各项事务及日常运作（包括长生库经营）都比较正规。[②]

报国寺从一座很小的接待忏院起步，发展了约 30 年左右时间，成为一座正规、有额寺院，其间获得当地信众支持，施田舍钱入寺者不少，如“大檀越主华李七府干名文胜，自创业以来，凡遇山门大小缘事，无不施财，发扬成就”，共计已施现钱 4650 贯，作为建造法堂、三门、库堂、钟楼、普贤殿、佛殿涌壁塑罗汉（即塑在墙壁上的立体罗汉像）、千佛宝阁大柱、橱柜，印置大般若经六百卷，充作花瓶、铁香炉、法鼓、大镬等购置之费，其中将 850 贯用作购置吴江县界田二十亩，“递年收租”，皆舍入寺，这些施钱细节以及寺院常住及弘法用途都一一镌刻在另一石碑《报国寺布施记碑》文中，前后共有 18 笔。[③]

《报国寺布施记碑》是南宋嘉熙元年（1237）立石，碑的背面还刻有《檀越施财置田名衔》、《檀越施财修崇名衔》两项内容，保留了丰富的历史信息。一是《檀越施财置田名衔》，记载的内容，主要是施主将田产施入本寺常住，递年收租用于法事的情况，如：

> 当邑□檀越蒋八宣义（本地人蒋宣义，排行第八），生前置田一十亩二角入常住，递年收租，（每年）七月二十日，值先考八承事讳辰，斋僧一堂，附荐（并追荐）先妣太君沈氏六娘子，双魂往生净土。
>
> 浔溪檀越朱三五承事（承事：相当于今之称呼“先生”），生前置田一十四亩入常住，递年收租，（每年）三月十八日值承事讳辰，启建西资念

---

① （清）陆心源辑：《吴兴金石记》卷一〇《接待忏院公据碑阴》，台北：新文丰出版公司 1982 年（第二版）影印《石刻史料新编》第一辑第 14 册，页 10795 上下。

② （清）陆心源：《吴兴金石记》卷一〇《报国寺告示碑》，台北：新文丰出版公司 1982 年（第二版）影印《石刻史料新编》第一辑第 14 册，页 10798 上下。此碑多残缺佚字，不易卒读，主要内容述报国寺与附近（约隔 40 余里）安吉州乌程县乌镇普净寺发生纠纷，涉及知库（长生库）经营及寄帐（僧籍登记）二事宜，普净寺“管事人”陈椿因而申状“两浙转运司”谋求解决，两浙转运使了解事实后，结果却判定报国寺运行合法合理，予以支持，斥陈椿为“顽徒”，报国寺“知事僧德晖”因而立石为志。

③ （清）陆心源：《吴兴金石记》卷一一《报国寺布施记碑·檀越华七府干布施之记》，台北：新文丰出版公司 1982 年（第二版）影印《石刻史料新编》第一辑第 14 册，页 10804 上下。施钱数字是笔者据碑文所载数据计算，原文过繁，不赘录。

佛胜会（等）。……

此碑还记载有不少其他施田入寺者：后卢王承事（后卢人王先生）舍田十二亩；堀墟许廿三迪功（崛墟人许迪功，排行第廿三，下同，不赘述）舍田五亩；浔溪陈三五太君沈氏八娘，舍入平江府常熟县田七亩二十二步；陈十七太君闵氏，舍田三亩三角十五步；船居贺四五承事，舍平江府吴江县田七亩二角；当寺华沈三四道公，舍财置田十亩三角十三步；船居徐四可用，舍田五亩，于塔蒋十四文将仕（即将出仕任职），舍田五亩入寺等。[①] 这些田产的经营只能通过寺院中的长生库运营机制进行。

另一项内容是《檀越施财修崇名衔》，主要记载施主将金钱舍入本寺长生库“营运生息”的情况，都是规定本金不动，所生息钱每年从库司取出使用之例，如：

> 平江府吴江县倚投檀越沈十五承事讳琇（沈琇），生前舍官会（会子，相当于现钱）五百贯文入本寺长生库营运，证例二分育息（按惯例取年息二分），每岁六月十四日值承事讳辰（沈琇忌辰），仰库司就长生库关给息钱一百二十贯文官会，修设天地冥阳水陆一会，用资冥福，追悼神仪，往生净土。……
>
> 船居檀越徐三九太君张氏六娘，舍钱一百四十贯文官会入本寺长生库营运，证例二分育息，每年二月十一日，遇太君生辰，仰库司就长生库关给息钱三十三贯六百文官会，请僧道二十员看诵《妙法莲华经》一会，百年报满（死后）之后移作□（忌）辰修崇功德，利益无穷者。
>
> 当邑檀越张三乙将仕，名显祖，舍钱一百贯文官会入本寺长生库营运，证例二分育息，每岁正月十□日值先考三承事讳辰，仰库司就长生库关给息钱三十六贯文官会，启建西资莲社念佛胜会一永日，所鸠功德，追荐尊魂，往生净土者。[②]

---

① （清）陆心源：《吴兴金石记》卷一一《报国寺布施记碑阴·檀越施财置田名衔》，台北：新文丰出版公司1982年（第二版）影印《石刻史料新编》第一辑第14册，页10805上—10806上。笔者标点，括号中文字系笔者所加说明。

② （清）陆心源：《吴兴金石记》卷一一《报国寺布施记碑阴·檀越施财修崇名衔》，台北：新文丰出版公司1982年（第二版）影印《石刻史料新编》第一辑第14册，页10806上—10807上。笔者标点，括号中文字系笔者所加说明。

从中得知报国寺长生库经营的利率为年息二分（20%），赚到息钱后可以提出使用，使用的方式以及具体可用在什么方面，则施主施钱时事先就已指定，不能随便混用。此碑文中还有其他施主舍现钱、舍田租入寺院常住，但是舍入常住与舍入长生库是有所不同的，用途也绝不能混为一谈。

引起笔者高度兴趣的内容是这些檀施的现钱、田地舍入寺院长生库后的运营方式。各界信众将田地财物檀施入寺历代多有，毫不稀奇，报国寺碑文记载的这些舍田入寺资料的特别之处，在于全部都是投入寺院经营机制，具体地说，都是捐施给长生库作为经营资本，而不是简单地舍入寺院就了事，从此不再过问。在钱或田被施舍入寺时，都规定本金不能动用，只能由长生库将这笔资金（田产）用于经营，将每年经营的收入（田租）或息钱提出来使用，如供亲人忌辰斋僧、追荐亡魂往生净土或祝愿生者福乐安康等法事活动。

可能因地缘关系以及长生库经营正规有序，所以虽然报国寺仅是一座小寺而保留的历史信息量极丰富。南宋嘉熙元年（1237）立石的《报国寺布施记碑》阴刻《檀越施田地名衔》文曰：

> 切虑舍地之后，知事更易不常。官员入寺修崇之时，间有无知行仆，以舍无息为辞，公然灭裂，有失远严之礼。今又承添施净财官会二百贯文入本寺长生库营运，依寺门体例，二分五厘抽息，岁计息钱六拾贯文，其息钱作伍次关归常住，贴助修建功德，贵得绵远，不致误事。①

这段文字记载的内容就是说明寺院长生库用现钱放贷，收取利息，利率为年息二分五厘（25%），利息的具体用途必须严格依据施者愿望，既不能移作他用，也不可草率从事。从碑文内容还了解到该寺长生库经营规矩严格，即使对有些官员身边的“无知行仆”妨碍经营的无礼行为，不但毫不客气地指出，还撰文直接刻入石碑公然以为警示。

《报国寺布施记碑》还记载施者规定、执行程序等，说明“今立定规式，划一事例如后”，以示严格执行，规矩决不更改，如：

---

① （清）陆心源：《吴兴金石记》卷一一《报国寺碑阴·檀越施田地名衔》，台北：新文丰出版公司 1982 年（第二版）影印《石刻史料新编》第一辑第 14 册，页 10802 下。

一、七月二十四日，先考辂院张公慼忌，常住斋僧一堂，僧众讽诵《佛说阿弥陀经》各一卷，咒食一中。

一、三月初六日，先妣孺人盛氏远忌之辰，常住斋僧一堂，僧众讽诵《佛说阿弥陀经》各一卷，咒食一中。

一、七月十八日，继妣恭人耶律氏远忌之辰，常住斋僧一堂，僧众□□《佛说阿弥陀经》各一卷，咒食一中。

一、三月二十二日，亡生母太君周氏远忌，常住斋僧一堂，僧众□□《佛说阿弥陀经》各一卷，咒食一中。

一、二月初七日，婆婆周氏庆生之辰，常住斋僧一堂，僧众持诵□□□《吉祥陀罗尼神咒经》各一卷，寿香、寿烛回献本命星君，百年报满之后，改日崇修。

一、每遇忌辰，就法堂设位，供养果实、饮馔、香烛、纸马，务要如仪。

一、每遇忌辰，先期一日关报，请官员入寺拈香证明。

右立合同文字二本，内一本纳本宅照应，内一本付寺内交割，仍刻石存照，烦当代主首、知事主盟，毋致更易者。

嘉熙元年（1237）七月初七日，合同存照。①

其中“咒食一中”可能是供应众僧一餐中饭；最后一条（第七条）提到的“先期一日关报，请官员入寺拈香证明”，即在上述忌辰活动前一日都要报告地方政府，请其遣派官员来寺，参加忌辰的诵经拈香活动，“证明”二字表明，官员要到场以示公允和督察，保证上条所言各项活动细节如在法堂设立的灵位以及各项供养物品“务要如仪”，不得马虎从事。

南宋名士李心传（1167—1244）撰于端平元年（1234）、报国寺住持释宗伟立石于嘉熙元年（1237）的《安吉州乌程县南林报国寺记》碑文中还提到，当时在一些通都大邑，佛寺往往多达数十或上百所，而政府办的郡县之学却往往一邑只有一所，而且郡县衙门中那些官员感兴趣的往往只是学校中的庭园馆宇，对教学事项多不维护，所谓学校不过是窃文以为求取利禄温饱的地方，正是僧人所唾弃的糟糠，知识分子应对这样的学校深以为耻。寺院则以“浮屠氏之徒，

---

① （清）陆心源：《吴兴金石记》卷一一《报国寺碑阴·檀越施田地名衔》，台北：新文丰出版公司1982年（第二版）影印《石刻史料新编》第一辑第14册，页10803上下。

其用财也，一发不欺”的态度和方式经营（指长生库经营之意）维持，所以有如此成就。[①] 可知佛寺长生库经营制度在当时有较深厚和广泛的社会文化基础，公信度亦较高。

（三）南宋寺院长生库经营模式及利率

有学者认为，宋代寺院的长生库是僧侣在佛祖许可的幌子下大放高利贷残酷榨取借贷人，“宋代寺院、僧人经营高利贷的现象非常普遍，因其经营手段至为恶劣，因而招致世人的强烈不满和谴责”[②]。此论似失之武断。从经济学意义看，寺院长生库通过借贷经营，提供宗教服务，取得一定收入，有其合理性，而具体到利率，在当时也具有合法性，适应了特定的社会需要，其社会政治及文化意义是肯定的。

1. 经营体制及资本金

南宋寺院往往不论大小，只要有条件就开展此项长生库经营业务，经营方式及体制则有多种形式，不能一概而论，概括而言，约有如下几种：

（1）以金钱为借贷资本

以金钱为借贷资本的方式最为多见。北宋寺院长生库经营已有规模，如惠洪（1071—1128）《筠溪集》载，福州乾元寺“住持绍宗与寺僧法珪者，募诸信士得钱六十万有奇，不以供它费，贫不给者，悉以贷予，收其嬴，度有功于众者，二人将自此岁以为常也”[③]。此寺长生库本钱是通过与民间信士结缘募化而来，共计 60 余万。

又如洪迈《夷坚志》载：约淳熙初（1174—1189），尚书张彦文与南康府建昌县景德寺僧人绍光交厚，绍光死后，张尚书得知绍光生前“有金一两，在弟子姚和尚处，并有钱二十千，在市上某家，当索而用之，庶可获助。张许之，

---

① （南宋）李心传：《安吉州乌程县南林报国寺记》，（清）陆心源：《吴兴金石记》卷一一，台北：新文丰出版公司 1982 年（第二版）影印《石刻史料新编》第一辑第 14 册，页 10800 上—10801 下。

② 游彪：《宋代寺院经济史稿》第七章第三节《寺院、僧侣经营的高利贷》，河北大学出版社 2003 年版，页 200—201。

③ （南宋）释惠洪：《筠溪集》卷二二《福州乾元寺度僧记》，台湾商务印书馆 1984 年影印《景印文渊阁本四库全书》第 1130 册，页 805 下。

它日遣仆妇询其事皆合，乃命其子元晋，取金与钱为诵经转轮”[①]。是知在本寺僧人间以及社会上都有借贷行为。

南宋商品经济发达，相应地货币经济也达到历史上从未有过的程度，寺院长生库经营中，多以金钱为借贷资本。

如《夷坚志》载，江南西路饶州“永宁寺罗汉院，萃众童行本钱，启质库，储其息，以买度牒，谓之长生库。鄱阳并诸邑，无问禅律，悉为之”[②]。永宁寺罗汉院汇集本寺童行缴纳的本钱，创建并经营一座长生库，并以长生库经营所得利息购买度牒，以利那些童行能顺利得度，获得正式的出家人身份。据洪迈记载，当时这个地区无论禅律诸寺，都较普遍地采用这种方式开展长生库经营。

南宋周应合（1213—1280）撰《景定建康志》记载，嘉定五年（1212），黄度任建康知府时创建两所养济院以恤贫困失怙、“孤寡老疾之人”，共有“屋舍百间”，设置在建康城中原已废圮的宋兴寺中，两所养济院“每院各度一僧掌之”，“择僧住持，总督其事”，择精明干练僧人负责，“取民产之没于官者为田五百九十亩，山地等五百十有九亩以供”，“僧徒又捐千缗，就寺置质库，计其所赢，每三岁买祠牒，度管干有劳行者一人为僧，嗣掌两院事务”。[③] 并用长生库经营利润每三年买一道度牒，管办各项经营业务功劳最大者可得度为僧。

陆游《能仁寺舍田记》记载，承节郎薛纯一施田千余亩给能仁寺，且“别以钱权其子本，以待凶岁”[④]。即拿一部分本钱给寺院长生库经营生息，以防年岁不测。

方勺《泊宅编》记载，寺主和寺僧间也存在借贷关系，有时因此发生纠纷，如和州乌江县高望镇升中寺，真宗时赐额，寺中有僧人向“主僧”借钱，后来无力归还：“寺僧有负主僧金，久而不偿，病且革，自誓为畜产以报。”[⑤] 这位僧人向主僧发誓来世投生为畜生作为报答。

---

① （南宋）洪迈：《夷坚志·支甲》卷六《张尚书》，上海古籍出版社 1995 年影印《续修四库全书》第 1265 册，页 420 下—421 上。

② （南宋）洪迈：《夷坚志·支癸》卷八《徐谦山人》，上海古籍出版社 1995 年影印《续修四库全书》第 1265 册，页 743 下。

③ （南宋）周应合：《景定建康志》卷二三《庐院·养济院》，中华书局 1990 年影印《宋元方志丛刊》第 2 册，页 1702 下—1703 上。

④ （南宋）陆游：《渭南文集》卷一八《能仁寺舍田记》，台湾商务印书馆 1984 年影印《景印文渊阁本四库全书》第 1163 册，页 450。

⑤ （北宋）方勺：《泊宅编》卷五，中华书局 1983 年点校本《唐宋史料笔记丛刊》，页 28。

周密《齐东野语》载，慈明杨太后穷困时，随养母一家流落真州，住在长芦寺附近，曾向僧人借钱，“主僧善相，适出见之，知其女当贵。因招其父母饭。语之故，且勉之往行都，当有所遇。以无资告，僧以二千楮假之，遂入杭”[①]。不过资助的那笔钱不是奉送，“假之”即借贷，日后需加上利息归还，但主僧估计她们日后还得起。

长生库经营中的小额金钱借贷或在寺院范围内外经常发生。洪迈《夷坚志》记载南宋淳熙七年（1180）南康府建昌县有人向资圣寺借贷之事：

> 建昌孔目吏范荀，为子纳妇，贷钱十千于资圣寺长老。经二十年，僧既死，荀亦归摄，因循失于偿逋。荀后得疾且笃，呼其子观光谓之曰：“忆汝娶妇时，曾借资圣寺钱，今本处伽蓝神遣人押长老来索取，可急买纸钱烧与之。”……又曰：“两人已去，欲往报恩寺前，寻徐省干理会事也。”至夜荀死。[②]

建昌地方官员孔目吏范荀，因为儿子娶妻，向当地资圣寺僧“贷钱十千”，后不知为何未及时归还，20年后，当时那位经手借钱的长老已逝。范荀因病临死，梦见死去的长老与鬼魂一起前来索债。范荀害怕，叮嘱儿子一定要设法归还。

又同书同条记载，是年南康府建昌县一位地方官员徐生，“名以宁，莱州人，方自吉州监赡军酒库替回，未几时卒”，此前，“徐父奉直大夫者寓彼寺，寺之人用常住物假其名以规利，奉直因是手颇藉有其赀，以宁与闻之，故致然”。[③] 即资圣寺僧人用徐父名义从事借贷经营以牟利。联系起来，上条中寺院长老借贷给范荀之钱，应即是资圣寺长生库经营行为。

（2）以粮食为借贷资本

与农业社会时代特征相关，寺库无尽藏经营中以粮食为借贷资本也是最为常见的方式之一，叫做“长生谷”，如隋代并州人竹永通，向寺院“贷粟六十

---

① （南宋）周密：《齐东野语》卷一〇《杨太后》，中华书局1983年点校本《唐宋史料笔记丛刊》，页714。

② （南宋）洪迈：《夷坚志·支甲》卷六《资圣土地》，上海古籍出版社1995年影印《续修四库全书》第1265册，页420下。

③ 同上。

石”[①]；又《续高僧传》载：“（唐）贞观中，洛州宋尚礼者……好乞贷，至郯戒德寺贷粟，数与不还，又从重贷，不与之。”[②]这个宋尚礼数次向寺院长生库贷粮不还，后还想再借，被寺库拒绝。又如唐代徐世绩率军“讨北”，因“馈饷不给，王师且羸，贷粟于市西僧寺”。徐世绩是因军需向寺院的“质库”借贷“粟(小米)”等粮食，这个故事见于多种文献记载。

南宋寺院长生库经营资本中，以粮食作借贷资本是大项。南宋佛寺拥有大量田地的不少，规模较大的寺院，每年会剩余很多粮食。储藏陈粮，既易腐烂，也不便食用，保管还需人力物力，而在青黄不接的季节将余粮借贷出去，既符合佛教慈悲精神，同时收取一定利息，也符合金融经营之道。

“五山”名寺天童、育王寺等都设有专门从事长生库借贷经营的粮仓，且规模颇大，“四明僧庐在六邑，总大小二百七十六所，只鄞一县，城内二十六，城外八十。天童日饭千僧，育王亦不下七八百人，行仆称是。天童岁收谷三万五千斛，育王三万斛，且分布诸寺，以罔民利。等而下之，要皆有足食之道”[③]。这样的名刹巨寺，要有“足食之道”，才可保证弘法事业顺利进行。经营长生库就是一条“足食之道”，如育王寺僧人允禧，“复为如靖谋，从富人乞谷三百石贷之下户，量取其息，以为其徒目前之供”[④]，即由富裕信众檀施谷物三百石，再由长生库出贷收取利息，作为弘法资粮、常住日供。

据崔敦礼《宫教集》所载，南宋乾道五年（1169），道渊任溧阳县报恩寺住持，为延续寺院香火，剃度童行为僧，命弟子“循诸方例，募置常产为度僧局，铢积寸累，得膏腴之田若干亩，凡志于学、利于众、劳于寺事，则以岁之入度之，设为科条，至精且密”[⑤]。将收入积累起来，通过“劳于寺事”而“铢积寸累”，而且科条“至精且密”，后用获得的收入买“得膏腴之田若干亩”，这一过程似要通过一定经营机制，若是，只可能是长生库金融经营。

（3）以其他各种财物为借贷资本

寺院长生库经营方式具有多样性特征，除了上述几种方式之外，也可以其

① （北宋）李昉：《太平广记》卷一三四“竹永通”，中华书局1961年点校本，第3册，页953。
② （唐）释道宣：《续高僧传》卷二五《释明解传》，《大正藏》册50，页665下—666上。
③ （南宋）刘昌诗：《芦浦笔记》卷六《四明寺》，中华书局1986年点校本《唐宋史料笔记丛刊》，页48。
④ （南宋）陈亮：《龙川集》卷一六《普明寺长生谷记》，台湾商务印书馆1984年影印《景印文渊阁本四库全书》第1171册，页640下。
⑤ （南宋）崔敦礼：《宫教集》卷六《建康府溧阳县报恩寺度僧田记》，台湾商务印书馆1984年影印《景印文渊阁本四库全书》第1151册，页825下。

他各种财物为经营资本展开经营。

绢帛木材：绢帛也是长生库经营中的一大项，敦煌文书中有大量寺院贷放绢帛的借契。[①] 木材等物品也常作为放贷的资本，如唐显庆（656—661）初或略早些时，上柱国王怀智“家中曾贷寺家木作门”[②]。以王怀智大官僚的身份，因家中修建房屋尚且向寺院借贷木材，可以想见这个寺库的经营规模肯定不小。

金帛：以金帛为借贷资本也较常见，如南宋明州阿育王寺妙智任住持时，“增庾入数千斛，施者委金帛为长生局五所，百需皆备，月施金钱，饣卜僧以万计”。[③]“长生局”即长生库，妙智在育王寺主事时，利用田产收成及依靠信徒捐施，创建五所长生库，可知当时长生库经营规模可观，经营效益亦佳，因每月盈利，够“饣卜僧以万计”，能养活上万僧人，若情况属实，则几乎已成为寺院生存基本保障。

据洪迈《夷坚志》载，江西饶州永宁寺罗汉院开展有长生库经营活动，“院僧行政，择其徒智禧主掌出入”，“庆元三年（1197）四月二十九日，将结月簿，点检架物，失去一金钗，遍索厨柜不可见，禧窘甚”，后破案，是“寺中小奴”所盗。[④] 由此记载可知该寺长生库经营往来中有金钗之类。

长生库经营中还有以用于点长明灯的无尽灯、长生油及长生牛等为本钱的经营方式，也很有趣。

无尽灯：一般是内置一灯，外安十镜，交光相涉，如喻百界千如重重俱现。《八琼室金石补正》文“东谷无尽灯碑”载明州天童山东谷庵信众以无尽灯供养宏智正觉（1091—1157）[⑤] 妙光塔前，施钱供养的有：绍兴府上虞县上管乡市郭尚得坊第三保陈五娘，施三十六贯文，供烛长明灯一碗；庄宇与妻吴氏百六娘，施三十六贯文，供养观音菩萨；庄四四娘施三十六贯文，供养本师释迦如

① 参谢重光：《吐蕃时期和归义军时期的沙州寺院经济的几个问题》，《汉唐佛教社会史论》，台北：国际文化事业有限公司1990年，页205—213。

② （唐）释道世：《法苑珠林》卷三三《应感缘》之十一，上海古籍出版社据《碛砂藏》1991年影印本，页261中下；同文载：王怀智“于显庆（656—661）初亡殁”。

③ （南宋）楼钥：《攻媿集》卷一一〇《育王山妙智禅师塔铭》，台湾商务印书馆1984年影印《景印文渊阁本四库全书》第1153册，页678上、下。

④ （南宋）洪迈：《夷坚志·支癸》卷八《徐谦山人》，上海古籍出版社1995年影印《续修四库全书》第1265册，页743下—744上。

⑤ 宏智正觉，南宋高宗建炎三年（1129）始住天童，绍兴八年（1138）再住天童，居二十余年，绍兴二十七年（1157）卒，葬东谷塔，谥宏智禅师；（南宋）王伯庠：《宏智禅师行业记》，（南宋）释集成等编：《宏智禅师广录》卷九附，《大正藏》册48，页119中—121上；（元）释念常：《佛祖历代通载》卷二〇，《大正藏》册49，页688下—689上。

来；泰州海陵县樊宾、妻范氏妙真、男陈樊、遵迁、媳妇许三娘、张十二娘共施三十六贯文，供养觉和尚禅师塔前；泰州兴化县招远坊今寄居（泰州海陵县）姜堰琴彦迁、妻钟三娘施三十六贯文，点卢舍那佛阁无尽灯；泰州海陵县姜堰居住周荣、妻李兴晤施三十六贯文，开田三亩，点卢舍那佛阁无尽灯。所施功德或为自己涤除罪恶，或为亲人追荐祈福，都以三十六贯为一单位，可由一人或数人共同认养三十六贯。除以家庭名义外，不少妇女是以个人名义捐施。[①]

长生油：在农业社会中农产品与日常民生关系最为密切，油、麦等农产品有时亦成为长生库经营物品，文献中也不时可以见到，如南宋惠洪《石门文字禅》记载，慈明禅师"化净檀为油麦库以生财，役力事众有效劳者，则合众力，建度僧之库"[②]。这个长生库干脆称"油麦库"，就是因为经营成本主要是"长生油"、"长生麦"。

长生牛：经营方式是出租耕牛收取利息或租金。如洪迈记载，绍兴元年(1131)，"车驾在会稽，时庶事草创，有旨禁私屠牛甚严"，有人将一头被违禁杀伤未死的牛牵到会稽府圆通寺，作为长生牛，此牛"与常牛无以异，后数年方死"。[③] 又如广德军"管内祠山庙，承前民施牛二百头，并僦与民户，每岁一牛，输绢一匹，或经三十年，牛毙而犹纳绢"。[④] 长生库出贷一头牛的年利息是一匹绢。

不过因为农业社会中牛是最主要的工具性财产之一，若发生意外，对于普通民户的生计影响过巨，故南宋法律对寺院以"长生牛"作为经营手段的做法进行限制，《庆元条法事类》载："诸以有利债负折当耕牛者，杖一百，牛还主。"[⑤] 意思就是禁止以耕牛为质库经营手段，如果发生，将依法惩治。不过反过来也就证明当时质库经营中确实存在着"长生牛"即以耕牛为财本的经营方

① （南宋）绍兴二十八年（1158）立《东谷无尽灯碑并阴》，（清）陆增祥：《八琼室金石补正》卷一一四，上海古籍出版社1995年影印《续修四库全书》第898册，页405上—406上；并见（南宋）周葵：《宏智禅师妙光塔铭》，（清）阮元：《两浙金石志》卷九，上海古籍出版社1995年影印《续修四库全书》第911册，页3上—5上。

② （南宋）释惠洪：《石门文字禅》卷二一《重修僧堂记》，台湾商务印书馆1984年影印《景印文渊阁本四库全书》第1116册，页429上、下。

③ （南宋）洪迈：《夷坚志·丙志》卷五《长生牛》，上海古籍出版社1995年影印《续修四库全书》第1265册，页165下—166上。

④ （南宋）李焘：《续资治通鉴长编》卷九二，"天禧二年五月壬申"，台湾商务印书馆1984年影印《景印文渊阁本四库全书》第315册，页440上。

⑤ （南宋）谢深甫：《庆元条法事类》卷八〇《杂门·敕·杂敕》，燕京大学图书馆藏版民国三十七年（1948）影印本，第12册，页2左。

式。另据说日本学者对南宋佛寺长生库利用“长生牛”经营的现象有过研究。[①]

南宋未见以人口为寺院长生库经营资本的情况，但是法规对于此项明文予以严禁，《庆元条法事类》载：

> 诸以债负质当人口（原注：虚立人力、女使雇契同），杖一百，人放逐便，钱物不追，情重者奏裁。[②]

反过来也同样表明这类事案在当时的社会还是存在的，也很可能是时有发生的现象。但是在法制严禁的背景下，寺院长生库金融经营中则未涉于此。

2. 南宋寺院长生库经营利息制度

南宋寺院长生库经营中的利息问题以往也较少被关注。有学者认为：“关于宋代寺院高利贷的利息率，就所见资料而言，似乎并没有明确的记载。”[③] 也是因以往少有人对此类资料关注，故信息掌握不够，实际上南宋寺院长生库金融经营中的利息率一类资料在历史文献中并不少见。

（1）唐宋借贷典当利息之立法

隋代有“并州盂县竹永通，曾贷寺家粟六十石”，但是竹永通向寺院借粟米后想赖账不还，结果遭到报应，据说便变成牛犊，生于寺院，这种说法实际上有以身抵债之意。因这头牛犊是家中长辈变身，所以竹家人不得不“用粟百石，于寺赎牛”，将牛犊领回家中供养。[④] 寺院原贷给竹永通的粟米是 60 石，后来竹家用一匹牛犊偿还，牛犊的价值是粟米百石，这样寺院作为债权人在这笔借贷经营中共获利 40 石，盈利率为：66.67%。这个利率是否当时通例，则不得而知。

由于典当业逐步发展成为一项社会金融事业，唐代开始对典当业立法，《唐令拾遗》载：“诸公私以财物出举者，任依私契，官不为理。每月收利，不得过六分；积日虽多，不得过一倍。……收质者，非对物主，不得辄卖；若计划过

---

① 〔日〕野开三郎：《宋代的长生牛》，《东洋学报》32 卷 3 号，1949 年 3 月。笔者未见。

② （南宋）谢深甫：《庆元条法事类》卷八〇《杂门·敕·杂敕》，页 2 右—左。

③ 游彪：《宋代寺院经济史稿》第七章第三节《寺院、僧侣经营的高利贷》，河北大学出版社 2003 年版，页 204。

④ （北宋）李昉：《太平广记》卷一三四《竹永通》，中华书局 1961 年点校本，第 3 册，页 953。

本不赎者，听告市司对卖，有剩，还之。如负债者逃，保人代偿。”[①] 即以动产典当，交易自由，但月息上限为六分；即使本物典当期限延长，收利仍不得超过本钱。同时，典当机构只有在利息超过本金时，才可向当地政府请求变卖质押物品受偿，且变卖当物的溢价部分必须返还当户。规定的月息上限，则为六分，即月利率 60%。学者常因此利率之高而发种种非议，笔者认为未必妥当。

从现代人眼光看，60% 的月息即年息达到 720%，不但是“高”的问题，简直可以说是可怕，在现代根本是不可能之事。但当时是唐代，有当时的社会条件，二者之间，不具有可比性，不能做这样的简单比较。

《唐六典》载收质利息等规定：“凡质举之利，收子不得逾五分。出息、债过其倍。若回利充本，官不理。”[②] 唐法规定，质举利息不能超过本钱的一半，即以五分利（利息 50%，据上述分析应为月息）为限，借贷（借债）生息（高利贷），则允许利过其倍（即利息 100%，应指月息），但对“回利充本”，即“利滚利”或民间俗称为“驴打滚”的计息方式，并不予限制。

当时社会通行的实际利率情况，还可证之于其他文献。《法苑珠林》中记载这样一个故事：唐龙朔三年（663），长安城内“有一经生，将一部新写《法华（经）》”，“转向赵师子处，质二百钱”，即用一部新抄写的《法华经》在开典当铺的一位名叫“赵师子”的人那里，当了“二百钱”。后来，这位赵师子将此经转售其妇兄（陈氏丈夫刘公），“复语妇兄云：今既待经在家，有一部《法华》，兄赎取此经，向直（值）一千钱”，因得知其妇兄希望得到一部经，就想将这部《法华经》用“一千钱”，即以五倍之利售卖。结果经过讨价还价，其妇兄（刘公）“将四百钱赎得，装潢周讫，在家为母供养”[③]。这位赵师子出售原质二百钱之物，所得利润率为本钱的一倍，即“倍称之息”（利率 100%），与上条比较有一致之处。当然这条材料也可视为买卖佛经，但既有“质”字，理解为典当经营，应该也是可以的。

北宋商品经济发达，政府及社会各界对有关放息取利的法律制度相当重视，相关法律内容也丰富：

---

① 〔日〕仁田井陞辑：《唐令拾遗》（上、下），东京：东方文化学院东京研究所 1933 年版；并参〔日〕池田温编辑：《唐令拾遗补》，东京：东京大学出版会 1997 年版；并参天一阁博物馆、中国社会科学院历史研究所天圣令整理课题组校证《天一阁藏明钞本〈天圣令〉校证》下册附《唐令复原研究》中的有关内容，中华书局 2006 年版。

② （唐）李林甫：《唐六典》卷六《比部郎中·员外郎》，中华书局点校本 1992 年版，页 195。

③ （唐）释道世：《法苑珠林》卷五七《诤讼篇》，上海古籍出版社据《碛砂藏》1991 年影印本，页 421 中。

如《宋刑统》载宋代政府规定的典当业法规曰："每月取利，不得过六分，积日虽多，不得过一倍，若官物及公廨，本例停讫，每计过五十日，不送尽者，余本生利如初，不得更过一倍。家资尽者役身，折酬役通取户内男口，又不得回利为本。"[①] 月息六分即60%，同时规定不得连本带利生息，可知宋代相应法规与唐律略同。

又《天圣令》载："诸以财物出举者，任依私契，官不为理。每月取利不得过六分，积日虽多，不得壹倍，亦不得回利为本（原注：其放物者同此），若违法责利契外掣夺及非出息之债者，官为里断。收质者若计利过本不赎，听从私纳。如负债者逃，保人代偿。"[②] 规定的月息也是六分，可与上条互证。

南宋法律制度特征更表现在条例清楚明白，便于执行。南宋法定高利贷利率是月息四厘（4%）、年息五分（50%），《庆元条法事类》载：

> 诸以财物出举者，每月取利不得过四厘。积日虽多，不得过一倍。即元（原）借米谷者，止还本色，每岁取利不得过五分（原注：谓每斗不得过五升之类），仍不得准折价钱。[③]

"每岁取利不得过五分"即年息的上限限制在50%。又同样规定不得"回利为本"，即不得连本带利生息，同书载有当时规定的违法惩处条例：

> 诸以财物出举而回利为本者，杖六十；以威势欧缚取索，加故杀罪三等。[④]

律条明确规定罚赏，如发生违法事案鼓励告发，同书并载有对告发者明确定出的赏格："告获放债及预借财物买孤遗宗室钱米，而每月取利过四厘者，（赏）钱三十贯。"[⑤] 以此保证"每月取利不得过四厘"的法令能得到实际执行。只是利息率与北宋相比相差巨大，若说南宋法规更加理性似乎也说不通，有待

① （北宋）窦仪等：《宋刑统》卷二六，中华书局1984年点校本，页412。
② 《天圣令》卷三〇《杂令》，天一阁博物馆、中国社会科学院历史研究所天圣令整理课题组《天一阁藏明钞本〈天圣令〉校证》上册，中华书局2006年影印本，页234、244。
③ （南宋）谢深甫：《庆元条法事类》卷八〇《杂门·令·关市令》，燕京大学图书馆藏版民国三十七年（1948）影印本，第12册，页3左。
④ （南宋）谢深甫：《庆元条法事类》卷八〇《杂门·敕·杂敕》，页2右。
⑤ （南宋）谢深甫：《庆元条法事类》卷八〇《杂门·格·赏格》，页2右。

方家指教。

一种健康的法规应以其内在的完备性作为保障，从有关条文内容看当时的法规具有这方面的一定特征。《庆元条法事类》中还有对有关法律细则尤其是文本中之用语进行说明的内容，俾免产生歧义而导致执行中可能引起的纠纷，如曰："诸称分者，以十分为率；称厘者，以一分为十厘。"① 因此上述法定利率并无可疑。

这样，南宋规定的"每月取利，不得过四厘"，即月息上限为4%，年息则规定上限为五分，即50%。上述北宋的规定是"每月取利不得过六分"，即月息上限为60%。二者相比，南宋规定的利率较低。总体上看，南宋法定借贷利率与现代比还是很高，但与唐及北宋相比已大大降低，应该有可能还算比较合乎情理。

袁采撰于南宋淳熙五年（1178）的《袁氏世范》曰："假贷钱谷，责令还息，正是贫富相资不可阙者。汉时有钱一千贯者，比千户侯，谓其一岁可得息钱二百千，比之今时，未及二分。"即年息不到20%。文中详记南宋时浙江地区质库、供贷等利息率曰：

> 今若以中制论之，质库月息自二分至四分（月息20%—40%），贷钱月息自三分至五分（30%—50%）。贷谷以一熟论，自三分至五分（30%—50%），取之亦不为虐，还者亦可无词。而典质之家至有月息什而取一者（月息10%，相当年息120%），江西有借钱约一年偿还而作合子立约者（原注：谓借一贯文约还两贯文；仲尧按：年息100%）；衢之开化，借一秤禾而取两秤（半年息100%，年息200%）。浙西上户，借一石米而收一石八斗（半年息80%，年息160%），皆不仁之甚。②

袁采之说历代多被认为较准确。袁采记载的是浙江的情况，当时浙江农业及商贸经济等在全国处于较高发展水平，利息率很有可能较其他区域稍高。袁采记载的质库月息是二分至四分，即年息240%—480%，贷钱月息自三分至五

---

① （南宋）谢深甫：《庆元条法事类》卷三二《财用门三·职制敕·理欠》，燕京大学图书馆藏版民国三十七年（1948）影印本，第6册，页30右；同书卷八〇《杂门·旁照法·名例敕》第12册，页3左。

② （南宋）袁采：《袁氏世范》卷下《治家》，台湾商务印书馆1984年影印《景印文渊阁本四库全书》第698册，页638下。仲尧按：括号中文字除注明"原注"外皆笔者所加。

分（30%—50%），即年息360%—600%，利息率还是非常之高的。但是袁采说这是“以中制论之”，即认为基本合理，就只能理解为民间通行的高利贷利率与官方公布的利率有所不同。

又据上引袁采之文，当时“贷谷”即以粮食为本放贷，半年息率50%，年息率100%，较金钱资本利率低。但是浙江衢州开化地区，以粮食为本放贷而年息二倍（200%），浙西地区年息108%，袁采就认为过高，斥之为“不仁之甚”。

检索历史文献，可证明上说。两宋政府类似规定多见，如北宋太平兴国七年（982）规定，灾荒年份可延期归还债务，并严格限制放贷利息：“富民出息，钱不得过倍称，违者没入之。”[①]

南宋时期更注意这个问题，绍兴二十三年（1153）诏，“诸路民间私债，还利过本者”，“依条除放”。[②] 孝宗隆兴元年（1163）三月十三日诏，“民间有利息债负……如已出息过本，谓如元（原）钱一贯，已还二贯已上者，并行除放。其息未及本者，许逐月登带入还，若转利为本钱，止分限交还本钱”[③]。并禁借贷、偿还过程中实物与货币任意折算，重申取息“不得过半”（年息）原则，淳熙九年（1182）十月二日诏，“诸路师司、监司、州军遍行晓喻：富室上户，因旧年旱伤，借贷人户米谷，不得高折价钱，并还学（本）色，仍取利不得过五分，敢有违戾，许欠户经监、司、师、守陈述”[④]。

再比较一下差不多同时期的北方金朝。金朝廷开设了管理官办公立典当的行政机构，称“流泉务”。金代民间质典经营中利率极高，利息率甚至达到月息五分至七分（50%—70%），更甚者有“以利为本”即利滚利的做法，借一百还二百，“小民苦之”，因此社会各界认为利率过重。

金世宗大定十三年（南宋孝宗乾道九年，1173），金朝出台中国历史上第一个官办当铺“质典库”及相应法规，主要内容即规定利息率等：

> 大定十三年，上谓宰臣曰：“闻民间质典，利息重者至五七分，或以利为本，小民苦之。若官为设库务，十中取一为息，以助官吏廪给之费，似可

---

① （南宋）李焘：《续资治通鉴长编》卷二三，“太平兴国七年六月丙子”，台湾商务印书馆1984年影印《景印文渊阁本四库全书》第314册，页337上。

② （清）徐松辑：《宋会要辑稿·食货》63之11，中华书局1957年影印本，第7册，页5992上；并见（南宋）李心传：《建炎以来系年要录》卷一六五。

③ （清）徐松辑：《宋会要辑稿·食货》63之21，中华书局1957年影印本，第7册，页5996上。

④ （清）徐松辑：《宋会要辑稿·刑法》2之121，中华书局1957年影印本，第7册，页6556上。

便民。卿等其议以闻。”有司奏：于中都、南京、东平、真定等处，并置质典库，以流泉为名，各设使、副一员。凡典质物，使、副亲评价直，许典七分，月利一分，不及一月者以日计之。经二周年外，又逾月不赎，即听下架出卖。出帖子时，写质物人姓名、物之名色、金银等第分两，及所典年月日钱贯、下架年月之类。若亡失者，收赎日勒合干人，验元典官本，并合该利息，陪偿入官外，更勒库子，验典物日上等，时估偿之。物虽故旧，依新价偿。仍委运司佐贰幕官识汉字者一员提控，若有违犯则究治。每月具数申报上司。[①]

这项法制内容丰富，值得重视。朝廷设立“流泉务”，并设置正式官员流泉务使、副使各一员，职责包括“亲评价直”，即直接负责对具体典当物的估值，因代表官方行政机构，可减少争讼，有利于社会稳定。对于利率，规定当本按当物估值七成，即“许典七分”，这成为官办当铺统一的折当（折价）比例。利息规定为月利一分（月息 10%，即年息 120%），对当期也做出规定，最长不过二年，但允许展期（延期）一个月。

这项法规反映了北方金朝对社会盛行的高利贷进行限制，试图以此促进典当业展开正规业务活动，客观上是有利于社会经济稳定发展的。这类制度法规，南北肯定互相有所影响，而江南向为人文渊薮，制度文化相对较先进，习惯上往往被视为正统，所以两相比较，金朝受南宋朝的影响可能会大些，只是更直接详尽的南宋相关法律条文在存世文献中未见。

再如其中专门提到当票书写，即当物丧失后由当铺承担赔偿责任的问题，以及设专人管理当铺、每月向所司（政府有关管理部门）报告有关经营情况、违法必究等内容，意味着以政府为信用担保，也可理解为当时相关法制较完备的表现之一。

乔幼梅先生在《宋元时期高利贷资本的发展》一文中对宋、元高利贷利息的几种计算方法（月息、季息、半年息、年息和复利息）进行了讨论，认为宋元时期高利贷利率大体经历高（北宋初以来）→低（王安石变法期间）→回升（南宋中叶）→更高（元）的过程，并对有关情况统计后列出图表。乔先生认为南宋中期出现明显的利率升高现象，是因为当时纸币开始被较普遍使用。南

---

① （元）脱脱等：《金史》卷五七《志第三十八·百官·中都流泉务》，中华书局 1975 年点校本，第 4 册，页 1329—1330。

宋铸造铜币量很少，年仅一二十万贯，与北宋相比，只有三十分之一。南宋政府将原先流通于川峡四路的交子（纸币），推广到东南地区，弥补铜钱流通之不足，纸币以铁钱或铜币作为准备金，流通量对利息率的波动会产生相应影响。当纸币与铜钱一样流通量相对少时，利息率就相对提高，如时人吴泳指出："向也，物贱引贵，不免称贷而为之息。"可是当南宋政府以印刷纸币作为解决其财政困难的手段，使纸币发行量日益增加时，市场上的铜钱便因此而日益减少，于是就发生纸币贬值，结果引起通货膨胀，物价飙升，这种情况下，南宋中期一些地区"出息致倍"，利息率随之上升。[①] 不过这种利息率变动的情况，在寺院长生库经营中似乎看不出有明显的反映。

（2）南宋寺院长生库经营利率辨析

按照佛经中提到的有关利率规定，出贷财物的利息率可以定得很高，如道宣《行事钞》引《善生经》曰："赡病人不得生厌，若自无物，出求之，不得者，贷三宝财物，差已，十倍偿之。"[②] 为改善物质条件更好地照顾病人，佛陀允许僧团共住的寺院将三宝财物放贷赢利，利息可高达十倍（即利率1000%）。但是这似乎只能理解为一种古代的印度习俗，道宣生活的唐代或不会真的如此实行。刘秋根先生《试论宋元寺院金融事业》一文中对宋元寺院长生库利息情况作过一个统计表。笔者在刘先生原表基础上根据本书主题需要再增加一些金石文献所见数据，见表10-1。

细读表10-1，会发现一些问题。如北宋"政和元年"（1111）采自《宋会要辑稿·食货》的一笔，年息二分（年利率20%），因是以"孤幼财产抵押放贷"，故收息较低，但其他无可比较。南宋"淳熙五年（1178）"采自《袁氏世范》的一笔数据已见上述；南宋绍定—咸淳（1228—1274）和淳熙—嘉熙（1174—1240）采自《名公书判清明集》的二笔，年息仅二分（年利率20%）左右甚至更低，原以为要存疑，但是后来在《报国寺布施记碑》中发现嘉定十一年至嘉熙元年（1218—1237）时湖州地区寺院长生库经营利率的确切记载，也就是二分或稍多些，再加上要考虑到当时湖州地区是南方经济较发达地区，因此似可认定当时至少寺院长生库经营利率差不多就是这个水平，未见得会更高。后来更发现这个情况在当时金石文献中多见记载。

① 参乔幼梅：《宋元时期高利贷资本的发展》，《中国社会科学》1998年第3期。

② （唐）释道宣：《四分律删繁补阙行事钞》卷下《赡病送终篇》，《大正藏》册40，页144上。

表 10-1　宋代社会及寺院长生库利息部分情况一览表[①]

两宋年号		公元	地域	月息	年利率（%）	文献出处（数字系卷数）
北宋	元丰二年	1079	全国	一分二厘	144	《宋会要辑稿·食货》37 之 27
	元丰五年	1082	京师	一分	120	《续资治通鉴长编》441
	政和元年	1111	全国	（年息）二分，20		《宋会要辑稿·食货》61 之 62
南宋*	南宋初	1127—	临安	三分	360	《春渚纪闻》4《受杖准地狱》
	绍兴五年	1135	诸路	三分	360	《要录》86“闰二月”
	淳熙五年	1178	全国	二至四分	240—480	《袁氏世范》3《假贷取息贵得中》
	嘉定十一年—嘉熙元年	1218—1237	湖州	（年息二分至二分五厘），20—25		《吴兴金石记》11《报国寺布施记碑阴·檀越施财修崇名衔》
	绍定—咸淳	1228—1274	全国	（年息二分），20		《名公书判清明集》9《领库本既贫斟酌监还》、《质库利息与私债不同》
	淳熙—嘉熙	1174—1240	湖湘	（年息二分至四分，或一分七厘），20—40 或 17		《名公书判清明集》9《背主赖库本钱》
	咸淳	1265—1274	台州	（年息二分），20		《台州金石录》11《宋正增院增田记》
	嘉熙	1237—1240	湖南	三分三厘	396	《粤西金石略》12《创库本记》
	淳祐	1241—1252	全国	二分二厘	264	《数书九章》18《推求典本》

说明： * 表中南宋时期的“全国”或“诸路”概念指南宋治内区域。

上文谈到湖州报国寺碑《檀越施财修崇名衔》中记载了几个信众舍入长生库“营运生息”的案例，其中涉及利息率的有数条，如：

> 平江府吴江县倚投檀越沈十五承事讳琇（沈琇），生前舍官会五百贯文入本寺长生库营运，证例二分育息……
>
> 船居檀越徐三九太君张氏六娘，舍钱一百四十贯文官会入本寺长生库

---

① 表 10-1 笔者编制，部分数据参考刘秋根《试论宋元寺院金融事业》中的《宋元时期质库（长生库）利息情况一览表》，《世界宗教研究》1992 年 3 期，页 71。

营运，证例二分运息……

当邑檀越张三乙将仕，名显祖，舍钱一百贯文官会入本寺长生库营运，证例二分育息。①

报国寺长生库经营的利息率有两种，一为年息二分（20%），如上引数条材料所记；二为年息二分五厘（25%），如《报国寺布施记碑》阴刻《檀越施田地名衔》文曰："今又承添施净财官会二百贯文入本寺长生库营运，依寺门体例，二分五厘抽息，岁计息钱六拾贯文。"② 两种利率之不同，可能根据不同经营性质而定。又如上文已经讨论过报国寺长生库经营规则严谨，由此似可推知这个利率能得到严格执行。

据目前所见文献，南宋寺院长生库经营利率为年息二分（20%）的情况绝非孤例。如度宗咸淳间（1265—1274），浙江台州正真院，"应贷火佃之谷各三斗，问舟之日来，请以资其用，是怜其窘匮也。春务易为力矣，秋收来偿，依社仓规，增二分息"。③ 寺院将粮食出贷给佃农，按社仓利率标准，收二分为长生库利息。"依社仓规"即可能是依照当时、当地社会通行的利率规则，"增二分息"总应是年息的概念。

南宋民间高利贷利率如上述《袁氏世范》中的记载："质库月息自二分至四分，贷钱月息自三分至五分，贷谷以一熟论，自三分至五分，取之亦不为虐，还者亦可无词。"即利率按月息三分至五分（30%—50%）算，是通常的标准。那么是否寺院长生库经营的利率较低？似乎也说不太通，如表10-1中的南宋绍定—咸淳（1228—1274）和淳熙—嘉熙（1174—1240）采自《名公书判清明集》的二笔，年息亦仅二分（年利率20%）左右甚至更低。

但从一些金石文献记载的实例中又可得知，寺院长生库经营利率也并非全同报国寺的情况。如理宗嘉熙年间（1237—1240），有一所地处偏僻山林的湘山报恩光孝禅寺，因交通不便等原因，日常所用，供给困难。该寺住持僧考虑开展长生库经营以解决燃眉之急，"因思山间日用，惟盐最急，以日而

① （清）陆心源：《吴兴金石记》卷一一《报国寺布施记碑阴·檀越施财修崇名衔》，台北：新文丰出版公司1982年（第二版）影印《石刻史料新编》第一辑第14册，页10806上—10807上（笔者标点，括号中文字系笔者所加说明）。

② 同上书，页10802下。

③ （清）黄瑞：《台州金石录》卷一一《宋正增院增田记》，中国东方文化研究会历史文化分会编，江苏古籍出版社1998年影印本《历代碑志丛书》第20册，页452上。

会所费尤不资，于是复以其修造之赢余，铢积寸累，仅四百缗，创为西库，月收息可十二缗，仅足偿一月市盐之费。成规一定，为之申请于州，给公文以为之据，寻刻诸石”。[①] 寺院创建长生库，名之“西库”，共筹集资本金400贯，用以放贷，利率按照每月取息十二贯标准，即月息三分三厘（33%，年息396%）。

这个利率，从绝对数看很高，但是与现代社会观念不可比较，因为符合当时社会通行的高利贷标准。正因为此，寺院的金融经营是合理、合法的，因此湘山报恩光孝寺特地将本寺经营“成规一定”，即上报州府，并申请到州府公文作为持续经营的凭据，其中也应包括政府有关部门认可其经营利率的内容。寺院得到官方文书后即刻石为志。

但是从以上讨论的情况看，在差不多相同的时间段中，各地寺院长生库经营的利息率似乎差别过大，不知为何，只能暂时存疑。

由于寺院长生库所提供的经营服务一般而言信用度较高，可能有些寺院的长生库放贷利息比世俗贷款利息稍高也非无可能，但不应比世俗利率高太多。

南宋黄震记载过一个案例，曰：“僧有讼百姓负长生库息者，公谕明日偕头首僧以库簿来，来则阅其簿，示之曰：然则取息已多。”[②] 记载虽简单，但大致可知来龙去脉：有一个地方官汪某处理民间诉讼，受理一起僧人起诉本地百姓欠寺院长生库利息案。估计提起诉讼者应为寺院长生库经营负责人，汪某要求第二天由寺院负责人（头首僧）将长生库经营的账簿带来，经详审账簿记录，发现了问题所在：原来当地百姓向寺院长生库借高利贷者众多，但寺院高利贷的利息率要高于世俗社会通行的标准，换句话说，按世俗社会的通行标准，寺院已经收到了应收的利息。这个案例，结果可能是判寺院败诉。

寺院经营长生库本应是利己利人之举，故贫穷百姓向寺院借高利贷后若无法归还，有时可以服役偿还。

如江西“景德镇管下有小刹回香院”，绍兴中（1131—1163），有一“老新妇欠院家钱，逐日旋还了，余欠只七金”，希望院僧人“乞放此身去”，不再追

---

① （清）谢启昆：《粤西金石略》卷一二《创库本记》，江苏古籍出版社1998年影印《历代碑志丛书》第22册，页211下。

② （南宋）黄震：《黄氏日抄》卷九六《知兴化军、宫讲、宗博汪公行状》，台湾商务印书馆1984年影印《景印文渊阁本四库全书》第708册，页1040上。

究债务，“慈悲宽舍之恩，不可胜言矣”。[①] 这一位老妇借了寺僧债务，进寺院服役抵还，推想按佛寺长生库慈悲本旨最后应是放行的。

另游彪先生认为“寺院的高利贷利息率高于世俗社会的利息”，或“有的寺库高利贷利率甚至远远比世俗高利贷要高”，[②] 不知何据。刘秋根、周国平二位先生也认为其所举二例不能证明其观点，又认为当时不论寺院还是世俗社会的谷物放贷，取息率约年息 50%—100% 间，大体是官府常平仓及南宋社仓的放贷利率。[③] 亦备一说。

三、南宋寺院长生库经营之特殊机制及若干评论

南宋寺院长生库的经营机制灵活多样，以下先援引三种特殊的长生库经营机制及其案例展开一些分析讨论，然后简要评论。

（一）案例分析：三种特殊经营机制

笔者据前贤讨论以及文献检索，认为当时至少存在三种比较特殊的寺院长生库经营机制。之所以说特殊是因仅存于南宋时期，似为他朝所未见。

1. 案例分析一：地方政府官员参与经营

地方政府官员参与寺院长生库经营管理，是以往未被注意的一个问题。我认为这个现象是能够反映南宋寺院长生库经营机制的重要视点之一。下面提出三个这方面的案例，并据以做一些讨论。

其一，上文谈到湖州南林报国寺碑《檀越施财置田名衔》记载：施主捐施财物给长生库作为经营资本，根据施主规定的使用方式，是在本金不动的前提下，将长生库经营所得利息提出，作为供养寺僧以及施主亲属忌辰修崇等项费用，并有一些细节规定，如寺院每遇施主亲属忌辰举行斋僧、僧众诵经时要在

---

① （南宋）洪迈：《夷坚志·支戊》卷一〇《回香院鸡》，上海古籍出版社 1995 年影印《续修四库全书》第 1265 册，页 649 下。

② 游彪：《宋代佛教经济史稿》，河北大学出版社 2003 年版，页 202、205、208。

③ 刘秋根、周国平：《读游彪博士著宋代寺院经济史稿》，《中国史研究动态》2006 年第 2 期。

“法堂设位、供养果实、饮馔、香烛、纸马，务要如仪”，其中有一项必须实行的程序是“每遇忌辰，先期一日关报，请官员入寺拈香证明”。碑文刻字还表明，此项环节乃属“合同存照”并刻石为志的要事。①

意思是必须要在举行忌辰修崇供斋的前一日，报请官员，当日入寺拈香证明，这是要严格执行的一道程序。换句话说，是在长生库经营中提出利息使用时必须执行的规则。这样实际上也就等于，寺院长生库经营的过程中，地方政府和某些官员要以某种方式参与进来。

对此条规定，黄敏枝先生曾提出疑问：“他们不过是一般百姓的施舍，何以有此能耐？又官员何以要介入这种事情？如果所谓的官员就是指僧官而言，那么就可以理解。”② 这个问题因为注意到了这个易被忽视的细节，应该说提得很敏锐。但是却又忽视了另一个问题，即南宋大小寺院管理皆纳入行政体系，南林报国寺既已得敕额，地方官员介入有关事宜就很正常。再进一步看，还有两点可注意，一是在当时上述事宜属非常严肃认真之举，故不但要“合同存照”，而且要刻石为志，所以相关仪式请官员到场作证以示正规，对于寺院及施主都是负责任的表现，至于“官员”身份是僧是俗，并无特别意义；二是在当时“官”与“僧”之关系绝非如后世之泾渭分明，“官”之见“僧”未必一定官气凌人，“僧”之见“官”也未必一定唯唯诺诺，如从北宋苏轼与僧人往来或南宋孝宗与慧远、德光等人的关系看，请官员到寺参加活动并非多么大的一件事情。

其二，当时地方政府官员参与寺院长生库经营活动或管理过程可能是通例。如南宋湘山报恩禅寺祖潮任住持后，在寺院已有长生库基础上，“新置西库一座，今亦凑足库本钱四百贯文币，除已令管库僧如海、德聪收附库簿，逐月申呈，使府签押外，照得本寺往年之间，动辄欠债叁伍百仟”③。此寺每月结算，又管库僧人要呈报地方官签字后生效，因制度较正规，对以往资金来往账目进行审计核查，结果排查出本寺长生库的一些债务问题。这个案例也很有意思，具有一些代表性。

---

① （清）陆心源：《吴兴金石记》卷一一《报国寺布施记碑阴·檀越施田地名衔》，台北：新文丰出版公司 1982 年（第二版）影印《石刻史料新编》第一辑第 14 册，页 10803 下。

② 黄敏枝：《宋代家庭对于佛教寺院的供养——以石刻文字为主》，（台湾）《中国社会历史评论》2004 年第二辑。

③ （清）谢启昆：《粤西金石略》卷一二《创库本记》，江苏古籍出版社 1998 年影印《历代碑志丛书》第 22 册，页 211 上。

其三，上文提到南宋黄震记载："僧有讼百姓负长生库息者，公谕明日偕头首僧以库簿来，来则阅其簿，示之曰：然则取息已多。"① 是汪姓地方官员详细审查该寺长生库账籍，处理僧人起诉百姓欠寺院长生库利息的案件记载，但核查结果，认为"取息已多"，即僧人这个诉讼案可能不成立。从中亦可知长生库在专门财会账簿制度下经营较规范，同时也表明地方官员可以行政干预长生库管理，这对于提高长生库经营的社会公信度具有积极作用。

2. 案例分析二：地方富豪以合伙制参与经营

上文已谈过鬻牒主要是政府行政行为。然而鬻牒能获厚利，同时作为一项产业，既具一定规模，实行亦较普遍，因此南宋民间也开展鬻牒经营，经营机制与官鬻制度不同，经营单位则发生在寺院长生库。

《宋会要辑稿》载，南宋嘉泰元年（1201）十二月臣僚上言：

> 臣闻，有丁则有役，有田则有赋，有物力则有和买。今有物力虽高而和买不及者，寺观之长生库是矣。臣询其故，始因缁流创为度僧之名，立库规利，相继进纳，固亦不同。今则不然，鸠集富豪，合力同则，名曰斗纽者，在在皆是。② 尝以其则例言之："结十人以为局，高下资本，自十万以至五十万，大约以十年为期，每岁之穷，轮流出局，通所得之利，不啻倍徙，而本则仍在。初假进纳度牒之名，徒遂因缘射利之谋耳。"并提出设想："乞行下诸州县，应寺观长生库并令与人户一例推排，均敷和买，则托

① （南宋）黄震：《黄氏日抄》卷九六《知兴化军、宫讲、宗博汪公行状》，台湾商务印书馆1984年影印《景印文渊阁本四库全书》第708册，页1040上。

② 仲尧按："斗纽"原指印章，刻字一端为印斗，上端是印鼻，称纽。南宋时"斗纽"专指"鸠集富豪，合力同则，名曰斗纽者，在在皆是"（《宋会要辑稿·食货》70之102，中华书局1957年，第七册，页6421下），则"斗纽"是一种富豪"合力同则"筹组的合本放利生息的民间金融经营组织，其经营机制，根据较确定的规则，有"轮流出局"、"高下资本自十万以至五十万"、"以十年为期"等，是一种"合本连财"，具有合伙制性质的经营团体，参〔日〕日野开三郎、草野靖：《关于唐宋时代的合本》（《东洋史研究》第十七卷一号），认为是宋代"高度发达的合本组织"。并参刘秋根《论中国十至十四世纪合伙制的几个问题》，《历史研究》2002年第6期。刘秋根考证说："'斗纽'即'纠合'、'鸠集'、'会聚'之意"，与"斗会"同义，且明清以后迄今湖南等地农村中尚有将聚敛钱物之"合会"称"斗钱"、"斗米"等，见刘秋根：《试论宋元寺院金融事业》，《世界宗教研究》1992年第3期，页74。

名僧局‘斗纽’财本，以图市利者，亦将无所逃矣。”[①]

对这条材料已多有学者注意到。日本学者今堀诚二认为，寺院与富豪合伙，但是委托长生库经营，富豪只在年末参与决算。[②]但是刘秋根认为此说可商榷，因为：

第一，认为“结十人以为局……每岁之穷，轮流出局，通所得之利”，反映了这种“斗纽”中十位富豪平常不出局，而委托长生库进行高利贷业务，只在年末进行决算。因而不能将他们“当成营业的当事者”。实际上这里有两种可能性：一是富豪只在年末出来决算，平时的经营则委托长生库进行；二是富豪轮流负责经营，在每岁岁末清算之后即换下一位富豪，而长生库成为富豪隐蔽财产及经营的一种手段。[③]由此看来，南宋长生库中的“斗纽”资本，可能是由富豪共同经营。但即使是由长生库经营，也仍然可能是合伙制性质。

第二，认为“(富豪)以脱税和寄生作为目的，对局的出资随意进行，既没有经营事业所必需的资本筹集，也没有局自身的业务部门，而把一切委托长生库，计划性的融资也没有”，因而包含着连财而不是合伙的条件。实际上，对于合伙本身来说除了利润外以什么为目的并不重要，并不成为定性某一组织为合伙所必须考虑的要件；其次，如文献资料所言，富豪们“合力同则”，筹组“斗纽”，展开经营，不但有了运营资本，而且有较确定的规则，如“轮流出局”、“高下资本自十万以至五十万”、“以十年为期”等。刘秋根认为，“总而言之，这条材料亦可证明宋代‘合本连财’是具有了合伙制的性质的”。[④]本人也同意这个观点。

除此之外笔者感兴趣的地方还在于，其经营内容包括通过“进纳度牒之实”以达到“因缘射利之谋”，即长生库从事鬻牒经营以谋利。寺院建立长生库之目的，是“因缁流创为度僧之名，立库规利”，目的是通过买卖度牒取利，然而可

---

① (清)徐松辑:《宋会要辑稿·食货》70之102，中华书局1957年影印本，第7册，页6421下。仲尧按：“‘斗纽’财本”，原文为“门牛财本”。

② 〔日〕今堀诚二：《十六世纪以后合伙的性格及其推移——尤其是古典形态的成立及扩大》，《法制史研究》第八卷一号；《清代合伙制向近代化的倾斜尤其是关于合伙分化的形态》，《东洋史研究》第十七卷一号等。又见《中国封建社会的构成》第三部分，劲草书房1991年版。

③ 两种情况下富豪参与长生库经营按照常理总应有所得，如分取“斗纽”资本所得利润，则长生库与“斗纽”实体间是一种合伙经营关系。参刘秋根：《论中国十至十四世纪合伙制的几个问题》，《历史研究》2002年第6期。

④ 刘秋根：《论中国十至十四世纪合伙制的几个问题》。

能因寺院自身经营效果不理想，于是乃“鸠集富豪，合力同则”，创立民间金融组织“斗纽”，与专业经营者共同经营。这种情况“在在皆有”，即当时是普遍存在的一种现象。上述今崛诚二和刘秋根之论，实际上也都涉及这种经营的运作机制及效益问题，若继续深入探讨，应该也很有意义。

《庆元条法事类》中对民间质库经营的法律执行中可能出现的其他相关情况予以特别说明，其中可能包含与寺院合伙经营的民间质库：

淳熙十四年（1187）六月二十七日，尚书省批，状刑户部著详：

民间如甲以钱一贯，买卖经营，后来利息已及二贯以上者，缘依法积日多，虽不得过一倍，即系违法取利，自不合理索外。若甲出钱一百贯雇倩（请）乙，开张质库营运，所收息钱虽过于本，其被雇倩（请）之人系藉本而营运，况系主家出本雇人或凭倩（请）开张质库，及所收息，利既系外来，诸色人将衣物、金银、匹帛抵当之数，其本尚在，比之径借取利过本者，事体不同，即不合于私债一例定断。①

这类条法以现代法律眼光看似有过于琐细之嫌，正因如此，当时却可能是针对特定事案而发。不过也是值得探讨的问题之一。

笔者认为，概言之，寺院与地方富豪合伙经营寺院长生库金融业务在当时是一种较普遍的现象。② 生成原因，或有四点：1. 长生库与世俗高利贷经营有异，经营效益较好，获利较高；按照资本的天性若有可能就会寻找机会参与，而当时社会和寺院经营机制正好能提供这类机会；2. 长生库与鬻卖度牒制度存在积极关联，因此这种现象也可能从佛教内部机制中得到积极支撑；3. 此前长生库所得不负担官府和买，但是按上述嘉泰元年臣僚所言，此后长生库也须负担和买赋税，表明南宋政府对寺院经营相当重视，不断进行必要的政策调整，对于经营资本而言则可能在机会成本调整的变动中寻找新的盈利机会；4. 这样一个有利可图且相应风险较小的金融经营领域，吸引地方人士积极参与，客观上对相关寺院长生库经营机制之构成及完善同样有利。

① （南宋）谢深甫：《庆元条法事类》卷八〇《杂门·申明·杂敕》，燕京大学图书馆藏版民国三十七年（1948）影印本，第 12 册，页 5 左。

② （清）徐松辑：《宋会要辑稿·食货》70 之 102：“鸠集富豪，合力同则，名曰斗纽者，在在皆是”；中华书局 1957 年影印本，第 7 册，页 6421 下。

3. 案例分析三：多个寺院异地联营机制

这类案例更加特殊。南宋寺院长生库金融经营中还出现一种多个寺院参与、异地联营、统一进行财务核算的经营机制。

南宋除五山十刹一类巨刹名寺外各地大小寺院庵舍亦多田产，有些寺院在自有田产的基础上，主要依靠长生库经营维持生存和开展弘法，创建于南宋理宗绍定五年（1232）的临安崇福寺是一典型案例，《咸淳临安志》记载了有关情况：

> 建炎以后，自川峡荆湖闽广陆道入京者，皆渡涛江而来，由西兴抵龙山，最为冲要，而傍江东西，曾无次舍之地，行者病焉。明（释宗明）虽方外士，而慨然有济人利物之心，前是十年，首建明化寺于西兴，以为延待往来之所，及是又创于龙山，已而浸至衢、建、泉、福、南剑诸州，为寺者二，为院者四，为庵者二十有三。起衢逮剑，凡山溪之崄峻，皆平治之，买田种山，以赡守者，俾祁寒暑雨之际，倦思憩渴思饮者，各有所之，盖其所接纳行道之人咸及焉，匪直缁黄而已。既又推其所为，病者有药，死者有窾，厥惠浸广，人多称之。
>
> 合庵寺供给之所资，田之以亩计者，二千有七百，园林之在山而以亩计者，千有六百，稻米之以秤若斛计者，四百益。以子本之钱，岁入有差，皆明衣钵之所自营，未尝求诸外也。
>
> 崇福（院）既成，旋被堂帖，俾其徒世守之。御史府文移闽浙部使者，下令申饬焉。……明也，以一浮屠氏，乃能仿佛昔人之遗意，举有司之所未暇及者而尽力以行之，岂不可尚哉。①

这可能是一个值得特别重视的案例。曾有学者将文中所记数千亩田产，皆误置于临安崇福寺一寺名下，后有不少研究者以讹传讹也如此说，但是根据上文分析可知并非如此。

释宗明事迹未见于僧传。宗明约从宁宗嘉定十五年（1222）起，“慨然有济人利物之心”，乃发愿创寺庵“接待”行人，至绍定五年（1232）在龙山（位于

---

① （南宋）潜说友：《咸淳临安志》卷七七《寺观三·崇福院》，中华书局1990年影印《宋元方志丛刊》第4册，页4053下（笔者标点分段，括号中文字是笔者所加说明）。

现杭州城东南）建崇福寺止，约十年间，在两浙及福建地区共创立大小近三十座寺院，分布范围广泛，自临安“已而浸至衢、建、泉、福、南剑诸州，为寺者二，为院者四，为庵者二十有三”；共计创寺庵有 2 所寺、4 所院、23 所庵，可谓成就惊人。不过更有意思的还在于以下四点：

一是由主要寺院为核心构成一个寺院系统，在寺院功能及相应的寺院经营中以系统方式联合运营。崇福寺与上述各地近三十座大小寺庵，共同拥有 2700 亩田、1600 亩山地以及田地的稻米收成，加上长生库金融经营所得，从引文中可清楚了解这些财产乃“合庵寺供给之所资”，“合庵寺”即本系统所有寺庵，“供给之所资”即生存及弘法资粮。

一个寺院在本地及外地拥有多处田产，乃是当时寺院体制，文献所载多见，如同时的临安上天竺寺拥有田产计：“平江府浒墅庄田二十顷”、“钱塘县、仁和县、秀州县、秀州嘉兴县、崇德县、平江府等处田产”、“崇德田十五顷”、“钱塘、仁和、富阳、海宁等县田、山、荡、沙地四十五顷”、“钱塘、仁和、富阳、临安县山十五顷”、“松江府华亭海田”、“吴中田二千亩”、“湖州府德清县、乌程、归安、长兴等县田五十顷”，共计拥有各地田产约二万亩余，分布在一个较广大的地区（今浙江杭州市、嘉兴市、建德市、富阳市、海宁市、临安市、上海松江县、江苏苏州市）。[①] 上天竺寺是钦定的“朝廷祈祷去处”[②]，即皇家祈福寺院，因寺院身份的特殊性，决定了寺院制度也具有特定的代表性。至少南宋时期寺院田产不在本地而置于他乡的情况所在多有，如《宋会要辑稿》载：光宗“绍熙元年（1190）五月四日，直秘阁张磁言：‘乞以临安府艮山门里所居屋舍为十方禅寺，仍舍镇江府本家庄田六千三百亩，供赡僧徒。’礼部太常寺拟‘庆寿慈云禅寺’为额，从之”[③]。寺院所处之地是在临安府的城中心地区，[④] 寺院创建之后，寺内僧徒赖以生存以及作为弘法资粮的 6300 亩田产，则远在镇江府。可想而知，当时寺院体制中必然包含异地田产管理、异地大额资金管理的制度要素。

二是寺院生存方式依靠自营式田产及金融经营。崇福寺及本系统近 30 所寺

---

① 见本书第九章中的有关讨论。

② （清）徐松辑：《宋会要辑稿·道释》2 之 18：“庆元三年（1197）十二月十四日诏，上天竺灵感观音寺为系祈祷去处，今永作天台教寺。”中华书局 1957 年影印本，第 8 册，页 7897 下。

③ （清）徐松辑：《宋会要辑稿·道释》2 之 15，中华书局 1957 年影印本，第 8 册，页 7896 上。

④ 仲尧按：该寺所在的地方“艮山门”南宋时地处临安城区东北，是城市的中心地区，现仍是杭州城区繁华之地。

庵，所处地理位置，“起衢逮剑，凡山溪之崄峻，皆平治之，买田种山，以赡守者”，分布在从浙江衢州至福建剑州（“起衢逮剑”）的一片广大地区，这些寺庵的田产，得自“买田种山”，即部分来自开垦荒芜，部分则可能来自各界檀施，结果“俾祁寒暑雨之际，倦思憩渴思饮者，各有所之；盖其所接纳行道之人咸及焉，匪直缁黄而已。既又推其所为，病者有药，死者有窆，厥惠浸广，人多称之”。寺院依靠自身经营生存并弘法利生，开展慈善事业。

与此相关是寺院体制问题。临安龙山崇福院创建于理宗绍定五年（1232），“崇福既成，旋被堂帖，俾其徒世守之”。即被正式立案，“旋被堂帖”即由堂帖除任，成为合法寺院，宗明成为第一任住持。但是说“俾其徒世守之”，又似乎是采用甲乙寺院制度，若是，也较符合实际。因为这样一种寺院体制，如一开始就采用十方制度，实际操作很难。不过也不是很清楚，因即“被堂帖”除任，整体上应是执行十方体制。或如上文谈过的无准师范在径山寺曾采用的特殊体制，即在具体的经营环节采用甲乙体制。

三是寺院以联营方式开展长生库金融经营。大小近30所寺庵，似乎建有一个金融联营网络：“合庵寺供给之所资”，皆由寺院自营解决，“买田种山，以赡守者”，“田以亩计者，二千有七百；园林之在山而以亩计，千有六百；稻米之以称若斛计者，四百。盖以子本之钱，岁入有差，皆明衣钵之所自营，未尝求诸外也”。即近30所寺庵共计拥有2700亩田、1600亩山地，加上年收入400斛稻米，虽“岁入有差”，即每年收成丰歉有所差别，但是以之作为“子本之钱”，即作为资本金开展长生库金融经营，结果这些大小寺院完全能做到自养，“未尝求诸外也”，即从未由政府部门投资（当时由中央或地方政府部门投资兴建寺院是通行做法）。

宋代商品经济发展基本特征之一是大量有价证券进入市场流通，信用汇兑制以及纸币流通范围随之扩大。现实经济因素促使货币单位发生转化，从较适合小商品交换需要的价值较小的铜钱转向较适合大宗商品交易、远距离贸易以及金融经营的白银和纸币。[①] 在金融经营领域，纸质有价证券更取代值小量重而不方便的铜钱，世界上最早的纸币“会子”的诞生和使用，成为宋代经济及宋代货币史上的突出事件。南宋时期纸币已具有信用货币性质，学者认为，从起源看宋代纸币是一种替代性货币，但是在发展过程中很快就向信用货币性质

① 参高聪明：《宋代货币与货币流通研究》，河北大学出版社1999年版，页14—16。

转化。[①] 宋代纸币的种类有交子、钱引、会子等，也有一些具有区域性使用性质，如有学者讨论南宋东南会子起源问题，认为是东南地区商品经济发展与铜钱使用不便间的矛盾产物，其直接来源，是民间的便钱会子，南宋朝廷为保证东南会子有效流通，还创置了钱会中半制度。[②] 崇福寺体制的异地联营模式，即依托这样的时代经济背景。

四是系统运行机制完全建立在佛教慈悲度众价值观基础上。释宗明之初发心，乃因“慨然有济人利物之心”，因而以大愿力，“俾祁寒暑雨之际，倦思憩渴思饮者，各有所之，盖其所接纳行道之人咸及焉，匪直缁黄而已。既又推其所为，病者有药，死者有窆，厥惠浸广，人多称之”。根据大乘佛教慈悲精神，长生库经营所得，并不仅限于狭义上的寺院生存之用，“盖其所接纳行道之人咸及焉，匪直缁黄而已”，所利益（作为接待院所接待救济）者并非仅是僧尼，所有“行道之人”，凡遇“祁寒暑雨”之际，“倦思憩渴思饮”之时，皆予以资助救济，还不仅于此，因经营有成，更“推其所为，（使）病者有药，死者有窆”。因“合寺庵”之长生库经营有方，拥有充足的慈悲资粮，因此“厥惠浸广”，而“人多称之”。

长生库经营成为寺院立足与弘法之重要基础，但其意义非仅限于寺院自身，更因其利乐国土、慈悲度人的大乘精神而生存在一个广泛的社会机制中。总体上看，这也是南宋寺院长生库经营得到社会各界肯定和支持，得以较普遍地存在和发展的原因。如《咸淳临安志》作者潜说友引李心传语曰：“尝闻河南夫子，因游僧舍，值其食时，顾而叹曰，三代礼乐，尽在是矣。夫子之叹，盖有感也。余愿学夫子者，福田利益之报非所敢，知顾以其能充恻隐之端似可为，国家仁政之助，而士君子之得位者，又因以劝则王制，可以渐复。此余之所以重感也，于是乎书。”对此种经营机制，表示充分肯定。

（二）关于南宋寺院长生库经营之若干评论

从上述讨论中可知，宋代寺院中长生库经营成为一种相当普遍的现象，甚至使社会经济行为发生一些特殊变数。如宋朝政府禁止寺院购买百姓田地，寺

---

① 参张文：《宋代通货膨胀问题辨析——兼论宋代纸币的性质》，《西南师范大学学报》2000 年第 1 期。

② 李娫、林文勋：《论南宋东南会子的起源》，《思想战线》1994 年第 1 期。

院长生库应该也同样不能随意购置田产，但是事实上一些富裕寺院因为长生库经营而手头掌握大量资金并因此投资土地的情况时有发生，如北宋张守真“赐县官邸店越数百楹，匄日利以充费，法师前后赐赉咸贾易，创田园不止万亩，立为常住”[①]。从碑文语气看似乎也不是私下进行、不能曝光的违法之举。南宋时期一些寺志记载中，更多见寺院自行购置大量田产的情况，这与寺院长生库经营广泛而效益较高或有一定关系。

综上所述，南宋时期寺院长生库经营中还出现不但经营对象面向社会，而且有地方政府官员直接参与、民间人士以合伙制方式共同经营和分红那样的经营方式，甚至还存在以中心寺院为主的多个寺院异地联营机制。

下面再谈一谈当时及后世的正反面的有关评价。

寺院长生库经营是一个经济问题，同时又是一个宗教问题，直接涉及经济利益和文化利益，因此成为敏感的社会经济和文化领域，引人瞩目，从而易成为是非之地。而事端既杂，评价亦不一，下举四例。

一是经营效益与社会治安问题。长生库经营如效益不佳或利润一般，不引人瞩目，也不易引起是非。但是如果经营有成，收益丰厚，就可能令人眼馋，甚至引起盗贼垂涎，从而引发事端。如南宋陆九渊记载：“近忽有劫盗九人，劫南境村中软堰寺长生库，迟明为烟火队所捕，敌杀一人，生擒九人，皆勇悍之盗。”[②]不过这可能主要还是一个社会治安问题，从古代而至近现代农村中常发生这类针对富豪的劫掠现象。这类情况根据本书主题可置不论。

二是违法乱制与制度建设问题。总体上看，南宋佛寺长生库经营制度谨然，但是因人性使然，即使是出家僧人，有时亦可能因外界诱惑或其他原因犯错，各地寺院长生库经营亦非整齐划一，有时也存在不少弊端。如有时管库僧人、寺院当权者可能利用职权侵吞钱物，甚至盗窃，如湘州报恩光孝禅寺长生库经营中就存在这个问题，“主首、知事、库子与库僧通同移易，不时厝借，因少积多，侵用库本，向来倒败之由，皆因此弊”[③]。这个问题可能既有制度原因，也肯定有人为因素，很难一概而论。但是解决之途，毕竟主要还是只能在于制度

① （清）王昶：《金石萃编》卷一三四《圣宋传应澋大师行状》，上海古籍出版社 1995 年影印《续修四库全书》第 890 册，页 347 上。

② （南宋）陆九渊：《陆九渊集》卷一七《与邓文范》，中华书局 1980 年排印本，页 217。

③ （清）谢启昆：《粤西金石略》卷一二《创库本记》，江苏古籍出版社 1998 年影印《历代碑志丛书》第 22 册，页 211 上。

机制方面。

三是经营伦理与社会监督问题。虽然有了制度，但是有时因为执行不力或者文化传统等方面的原因，制度亦无能为力，如同空置，这种情况下，反而传统伦理的力量（即所谓“软制度”）能够起比较重要的作用。洪迈《夷坚志》记载，庆元三年（1197）六月二十二日，江西饶（州）“沙棠庵一僧，正据案间阅算簿书，雷狭下而诛之，腰断为二，背上朱刻痕如小斗者十数。此庵素富，度僧七八员，一意牟利，所震者尤贪，专用升斗为轻重，大入小出，故婴天诛。其徒秘不许泄，而里落遍知之矣”[①]。饶州沙棠庵历来是个富寺，但是寺僧贪鄙，在寺院经营中“专用升斗为轻重，大入小出”，即长生库经营中用粮食借贷时，大斗入、小斗出，最后遭到雷殛。从洪迈记载的材料看，这个寺院的长生库经营并非一片混乱，而是相反，经营可能井井有条，经营效益因此颇佳，问题是出在道德伦理方面，即非制度原因。

这个案例也反映了民间的一种普遍观念。佛教寺院从事长生库经营，除资金保证之外，基本前提，就是以诚实和信用为本，所以经营中若生异心，牟取非利，必使神灵震怒，而僧人若利用社会大众的高度信赖而贪赃枉法，尤令人不齿，必遭天谴。

当然从制度文化角度看，社会舆论、伦理习俗、道德习惯就是一种软制度文化，故从总体上看，寺院长生库经营也是始终处于受社会舆论等软制度文化环境之严厉监督的环境之中，仍然是制度文化的作用。

四是社会评价与历史评价问题。南宋文献中还可常见到一个特殊情况，即对于同一种社会现象往往有不同评价，有些差别很大。如对佛寺经营长生库业务，历史文献中有各界人士大力表示赞赏的种种记载，同时，佛门内外质疑之声见诸文献者也不少。

如陆游《老学庵笔记》曰：“今僧寺辄作库质钱取利，谓之长生库，至为鄙恶。予按梁甄彬尝以束苎就长沙寺库质钱，后赎苎还，于苎束中得金五两，送还之，则此事亦已久矣。庸僧所为，古今一揆，可设法严绝之也。”[②] 这是一条被广泛引用的材料，学者或据此认定寺院长生库经营性质“至为鄙恶”，笔者认

---

① （南宋）洪迈：《夷坚志补》卷二五《鄱阳雷震》，台北：新兴书局有限公司 1981 年影印《笔记小说大观》第八编第 5 册，页 2750—2751。

② （南宋）陆游：《老学庵笔记》卷六，上海古籍出版社 2001 年点校本《宋元笔记小说大观》第 4 册，页 3503。

为不妥。

无著道忠《禅林象器笺》中曾针对陆游此语评曰："陆游言，虽出于护法意，然不多读经律，而致此臆断。"认为其说乃属"臆断"，原因是陆氏不熟佛典，尤其不悉律典，不知"律有无尽财，事稍相类，未可槩为庸僧之作，但防其鄙猥而可也。《敕修清规》首载圣旨，所谓解典库，亦是取典物货财而逐利，以赈寺用也"①。拙意认为批评得当。从上面讨论中可知，当时人们对寺院长生库经营赞美有加，也是事实。

① 〔日〕无著道忠：《禅林象器笺》卷二〇《钱财类·质库钱》，《佛光大藏经·禅藏·杂集部》，页1602。

第十一章　唱衣拍卖与清规规范

僧人生活依靠教团或寺院，出家人没有血亲后代，因此若有遗产一般留给所在教团或寺院。历史上和现实中有些僧人拥有巨额财富，如何处置僧人遗产就成为一个寺院经济问题。南宋寺院体制中亡僧衣物唱衣拍卖是一项重要制度，宋元清规中多用较大篇幅说明相应规则。本章拟分三个方面对这个特定领域展开考察和讨论。

一、唱衣拍卖传统与制度背景

丛林清规中的唱衣拍卖制度是在依据印度佛教传统前提下，在对宋代社会制度相关内容如遗产法的反映与互动中发展并加以完善的寺院经营制度内容之一个方面。下面先从原始佛教制度中关于唱衣拍卖的传统开始讨论。

（一）原始佛制与亡僧遗产处置

丛林清规中关于亡僧遗产处置的制度规章内容相当丰富，这部分内容应该说主要是中国佛教制度文化发展中取得的成果，也具有一定的创造性，但是有源远流长的原始佛教传统依据。从律典中保留的大量相关内容可知，佛陀在世时期原始教团中的有关思想和做法是其制度渊源。

1. 渊源与认识：原始佛制之亡僧遗产处置

始译于晋义熙元年（405，译毕年不详）的《四分律》是在中国译传最早、影响最大的律典之一，书中详载了僧人遗产处置的原则与具体方式：

尔时舍卫国有多知识比丘死，有多僧伽蓝，多有属僧伽蓝园田果树，有多别房多属别房物，有多铜瓶铜瓫斧凿灯台，多诸重物，多有绳床木床卧褥坐褥枕，多畜伊梨延陀毾罗毾毾罗氍氀，多有守僧伽蓝人，多有车舆，多有澡罐锡杖扇，多有铁作器木作器陶作器皮作器剃发刀竹作器，多衣钵尼师坛针筒。

诸比丘不知云何，白佛。佛言：多知识无知识，一切属僧。诸比丘分僧园田果树，佛言不应分，属四方僧。彼分别房及属别房物，佛言不应分，属四方僧。彼分铜瓶铜瓫斧凿及诸种种重物，白佛，佛言不应分，属四方僧。彼分绳床木床坐褥卧褥枕，佛言不应分，属四方僧。彼分伊梨延陀毾罗毾毾罗氍氀，佛言不应分，属四方僧。自今已去，听诸比丘氍氀广三肘长五肘毛长三指，现前僧应分。彼分车舆守僧伽蓝人，佛言不应分，属四方僧。彼分水瓶澡罐锡杖扇，佛言不应分，属四方僧。彼分铁作器木作器陶作器皮作器竹作器，佛言不应分，属四方僧。自今已去，听分剃刀衣钵坐具针筒，彼分俱夜罗器，现前僧应分。

尔时有异住处二部僧，多得可分衣物。时比丘僧多，比丘尼僧少，诸比丘不知云何，白佛。佛言：应分作二分。时无比丘尼，纯式叉摩那，应分作二分。时无比丘尼，无式叉摩那，纯沙弥尼，佛言：应分作二分。若无沙弥尼，僧应分。时有住处二部僧多得物，比丘少，比丘尼多，白佛。佛言：应分作二分。无比丘有沙弥，应分作二分。无沙弥，比丘尼应分。

时有比丘，在拘萨罗国人间游行，到无比丘住处村，到已命过。诸比丘不知谁应分此衣钵。白佛，佛言：彼处若有信乐优婆塞，若守园人，彼应赏录。若有五众出家人前来者，应与，若无来者，应送与近处僧伽蓝。[1]

这段话对于原始佛教教团中亡僧遗产的具体处理原则和处理方式，都交代得清楚明白。“多知识比丘”指身份地位较高的僧人，因生前受国王或社会各界供养较丰，寂后留下遗产也较丰厚，这些遗产如何处置，就成为僧伽集团要面对的现实问题，处理得当与否，与尊重逝者、抚慰亲近者（亲属、弟子、师长等）及教团稳定、弘法事业延续及社会影响等都有关，因此极为慎重。佛陀对于亡僧遗物的处置考虑极为细致，遗物按类分出大小轻重，再根据不同分类

① （后秦）佛陀耶舍与竺佛念共译：《四分律》卷四一《衣揵度之三》，《大正藏》册 22，页 859 中—下；类似内容并见同书 862 中—下。

一一妥善处理。

亡僧遗产处置因为直接涉及个人利益问题，处置实非易事，有时僧团中难免因此发生纠纷。如《根本说一切有部百一羯磨》记载：“时具寿邬波难陀身亡之后，所有资具价直三亿金钱。六大都城苾刍（比丘）皆集，咸言：‘我亦合得此物。’诸苾刍众不知云何，以事白佛。”这位“具寿邬波难陀”就是一位“多知识比丘”，亡后留下丰厚遗产，价值高达“三亿金钱”，六大都城中的比丘都认为自己有权分一杯羹，以致引起争执，只好请佛陀解决。佛陀针对此项财产争议事宜提出“分亡苾刍物法式”，又根据法式提出具体处理方式，曰：“又复应知，若逢（处理亡僧遗物）事闹，众难集者，开作初后法，应将十钱、五钱，于上座头及最小者与之，即为定记。”[①] 意思就是以掷钱决定具体哪一件遗物归属哪一个人。

此项案例表明，佛陀当时采取的解决方式似属不得已之举，但是有效阻止（防止）了亡僧财物分配时产生争议。从原始佛典记载的有关内容得知，佛在世时对亡僧遗产处理问题极为重视，曾几次三番，对不同身份、不同情况下的亡僧遗产处置做详尽、具体指示，从中可概括出四条“法式”（基本原则）：

第一，处理亡僧遗物时，无论其生前是“多知识、无知识”，即不论生前身份尊卑高低，原则上一切遗物皆属僧团公有。

第二，遗产中的固定资产部分，如僧伽蓝（寺院）、园田、果树、房屋、车舆、守僧伽蓝人（寺院中的奴仆），以及用具如铜瓶、铜瓫、斧凿、绳床、木床、坐褥、卧褥枕、伊梨延陀毼罗、毼毼罗氍毹、水瓶澡罐锡杖扇、铁作器、木作器、陶作器、皮作器、竹作器等，皆属“重物”，不能分，“应属四方僧”，即属僧团公有；注意不是属某一僧伽团体或某一寺院（私有），而是属“四方僧”即整个佛教团体公有。

第三，亡僧遗留的私人日常生活用具，如剃刀、衣钵、坐具、针筒、俱夜罗器等，可由生前所在僧伽团体中的僧（尼）个人分配使用。

第四，亡僧遗物在僧尼间分配的具体方法，如其生前住处（寺院）有二部僧（比丘僧、比丘尼），则“应分作二分”，即比丘、比丘尼各半，如有沙弥、沙弥尼，则应以同样比例分配。如僧人在行脚游方时身死在途，遗物也可分给当时在身边的信徒，佛曰：“若有五众出家人前来者，应与”，如身旁无人，可

---

① （唐）释义净译：《根本说一切有部百一羯磨》卷九《守持亡人物单白》，《大正藏》册 24，页 496 上—中。

将遗物赠送“近处僧伽蓝”（寺院）。

译于刘宋景平元年至元嘉元年（423—424）间的《五分律》也是中土影响较大的律典，书中记载：

> 有一多知识比丘（命过），为国王大臣众人所供养，命过其物甚多，诸比丘不知云何，以是白佛。佛言：若生时先已与人，应白二羯磨与；若生时不已与人，有可分不可分者；若婆那衣、苏摩衣、劫贝衣、拘摄毛长五指，若僧伽梨优多罗僧安陀会，若下衣，若舍勒，若单敷，若衬身衣，若被，若坐具，若针綖囊、漉水囊、钵囊、革屣囊，若大小钵户钩，如是等物，是可分者，现在僧尽应分。若锦、若绮、若绵、若毡、若拘，摄毛过五指，若雨、浴衣，若覆疮衣，若蚊㡡，若经行敷，若遮壁虱单敷，若坐卧床及踞床，除大小瓦钵瓦澡灌，余一切瓦器，除大小铁钵、户钩、截甲刀针，余一切铁器，除铜揵镃、铜多罗盛眼药物，余一切铜器、若伞盖、锡杖，如是等物，是不可分者，应属僧用。[1]

对于这位“多知识比丘”亡故后遗留的甚多遗物的处理，佛陀都予以尽可能详细的指示，可知处置原则与《四分律》中有关思想一致，不仅为当时不起争执，更是因后世能引以为仿效。

译于公元5世纪早期的《十诵律》也是中国流传的另一部重要律典，书中亦记载：“憍萨罗国一住处一比丘死。是比丘衣钵，僧分竟……佛言……余轻物僧应分，重物不应分。”[2] 基本精神与上述二典一致。此外如《佛说目连问戒律中五百轻重事》、《毗尼作持续释》等经中也有相似内容，说明若比丘死，无论是“多知识”或“无知识”比丘，遗物皆属僧团所有，如园田、果树、别房，乃至铜瓮、铜瓶、斧凿、灯台、绳床、坐褥、卧褥、毡毦、车舆、守僧伽蓝人水瓶、澡灌、锡杖、扇、铁作器、木作器、陶作器、皮作器、竹作器及诸种重物并属四方僧，其中的固定资产等“重物”由僧团集体继承，衣物等私人日常生活物品则由所在僧团（寺院）僧尼个人分配使用。

---

① （刘宋）佛陀什共竺道生等译：《弥沙塞部和醯五分律》卷二〇《第三分之五·衣法上》，《大正藏》册22，页139上—中。

② （后秦）弗若多罗、鸠摩罗什等译：《十诵律》卷二八《七法中·衣法第七之下》，《大正藏》册23，页202中下。

2. 继承与发展：历代亡僧遗产处置法认识

以上律典在中土译出流传时间相近而皆流传较广，教界大德们在坚定接受并虔诚维护的同时，具体做法上却并不墨守成规，而是在实践中因循历史条件相机方便作为。唐代义净（635—713）译《根本说一切有部尼陀那目得迦》中载有一首偈颂，曰："应差分物人，上座宜准价，不得辄酬直，索价返还衣"，并记载印度僧伽团体在佛陀指导下用拍卖方式分配私用衣物的具体情况：

> 尔时大会事了多获财物，诸苾刍众不知云何处分其物。佛言："应差分物人，当如是差，大众集已，先可问言：'汝某甲，为僧作分衣人不？'彼答言能。次一苾刍应为白二羯磨，大德僧伽听，此苾刍某甲，乐与僧伽作分财物人。若僧伽时至听者，僧伽应许。僧伽今差苾刍某甲，当与众作分财物人。白如是，羯磨准白应作。"
>
> 时分衣人敷座席鸣，揵稚为言，白已。后集僧伽，卖所得衣。苾刍不知谁应卖衣，佛言："僧伽上座，应准衣价。"是时上座遂贵准衣，更无人买。佛言："准衣时应可处中，勿令太贵太贱，初准即与。"佛言："不应待其价极，方可与之。"时六众苾刍见他准价，故增衣价。及至与时，便作是言："我不须衣，欲为大众多增衣价。"佛言："若众卖衣，其不买者，不应故增其价，若故增者，得恶作罪。"是时六众增价得衣，便即披着。见索价直，即还本衣。佛言："未还价足，不应着衣，若未还价而着衣者，得恶作罪。"①

佛陀指示，可以采用拍卖方式处置亡僧遗物中的可分配部分，如遗留衣物可以拍卖，但是拍卖过程必须慎重其事，决不可掉以轻心，事前要核价（准价、估价），"勿令太贵太贱"，即定价适宜，拍卖时要据此唱价（叫价），最后根据实际的"增价"结果，以合理卖价将衣物拍出。

《释氏要览》引《十诵律》曰："卖衣未三唱，比丘益（溢）价，后心悔，疑夺彼衣（原注：疑是夺前酬价者）。佛言：未三唱竟益价，不犯。"② 检《十诵律》载："佛言：从今日听众僧中卖衣，未三唱，应益价"；"三唱未竞，益价不犯"。③ "三唱"指叫价三次，"益价"即加价。拍卖中，叫价未满三次，在场

---

① （唐）释义净译：《根本说一切有部尼陀那目得迦》卷八，《大正藏》册 24，页 446 中—下。
② （北宋）释道诚：《释氏要览》卷三《唱衣》，《大正藏》册 54，页 309 中—下。
③ （后秦）弗若多罗、鸠摩罗什等译：《十诵律》卷七《明三十尼萨耆法之三》，《大正藏》册 23，页 53 中。

有权竞买者都可继续加价竞买。“犯”即“违规”，“不犯”即不算违规。

采用拍卖方式分配亡僧遗产，既公平，因为可避免因利益争夺发生矛盾，又民主，因为僧团成员皆可公开监督整个拍卖过程，杜绝可能发生的营私舞弊、中饱私囊的风气。佛陀的安排可谓既高瞻远瞩，又苦心孤诣。

不过唐代道宣（596—667）对于拍卖亡僧衣物的做法持谨慎的态度，认为既然佛说“余轻物僧应分，重物不应分”，可分的“轻物”衣物等就不应“卖”，而在可能的情况下不如直接“分”掉，道宣曰：“律无卖物分法，今时分卖，非法非律。”提出拍卖“非法非律”。[①] 道宣时任大唐首都长安城中最重要的寺院之一皇家寺院西明寺上座，唐代寺院实行三纲制度，上座即寺主，对于有关问题的处置有实际经验和切身体会。再说道宣是律学大师，相关思想，值得重视。道宣《四分律删繁补阙行事钞》中以《四分律》为本概括诸律部有关思想和做法，提出自己关于亡僧遗物（主要是衣物）的处理细则，曰：“然亡僧衣物，处断多途，并谓指南，俱呈至说。但由教有轻重，机悟浅深，如序所明，其例有六，至论决断，每有迟疑，临事详之，在于轻重。今既事务繁杂，非诸门无以别之，且张十门用开进不：一制入僧余处不得，二对亡者分法不同，三同活共财不同，四嘱授是非，五负债还不，六定物重轻，七具德赏劳，八分物时节，九正加分法，十杂明受物。”[②] 并详加说明和解释。

在后来的佛教发展历史上，在各个不同的历史时期，佛教的生存方式和弘法平台都处在不断的调整过程中，唱衣拍卖也逐渐成为僧团和寺院处置亡僧衣物的通行做法，而且有的时候，在有的地区或某些特殊情况下，僧团或寺院主持的唱衣拍卖活动甚至还会超出亡僧遗物处理的范围。

杨联陞先生曾研究过两件时间相近、内容同为寺院财务账的敦煌文书，一是“国立北平图书馆”藏“目连变文”背页，最早刊于1931年《图书馆馆刊》，提到的物品包括一双紫色罗纱芒鞋，拍卖得五百八十尺布；一床绵绒里子的深红丝被，拍卖得一千五百二十尺布；一把扇子，卖五十五尺布；一双白绫袜，卖一百七十尺布；另一双白绫袜，卖三百尺布；一件黄画被，五百尺布。这些东西可能是信徒捐给寺院的，拍卖的收益用来分配给僧众，每个和尚得到一百五十尺布。二是法国国家图书馆藏品2638号，三位僧人于后晋高祖天福元

① （唐）释道宣：《四分律删繁补阙行事钞》卷下之一《二衣总别篇第十七》，《大正藏》册40，页117上。
② 同上书，页113上。

年（936）做的前三年当地诸寺财务收支账，盖“河西都僧统印”红砂印鉴，可能是呈沙州（今甘肃省境）都僧统的文件；收入项下的第一笔是：“己年官施衣物，唱得布二千三百二拾尺”，即时间是在“己（巳）年”即后唐明宗长兴四年(933)，事情是该寺院拍卖掉官府所施衣物得到2320尺布，每位僧尼得到其中一份60尺，男女沙弥各得一半即30尺。杨联陞先生认为此事表明，敦煌地方寺院有时向社会公开拍卖各界布施的物品（回卖给社会公众），拍卖收入则根据一定标准分配给僧众。[1]

但是这种做法已是对律典所规定的亡僧遗产处置做法的扩展，因拍卖活动已不限于对亡僧遗物的处理，而发展为对僧团一时用不了的财物的处理，律典中并无此类内容。因此只能作为一种特例看待，视为历史上佛教寺庙的“四种募钱制度”之一也并不一定合适。

唐代寺院中似已多有以拍卖方式处理亡僧遗物的现象，至少从长安到沙州一片广阔地区的寺院是如此。道宣《四分律删繁补阙行事钞》中谈到对唱衣拍卖活动的看法时，对有些僧人在举行亡僧遗物拍卖活动时喧闹嬉笑的现象予以严厉谴责，曰：“至时喧笑，一何颜厚。佛令分付，为息贪情，令各自省；今反乐笑，不惟终始，此习俗生常，乃无悛革。”[2]认为这种喧闹简直厚颜无耻，表示反感。后常有人引用此说以证道宣反对以唱衣拍卖方式处置亡僧遗物，则似理解有误。

从道宣《四分律删繁补阙行事钞》所述内容再联系上下文看，可知道宣并不反对用唱衣拍卖方式处理亡僧遗物。如道宣明确表示过“然亡僧衣物，处断多途”，认为可根据不同情况决定亡僧遗物的合适的处置方式，阅同书其他部分内容可知“处断多途”的方式中也包括唱衣拍卖方式。从另一角度看，既是拍卖，作为商业性场所，气氛总要以热闹为好，如此才可能获得更好的经济效益，但是僧团处理亡僧遗物事宜毕竟不同于一般商业活动，佛门中人应对此保持清醒头脑。所以道宣反对的是将此类本应具有特定严肃性的活动放在商业气氛过于强烈的场合来处理的方式。

由此可知：一是虽然原始律典中明确有对于印度佛教教团对亡僧衣物的处理采用拍卖的一类做法，但是律典传入中国后，一直发展到隋唐时期，中国佛教界

---

① 〔美〕杨联陞：《佛教寺庙与中国历史上的四种募钱制度》，《中国制度史研究》（彭刚等译），江苏人民出版社2007年版，页168—169。

② （唐）释道宣：《四分律删繁补阙行事钞》卷下之一《二衣总别篇第十七》，《大正藏》册40，页117上。

在此类带有商业色彩的事件上的态度仍比较谨慎，佛门大德一旦发现处置方式有所不妥就会及时提出警告；二是至少唐代某些时期、某些地区、某些僧团，在处理亡僧遗物时存在着一些商业倾向过于强烈的做法，如有时不但将唱衣拍卖法使用到超出亡僧遗物处理的范围，而且还将亡僧遗物处理这种唱衣拍卖活动异化，放到某种纯粹商业化场合，不在寺院中而是到喧闹的社会公众场合去举办。这两点也表明尽管当时有道宣这样的大德对唱衣拍卖活动从思想上进行深入探讨和理论上予以严格规范，但是在实践层面，尚无制度化的约束。

（二）作为制度背景的宋代遗产法略谈

后来清规中明确肯定并积极鼓励采用拍卖方式处理亡僧衣物等，并以制度化方式规定有关程序细节，是佛教制度文化发展中一个值得关注的事件。作为一种制度标志，我们现在能看到的是诸种清规问世后内容中都包含有相当详细的关于亡僧遗物唱衣拍卖的成文法规，而且，这些本来是限于佛教教团内部执行的体制化规定，在南宋时期被政府行政认可并赋予正式制度内涵。

读宋元诸清规可知，各种清规中对包括丛林住持在内的亡僧遗物处理事宜皆格外慎重，简直可以说是细致入微，这部分内容，成为清规中最详尽，实际操作中最认真对待、最细致处置的领域之一。因为涉及的是直接的钱财往来事务，所以与寺院经济经营相关，也成为历代大德极为关注并慎重对待的寺院经营项目。

比较而言，丛林日常生活开支乃至法事活动的收支情况，从清规中明文规定的有关财务制度内容看并不太清楚，诸清规见载者多是账簿方面的一些原则性规定，具体内容则常付阙如。但是关于亡僧遗产处置乃至唱衣拍卖等问题却是不厌其烦，所有细则，皆一一以文字列出并详细说明，有时甚至不惜多费笔墨一而再、再而三地予以解说。个中原因，无非因此乃不可回避的现实问题，又直接涉及钱财，最易发生纠纷，故以制度方式规范。

清规中的这些内容既表明面对现实的清醒态度，也是对当时相应的社会制度规范的积极回应。

1. 中国历史上的遗产继承制度沿革

中国至迟在唐代就已对财产继承问题形成一套较固定的社会观念，国家制度中也已经有较明确的律令规定，宋代进一步定型并体系化，有关财产继承的各种具体制度条文，主要是围绕如何有效保证各种状况的家庭门户延续以及社会稳定而设计，这是认识我国古代财产继承制度的主线。①

中国古代父权制度下的社会经济生活关系中，一般情况下，男子有继承权，女子被排除在继承者之外，因此凡户下无儿孙，即谓“户绝”。而宋代情况有所改变，户绝之家通过立嗣和遗嘱，可按照自己的意志处置遗产。在法制史上一般认为遗嘱权利是私有权最终的体现，随着私有制的发展，个人对财产任意处置的权利不断扩大，同时立嗣与财产继承也成为最易引发法律争端的一个领域，为此宋代法律明确规定立嗣主体：“在法：立嗣合从祖父母、父母之命，若一家尽绝，则从亲族尊长之意。”②

同为立嗣，主体不同，性质也不同，“如生前未尝养，夫妻俱亡，而近亲与之立议者，即名继绝；若夫妻虽亡，祖父母、父母见在而养孙，或夫亡妻在而养子，终不入继绝之色”。“继绝”又称“命继”；祖父母、父母健在而养孙，或夫亡妻在而养子，均不为“继绝”，而称为“立继”；夫亡妻在，立嗣决定权归妻，夫妻俱亡，立嗣权轮到祖父母、父母；只有一家尽绝情况下，才由近亲尊长为之立嗣。这一顺序，根据绝户遗产继承顺序确定：无子则妻为第一继承人，其次是父母、祖父母，再次才是近亲，如《明公书判清集》中列举相关案例后，“仓司拟笔”评曰：“诸无子孙，听养同宗昭穆相当为子孙，此法也。诸以子孙与人，若遗弃，虽异姓三岁以下收养，即从其姓，听收养之家申官附籍，依亲子孙法，亦法也。既曰无子孙者，养同宗为子孙，是非同宗不当立矣。而又一条曰虽异姓，听收养，依亲子法者，何也？国家不重于绝人之义也。如必曰养同宗，而不开立异姓之门，则同宗或无子孙少立，或虽有而不堪承嗣，或堪承嗣，而养子之家与所生父母不咸，非彼不愿，则此不欲，虽强之，无恩义，则为之奈何？是以又开此门，许立异姓耳。”在“夫亡妻在”的特定情况下，法律承认妻子有继承权。妻在夫亡之后取得的财产权还体现为立嗣之权，“窃详法意，谓夫妻俱亡，由祖父母、父母立孙，无祖父母、父母，由近亲尊长命继。若夫亡妻在，自从其妻，虽祖父母、父母亦焉得而遣之，而况于近亲尊长，如叔伯兄者乎？所以如此者无他，在法：诸分财产，兄弟亡者，子承父分，寡妻守志而无男者，承夫分。

① 参邢铁：《唐代家产继承方式述略》，《河北师范大学学报》2002年3期，页84—89。

② （南宋）幔亭曾孙辑录：《名公书判清明集》卷之七《户婚门·争立者不可立》，中华书局1987年点校本，页211。

妻得承夫分财产，妻之财产也。立子而付之财产，妻宜得而与之，岂近亲他人所得而可否之乎？”[①] 分析其中所体现的相关法律思想，立足点无非希望能保证财产所有者的财产安全感，如寡妻不会丧失财产权，绝家遗产不被他人侵吞，通过保障家庭财产安全，从而体现促进社会和谐稳定的法制价值。

《宋刑统》在《户婚律》条文中专立“户绝资产”条：

（准）丧葬令，诸身丧户绝者，所有部曲、客女、奴婢、店宅、资财，并令近亲（亲依本服，不以出降）转易货卖，将营葬事及量营功德之外，余财并与女（户虽同，资财先别者亦准此），无女均入以次近亲，无亲戚者，官为检校。若亡人在日，自有遗嘱处分，证验分明者，不用此令。[②]

此律源自《唐令》，学者认为“（准）丧葬令”即按《唐令》之《丧葬令》核办之意。其中规定丧者所遗财产，继承者必须承担相应义务，如为死者发丧，负责办理所有“营葬事”。死者所有遗产包括“部曲、客女、奴婢、店宅、资财”等，可根据情况“转易贷卖”，即用不同方式转卖，但是所得先要用于办理丧葬事宜，然后可由女儿继承，若无女儿可由近亲继承，若无近亲则由官方处理，如收归国库等，如死者生前有遗嘱，则由官方验定后按遗愿办理。[③]

唐代《丧葬令》有关条文只对户绝遗产处理作出原则规定，未涉及具体数量关系，宋代刑律则具体化，如仁宗天圣四年（1026）审刑院制《户绝条贯》，规定户绝财产若由女儿继承，可给三分之一，但“若亡人遗嘱，证验分明，依遗嘱执行”，不受“三分之一”比例限制，即财产所有者可在生前根据自己的意志自由地对遗产作出处理。这个规定后又发生改变，哲宗元祐元年（1086）左司谏王岩叟上言：

臣伏以天下之可哀者莫如老而无子孙之托，故王者仁于其所求而厚于其所施，此遗嘱旧法所以财产无多少之限，皆听其与也。或同宗之戚，或

① （南宋）幔亭曾孙辑录：《名公书判清明集》卷之七《户婚门·双立母命之子与同宗之子》，中华书局1987年点校本，页219—220。

② （北宋）窦仪等：《宋刑统》卷一二《户婚律·户绝资产》，中华书局1984年点校本，页198。

③ 参邢铁：《宋代家庭研究》上篇《家庭类型与家庭人际关系》，上海人民出版社2005年版，页107—108。

异姓之亲，为其能笃情义于孤老，所以财产无多少之限，皆听其受也，因而有取所不忍焉。然其后献利之臣不原此意而立为限法，人情莫不伤之。不满三百贯文始容全给，不满一千贯给三百贯，一千贯以上给三分之一而已。国家以四海之大、九州之富，顾岂取乎此？徒立法者累朝廷之仁尔。伏望圣慈，特令复《嘉祐遗嘱法》以慰天下孤老者之心，以劝天下养孤老者之意而厚民风焉。如蒙开纳，乞先次施行。从之。①

这个建议很快得到批准施行，实际意义在于对极易发生纠纷的遗产处置做出更具体的比例规定，使遗产处理在司法实践中更便于操作。

北宋后期扩大了承受户绝遗产人范围，《宋刑统》建隆年后至天圣四年（1026）七月定例，死者有未嫁女，遗产给未嫁女儿；无未嫁女，扣除丧葬花费后，三分之一给出嫁女，无出嫁女的，给已出嫁的亲姑母、亲姐妹或亲侄女；其余三分之二给死者生前曾同居三年以上的近亲属、入舍女婿、义子、随母改嫁来的继子或其他共同生活三年及三年以上之人。如无上述遗产承受人，财产收归官有。死者若有遗嘱且查证属实，按遗嘱处理。

父祖遗嘱不仅在户绝情况下有效，即使在有法定继承人子孙继承情况下，对财产继承的处分意愿也有法律效力："父祖有虑子孙争讼者，常欲预为遗嘱之文而不知风烛不常，因循不决，至于疾病危笃，虽中心尚了然，而口不能言、手不能动、饮恨而死者多矣，况有神识昏乱者乎！"② 不仅户绝之人可以立遗嘱处分财产，有儿孙者也可立遗嘱处分其特权，杨万里论曰："士大夫之有任子，此本朝之仁恩至深至渥也，为人祖父者宜体朝廷之意，均雨露之恩可也。盖鸤鸠之哺子也，旦则自上而下，暮则自下而上，故其均也。今则不然，有所谓父祖遗嘱者，亦听其奏补，且夫奏补自有成法，又焉用遗嘱乎！爱憎之或偏，则有遗嘱，死生之或乱，则有遗嘱，故有夺嫡以与庶者，有舍子而立孙者，其弊至众也。"③

遗嘱既然对实际继承具有效力，有时难免会因此发生争执，立遗嘱过程中

---

① （南宋）李焘：《续资治通鉴长编》卷三八三，"元祐元年七月丁丑"，台湾商务印书馆1984年影印《景印文渊阁本四库全书》第320册，页555上下。

② （南宋）袁采：《袁氏世范》卷上《遗嘱之文宜预为》，台湾商务印书馆1984年影印《景印文渊阁本四库全书》第698册，页611上。

③ （南宋）杨万里：《诚斋集》卷六九《论吏部恩泽之敝札子》，台湾商务印书馆1984年影印《景印文渊阁本四库全书》第1160册，页670上、下。

可能会受各方面因素干扰，“遗嘱之文皆贤明之人为身后之虑然，亦须公平乃可以保家，如劫于悍妻、黠妾，因于后妻、爱子，中有偏曲厚薄，或妄立嗣，或妄逐子，不近人情之事不可胜数，皆所以兴讼破家也”[①]。这就需要过程的公正性。如下面这则发生在南宋末年的案例：

“侄假立叔契昏赖田业”（贾文虎与其叔贾性甫争田业）案：

贾文虎系贾勉仲之庶子，早年过房给宁老；贾性甫为勉仲之亲弟，早年抱养了游氏之子贾宣。贾文虎生母严氏，原是贾勉仲之妾，勉仲死后，已在绍定二年（1229）嫁给贾性甫。

贾勉仲生前曾立遗嘱，已将田业拨给严氏。严氏嫁贾性甫后，就将此田业带了过来，成为贾性甫家之田产，这样，按规定这笔田业应归其抱养之子贾宣继承。但是贾文虎述称，宝庆元年（1225）贾性甫已将上述田产典给了他。然而贾文虎提供的典契上所署却是绍定六年（1233）四月初三日的印押，这个日期，与宝庆元年相隔九年，但是其间并未发生过诸如收租、割税、管业等事务，因此显然有疑。“及据文虎赍出勉仲拨田与严氏遗嘱，则其字同，其印同，印之年月并同。佥厅思之，严氏既归性甫，则自随之业合归性甫，严氏既立通判户下，夫何遗嘱印于文虎之手，收租于文虎之手，然则文虎假立二契者何意？亦曰：‘勉仲之业，非我得有，严氏，吾曰母也，得以与我。’”[②]

严氏将勉仲拨田与他的遗嘱交与儿子贾文虎，用意即在于希望将上述田业归于贾文虎。“佥厅”最后认定，这是一桩贾文虎“昏赖”其叔（贾性甫）田产的案子。

此案表明，贾勉仲虽然将田产拨与严氏，但因严氏后来再嫁，这笔田产就随之归入后夫贾性甫名下，田产所有权已不属于严氏，严氏无权再任意处置。

从现代观念看此案之合理或合法性问题另当别论。上述法规条文及相关案

---

① （南宋）袁采：《袁氏世范》卷上《遗嘱公平维后患》，台湾商务印书馆1984年影印《景印文渊阁本四库全书》第698册，页611上。

② （南宋）幔亭曾孙辑录：《名公书判清明集》卷之五《户婚门·侄假立叔契昏赖田业》，中华书局1987年点校本，页146—148。原文较长且冗，笔者译白话，并参李锡厚《宋代户绝立嗣与遗嘱继承》，人民出版社2003年版。

例对于出家人也并不直接适用，只是既然有这样的较严谨制度背景，佛教寺院在执行遗物处置方式时就会贯彻同样较严谨的法制观念。

2. 亡僧遗产处置制度之演进与范围

按汉传佛教传统僧人出家成为僧团成员后在僧团内部遵循“六和”原则生活，即：身和共住（生活上互相照顾）、口和无诤（言语上互相劝善止过）、意和同事（思想上彼此友爱敬重）、戒和同修（遵守共同的戒律）、见和同解（见解一致地共同修学）、利和同均（平等受用合法的财物）。根据“六和”原则，僧团内部在经济上实行共有制，僧尼个人所有衣、食、住、行、医疗、殡葬等费用都由僧团（寺院）承担。这样僧人亡故后若留有遗产也就顺理成章地由生前所在僧团（寺院）继承处理。同时，因僧团生活来源（或寺院经济主要来源）是得自社会各界信众的布施供养（寺院通过经营获得经济收益也可被认为是得自信众布施供养），所以僧尼遗产的处理还应充分尊重信众意愿。这是亡僧遗物处理中要遵循的基本原则。

至少晚唐五代时期，佛教僧团对于亡僧丧葬以及相关的遗物处置等事宜已极为重视，如敦煌地区佛教教团中曾有过僧官丧葬制度规定，虽未发现具体法规条文，但敦煌文书中留下一些具体执行过程，郑炳林、魏迎春在《晚唐五代敦煌佛教教团的戒律和清规》一文中列举了两个榜文，从内容中可推知当时的一些相关情况：

> P. 2856《乾宁二年（895）三月十一日僧统和尚营葬榜》：营葬榜：僧统和尚迁化，今月十四日葬，准例排合葬仪，分配如后：灵车仰悉潘社，慈音律师，喜庆律师。香舆仰亲情社，慈惠律师，庆果律师。邈舆仰子弟，庆休律师，智刚律师。钟车仰中团张速□，李体体，朱神德。鼓车仰西团史子，张兴盛。九品往生舆诸僧尼寺各一。生仪舆仰当寺。纸幡绍通。纳色喜寂律师、道济。大幡两口，龙、莲各一口。净土、开元各幢一对。右件所请诸色勾当者，缘葬日近促，不得疏慢，切须如法，不得乖格者。乾宁二年三月十一日。

这件榜文内容是关于一位“僧统和尚迁化”后的丧葬事宜办理，郑炳林先生等据此认为，敦煌归义军时期的高级僧官丧事是由都司统一营办，丧葬仪式相当隆重，如要备办的物事就有灵车、香舆、邈舆、钟车、鼓车、九品往生舆、生仪舆、纸幡、大幡、幢等，僧侣和世俗官吏百姓还要行礼纳色。又如：

S. 6034《报恩寺状》：报恩寺状上。右安国寺尼法证亡祭盘著报恩寺其价直未蒙支给，今日大众分傢……阇梨命割少多请处分。(后缺)

从这件榜文中还得知，敦煌地区一般亡僧丧事可能都是由地方都司主持安排，具体事项则由寺院操作办理，郑炳林先生等还认为，亡僧丧事“很多情况下不在本寺举办”，当时敦煌地区举办弘法活动的主体是教团而非某一个寺院，寺院是轮流作为举办“道场”的场所，如：

S. 520《报恩寺方等道场请诸司勾当分配如后榜》记载置办方等道场参与人员前殿勾当僧官有吴僧政、索僧政、郭僧政、索僧政、就法律、恩梁法律、康教授、莲李法律、氾教授、智惠、罗僧政；北院浴室勾当僧官有恩索教授、图大宋法律、翟法律、乾弘遂、云保定；南院浴室勾当僧官有龙氾法律、令狐法律、乾氾法律、贾法律、开智行、永道行；北院消息勾当僧官有金大张法律、界张法律、金弘张法律、玄镜、云保德；南院消息勾当僧官有龙张法律、刘法律、图宝善、海清、云详定；威仪勾当僧官有恩张法律、云氾法律、图宋法律、阎法律；北院厕勾当有开张法律、莲张法师、金法真、道明、界慈保。南院厕勾当有何法律、图张法师、图道惠、满成、福最；唱经勾当僧官有金索法律、土宋法律等。(文书后半部残缺)

这次报恩寺的方等道场并非由报恩寺独立举办，举办主体是整个敦煌佛教教团，参与者是敦煌地区诸寺全部僧尼。郑炳林先生等认为，敦煌佛教教团举办各种道场法会都是由各寺轮流举办，诸寺参与共集。而且僧尼平时也不一定住在寺中，只是在举办法会时就必须到各自所在寺院并遵守与举办法会或道场有关的寺规。[1]

由此还可推知，上文论及的敦煌地区僧人举办的唱衣拍卖活动不但超出亡

① 参见郑炳林、魏迎春：《晚唐五代敦煌佛教教团的戒律和清规》，《敦煌学辑刊》2004 年第 2 期，页 26—40。本书引录的三篇敦煌录文见郑文原注：录文见唐耕耦、陆宏基《敦煌社会经济文献真迹释录》第 4 辑，全国图书馆文献缩微复制中心，1990 年，页 123—124、页 3、页 128—129。

僧遗物处理范畴，而且演变为一种走出寺院范围的商业活动，是与当时敦煌佛教生存和弘法的基层单位（主体）是教团而非寺院的制度文化背景关联。

中国佛教史上对亡僧遗产“属四方僧”即由僧团作为共有财产继承的规矩经历过一个认识发展的历史过程。南北朝至唐代的一段时期中，中央政府曾经规定，僧人亡故后遗产要上缴给政府有关部门。《高僧传》载：

> 释慧基（412—496），其师慧义（372—444），既德居物宗，道王京土，士庶归依，利养纷集。（慧义）以（慧）基懿德可称，乃携共同活。及（慧）义之亡后，资生杂物近盈百万（钱），（慧）基法应获半，悉舍以为福，唯取粗故衣钵。[①]

从慧基“法应获半”一语可知，南北朝时依习惯（“法”）弟子可以继承师父遗产的半数，换言之，余下的半数，要上缴给政府。这个做法，可能在较长时期中并未受佛教界抵制，如慧基似乎认为是理所当然。这个问题在那段历史时期中是否受到佛教界重视，也并不清楚。

此后一直到唐大历二年（767）后，这个情况才发生了变化，《宋高僧传》乘如传载：

> 释乘如，代宗（763—797 年在位）朝翻经，（乘）如预其任。先是五众身亡，衣资什具，悉入官库。（乘）如乃援引诸律，出家比丘生随得利，利死归僧，今若归官，例同籍没，前世遗事，阙人举扬，今属文明，乞循律法断其轻重。大历二年（767）十一月二十七日下敕，今后僧亡，物随入僧，仍班告中书门牒天下宜依。[②]

可知乘如对僧人遗产上缴给政府的做法提出不同意见，认为这样做相当于僧尼生前合理合法拥有的财物，死后无故被“籍没”（充公），所有“衣资什物，悉入官库”，绝不合理，要求“循律法”即依据正常法律规范以及佛门规则，改僧尼遗产由僧团继承。这个要求得到朝廷批准，唐大历二年（767）敕此后即照

---

① （梁）释慧皎：《高僧传》卷八《齐山阴法华山释慧基传》，《大正藏》册 50，页 379 上。

② （北宋）释赞宁：《宋高僧传》卷一五《唐京兆安国寺乘如传》，《大正藏》册 50，页 801 下。

乘如要求，按律执行。

《佛祖统纪》载："兴元元年（784），敕亡僧尼资财旧系寺中，检收送终之余，分及一众。比来因事官收，并缘扰害，今并停纳，仰三纲通知，一依律文分财法（原注：南山事钞衣法篇及亡五众轻重仪备述分财法）。"① 可能不久之后，德宗兴元元年（784）又敕，重申亡故僧尼遗产不再交纳政府有关部门，而是依佛律"分及一众"，即全部由寺院常住僧尼众自行处置。

此前僧尼遗物要被上缴给官府，所以如此，或与无论寺院创建、僧团生存与弘法活动很大程度上依赖政府财政支持、历朝馈施丰厚有关，既然僧尼无后代继承，官方认为死后收回部分财物，也属正常。也正因为此，可能僧人亦多无不同意见。

总之，此后亡僧遗物处理原则与具体方式就显著变动，而作为制度标志的成文法，出现时间要延至南宋。所以如此，当与当时社会制度文化中观念日益规范、文本逐渐明晰的遗产法及户绝法等辐射有关。

《庆元条法事类》载："诸户绝有财产者，厢耆邻人即时申县籍记，当日委官躬亲抄估，量其葬送之费，即时给付，共不得过三百贯。财产及万贯以上，不得过五十贯，责付近亲或应得财产者，同为营办（原注：无近亲及应得财产人者，官为营办；僧道即委主首）。"②

同书《道释令》又载有更详细的相关规定，兹录如次：

> 诸僧道身死或还俗，有承分法眷在外者，其院宇及财产官为检。身死者，给官殓葬送之费（原注：数依户绝法）。余限三年，许承分人召保请。若出限或无人承分者，依无人继绍，改充十方法财产。非常住者，依户绝法（原注：非赐额寺观，无承分人者，并常住财产准此；其逃亡及还俗，非常住财产不得追纳，余依身死法）。③

按照现代制度学定义，丛林清规中的唱衣及单账式是与成文制度对应的一

---

① （南宋）释志磐：《佛祖统纪》卷四一《唐德宗》，兴元元年，《大正藏》册 49，页 379 中。

② （南宋）谢深甫：《庆元条法事类》卷五一《道释门二·亡殁·旁照法·户令》，燕京大学图书馆藏版民国三十七年（1948）影印本，第 9 册，页 15 右。

③ （南宋）谢深甫：《庆元条法事类》卷五一《道释门二·亡殁·道释令》，燕京大学图书馆藏版民国三十七年（1948）影印本，第 9 册，页 14 左。

种具有时代特色的佛教制度，既是社会制度在丛林制度中的投射，更是寺院制度文化建设中对自身存在方式的一种文化选择。

概括诸清规记载，规定僧人寂后，所遗随身衣钵，要请书记师抄录“板账”，监院、职事、书记及看护病僧的人等签押，物品留方丈室或寄存内库房保管，以俟“估唱”即拍卖。亡僧火化入塔后，会齐两序执事，将亡者遗物别为轻重二分：(一) 金银、田园、房舍等重物归常住；(二) 三衣、百一众具（日用品）等轻物，请监院每件估价，书记上簿，知客编号，副寺、典座点数，酌留一两件犒赏看护病僧的人，其余挂牌拍卖，收入分作三份：一准丧事另用，及灯烛花香等费（各项支出自付，贫穷的僧人由常住照顾）；二归常住作陪贴供养（即前所谓“重物”有四角者归寺院）；三请僧众念诵并佛事等用（给诵念僧众酬劳或供斋）。另有一种情况，亡者三衣、百一众具等轻物（应按照时价七折“估唱”卖给寺僧），有的分配（分赠）于现前之僧众。这个方法，延续迄今。[①]

二、唱衣拍卖与寺院财务制度

将唱衣拍卖作为丛林财务制度内容之一展开分析，原因在于唱衣拍卖是诸清规所见财务制度个案中最详尽规范者之一。

（一）僧尼私产及其与僧团或寺院之关系

南北朝隋唐时期各地佛教界多出现僧人拥有私产的情况，如从敦煌文献中保留的不少文献记载可知，至少晚唐五代时敦煌地区僧人私置房屋等产业的现象相当普遍，郑炳林先生等研究认为，从敦煌文献 S.3876《宋乾德六年（968）九月释门法律庆深牒》、P. 3774《丑年（821）十二月沙州僧龙藏牒》、P. 3744《沙州僧张月光兄弟分书》、P. 3410《沙州僧崇恩处分遗物凭据》、Дх. 2168《敦煌县孟受渠康章六等瓜田纳蓝历》、P. 3418《唐沙州诸乡欠枝夫人户名目》、P. 2222《唐咸通六年（865）正月张祇三请地状》等文献可知，当时敦煌当地一些

① 参见《中国佛教协会关于寺院僧人遗产问题的复函》（复广东省佛教协会）（编后记），《法音》2002年第9期。

僧尼不但置有家产，拥有私有田地并交纳赋税、畜养奴婢，而且有些僧尼也不住寺院，而是长期过着家居生活，穿丝绸衣服，使用金银器皿等。[①]

敦煌以外其他地区情况不完全相同，同一历史时期中各地的反差也可能比较大，但是唐代僧人拥有私人田庄、拥有私产的情况在佛教文献中也常见记载。如《宋高僧传》义湘传曰，新罗入华僧义湘返国后弘法有成，"国王钦重，以田庄奴仆施之"。义湘不愿接受，曰："我法平等，高下共均，贵贱同揆，《涅槃经》八不净财，何庄田之有？何奴仆之为？贫道以法界为家，以盂耕待稔，法身慧命，藉此而生。"[②] 义湘不愿接受田庄奴仆，但是也反映出当时僧人可以蓄庄田、用奴仆，换句话说也就是可以拥有私产。新罗如此，是仿大唐规矩而已。

南北朝隋唐时期有些名僧名尼因有较高社会地位和较大社会影响，往往得到各界丰厚的檀施，但是也往往将所得供养视为僧团共有财产，身后无偿归属所在僧团或寺院，无非用于修建寺院、造像写经或其他弘法事业所需。以下是《比丘尼传》记载的部分案例：

慧果尼（？—443）传："宋青州刺史北地传弘仁，厚加赈给，以永初三年（422）割宅东面为立精舍，名曰景福寺，以（慧）果为纲纪。（慧果将）俫遗之物，悉以入僧（全部归于僧团），大小悦服。"[③]

慧浚尼（393—464）传："宋太宰江夏王（刘）义恭雅相推敬，常给衣药，四时无爽。（慧浚）不畜私财，悉营寺舍，竹园（寺）成立，浚之功也。"[④]

智胜尼（生卒年不明）传："（智胜得文惠太子供奉）缔构房宇，寺众崇华。"[⑤]

僧述尼（430—513）传：僧述"不蓄私财，随得随散，或放生乞施。造金像五躯，并皆壮丽，写经及律一千余卷"[⑥]。

惠晖尼（442—514）传："十方俫遗，四时殷竟，所获之财，追造经像，随宜远施，时有不泄（用不完）者，改缉（葺）乐安寺，莫不新整。"[⑦]

上述情况应相当普遍，并在历史阶段中持续演进从而成为佛教界相对固定

---

① 郑炳林、魏迎春：《晚唐五代敦煌佛教教团的戒律和清规·三、晚唐五代敦煌佛教教团清规的区域特点》，《敦煌学辑刊》2004年第2期，页26—40。这里提到的敦煌文献篇目后括号中的数字是郑文原注之录文出处：唐耕耦、陆宏基《敦煌社会经济文献真迹释录》之辑数和页码。

② （北宋）释赞宁：《宋高僧传》卷四《唐新罗国义湘传》，《大正藏》册50，页729中。

③ （梁）释宝唱：《比丘尼传》卷二《宋景福寺慧果尼传》，《大正藏》册50，页937中。

④ （梁）释宝唱：《比丘尼传》卷二《竹园寺慧浚尼传》，《大正藏》册50，页941上。

⑤ （梁）释宝唱：《比丘尼传》卷三《智胜尼传》，《大正藏》册50，页943上。

⑥ （梁）释宝唱：《比丘尼传》卷四《闲居寺僧述尼传》，《大正藏》册50，页947中。

⑦ （梁）释宝唱：《比丘尼传》卷四《乐安寺惠晖尼传》，《大正藏》册50，页947下。

的传统。再从《续高僧传》撷部分案例如次：

辩寂（约505年前后在世）传："（辩寂将）福利所兼（所得布施），俱充寺府。"①

法纯（519—603）传："王公等施，日盈门首，（法纯）皆回与僧。"②

静端（543—606）传："（释静端）获利即散，余无资蓄。（隋）文帝后从受正法，敕以牙席、檀龛及诸金货，前后奉赐。一无所受，并归僧库。"③

法瓒传："（竺僧朗得到南燕君主慕容德赐以三县民调）并散营（神通）寺，上下诸院，十有余所。"④

智欣（446—506）传："（智欣用）傣施之物，构改住寺。"⑤

宝亮（445—509）传："（宝亮）供施累积，（但是他）性不畜金，皆散营福业，身没之后，房无余财。"⑥

法朗（507—581）传："其所获檀傣，充造经像，修治寺塔，所以房内畜养鹅鸭鸡犬，所行见者无不收养。"⑦

智觊（538—597）传："（智者大师）往居临海，民以沪鱼为业，罾网相连四百余里，江沪溪梁六十余所。（智）觊恻隐贯心，劝舍罪业，教化福缘，所得金帛，乃成山聚，即以买斯海曲，为放生之池。""自所获利，尽施伽蓝，缘身资蓄，衣钵而已。"⑧

阇提斯那传："（隋文帝赠绵绢二千余段，阇提斯那）乃用散诸福地。"⑨

法诚（563—640）传："弘文学士张静者，时号笔工，（法诚）乃请至山舍（写经），才两纸酬直五百（钱），（张）静利其货，竭力写之，明年经了。"⑩

上述这些传主皆是名僧，生前有较高社会地位，即佛所称之"多知识比丘"，得各界丰厚供养后往往如智者那样，所得"尽施伽蓝"，或如法朗那样，

① （唐）释道宣：《续高僧传》卷二六《隋京师沙门释辩寂传》，《大正藏》册50，页657中。
② （唐）释道宣：《续高僧传》卷一八《隋西京净住道场释法纯传》，《大正藏》册50，页571下。
③ （唐）释道宣：《续高僧传》卷一八《隋西京大禅定道场释静端传》，《大正藏》册50，页576下。
④ （唐）释道宣：《续高僧传》卷一〇《法瓒传》，《大正藏》册50，页507中。
⑤ （唐）释道宣：《续高僧传》卷五《梁钟山宋熙寺沙门释智欣传》，《大正藏》册50，页460下。
⑥ （唐）释道宣：《续高僧传》卷五《梁京师灵味寺释宝亮传》，《大正藏》册50，页382上。
⑦ （唐）释道宣：《续高僧传》卷七《陈扬都兴皇寺释法朗传》，《大正藏》册50，页478上。
⑧ （唐）释道宣：《续高僧传》卷一七《隋国师智者天台山国清寺释智觊传》，《大正藏》册50，页567下、568上。
⑨ （唐）释道宣：《续高僧传》卷二六《阇提斯那传》，《大正藏》册50，页668下。
⑩ （唐）释道宣：《续高僧传》卷二八《唐终南山悟真寺释法诚传》，《大正藏》册50，页689上。

“所获檀倷，充造经像，修治寺塔”，这种做法也符合律典所载佛言所有“重物”（固定资产等）尽“属四方僧”，而一般日常生活用品则在身后用拍卖方式在僧伽内部作简单处理。只是从早期情况看，或曰依律典，或曰按习惯，尽管大同小异，但是在丛林清规之前未有过成文的较完整规范。

（二）清规唱衣拍卖之制度规范

诸清规皆载唱衣程序，皆将唱衣拍卖视为丛林制度中的极重要规章。综合诸清规所载，唱衣分为两道主要程序，一是估衣，二是唱衣。先谈估衣，程序如下：

> 维那分付堂司行者，请住持、两序、侍者就堂司，或就照堂，对众呈过包笼，开封出衣物，排地上席内，逐件提起，呈过维那估直，首座折中，知客侍者上单排字号就，记价直。在下依号写标，贴衣物上入笼，仍随号依价，逐件别写长标，以备唱衣时用。
>
> 方丈、两序、诸寮舍，并不许以公用为名，分去物件。常住果有必得用者，依价于抽分钱内准。或亡僧衣钵稍丰，当放低估价，利众以荐冥福。①

规定的估衣过程清楚明白，关键有三：

一是公开性，将所有衣物对大众展示，所有“对众呈过包笼，开封出衣物，排地上席内，逐件提起”的过程，都要“照堂对众”。

二是公平性，规定由“维那分付堂司行者”，当众“呈过维那估直”后，还要由“首座折中”，决定起拍价格。

三是公正性，规定“方丈、两序、诸寮舍”皆“不许以公用为名，分去物件”，如常住确有必要，需用某物，也必须依照上述程序，“依价于抽分钱内准”即按核定价在所属财务项目中开支。此外，还特地规定“亡僧衣钵稍丰，当放低估价，利众以荐冥福”，体现佛门悲悯情怀。

再说唱衣，对此诸清规多不惜笔墨，详细说明，似兹事体大，郑重其事，如《敕修百丈清规》中有两处细述此制，第一处在《住持章》，内容如下：

---

① （元）释德辉：《敕修百丈清规》卷六《大众章·亡僧·估衣》，《大正藏》册48，页1148上。

至期，僧堂前或法堂上下间设大众坐位，中间向里，里安长卓（桌），置笔砚大磬其上。鸣僧堂钟集众，首座与主丧分手，两序大众，次第而坐。丧司、维那、知客、圣僧侍者向主丧位坐。维那念诵……毕，开笼出衣钵，依号排席上。请提衣佛事毕。维那鸣磬一下，白云："夫唱衣之法，盖禀常规，新旧短长，自宜照顾，磬声断后，不得翻悔。谨白。"

若法衣多，添留遗嘱，次第呈衣。维那拈唱，丧司合干人贵在公心主行。维那定价打磬，行者瞻顾前后，唱定名字。知客写名上单，侍者依名发标。唱衣毕，结定钞数，主丧佥单，交钞取衣，不得徇私减价。主丧力主其事。

今多作阄拈，甚息喧争。其法用小片纸，以千字文次第书字号，每一号作三段写于上，仍用印记关防，量众多少，与丧司合干人封定，至期呈过主丧，两序、首座开封，知客分俵，堂司、行者捧盘随侍者，侍者剪取其半，置盘内毕，以盘置首座侧，安水盆于下抖匀。维那拈衣唱价讫，首座临时呼一童行，信手拈盘中半阄，递与首座，开看字号分晓，说与堂司行者喝某字号。众人各开所执半阄，字号同者即应，如不愿唱此号衣物则不应。三唱不应，首座以半阄投水盆中，再令撮起半阄复唱起。应者，堂司行者往收半号，到首座处对同，报与维那称云："某物唱与某人。"鸣磬一下，知客上单，侍者发标。供头行者递与唱得人，衣物仍旧入笼。

次第唱毕，维那鸣磬一下……众散，各自照价，持标取衣。三日后不取者，依价出卖，造单账。[①]

所以不厌其烦录文于此，是由此可见其操作有度、细致入微。文中说"今多作阄拈（法），甚息喧争"，即用抽签决定某人有权选购一衣物，但是依古规仍称"唱衣"。此段文字下说明"唱衣古法，见《大众章》"，称"古法"，是以增加权威性。此即该文第二处《大众章》中所述"唱衣法"，内容如下：

荼毗后，堂司行者覆住持、两序、侍者，斋罢，僧堂前唱衣。仍报众挂唱衣牌，候斋下堂，排办僧堂前。住持、首座，分手位两序对坐，入

① （元）释德辉：《敕修百丈清规》卷三《住持章·迁化·唱衣》，《大正藏》册48，页1129上—中。

门向里，横安卓凳，卓上仍安笔砚、磬剪、挂络合用什物。地上铺席俱毕，堂司行者覆住持、两序、侍者，鸣钟集众，维那、知客、侍者，同入堂归位，向里列坐。堂司、行者、供头喝食众行者，一行排列，向住持两序问讯，转身向维那、知客、侍者问讯毕，扛包笼，住持两序前巡呈封记，于首座处请锁匙呈过，开取衣物，照字号次第排席上，空笼向内侧安。

维那起身，鸣磬一下，念诵……毕，鸣磬一下云："夫唱衣之法，盖禀常规，新旧短长，自宜照顾；磬声断后，不许翻悔，谨白。"再鸣磬一下，度牒，于亡僧名字上横剪破，云："亡僧本名，度牒一道，对众剪破。"鸣磬一下，付与行者，捧呈两序，维那解袈裟安磬中，却换挂络。

堂司、行者，依次第拈衣物呈过，递与维那，提起云："某号某物，一唱若干。"如估一贯，则从一伯（百钱）唱起，堂司行者接声唱，众中应声。次第唱到一贯，维那即鸣磬一下，云："打与一贯。"余号并同。

或同声应同价者，行者喝住云："双破"，再唱起，鸣磬为度。堂司、行者问定某人名字，知客写名上单，侍者照名发标，付贴供行者，递与唱得人。供头行者仍收衣物入笼。一一唱毕，鸣磬一下。……

近来为息喧乱，多作阄拈法（原注：见《住持章》）。衣物过三日不取者，照价出卖，造板账。①

两处内容，大同小异，从过程说明乃至细节描述皆细致如发，似恐后世之人有所不明而妨碍制度执行。于此可体会作者之用心良苦。

检读作于此前南宋咸淳十年（1274）的《丛林校订清规总要》及元至大四年（1311）的《禅林备用清规》、元延祐四年（1317）的《幻住庵清规》等，虽文字有详略，角度亦稍异，内容并无二致。

（三）附论：清规"唱衣"与现代拍卖法

"唱衣"即一种拍卖法。拍卖即是以公开竞价形式，将特定物品或财产权利转让给最高应价者的买卖方式。世界上最早见诸文字记载的拍卖可追溯到古

---

① （元）释德辉：《敕修百丈清规》卷六《大众章·亡僧·唱衣》，《大正藏》册 48，页 1148 下—1149 上。

罗马时代，古希腊历史学家希罗多德在《历史》一书中对古巴比伦（前1894—前709）拍卖新娘有一段描述。[①] 此后，古希腊、古埃及都相继出现过拍卖活动，如公元前5世纪的希腊奴隶拍卖、采矿场和诉讼罚没财产拍卖以及公元前305—前30年的埃及托勒密王朝王仓磨粉设备、国有打谷工具、王室土地、公共工程拍卖等。但由于这一阶段没有拍卖机构，拍卖人员均为社会贤达之类，或由宫廷选派的人士主持，拍卖亦未形成规模，表现为零星的一种经济活动。拍卖作为国际艺术品市场上一个正规行业出现，是1744年苏富比在英国伦敦建立之后的事。1766年，佳士得拍卖公司也在伦敦成立。第二次世界大战后，国际艺术品市场以拍卖为核心形成完整体系。

拍卖在中国则是按照另一个传承系统发展。中国古代称为“唱卖”，最早就是来自佛教传统，根源是从印度佛教处理亡僧衣物的做法发展而来，后来在中国佛教中得到发扬光大，唐五代以迄两宋，逐渐在寺院中通行，以后才发展到社会上去，成为社会经济活动的一个重要表现形式。

唐宋时期佛寺中存在唱衣活动的范围可能比较广泛，至少从都城长安到敦煌一片地域皆存在这种现象。北宋《释氏要览》载：

> 律云：僧轻物，差一五法比丘，分与现前僧。为分不均故，佛听集众，先以言白众：和许可卖共分（原注：言五法者：不随爱，不随嗔，不随痴，不随怖，知得不得；亦名五德）。《十诵律》云：卖衣未三唱，比丘益价，后心悔，疑夺彼衣（原注：疑是夺前酬价者）。佛言：未三唱竟益价，不犯。《目得迦》云，佛言：初准衣时，可处中，勿令太贵太贱；不应待其价极方与之。若不买者故增价，犯恶作罪。《大毗婆沙论》问：命过比丘衣钵等，云何得分。（佛）答：彼于昔时，亦曾分他，如是财物，今时命过，他还分之。《增辉记》云：佛制，分衣本意，为令在者见其亡物分与众僧，作是思念，彼既如斯，我还若此。因其对治，令息贪求故，今不能省察此事。翻于唱卖之时，争价上下，喧呼取笑，以为快乐，误之甚也，仁者宜忌之。[②]

《释氏要览》刊印于真宗天禧三年（1019），其作者认为佛陀教导得清楚明

---

① 所谓“拍卖新娘”是以适婚女子为拍卖标的的一种拍卖活动，将女子按容貌、年龄、健康程度等作价拍卖，最后由出价最高的男子娶走成为新娘。

② （北宋）释道诚：《释氏要览》卷三《唱衣》，《大正藏》册54，页309中—下。

白，当时寺院也已通行以拍卖方式处理亡僧衣物，但批评意见也存在。可知道诚对两种倾向皆予以了关注。

从中还得知唐宋间曾有过一部佛籍《增辉记》，① 对寺院采用拍卖方式处理亡僧衣物持非议，当时肯定有一定影响，否则道诚不会将其与诸律典放在一起比较。应注意道宣以及《增辉记》中的观点并非反对拍卖本身，而是反对唱衣拍卖时众人为争价而喧闹呼叫，结果使本应有的庄严肃穆一扫而空，变成嬉笑喧嚣闹剧，认为若如此则实"误之甚也"，因此提出"仁者忌之"。这个立场，跟道宣有异。

道诚撰此书时自署"钱塘月轮山居讲经论赐紫沙门释道诚"，任杭州名寺六和塔寺住持，是在佛教界及社会上有很高身份的僧人，正是佛陀说的"多知识比丘"，对有关问题需考虑亲自主持实际操作程序，当有切身体会。因此道诚自己的态度，对唱衣拍卖并未表示反对，而是以一种相对较中立、客观的态度对待。然而对律典及历史传统，道诚则予以同等重视，正是一种"博约折中"、慎重其事、实事求是的态度。

尽管如此，从道宣到道诚所引《增辉记》中对寺院唱衣拍卖的这些批评，并未影响寺院继续举行拍卖活动，相反，从宋元时编纂的诸清规所载内容看，至少丛林体制出现后，拍卖成为丛林制度文化重要内容之一。再之后，不仅其他佛教宗派寺院起而仿效，成为通行制度，而且这种经营方式就是从那个历史时期开始，从佛教寺院扩散传播到更加广阔的社会经济领域，成为中国经济史上一个重要现象。

《能典·食觅·田制》载唐玄宗开元二十五年（737）诏："诸以财物典质者……经三周年不赎，即行拍卖。"这是中国文献中最早出现的"拍卖"一词。从中可了解到一个重要信息，即当时社会上，拍卖这种商业手段已经流行。释宗赜撰于北宋崇宁二年（1103）的《禅苑清规》中对"唱衣"过程进行了详细

---

① 杨联陞先生认为《增辉记》中的意思与道宣一样，也是反对在寺院以拍卖方式处理亡僧衣物，并说："关于《释氏要览》数度引用的《增辉记》，我没有得到什么资料。一位日本僧人僧濬（1654—1738）也曾写过一本同名的著作《增辉记》(未见到)，不过它写得太晚了，不可能在1019年就被征引。"见《佛教寺庙与中国历史上的四种募钱制度》，《中国制度史研究》，页166注⑤。仲尧按：《增辉记》曾是一部相当流行的律学类书，宋元佛教文献中常提到，如（元）释自性：《教苑清规》卷一《办道具·滤水囊》引是书曰："《增辉记》云，为器虽小，其功甚大，为护生命，即慈悲之意，其在此也。"（《卍新纂续藏经》册57，页322中）《教苑清规》是据先前杭州上天竺寺旧本编纂［见（元）黄溍：《教苑清规序》，同书页298中］，因此可能是在南宋成文。

说明，是首次见之于文献的寺院唱衣拍卖规范。原文较长，兹摘编如下：

唱衣之法：挂牌告众，鸣钟入堂。先为亡僧念诵，次将衣钵请首座验封头，对众开之（未鸣钟前先将衣钵陈于堂内）。次第估唱讫，维那复为亡僧念诵。住持人并内知事并不得唱亡僧衣物，维那支破，须合众情，不得妄有费用。除用外俵大众看经，或暂到见送亡僧。及见唱衣，三分得一，施主看经亦如之。如多有衣钵即抽，那设粥或斋供。至于上七日，集众人所诵经咒，同时宣表破使文字，张挂后架，令众人知之（众知事签押，以表通众无私）。

……唱衣之日……维那唱衣，须知所唱衣物价例高低，新即言新，旧即言旧，破即言破。声定钱陌（或足或省或是依除），如大众不肯添钱，虽贱亦须打与，如添钱太过，维那即云："更须子细，后悔难追。"免致众中动念生事。亦不得寄唱众人及常住衣物，恐涉嫌疑。如常住或堂头入众唱衣，即许人寄唱。

……复鸣磬云："夫唱衣之法，盖禀常规，新旧短长，自宜照顾，钱须足陌（或七十七陌或七十五陌），无以新锡相兼。磬声断后，不得翻悔。谨白。"唱衣竟。[①]

拍卖前要张贴布告，让大众了解将要拍卖的衣物情况。拍卖的衣服及其他物品，拍卖前都要在正殿陈列。众僧听钟声响起时进入正殿，如当天是拍卖某亡僧衣物，首先应为这位圆寂僧念经，然后就启动拍卖程序。

主持拍卖活动的是寺院的维那。维那应事先了解拍卖标的，事先合理地定出起拍价。拍卖开始，先向大众说明标的物新旧及是否受损等情况，宣布起拍价，事先说明足或不足百钱当一百（即"足陌"）以及规定"省陌"的标准。[②]然后开始喊价。如无人愿意抬价，物品就廉价出售。但是拍卖现场如有人喊价太高，维那有责任提醒人们慎重考虑，以免日后生悔。

---

① （北宋）释宗赜：《禅苑清规》卷七《亡僧》，《卍新纂续藏经》册 63，页 541 上—下。

② 这里的"足陌"实际上指"省陌"的标准。"省陌"是宋代特有的钱币使用制度之一，即以不足百文之钱充百文使用。如初时官方曾规定七十七钱当一百钱用，后减至七十文或六十文当一百文钱或有更高更低的情况；南宋时因钱荒与通货膨胀并发，"省陌"盛行。参程民生、张瑞生：《论宋代钱陌制》，《中国史研究》1996 年第 3 期。上引文中提到的"声定钱陌（或足或省或是依除）"，即拍卖出价时要事先规定"省陌"标准，"依除"也是省陌之意。省陌发生于五代，盛行于两宋，元代式微，后不再使用。

拍卖结束，再为亡僧诵经一次。拍卖所得收入，除去葬礼开销，剩余收益（净收入）分配给为亡僧念经、参加葬礼或参与拍卖的僧人。如收入丰厚，则将部分送入寺库（“抽分”）。最后，所有拍卖账目由住持当场检查以后签署，并向大众公布。

惟勉撰于南宋咸淳十年（1274）的《丛林校定清规总要》（《咸淳清规》）中也详载唱衣拍卖原则及具体操作的过程和规范等内容，如述其原则：

> 昔世尊在日，古佛示迹，号乌波难陀比丘，好聚敛衣盂，身死之后，佛令集众，以所畜之物，尽情估唱，使现前比丘观前人悭鄙，为他人所积。因兹有证二果者，对治他缘、修己行。所有法衣不唱，当分留与嗣法弟子。堂司当唱衣日，预挂牌，至期鸣钟集众于僧堂前。①

又载亡僧唱衣法详细的过程，如唱衣开始程序：

> 唱衣：堂司预挂牌，鸣钟集众，坐定。维那起身，打磬一下，念诵云：“浮云散而影不留，残烛尽时光自灭，今兹估唱，用表无常，仰凭大众，奉为某上座，资助觉灵，往生净土。”念清净云云十声毕，打磬一下，云：“夫唱衣之法，盖禀常规，新旧短长，自宜照顾，钱须足陌，无以新锡相兼，磬声断后，不得翻悔，谨白。”再打磬一下。
>
> 先拈亡僧度牒，就书名处横三剪破，云：“亡僧本名度牒一道，对众剪破，缴纳归官。”打磬一下，付与行者，捧呈两班。维那解袈裟安磬中，却挂络子唱衣。②

比较两宋两部不同清规所载之相同内容，可以看出南宋时期产生的丛林制度中对唱衣拍卖事宜不但更加重视，而且相关制度程序更加规范严谨。杨联陞先生认为元末之后寺院中拍卖就日渐销声匿迹了。③

近代中国最早的拍卖行出现在北京。光绪（1875—1908）末年，北京崇

---

① （南宋）释惟勉：《丛林校定清规总要》卷下《当代住持涅槃》，《卍新纂续藏经》册 63，页 613 上。

② （南宋）释惟勉：《丛林校定清规总要》卷下《亡僧》，《卍新纂续藏经》册 63，页 614 下。

③ 见《佛教寺庙与中国历史上的四种募钱制度》，《中国制度史研究》，页 167—168。另可参考〔日〕望月信亨主编：《佛教大辞典》中的“唱衣”条末书目。

文门大街上开了一家鲁麟洋行，经理是外国人。当时北京使馆区东交民巷一带是外国人居住较集中的地区，那些外国人常将回国前不愿带走的衣物、家具之类物品送到洋行出售，洋行则采取当众拍卖的方式处理。拍卖过程基本如下：

现场放一张桌子，桌子上站一个口齿伶俐、眼疾手快的伙计充当拍卖人，左手持木板，右手持木槌，先对拍卖品作一简单介绍，围观的买主随意喊价，价格抬到一定高度后，无人再愿加价，用木槌敲响木板，算是拍卖成交。买主当场交款，卖主当场领钱，拍卖行按比例得佣金。这种交易方法比较公平，而且速度也比较快，历来生意兴隆。[①]

中国目前拍卖业发展兴盛。比较一下可知，拍卖理念、程序、手段等与千年前丛林中已较普遍采用的“唱衣”程式基本一致。

三、单账式及与遗产处置有关的丛林制度

由以上讨论可得知佛教寺院中的唱衣制度随着历史的发展而日趋谨严细密，丛林清规出现后，关于亡僧遗产处置的方式如唱衣拍卖程序、单账式等都相当规范而且严谨，成为丛林财务制度中一个重要组成部分。

（一）单账式：唐式溯源与宋式立法

《清规》中对于唱衣所获钱财由何人负责、如何上账登录、记账科目、上账后何时何地交到住持手中、何人参与交割、如何保管等都有详细规定。所有过程，都有规定的程序，如按照制度，现场记录拍卖账目的“单账式”，要钱物两清，在唱衣活动结束的当天，即使天色已晚，亦必须由“侍者”负责，交到住持手中，然后“中夜剔灯，同维那交收亡僧唱衣钱”[②]。即由住持、维那和侍者共同审核账目。其间唱衣拍卖过程中拍出之衣物数量，收入之账目，拍卖的衣物由何人交出、如何交割，都要明确记录。清规中虽未具体写明何人负责收款，

---

① 参甄真：《中国拍卖业发展历程如何》，《盘龙企业》2004 年 4 月 3 日。

② （元）释德辉：《敕修百丈清规》卷四《两序章·西序头首·圣僧侍者》，《大正藏》册 48，页 1132 上。

但从上文得知，收款者为维那和侍者二人。当天晚上，这二位经手人，还必须与住持一起“中夜剔灯”，将钱与“单账式”审核清楚，然后将账本交到住持手中，体现了会计行业通行的“钱不过夜”规矩。规定维那与侍者二人共同经手，是以制度保障，相互制约。规定所有结清的钱财及账单必须当天晚上交割分明，是以制度保障，杜绝可能的意外情况。

清规中称唱衣拍卖账目为“单账式”，即是一种式文。式，是唐以来行使的一种正式政府公文形式，宋代沿承。作为丛林制度文化，在拍卖程序中规定采用这种公文形式，是有特定制度含义焉。

《唐六典》载：“凡文法之名有四：一曰律，二曰令，三曰格，四曰式。”[①] 律、令、格、式，是唐朝法律文书之四种基本格式，是书并释其名曰：“凡律以正刑定罪，令以设范立制，格以禁违正邪，式以轨物程事”，[②] 说明了唐朝律、令、格、式四种正式法典各自的文本形式、适用范围、法律效力。是知唐律、令、格、式四种法典形式包含的内容极为丰富，大量刑事、民事、行政、经济、诉讼方面的正式制度及相关法律规定皆在其中，同时还应包含相关的佛道教法规等。但唐朝律、令、格、式四种法典形式，完整保存至今的只有《唐律疏议》一种。唐令早佚，日本学者仁井田陞、池田温等人曾据文献对其进行复原，出版《唐令拾遗》和《唐令拾遗补》二书。唐格也早佚，现仅存敦煌文书P.3078号、S.4673号唐《神龙散颁刑部格残卷》等部分内容；唐式也基本佚失，只在有些相关文献中保存下来部分零星材料，如今存法国国立图书馆的敦煌残卷《开元水部式》(P.2507)，是目前所知保存唐式内容最多的文献。[③] 另外吐鲁番文书中也存有一些零星的唐格、式残件，如吐鲁番文书TIIT《垂拱后常行格断片》(此件首尾残缺，仅余16行，后据内容更名为《神龙吏部留司格》)残片等。[④] 日本学者仁井田陞从现存古代文献中推断出唐《开元式》部分篇名，主要有：吏部式、考功式、户部式、礼部式、祠部式、主客式、兵部式、职方式、驾部式、库部式、刑部式、司门式、水部式、秘书式、太仆式、少府式、监门

① (唐)李林甫等：《唐六典》卷六《刑部郎中》，中华书局1992年点校本，页180。

② 同上书，页185。

③ 参郑显文：《日本的〈令集解·僧尼令〉与唐代宗教法比较研究》，中国政法大学《政法评论》2001年卷。

④ 刘俊文：《论唐格——敦煌本唐格残卷研究》，《敦煌吐鲁番研究论文集》，汉语大词典出版社1988年版。此文后收入氏著《唐代法制研究》第二章三节《唐格初探》，文津出版社1999年版；对TIIT的修改更名，见是书注释101，页161。

式。[①]韩国磐先生据传世文献对唐式作了辑存。[②]

式，是与律、令、格并称的法律形式，唐代是“百司所常行之法”，属国家机关的公文程式和活动细则。《唐六典》载：“凡式，有三十有三篇。亦以尚书省列曹及秘书、太常、司农、光禄、太仆、太府、少府及监门、宿卫、计账为其篇目，凡三十三篇，为二十卷”，又曰：“皇朝《永徽式》十四卷，《垂拱》、《神龙》、《开元》式并二十卷。”[③]可知唐式自高祖武德至玄宗开元年间曾屡次修订，内容则根据需要而增损，篇目名称及卷数也各不相同。

据唐法，祠部“掌祠祀享祭、天文漏刻、国忌庙讳、卜筮医药、道佛之事”，所以有关道教、佛教的式规定主要收录在《祠部式》中，《唐六典》是唐官制政书，祠部是中央佛道教事务管理机关，该书中所录《祠部式》文即唐式之一种，如：

> 凡国祭忌日，两京定大观、寺各二散斋，诸道士、女道士及僧、尼，皆集于斋所，京文武五品以上与清官七品已上皆集，行香以退。若外州，亦各定一观、一寺以散斋，州、县官行香。应设斋者，盖八十有一州焉。谓四辅、五府、六雄、十望、曹、濮、兖、齐、豫、徐、陈、青、亳、仙、凉、秦、瀛、贝、邢、恒、冀、定、赵、沧、德、深、博、易、相、梁、襄、泽、安、绵、梓、遂、眉、邛、果、彭、蜀、汉、润、越、常、苏、杭、婺、衢、湖、宣、洪、潭、广、桂、陇、邠、泾等州是也。其道士、女道士、僧、尼行道散斋，皆给香油、炭料。若官设斋，道、佛各施物三十五段，供修理道、佛，写一切经；道士、女道士、僧、尼各施钱十二文。五品已上女及孙女出家者，官斋、行道，皆听不预。若私家设斋，道士、女道士、僧、尼兼请不得过四十九人。凡远忌日虽不废务，然非军务急切，亦不举事。余如常式。[④]

该条是关于祠祀散斋方面的规定，记述国祭忌日活动具体细则，即是一种《式》文。

---

① 〔日〕仁井田陞：《中国法制史研究·法和道德、法和习惯》，东京：东京大学出版会 1981 年版，页 332—333。

② 韩国磐：《传世文献中所见的唐式辑存》，《厦门大学学报》1994 年第 1 期。

③ （唐）李林甫等：《唐六典》卷六《刑部郎中》，中华书局 1992 年点校本，页 180。

④ （唐）李林甫等：《唐六典》卷四《尚书礼部·祠部郎中》，中华书局 1992 年点校本，页 127。

《唐会要》是唐代另一部重要典制文献，也保存有一些零星的与佛道制度相关的式文内容，如："贞观二年五月十九日敕：章敬寺是先朝创造，从今已后，每至先朝忌日，常令设斋行香，仍永为恒式。"[①] 又如"天宝十三载正月十二日，令有司每至春日，则修荐献上香之礼，仍永为常式"[②]，都应是《祠部式》中的条款。

宋代法制多承唐而立，从中可反观唐律、令、格、式文的一些情况。如《庆元条法事类》一书中保留了较多较完整的宋令、宋格、宋式的文本格式。其中作为宋代正式制度法规的令、式，也被直接、多方面地反映在丛林制度中，清规中保留的单账式是其中之一。

（二）案例分析：诸清规之单账式

上文提到《唐六典》曰："式以轨物程事"，即《式》是专用于规范事物、事件之性质、过程的一种法规范式。诸清规中的单账式即是宋式的一种形式，或曰宋式在南宋（元）佛教制度文化中之反映。下面对此做一些研究，为线索清晰起见，只涉及式特征较显著且内容记载相对较丰富的《丛林校定清规总要》中之三种单账式，《幻住庵清规》中之三幅板账式，《敕修百丈清规》中之二种单账式。

案例一：《丛林校定清规总要》之三种单账式

南宋惟勉《丛林校定清规总要》成书于度宗咸淳十年（1274），因撰于浙江金华地区，又称《婺州清规》，是对南宋后期江南丛林规制及实践的总结和反映。书中列有三种单账式，兹录如下：

1. 抄札单账式

谨抄札堂头和尚衣钵于后

壹号某物

贰号某物（逐一排列写）

---

① （北宋）王溥：《唐会要》卷四九《杂录》，台湾商务印书馆 1984 年影印《景印文渊阁本四库全书》第 606 册，页 632 上。

② （北宋）王溥：《唐会要》卷五〇《尊崇道教》，台湾商务印书馆 1984 年影印《景印文渊阁本四库全书》第 606 册，页 636 上。

右件如前抄札，并无漏落
众佥押（各用书名）

2. 收钱俵散单账式

谨具堂头和尚：估唱衣物，支俵于后
一收钱若干（系某件钱到　逐一排列写）
一支钱若干（系某件事用　逐一排列写）
右件支破，尚有若干，斋七追修，命众看经，僧行经钱，支破外更无余剩
年　月　日
丧司库子　某　具
把账执事人 两班典丧 佥押[①]

3. 亡僧单账式

今具亡僧某甲上座 估唱衣钵 收支下项
一收钱若干（某件到　逐一排列写）
一支钱若干（某件用　逐一排列写）
除支外　现管若干（现管只可些小，却收堂司，公界支用）
右具如前　　年　月　日
堂司库子行者某具
把账侍者某押
知客某押（相排写）
知事（排列称呼写）某押
头首（排列称呼写）某押
住持　押[②]

本人读这个单账式时总是感到惊讶，非因其收支明细账内容，这个内容今天看来肯定已不合时宜，现代会计借贷记账法相比之下要科学得多；而是因其格式之严谨性，即使放在今天也足令人称道。如现代账单一般要经手人、负责

① （南宋）释惟勉：《丛林校定清规总要》卷二《当代住持涅槃》，《卍新纂续藏经》册 63，页 612 下。
② （南宋）释惟勉：《丛林校定清规总要》卷二《亡僧》，《卍新纂续藏经》册 63，页 614 下。

人、审核人三方签字，而千余年前之丛林制度中已早有完备规章，规定所有相关责任人都要签押等。

案例二：《幻住庵清规》之三幅板账式

中峰明本《幻住庵清规》作于元代中期之延祐四年（1317），是针对规模较小的庵居禅众的管理制度。书共一卷，篇幅较小，但对亡僧遗产处置使用了相当大的篇幅，可知其重视程度。中峰在《幻住庵清规》中载明另一种板账式，共三幅，兹录如下：

第一幅

口词云：抱病比丘某，何处人，昨挂塔在此随众办道，偶涉病缘，恐风火不停，所有随身行李请公界依例抄札，送后事　伏幸

众悆。　年　月　日抱病比丘某甲押口词

第二幅

今抄札亡僧某上座衣钵，一一开具于后

天字一号黄纱袈裟一顶　几贯文

天字二号细直裰一顶　几贯文

天字三号旧钵盂副全　几贯文

天字四号旧布直裰一顶　几贯文

天字五号旧布七条一顶　几贯文

天字六号半旧白绢绵袄一领　几贯文

天字七号旧鞋子一双　几贯文

天字八号新细绵裤一腰　壹拾几贯文

天字九号新苎布衫一领　几贯文

天字十号北绢纳袄一领　几拾贯几百文

地字一号新木绵夹裤一腰　几贯几百文

地字二号旧夹布裤一腰　几贯几百文

地字三号新鞋子一双　几拾几贯文

地字四号新袜两双　几贯文

已上衣钵共几号估唱到几贯几百文

把账　押

主丧　押

庵主　押

第三幅

今具亡僧某上座收支板账

收几拾贯文（系唱衣收到）

收几贯文（系亡僧衣钵内见官分）

支几拾贯文（系照丛林抽分三分支一行）

支几拾贯文（系就常住回买龛子一具支了）

支几拾贯文（系就常住回纸剪幡花并油烛供养支了）

支几拾贯文（系庵主下火佛事支了）

支几贯文（系山头念诵佛事支了）

支几贯文（系首座起龛佛事支了）

支几贯文（系庵主副庵知库佥单把帐支了）

支几拾贯文（系宿夜件灵汤果点心支了）

支几贯文（系堂司打磬支了）

支几贯几百文（系行者伴灵支了）

支几贯文（系庵主首座主丧支了）

支几贯文（系抬龛化龛心力支了）

支几贯几百文（系厨下饭头心力支了）

支几贯文（系就公界回祭一筵支了）

支几贯文（系浴亡心力支了）

支几贯几百文（系唱衣提衣心力支了）

支几拾几贯文（系就常住回物设供支了）

支几拾几贯几百文（系本庵僧道共三十人每人讽经钱系分半上项支了）

共支中统钞（几百几拾几贯几百文）

除支外见管无

右结讫

年　月　日

库子　　具

把账　　押
主丧　　押
庵主　　押[①]

《幻住庵清规》具列上述“板账式”后的特别说明也很有意思，其曰：“诸方板账，随处建立，各有定例。今庵居事无一向，从其宜便而取舍之，虽存亡之异途，盖因果则同辙也。如板账内，抽分一顶，乃诸方古例。庵居以结缘为重，似不须讲。”小心翼翼，似惟恐引起误会，但觉得还是要讲，最后也还是讲了。

综上，其制度价值表现在：一是制度规范，严格明确，所有内容一目了然，绝无拖泥带水、语焉不详之处。二是事无巨细，一一具列，惟恐其有不详而从不省略文字篇幅。正所谓天网恢恢，疏而不漏也。三是苦口婆心，言之谆谆，再三说明，管理事宜需根据具体情况处理，切不可僵化教条，丛林生活各不相同，切不可拘泥，否则会因制度而生障碍。

案例三：《敕修百丈清规》之二种单账式

《敕修百丈清规》作于元顺帝元统三年（1335），书中也列出详细“单式”，即唱衣拍卖之前、过程中及结束后用于记账之账式，共有二种，一曰“单式”，二曰“板账式”。先录列单式如下：

1. 单式

尚头和尚示寂，谨具衣物，估唱钞数，收支于后
一收钞若干（系某件唱到）
一收钞若干（系某项收到）
一支钞若干（系某项用度）
一支钞若干（系某项支使，逐一列写）
已上共收钞若干
共支钞若干
除支外见管钞若干（准斋七追修僧行经资用）
右具如前

① （元）释明本：《幻住庵清规·津送》，《卍新纂续藏经》册 63，页 586 下—587 下。

年　月　日

丧司行者　某　　具

呈　把账执事人两序典丧各书名佥押[①]

这类单式，应是寺院财务管理中的账单形式之一种。其他各项财务、会计、出纳账单，应根据各自需要而形式略有不同。然而之所以郑重其事地列出唱衣收支账单式，可能是因为这个唱衣程序，关涉死者，俗话说“人死为大”。同时，这亦可能是最易发生纠纷的环节。所以将其格式固定，则人所共睹，俾使公开、公平、公正，虽未必能达到“个人利益最大化”目标，但可能实现“平均利益最优化”原则。

再讨论“板账式”。兹据《清规》所列引录如下：

2. 板账式

今具估唱亡僧某甲称呼衣钵钞收支下项

一收钞一千贯文（系唱衣钞收到，或别有收钞名目，逐一列写）

支钞九十一贯文（系板账支行）开具内一十五贯文（回龛）

三贯文（回祭）　三贯文（设粥）

一贯文（龛前灯油）　十贯文（笔纸造单幡花雪柳）

一贯文（净发）　二贯伍百文（移龛抬亡）

伍百文（烧浴汤）　二贯文（浴亡）

一贯文（直灵上粥饭）　伍百文（库司客头报造祭）

伍百文（钉挂祭筵）　伍百文（管计出碗楪）

伍百文（库子出给造祭）　伍百文（监厨造食）

伍百文（库司茶头上茶汤）　伍百文（参头差拨行者）

二贯文（堂司行者报众）　伍百文（监作差拨又力）

伍百文（方丈听叫捧香合）　十贯文（行堂讽经）

一贯文（贴堂司行者鸣廊板）　二贯文（四寮茶头供应）

一十伍贯文（舁龛）　一贯文（打钹）

三贯文（鼓乐）　三贯文（扛香卓挑幡灯六人）

① （元）释德辉：《敕修百丈清规》卷二《住持章·唱衣·单式》，《大正藏》册48，页1129中。

伍百文（俵雪柳柴枝）　一贯文（化亡）
三贯文（方丈一行人仆送丧）　一贯文（四寮人力扛凳卓）
伍百文（贴堂司行者呈衣）　伍百文（堂司行者唱衣）
伍百文（贴供头递唱衣标）　伍百文（供头收衣）
伍百文（唱食行者撮阄）　伍百文（收骨）
一贯文（抬灰函）　一贯文（直塔）共支行
支钞二百七十贯文（系板账支行外三七抽分归常住，计上件支行）
支钞一百三十伍贯文（佛事钱）
开具内二十贯（秉炬）
一十贯（贴秉炬佛事）　四十贯（锁龛起龛起骨入塔）
二十贯（贴上四项佛事）　三十贯（维那山头佛事知客侍者把账）
一十伍贯（贴上三项佛事）共支行

支钞一十伍贯文（首座主丧，都寺押丧，维那主磬，各伍贯文，计上件支行）

支钞九贯文（知客举经，侍者捧香，合各三贯。圣僧侍者收唱衣钱二贯，直岁度火把一贯，计上件支行）

支钞一十伍贯文（方丈两序堂司行者，抄札估衣造单三次，次点心方丈双分，计上件支行）

支钞二十贯文（方丈两序佥单，方丈双分，计上件支行）

支钞四百四十四贯伍百文（系俵众经钱观音大士圣僧方丈双分，僧众约四百员，各一贯文，堂司行者随僧倸在假并暂到，约七十九人半分，各伍百文，共支行）

除支外见管钞伍百文（收堂司公用）
右具如前
年　月　日　堂司行者　某具
把账　侍者　某押　知客　某押
直岁　知殿
典座　知浴
副寺　藏主
维那　藏主

副寺　书记

监寺　首座

都寺　首座　某押（两序并同）

住持　押①

上述账式文下有特别说明："并板账之设，盖古者凡立成式，必书诸板，以示不可移易也，故丛林亡僧有板账焉。凡僧亡，以其所有衣物，对众估唱，惩贪积也。估唱得钱，必照板账，支用外，其钱作三七抽分归常住（原注：百贯抽三十贯，不满百贯则不抽分）余则均俵僧众。经资一百，则佛事一贯，方丈倍之。以一千贯为率条列于前，约其成式，多则增而上之，少则降而杀之。临时又量众随宜以斟酌之（原注：或勤旧有田地、米谷、房舍、床榻、桌凳，当尽归常住。仍量唱衣钱寡多，则排日俵傺讽经看经添奠茶汤转龛骨等佛事）。"②

"书之于板"，即根据清单将账目公之于公，既便于大众监督，亦可铭记以待日后所需。这也就是板账式之名由来。

惟勉《丛林校定清规总要》完成于南宋咸淳十年（1274），德辉《敕修百丈清规》作于元元统四年（1338），其间相隔约半个世纪。比较上述二种单账式，显然后者更详细严格，于此可见丛林制度建设不断完善之演进轨迹。

另如元一咸著《禅林清规备要》中也列出三种板账式，曰大板账、中板账、小板账，并在账式前特别说明：

> 大板账，千贯二千贯为式：耆旧田土金谷归常住，唱衣钱不抽分，依式做板账，外均俵僧众；经钱、佛事钱俵傺讽经；头首正傺，二十贯为则，若三千五千贯已上，量增议助龛局，典座设供，其余不可妄用；抽分，百贯抽十贯；贴佛事钱，贰贯贴壹贯。中板账，四百贯五百贯，抽分俵众佛事，并准前式。小板账，二百贯百贯，乃至十廿贯者，除回龛、扛龛杂支外，一切结缘。住持首座力主之，库司备办之，大众愍念之。③

① （元）释德辉：《敕修百丈清规》卷七《大众章·板账式》，《大正藏》册48，页1149中—1150上。

② 同上书，页1150上。

③ （元）释一咸：《禅林清规备要》卷九《三等板账》，《卍新纂续藏经》册63，页659中。

一咸书中详列三种板账式后更强调："右具如前，永为定式，不许花支巧破。若曰助龛局设堂供，须通众公议，众曰可，方可举行。虽是随方毗尼，当准此为通例。"[①] 强调这是"永为定式"、不可违反的制度规章。

同时可知板账式之大、中、小之别，主要根据亡僧遗留之财物多寡，以定分配用途，而板账形式和性质则不受特别影响。从其文内容看，板账形式与《敕修百丈清规》记载的比较接近。

① （元）释一咸：《禅林清规备要》卷九《三等板账》，《卍新纂续藏经》册63，页660中。

第十二章　清规制度与簿籍账册

寺院经营必须规划投入产出，计算成本，日常生活中的一切也都要精打细算，量入为出。而进行成本核算，财务会计制度是必不可少的制度环节，与此相应就需要建立配套的簿籍账册体系。丛林制度诞生后，寺院的生存发展除了政治因素，很大程度上取决于自身经营能力，一个经济独立的寺院，相当于一个独立核算的财务单位，财会制度中应包括制约会计行为人及利益相关者的法规、准则、惯例等，核心则是簿籍账册制度。

寺院财会簿账体系这个相对而言形而下的命题，以往较少被学界关注，但是历史上诸种寺院制度，尤其宋元丛林清规中都不仅有这方面内容，而且多予以特殊重视。本书撷其要者进行初步研究，对象则限于南宋丛林制度相关问题。

一、丛林清规之财务制度与文化背景

丛林制度文化除历史承绪外与国家政治、宗教政策及相应行政设施都有直接关系。纵向比较，相对于历代僧制，南宋丛林制度中不少内容是前所未有的创新；横向分析，相对于当时社会政治、经济和文化体制，丛林文化中处处显示出互动影响痕迹。因此要了解南宋丛林清规中的财务制度，需要对南宋政府财务管理及会计制度有所了解。

（一）南宋政府财政管理体制述略

南宋政府对财政事务制定了严密的管理监督法规，使贪佞者较难逞奸。地方财赋直接上缴中央财政，由中央统一管理，为强化对地方财政的管理控制，对上供物的上交期限、数量、质量及上供物的挪用、截留等事项都制定有严格的法规，自上而下创建了较严谨的财务制度。如宁宗嘉泰二年（1202）谢深甫等编纂的《庆元条法事类》集庆元二年（1196）止所有编敕律书大成，存世的虽是一部残书，但从现存内容条文中仍可反映中央对地方财政加强控制的情况，其中也有关于寺院财会簿账的敕律条文。

1. 国家财政制度背景

宋代国家财政制度特点之一是极为重视簿账体系，如税租簿账欺弊等历代财政事务中不可避免的问题在宋代成为制度防范及制度建设的重要领域。

南宋李攸编撰的《宋朝事实》中引苏辙《元祐会计录》序曰："臣闻汉祖入关，萧何收秦图籍，周知四方盈虚强弱之实，汉祖赖之以并天下。丙吉为相，匈奴尝入云中代郡，吉使东曹考按边琐，条其兵食之有无与将吏之才否，逡巡进对，指挥遂定。由此观之，古之人所以运筹帷幄之中、制胜千里之外者，图籍之功也。"又引苏辙《民赋》序曰，可取"凡会计之实"而别为五："一曰收支，二曰民赋，三曰课入，四曰馈运，五曰经费。五者既具，然后著之以见在，列之以通表，而天下之大计，可以画地而谈也。"① 会计账册是图籍册之一种，作为日常财务活动中系统的收支记录，也是财政监督主要依据，通过现金结算账及表格记录在册，则"天下大计"可据此"画地而谈也"。

凡违法贪弊者定会在会计簿账上做手脚，宋人始终对此有深刻认识，如《州县提纲》曰："县道财赋，本源全在簿书，乡典奸弊，亦全在簿书"，故必须"整齐簿书"，否则定会导致"故敷折色与税之多寡不相应，是以财赋走失不可胜言，而差役无凭，习以成风，恬不为怪，更加数年，则有赋者亡产，有产者亡赋，不可稽考"的结果。② 如南宋治贪立法，尤其注重从会计账籍入手，规定各级政府一切经济收支，无论巨细，皆须依照法式详细、准时入账，账籍、收

---

① （南宋）李攸：《宋朝事实》卷一五《财用》，台湾商务印书馆 1985 年影印《景印文渊阁本四库全书》第 608 册，页 174 上下、175 下。仲尧按：《宋朝事实》原六十卷，已佚，今本二十卷是清人从《永乐大典》中辑出，缺《爵邑》一门，主要记北宋一代典章制度，颇为详核，历来被认为有较高史料价值。

② （北宋）陈襄：《州县提纲》卷四《整齐簿书》，台湾商务印书馆 1985 年影印《景印文渊阁本四库全书》第 602 册，页 647 上、下。仲尧按：《州县提纲》是我国现存最早的一部州县治政专著，共四卷 116 条，作者传为陈襄（1017—1080），庆历间（1041—1048）进士，嘉祐六年（1061）后历知常州、明州、杭州（熙宁五年，1072），在职"长于吏事"；见（南宋）陈晔《古灵先生年谱》（《永乐大典》卷三一四二）、《宋史》卷三二一《陈襄传》。《州县提纲》收入《四库全书》时总纂官纪昀等认为文渊阁书目题该书"陈古灵（陈襄）撰"乃"不足据矣"，但对是书评价甚高，认为"其书论州县莅民之方，极为详备，虽古今事势未必尽同，然于防奸釐弊之道，抉摘最明，而首卷推本正己省身，凡数十事尤为知要，亦可为司牧之指南，虽不出于襄手，要非究心吏事、洞悉民情不能作也"。

支凭证等必须妥善保存，不得私自做两本账，以备随时勾核稽考。为防止账籍毁失、改易等，严禁将账籍擅自带回家中或散失他处。为确保账籍记载准确无误，规定对账籍脱误隐漏、增减不实者，无论属于疏忽大意还是欺弊隐漏，都要依法严处。[①]

（1）簿账欺弊与惩处制度

簿账欺弊行为历代从未断绝，《庆元条法事类》中有关条文反映出南宋政府对此制定了一整套事先预防、过程监控、事后奖惩的制度，反映出当时会计簿账制度的基本情况。如对可能出现的“于钱物数，故隐漏、增移、易虚销簿籍”等故意犯罪的“欺弊”行为，以严厉惩处措施示以警戒：

> 诸于税租簿账有欺弊者（原注：谓于钱物数故意隐漏、增减、移易或虚销簿账者，余条官物称有欺弊准此），不分首从，计物之值（原注：累而不倍），不满五百文，杖一百；五百文，徒一年；（每）五百文加一等。三贯皆配本城，五贯皆配本州。许人告。书手虽杖罪，勒停其私名。人有欺弊正名，知情与同罪，各不以赦降原减。当职官吏失觉察，杖八十，犯人应配者杖一百。[②]

凡发现存在簿账欺弊行为，即无论首犯从犯，累计价值不满五百文者杖一百，满五百文者徒一年，其上则每五百文罪加一等。达三贯之数发配本城，达五贯发配本州，同时皆杖一百。

对于参与簿账欺弊行为的经手人员亦予严惩，“书手”指征收赋税时雇用的“乡书手”，即做账人员，如果涉案，也要勒令停职并受脊杖。假账的知情者同罪，并且规定遇赦罪不减等，永不叙用，在职主管官吏如对罪案失察者杖八十。

从制度文化角度看无论法律如何严厉皆不足以完全杜绝后患，因此南宋法规制定了较严密的监察制度，注重过程监管，从外部加大监管力度，如强调磨勘，《庆元条法事类》载：“诸磨勘税租簿，未见欺弊，辄追本县公人。或故为隐漏者，徒二年，有亏失审磨不出者，杖一百。”“诸州审磨税租簿吏人故为隐漏者，徒二年，有亏失审磨不出，杖一百。”“诸州审磨并磨勘税租簿官，有欺

---

① 参方宝璋：《略论中国古代治贪立法》，《光明日报》2003年1月21日。

② （南宋）谢深甫：《庆元条法事类》卷三二《财用门三·职制敕·点磨隐陷》，燕京大学图书馆藏版民国三十七年（1948）影印本，第6册，页2左—3右。

弊审磨不出者，论如税租簿有欺弊当职官失觉察法。”[1]

对于各级负责磨勘审计的官吏，从县一级“本县公人”、州一级“诸州审磨税租簿吏人”乃至各州负责本项工作的主管官员“诸州审磨并磨勘税租簿官”，如审磨不力，未发现税租簿账中存在的欺弊行为，皆予依法严惩，具体又分两种情况，一是“故为隐漏”，实际上等于参与作案，惩处力度更大；二是“审磨不出”，即因业务水平不够或马虎疏忽而未能发现账簿欺弊内容，也要依法惩处，但根据实际惩处力度较轻。

对于审磨得力，审计出账簿欺弊问题者即予奖赏以资鼓励。《庆元条法事类》详载了这方面的诸多条例，如：“命官磨勘，覆磨出税租簿内亏欠”，凡审查出“本年亏欠累及二百五十贯”或“隐陷旧额致欠违亏失累及五百贯”者，可免本官当年吏部磨勘（“免试”）并可以按比例给予钱财奖励：“差人驱磨出每纳一分，给一厘半（原注：告及驱磨人各给一半）。”[2]“驱磨出每纳一分，给一厘半”，即按照审计查出的钱物价值给予奖励，奖励比例约为实际查处所得的15%，其中告发人和“驱磨人”即审计人员可各得一半。这个比例应该是不低的，可以说是一种高成本的防范性制度措施。

（2）**技术防范及监管执行**

会计账簿是财务管理的主要技术手段，账簿欺弊行为主要是通过做假账提供虚假会计信息，风险防范途径主要有源头防范、过程监控、事后奖惩三个环节。

首先是源头防范。从源头防微杜渐，使其不发生或少发生，从边际效应看是成本最低的手段，但从实际效果看最难做到。因为任何财务行为中都会有各种因素对结果产生影响，财务活动过程本身具有的不确定性还在于管理对象是客观数据，但是过程中发生的主观判断和动态变量，很难使会计信息绝对完整，数据信息的不对称性是财务管理风险的客观性源头之一，故财务风险不可能完全消除。因人性使然，机制的完善性是相对的，因其不完善性而处于不断的调整中却是绝对的，但源头防范环节毕竟不能少。

其次是过程监控。控制各阶段风险产生的可能性是主要手段，其中作为技术防范，掌握和控制簿账编制过程是最有效手段之一。《续资治通鉴长编》载北宋县衙造簿规定曰：

---

① 皆见（南宋）谢深甫：《庆元条法事类》卷三二《财用门三·职制敕·点磨隐陷》第6册，页3右。

② 同上书，页7左—8右。

诏诸税租助役常平钱物钞，候仓库封送到县，令佐即日勒吏开拆，分授乡书手各置历，当官收上。排日以千字文为号。将所授钞画时上簿，当职官对簿勾销讫，封印，置柜收掌。候纳毕，于簿末计正数或每色剩纳到数并畸零残欠，画一朱书，限三十日。二万户以上，限五十日。官吏保明具钞数，并簿送州。①

南宋法规更细，要求更严，内容也更加具体，如《庆元条法事类》载县级部门负责收缴税租钞时的具体要求及操作规程曰：

诸税租钞，仓库封送县，令佐即日监勒分授乡书手各置历，当官收上，日别为号计数，以五日通转。每受钞，即时注入（原注：钞数多者，量责近限），当职官对簿销押讫，封印置柜收掌（原注：木[本]县收纳亦准此）。至纳毕，于簿末结计正数，及合零就整。若每色剩纳到数并畸零残欠，画一宋（朱）书，限三十日，二万户以上，限五十日。官吏保明具钞数，同簿送州磨勘。若限满尚有完不欠者，令佐勒书手，录所欠户名责状二本，一留县催纳，一随簿送州。即府磨勘有亏失及于责状外又有欠者，本州置簿，勒干系吏人、书手、私名人均备。②

大意是：各乡本期收缴的诸税租钞，从仓库封送县衙，县令及佐簿吏员应在收到的当日及时清点计算实数，监督会计人员（乡书手）记录于账簿历本。当值官员负责每日编号收缴现钞及所编账簿，每五日合计一次总数，由当值官员核对账簿确定数目无误，销押封印，将账簿置柜妥善安置收藏。本期缴纳完毕，在账簿本尾写出总数，会零就整。如出现缴纳数不足即“畸零残欠”等情况，要在账簿上用红字标出，限此后三十日内清欠完毕，两万户以上的县限此后五十日内清欠完毕。然后由本县有关官员对账簿签押并担保，将钞数与账簿一起送往州府，由州府检查审计（磨勘）。如限定日期已满而尚有积欠未缴，由县令负责，督责佐簿吏员及会计人员将欠款人名单制册（“责状”），一式两份，

---

① （南宋）李焘：《续资治通鉴长编》卷四七八，“哲宗元祐七年（1092）十一月庚辰”条，台湾商务印书馆1984年影印《景印文渊阁本四库全书》第322册，页266下—267上。

② （南宋）谢深甫：《庆元条法事类》卷四七《赋役门一·赋役令》，燕京大学图书馆藏版民国三十七年（1948）影印本，第8册，页8左—9右。又见卷四八，同书同册，页15左—16右。

一份留县衙以备继续催纳，一份随簿账送州府备案。如州府审计复查（磨勘）后发现"责状"外另有亏欠，则由州府有关部门负责制成新"责状"，将有关吏员、会计人员等名单皆列出以备查究。

从《庆元条法事类》有关内容可详知州府一级磨勘制度极细致严密，如税租账簿磨勘，规定负责官员要亲自抽取账簿，随机审查验收，并在规定时间内"保明"（说明已经过审计检查，担保无差错）呈送转运司。如转运司发现账簿中有问题，则派遣其他官吏再行复核，并特别规定各县有关官吏不得互查。如经磨勘发现账簿中存在差错，各级官吏都要承担相应法律责任，如本州官吏驱磨不出或磨勘出却不点检改正，从吏人至相关官员乃至知州、通判等皆将受"杖五十"或"减等"刑罚。吏人在磨勘复核工作中如发生隐漏亏失，将被停职乃至永不叙用。但是如磨勘出簿账有差错亏失，即予奖赏，如查出本年亏失额累计二百五十贯、以往亏失额（"隐陷久远亏欠旧额"）达一百贯，免当年本官吏部磨勘，如查出本年亏失数累计五百贯、以往亏失额达二百贯，减磨勘一年。①

最后是事后奖惩。严格的奖惩制度是导向性评价必不可少的手段，当时法制中亦明显可见其用意及效果，相关制度也达到细密甚至繁琐的程度，如对可能发生的"簿账欺弊"现象以及监管部门执行不力等行为，鼓励检举告发并明确赏格。

《庆元条法事类》详载，检举人可以根据被告发者最后因罪案轻重所受刑律惩处程度而确定受奖额度。如被告发者经查实依法受到杖罪，检举人即可得赏钱十贯；被告发者被处徒刑一年，检举者即可得赏钱二十贯；然后每一等加十贯。被告发者如受流刑二千里者，检举人受赏钱七十贯，然后每一等加十贯。并且规定可以"计所值数，多者准倍"，即受赏钱数额多者准许数倍受赏，但是最高上限达三百贯止。②《庆元条法事类》专列赏格式，详细列出赏格细节，如《保明磨勘出税租亏失酬赏状》式等。③

惩处"簿账欺弊"的法律执行情况并不均衡，一些地方吏胥因熟悉各种制

---

① （南宋）谢深甫：《庆元条法事类》卷四八《赋役门二·赏格》，燕京大学图书馆藏版民国三十七年（1948）影印本，第8册，页16左—17右。

② 同上书，页17右—左。

③ （南宋）谢深甫：《庆元条法事类》卷四八《赋役门二·赏式》，燕京大学图书馆藏版民国三十七年（1948）影印本，第8册，页17左—18左。

度环节和人事关系，可能依仗便利，上下其手，令看似严格的制度在执行过程中变形。朝廷为完善赋税征收制度不断出台法律法规，同时，各类官吏利用掌管的编修财务簿账的权力，做假账、作奸犯科、“打擦边球”的花样也不断翻新。因此政府不断调整和改进相应制度设施，南宋政府在这方面较有成效，如南宋始设的审计院制度是其中之一。

（3）南宋始设之审计院制度

中国财会簿册制度文化历史悠久。2004 年 11 月，安徽省天长市安乐镇纪庄村村民在挖蓄水塘时发现一座西汉竖穴土坑墓，墓主谢孟是汉代临淮郡东阳县官吏，《文物》2006 年第 11 期发表《安徽天长西汉墓发掘简报》公布其中 14 方木牍图版与释文，内容包括户口簿、算簿、书信、名谒、药方、礼单等，是首次发现的汉代县级会计文书。[①] 如一号木牍背面题《算簿》，记东阳县八、九两个月“算”和“复算”的总数及八月 6 个乡的分算数，八月 6 个乡的分算数相加与总算数完全一致，九月缺少 6 个乡的分算数，当是木牍面积有限，另有记载，但此处应系登记算赋之簿无疑。[②]

我国最早设置“会计司”机构是宋神宗熙宁七年（1074），而古代审计发展，从审计机构、审计制度等方面更表现出制度建设的清晰脉络。历代朝廷皆设置具有审计职能的中央机构，从商代“冢宰”，到秦汉“御史”、曹魏“比部曹”、隋唐“比部”，职责皆是稽核文账以考核官吏政绩。宋代沿置比部，“掌勾核中外账籍，凡场务、仓库出纳在官之物，皆月计、季考、岁会……选人吏二百人，驱磨天下账籍，并选官吏审核”[③]。

“审计”一词出现在北宋，元丰改制后太府寺“掌邦国财货之政令及库藏、出纳、商税、平准、贸易之事”，下设 25 个官司，“审计司”是其中之一，但主要负责太府寺内部审计，地位也不高。南宋开始正式设立审计院制度，标志着以审查账簿为基本特征的审计程序化，这对以后各代有深远影响，某些制度甚至历金、元、清朝而沿用至今。建炎元年（1127）五月，因避高宗赵构名讳改

---

① 《续汉书·百官志五》：“属官，每县、邑、道……秋冬集课，上计于所属郡国。”注引胡广曰：“秋冬岁尽，各计县户口垦田，钱谷出入，盗贼多少，上其集簿。丞尉以下，岁诣郡，课校其功。”汉代上计，由二级上计制度构成，即县上郡、郡上中央。这条史料显然是指县级上计制度。但以往简牍文物中仅发现过郡级上计文书。

② 见卜宪群、蔡万进：《天长纪庄木牍及其价值》，《光明日报》第 9 版《历史》2007 年 6 月 15 日。

③ （元）脱脱等：《宋史》卷一六三《职官三·刑部·比部郎中》，中华书局 1977 年点校本，第 12 册，页 3861。

“诸司诸军专勾司”为审计院，与登闻检院、登闻鼓院、粮料院、官告院、进奏院合称“南宋六院”，审计院下设“干办诸司审计司”及“干办诸军审计司”二部门，隶属户部，负责户部所辖诸军诸司财计审计事务，以监督财政为专职，是中国历史上第一个以“审计”命名的负责稽核财政收支的国家审计机构。

《文献通考》载，诸军审计司“掌骑兵、徒兵给受之数”，诸司审计司主管“自宫禁朝廷下至斗食佐吏，凡赋禄者，以法式审其名数而稽其辞受。唯郊赐给已，乃审据有疑，予则诏以法。凡四方之计籍，上于大农（即户部），则逆其会。凡有司议调度、会赋出，则谏焉”。归纳审计院职掌主要有四：一是军队各项支出审计；二是依法定标准对上至宫禁朝廷百官，下至斗食左吏的薪俸廪禄、勋赏赐予支出的全面审计；三是审核诸司诸军及全国各地上报户部的财政收支报告及有关会计账籍；四是参与中央有关司署商议财物调拨、财政收入预算事宜。可知其审计职责已比较全面。《庆元条法事类》中也多载审计院工作性质及职责等内容。①

南宋李心传批评本朝有些时期太监把持官司，无视比部审计监督：“岁取金银钱帛，率以百万计，版曹但照数除破耳。虽有岁终比部驱磨之令，然郎官第赴内东门司，终日巍坐，而数珰与数媪自为会计，郎官不得预。事毕，则卷牍尾示之，俾书名而已。”② 皇室领取巨额钱物，户部年终如数勾销，虽有比部审计律令，然遇财物出纳，太监自为会计，全权审批，比部无权审查干预。可知审计建制方面存在弊病，但舆论也能及时提示，表明时论对此保持警醒态度。

南宋中央审计院下，地方州、府及军队中均设派出机构“分差审计院”或“分差审计司”，性质与现在的中央审计署驻某地办事处类似。这些机构由所在州、府、军队中行使监察权的通判负责，据《宋史》记载，建炎间淮东西有分差粮料院、分差审计司，主官由通判兼理；湖广有分差粮料院、分差审计院，亦由通判兼领；四川有分差粮料院、分差审计院，以总领之属官兼任。通判除负责审计事宜外，还承担催促各地钱米发运、监察地方吏政、财政、民政、军政及狱政等重大财经事务。

南宋会计审计制度建设相对完备，地方“分差审计院”、“分差审计司”的

---

① 见（南宋）谢深甫：《庆元条法事类》卷三二《财用门三·点磨隐陷》有关内容，燕京大学图书馆藏版民国三十七年（1948）影印本，第6册，页1右—11左。

② （南宋）李心传：《建炎以来朝野杂记》甲集卷一七《合同凭由司》，中华书局2007年点校本，上册，页386。

设置，标志着地方审计机构的制度化发展，对后世中央设置向地方派出的审计机构，提供了宝贵经验。如明朝“都察院制度”、财物出纳印信勘合制度、黄册制度，及继承南宋的《会计录》编纂制度、钱粮“四柱清册”编报制度等，皆在世界会计史上有重要地位。

约南宋前后，随着封建经济的发展和资本经济的萌芽在沿海地区出现，民间会计制度也有所发展，不仅以“四柱结算法”为核心的中国式会计方法体系得到完善，而且账房组织制度也开始形成，明末清初，更出现以四柱为基础的“龙门账法”和“天地合账法”等记账法，这是相关制度文化的横向影响。

2. 制度扩展与文化渗透

南宋相对完善的会计簿账体系及财政审计监察制度历来被认为是中国制度史上一大特色。从平面角度看，相关制度具有扩展性，如磨勘司制度的影响遍及南北，西夏立国后改兴州为兴庆府，定为国都，参照宋朝制度并西夏国情和民族习俗，改革官制，分官员为文武两班，分别称为中书、枢密、三司、御史台、开封府、翊卫司、官计司、受纳司、农田司、群牧司、飞龙院、磨勘司、文思院、蕃学、汉学。自中书令、宰相、枢使、大夫、侍中、太尉以下，皆分别任命蕃、汉各一人担任。对地方行政区域管理也仿中原历代王朝形式，分府、州、县三级，设相应的监察和磨勘制度。①

从立体角度看，相关制度文化具有渗透性。再以磨勘司制度为例，民间各地东岳庙中多有磨勘司之名，北京朝阳门外神路街的东岳庙是元延祐六年（1319）道教正一派宗师张留孙等建，元末遭兵毁，明正统间重建，东西两庑，设七十二司，职责分七大部分，一为东岳大帝行政部分，包括官职司、都签押司、掌曹史司等十二司；二为都察调查记录部分，包括掌都察司、词状司、生死司等七司；三为磨勘判分善恶部分，包括磨勘司、勾生死司、追取罪人照证司等；四为定案及核案善恶并起诉部分，包括善报司、修功德司、行污司等二十六司；五为审判部分，包括推动司、枉死司等四司；六为执行部分，包括现报司、速报司、化生司等十八司；七为压制管理游荡者部分，包括魍魉司、精怪司等三司。七十二司，各司其职，善恶有报。② 宋元后各种民间文学、戏

① 参吴忠礼：《神秘王国西夏国开国皇帝——李元昊（1003—1048）》，《宁夏日报》2006年05月11日。
② 据笔者在20世纪80年代末的调研记录。

剧小说中也常见磨勘司之名，阴曹地府中阎王审案时往往令磨勘司勘验生死文簿，查对生前作为。这道鬼门关，主要就负责判定新鬼生前所做善恶之事。

笔者读《庆元条法事类》等文本，在体会南宋法制之严谨时也深觉过繁之弊，在细密文本中失却必要张力，既体现出封建时代因人治事特征，也使人感受到因雕版纸本印刷水平发达而使文本记事具有比前朝更大的便利性反致文件巨繁的现实。当时识者已指出"因一言一事，辄立一法"之弊，如叶适言："本朝之所以立国定制，维持人心，期于永存而不可动者，皆以惩创五季而矫唐末失策为言，细者愈细，密者愈密，摇手举足，辄有法禁。"[①]《庆元条法事类》所载之细密条文能否在现实中全部落实，确也使人生疑。

然而话说回来，总体上看因立法原则能从制度层面兼顾各方利益，执法效果则多能有效调整社会各阶层矛盾，故历代学者多认为两宋360余年间较少发生大政治风波应与制度保障相关，其制度多为后世效法。而制度扩展与文化渗透也全方位地从时空关系上及于佛门。

（二）丛林簿账制度之佛教传统与体制范围

南宋寺院开始较全面系统地建立财务管理及相应簿籍账册体系，与上述这个大背景有关。寺院经济研究相关领域中，对中世佛教寺院经济经营中的财务簿账制度及相关问题学者还未注意过，本书谨作尝试，冀正之于方家。

1. 案例分析：清规簿账制度之佛教传统溯源

从制度文化说，历代政府是制度供应主体，而佛教制度既是对社会制度的反映，同时也是佛教发展过程中与本土文化在互动中成熟化、正规化的表现。既曰佛教制度文化，即因具有自身鲜明的功能性特征，仅有外部"世法"影响，尚不足据以为"内律"制度规章，完备的丛林财会制度，同样与继承佛教自身的优秀传统相关。

南宋寺院之财会账册制度除了与当时社会政治背景互动影响外，也与佛教自身传统相关。下举《不空表制集》、圆仁《巡礼记》等案例做一些分析。

---

① （南宋）叶适：《叶适集·水心别集》卷一二《法度总论二》，中华书局1961年点校本，页788。

（1）案例一：长安大兴善寺的一份建筑类项目财务账单

唐大历十年（775）六月十五日，长安大兴善寺拟在寺中新建一座文殊阁，工程规模较大，《不空表制集》中保留有一份项目账单，记载了整个工程的详细财务核算情况，下据本书主题对此做一案例分析。账单内容如下：

大兴善寺翻经院，造大圣文殊师利菩萨阁。都计入钱二万二千四百八十七贯九百五十文。内出代绢共计入一万三千五十二贯文（一万一千一百五十二贯文，准绢四千一百一十七匹，抑充二千贯文见钱入）一千八十贯五百三文。和上衣钱诸杂钱物入八千三百五十五贯四百四十七文，外施及诸杂并卖物入。应造大圣文殊师利菩萨阁，破用及见在数如后：

四千五百四十二贯五百四十五文，买方木六百一十根半；

九百七十四千八百一十文，买椽柱槐木共八百四根；

一千四百九十一贯一百七十文，买砖瓦鸱兽五万五千六百九十八口；

二百一十四千五百文，买栈七百束等用；

七百四十六千二百二十五文，买柏木造门窗钩栏等用；

七百六十四千文，买石矸诸杂石并雇车脚手功粮食等用；

一百一十六千四百二十五文，买麻梼等用；

三百三十九千五百九十一文，买钉铁等用；

八十千文，造阁上下两层风筝八枚等用；

八十五千二百八十八文，买石灰赤土黑蜡等用；

二千四百七十八贯九百四十六文，造金铜钉门兽诸杂铰具用；

六百九十四千五百五十文，雇人筑阶并脱墼等用；

二千二百八十八贯三百文，雇人扬仙立木手功粮食等用；

八百贯文，买彩色解缘画罗文软作手功粮食等用；

一千五十一贯二百九十六文，雇人解木手功粮食用；

三百五千文，雇人瓦舍及手功粮食等用；

一千五百一十八贯九百文，造怗柏门窗钩栏障日手功粮食等用；

三百三十贯文，泥垒作手功粮食等用；

二百五十七贯文，雇人画嵕基隔窠并买彩色手功粮食等用；

五百九十五千六百八十七文，雇人车船载方木脚钱等用；

三百五十七千七百文，雇人砌垒砖作手功粮食等用；

一百六十二贯五百四十八文，买赵越籧篨席箔炭花药钁纸笔油等用；
一百贯九百八十二文，僧使行者外使催趁粮食设功匠等用；
五十二贯五百一十文，买胶及麻打绳索诸杂等用；
三百一十二千七百九十文，雇杂使年月日功人等用；
八百七十三贯二百五十文，买车四乘牛六头等用；
六百八十二贯八十七文，与牛买草豆麸牛药逐车人饼钱等用。

右具破用数如前，应买入杂施入回残见在如后：
合入方木六百八十五根半，七十五根外施入，(实买) 六百一十根半；
买入四百八十七根半，造阁用讫一百二十七根出卖讫，七十一根见在；
合入搏柱二百四十四根，(实买) 一百四十八根，外施入九十六根；
买入一百七十三根造阁用讫，七十一根见在；
合入椽二千四百一十四根，(实买) 一千五百七十根，外施入八百四十四根。
买入一千八百五十四根，造阁用讫，五百六十根见在；
合买入栈七百束，三百五十束造阁用讫，三百五十束见在；
合入胶六百八十三斤，六百斤敕赐入，四十斤外施入，四十三斤买入，造阁用讫；
合入蜡六百二十斤，六百斤敕入，二十斤买入，并造阁用尽。

右具通造阁所入钱物方木等及诸杂用外见在数，如前谨录　奏闻伏听
　　圣旨
大历十年四月五日，检校造阁僧秀严等状进
　　　　　　　　同检校造阁僧惠胜
　　　　　　　　敕检校院事僧惠朗[①]

这份账单，内容细致，借贷清楚，项目明确，除了格式不同之外，从现代会计做账要求看也基本合理。

① (唐) 释圆照辑：《代宗朝赠司空大辨正广智三藏和上表制集》卷五《进造文殊阁状》，《大正藏》册52，页851中—852中。

这样的账单，应是符合当时社会经济机制中的账单体系的珍贵记录，同时也是佛门大德的责任写照，寺院财产作为一种社会公共资源，应来自社会并回报社会，会计做账之第一要务即账目清楚，凡在会计账册上做手脚导致财务混乱、账目不清的情况出现，无一不是因企图贪污。再则，所有社会经济领域中，建筑类项目因涉及经济数额较大，往往成为易发生财务风险的部门之一，现代社会中还是如此。这份账单将所有财务科目之来龙去脉、过程结果，交代得一清二楚，足以表明清白廉洁，如此则可赢得社会大众之公信度，所以同时也是佛教整体形象塑造的一个环节。

大兴善寺这份会计报告是上报朝廷的正式文件，因建设资金主要是国家财政拨放，所以需要上报资金使用情况。但地方寺院一般情况下也有详细会计出纳文账，如敦煌文书中发现一些唐代寺院相关文件，使后人对当时寺院的财务管理及具体收支情况可以有所了解。[①]

但是唐五代时寺院内部的相应簿账规章体系肯定还没有，完整的制度体系是伴随清规而出现。

（2）案例二：扬州开元寺岁计活动

中晚唐丛林诞生前后，财务管理渐成为僧伽考虑较多的现实问题，如诸清规中都有“岁计”即丛林岁末的公开会计报告制度，并视为丛林营为体系中之要务。但是岁计本是中国佛寺传统，至少唐代中期已有较正规的岁计活动，反映出当时较严格的寺院财会制度。

丛林清规皆载岁计行于岁末，由住持审查各种账务簿册，但一般情况下丛林会计报告每月也要做一次，由住持召集禅堂班首、维那、客堂知客、僧值、库房都监、监寺等，于丈室行之，称为“算账”。岁计，即每年在年末通过会账向大众全面通报本寺财务情况，方式是集本寺大众，检查一年收支、余额等资金情况。由寺主（住持）主持，财务主管及财会人员向僧众当面汇总审查各项财务会计簿籍账册，接受质询审计。

唐开成三年（838）年尾，日僧圆仁来到扬州，正值当地道俗大众欢庆新年，当晚，圆仁在开元寺见到寺内大众通宵不眠举行岁计的情景：

“（十二月）廿九日暮际，道俗共烧纸钱，俗家后夜烧竹与爆，声道万岁，

---

① 参〔日〕道端良秀：《唐代佛教寺院与经济问题》（注 11）：“（唐代）寺院的会计出纳报告文书，因于敦煌文书中多所发见，得知寺院的收入面和怎样使用的支出面，是寺院经济研究的一大福音。”台北：大乘文化基金会 1980 年，《现代佛教学术丛刊》第 9 册，页 102、103。

街店之内，百种饭食，异常弥满”，圆仁不禁思乡情切，曰：“日本国此夜，宅庭屋里门前，到处尽点灯也。”但眼前是大唐情景：“大唐不尔，但点常灯，不似本国也。寺家后夜打钟，众僧参集食堂礼佛。礼佛之时，众皆下床，地上敷座具。礼佛了，还上床坐。时有库司、典座僧，在于众前，读申岁内种种用途账，令众闻知。未及晓明，灯前吃粥。饭食了，便散其房。”①

岁计活动参与人员是全寺僧众；现场主持者是三纲，具体负责人是典座，负责宣读账册内容、汇报本年度本寺财务状况的人员是库司。岁计的时间用了整整一个通宵。由此可表明对于寺院财务管理的这一项特殊程序，所有参与大众态度极认真仔细。因岁计不仅事关大众切身利益，而且关联寺院持续性发展问题，因此项程序中若生差错将直接牵累佛门清净形象。这个被圆仁碰到的偶然场景，对于当时这项寺院管理中的特殊程序却是一种专业性证明。

类似制度，后在丛林清规中作为寺院制度得以确立。

2. 作为体制的文化意义及研究意义

《宋高僧传·怀海传》载：“檀信请（怀海）居新吴界，有山峻极，可千尺许，号‘百丈’欤。(怀）海既居之，禅客无远不至，堂室隘矣。且曰：‘吾行大乘法，岂宜以诸部阿笈摩教为随行邪。’或曰：‘《瑜伽论》、《璎珞经》是大乘戒律，胡不依随乎？’海曰：‘吾于大小乘中，博约折中，设规务归于善焉。’乃创意不循律制，别立禅居。”②“不循律制”，笔者理解为不固守原有律制，“别立禅居”，即创建符合集体禅居生活所需之制度体系，其中包括方便大众日常生活所需之经济核算，财务管理事宜就被提上议事日程。

杨亿《古清规序》曰：“吾所宗非局大小乘，非异大小乘，当博约折中，设于制范，务其宜也。”③也是强调根据实际情况，博约折中，因时地所需，新置规章体系，其中即包括律典未有的丛林财会制度。

随着丛林发展和繁荣，寺院经营出现多元化发展趋势，工农商旅，多种经

① 〔日〕圆仁：《入唐求法巡礼行记》卷一，“开成三年十月廿九日”，上海古籍出版社 1986 年点校本，页 24—25。

② （北宋）释赞宁：《宋高僧传》卷一〇《唐新吴百丈山怀海传》，《大正藏》册 50，页 770 下。

③ （北宋）杨亿：《古清规序》，（元）释德辉：《敕修百丈清规》卷八附，《大正藏》册 48，页 1157 下—1158 上。

营，皆有涉足，当铺、高利贷等金融经营也出现新局面。财会制度成为丛林管理的题中必有之义，诸清规中都有丰富的财务管理、会计簿算制度内容。虽与其他社会领域比较，佛门清静之地，非法非律现象相对较少，但是佛教本世出世不二之文化形态，佛门中非法非律现象也从未断绝过，因而历代大德从不懈怠地在追求守法合律之有序性中创建制度性保障。

清规制度，既是对后来产生了重大启示的文化创造，同时也是承上发展之结果。清规制度体系中包含的财务管理思想及会计核算制度内容，本人留意有年，尚未在国内外见过这方面的专门研究成果。从历代诸清规内容看，越往后出世的清规中，有关丛林经济管理、财务核算及会计账簿制度的内容越丰富，地位也越突出。我认为这反映了寺院经济活动规模的不断扩大，相应的管理思想和制度建设亦步亦趋，紧随其后，得到发展完善，同时也表明佛教制度化建设的实践过程中，日益客观深入地认识到财务管理和会计制度的重要性、复杂性和现实性。

二、丛林经营与住持簿账管理职责

唐代寺院以寺主、上座、都维那为三纲，北宋前期诸宗寺院体制已如上文所述，其时寺主名称既不统一，亦未规范。但如赞宁曰："今时比丘或住一林，居一院，皆和众立条，约束行止，俾不罗于衍失也。"[①] 宋真宗时（998—1022）工部侍郎杨亿（974—1020）出面向朝廷奏请《百丈清规》敕入大藏，意味着原属民间私法性质的丛林清规取得法定地位，天下寺院一体遵行，这是佛教制度史上一大事件。南宋住持体制确立后，住持作为寺院体制代表，承担起寺院弘法和经营的重大职责，其中包括财会簿账管理。

（一）丛林住持之岗位职责

从外部看，因佛教对社会文化各界影响的扩大，历代封建政府意识到对佛教的规范化管理成为现实中的迫切需要，并日益认识到相关制度建设的重要

---

① （北宋）释赞宁：《大宋僧史略》卷中《道俗立制》，《大正藏》册54，页241上。

性；从内部看，中国佛教在经历了汉晋时的比附、南北朝时的格义、隋唐时期思想理论体系的创造各历史阶段后，历史性地进入了调整自身的存在形态和发展模式以适应现实需要的新阶段。

1. 住持制度与一般财务管理职能

南宋僧人出任住持往往称“出世”，出世原为脱离人间世俗束缚之意，宋辽金文献中多见以“出世”指僧人生涯中出任住持之职，却是含暂放下清净而不辞烦劳之喻。如南宋名僧松源崇岳（1132—1202），“久之出世澄炤（照），演唱宗乘，以报密庵。湖海以岳言行无欺，多从之。迁光孝，遂有大名，庆元间（1195—1200）诏移灵隐”。[①] 崇岳出自密庵咸杰门下，“出世”后任平江（今江苏省苏州市）澄照寺住持，后又任江阴光孝寺、无为冶父寺、饶州荐福寺、明州香山寺、平江虎丘寺住持，最后出任杭州灵隐寺住持，法席隆盛一时。

又如南宋名僧痴绝道冲（1169—1250），“绍熙（三年，1192）壬子出峡，回翔荆楚间，时松源岳唱密庵之道于饶之荐福，径造其庐，以岁饥不受。会曹源生出世妙果，师听入门语”[②]。“曹源生”指曹源道生，是痴绝道冲之师，“出世妙果”即出任妙果寺住持。道冲学成后“出世嘉禾之天宁，次迁蒋山、雪峰。无何奉旨住四明天童，三年，诏补灵隐”[③]。即出任嘉禾（今浙江省嘉兴市）光孝寺住持，后又相继任江苏蒋山、福建雪峰及四明天童、临安灵隐等名刹住持。

做住持曰“出世”意即寺院弘法活动和行政管理中包含众多世俗杂务，住持地位崇高，受各界尊敬，但责任更重。北宋名士周敦颐多与佛门中人往来，《居士分灯录》载周敦颐“因游庐山，乐其幽胜，遂筑室焉。时佛印了元寓鸾溪，颐谒之，相与讲道。问曰：‘天命之谓性，率性之谓道，禅门何谓无心是道？’元曰：‘疑则别参。’颐曰：‘参则不无，毕竟以何为道？’元曰：‘满目青山一任看。’颐豁然有省。一日忽见窗前草生，乃曰：‘与自家意思一般’，以偈呈元曰：‘昔本不迷今不悟，心融境会豁幽潜，草深窗外松当

---

① （清）释自融：《南宋元明僧宝传》卷六《松源崇岳禅师》，《卍新纂续藏经》册 79，页 609 上中。

② （明）释居顶：《续传灯录》卷三六《荐福道生禅师法嗣·径山痴绝道冲》，《大正藏》册 51，页 711 上。

③ （明）释如惺：《大明高僧传》卷八《临安径山沙门释道冲传》，《大正藏》册 50，页 933 下。并见（南宋）赵若琚：《径山痴绝禅师行状》，（南宋）释智沂：《痴绝道冲禅师语录》卷下，《卍新纂续藏经》册 70，页 75 上中。

道，尽日令人看不厌。’遂请元作青松社主，以媲白莲故事。”周敦颐自认能够“悟道”与受黄龙慧南、佛印了元等禅师启迪有关：“敦颐尝叹曰：‘吾此妙心，实启迪于黄龙，发明于佛印，然易理廓达，自非东林开遮，拂拭无繇，表里洞然。’”①

黄龙慧南（1002—1069）系禅宗五灯之下临济宗“黄龙派”创始人，慧南以“黄龙三关”闻名，善以“生缘”、“人身与佛身”、“人生与畜牲”三大关系启发学者，对于以学理玄言为特色的宋代文字禅风有开山之功。

佛印了元（1019—1086）出身儒学世家，工书能诗，博通善变，多与苏东坡、黄山谷等诗文往来，驰名当时后世。石门慧洪（1071—1128）曾描述佛印了元出行之豪华场面：“南还海岱，逢佛印禅师元公出山，重荷者百夫，拥舆者十许夫”，过往城镇村落，“巷陌聚观，喧吠鸡犬”。②

“东林”指东林常聪（1025—1091），黄龙慧南弟子，任江州（今江西省九江市）庐山东林寺住持十二年，在其主持下，东林寺“厦屋崇成，金碧照烟云，如夜摩睹史之宫，从天而堕”，经营规模巨大，“天下学者，从风而靡，丛席之盛，近世所未有”。《禅林僧宝传》传作者惠洪评曰：“予尝游东林，览观太息，念其创之功，丛林之盛，非愿力大士，莫能为之也。”并引“东坡词曰”：“堂堂总公，僧中之龙，呼吸为云，噫欠为风，是事且止，聊观其一戏，盖将谈笑不起于座，而化庐山之下，为梵释龙天之宫。”③

这些禅师也是经营大师，非常人想象的木钵古钟、黄卷青灯的苦行僧形象，但是更要注意的是表面上看起来煊赫风光，实际上代表一种为社会各界所肯定的制度文化。

释德辉曰：“佛教入中国四百年而达磨至，又八传而至百丈……作广堂以居其众，设两序以分其职，而制度粲然矣。至于作务，犹与众均其劳，常曰：一日不作一日不食，乌有庾廪之富、舆仆之安哉？故始由众所推，既而命之官，

---

① （明）朱时恩：《居士分灯录》卷下《周敦颐》，《卍新纂续藏经》册86，页600中。

② （清）俞樾：《茶香室续钞》卷一七《佛印》，台湾新兴书局有限公司1981年影印《笔记小说大观》第23编第6册，页3596右。

③ （南宋）释惠洪：《禅林僧宝传》卷二四《东林照觉总禅师》，《卍新纂续藏经》册79，页539下—540上。禅门后人评价惠洪是书：“尝读唐宋高僧传，以道宣精于律，而文非所长；赞宁博于学，而识几于暗。其于为书，往往如户昏按捡，不可以属读，乃慨然有志于论述。”认为可比唐代道宣《续高僧传》、宋赞宁《宋高僧传》，见（明）戴良：《重刊禅林僧宝传序》，《禅林僧宝传》卷首。

而犹辞聘不赴者；后则贵鬻豪夺，视若奇货。然苟非其人，一寺废荡。”[①] 这是根据自己丛林管理切身体验，强烈强调住持制度与丛林命运乃至佛教生存与未来发展的正比关系。

住持权力既广且重，简单说是“纲领僧众、总揽寺务”八字，具体项目广涉众多领域，如选任本寺两序执事、教授僧众经业、督促日常修行、负责经济经营、戒约僧徒食宿休作，加上拜访官员、接见施主、接待诸山大德来访等。清规据丛林实践例定住持职责有：

1. 入空：每月若干天，允许僧人入住持卧室请教问题，住持接见僧人，叩问经业，解答疑难。

2. 上堂：住持上法堂讲演经法，有旦望上堂、五参上堂、九参上堂、秉拂上堂、出队上堂，出乡上堂等。

3. 巡寮：每月朔望和年首节日，住持例定巡视僧房，询老问病，检查了解两序知事工作及诸院务事宜处置情况。

4. 算会：由专职财务负责人通过日单、旬单、月单、岁计方式定期报告基础上，主持寺院钱帛米谷收支用度之财会账目结算核查。

以上四大职责中，主持并督查“算会”即丛林财务管理及经济核算工作是住持职能中一项重要内容，为以往寺院体制如唐代三纲制度中所未见。

南宋王希品撰《精严禅寺记》记载：“淳熙四年（1177），直宝文阁韩公彦质……请于朝，愿以是寺改为十方，有旨从之。于是籍寺所有，得二万余缗，招一因师俾主其事。”在嘉兴知府韩彦质主持下，精严寺改制成为十方制禅寺，改制之后根据丛林制度，请僧人一因前来出任住持。但是不久发现一因不堪其任，根据就是因为发现一因主事期间，寺院里发生了一项财务问题，原有二万余缗寺产，只剩下四千余缗，另一万六千缗去向不明（碑文未明说，但是不外乎账目不清）。于是“乃命诸山，（再）选一道行可以经理者”来任住持，最后通过诸山公选，由“道学既高，世法亦熟”而年纪尚不满 50 岁的景寿来寺住持。此后在景寿主持下寺院各项事业很快取得瞩目成就。景寿乃取前任住持一因“所用之余，计四千缗”，并嘉兴知府韩彦质及大众檀施财物，“又为数千缗”，共计似不足万缗，成功地建造了百余间屋宇，计有：“秀王祠堂三间，戒坛一所，廊庑三十四间，法堂一十一间，僧堂六间，雨花堂五间，资寮行堂共

① （元）释德辉：《敕修百丈清规》卷三《住持章》，《大正藏》册 48，页 1119 上—中。

一十三间。”①

一因任精严寺住持时所出的最大问题，即是在财务管理方面账目不清，景寿接手主持寺务后的最显著功绩，即在于财务管理井然有序而寺院经营卓有成效。

是知主持寺院经营，负责寺产增值，在此基础上弘法护法，是住持必须具备的责任和能力，是应该承担的岗位职责，否则作为住持即不称职。

2. 住持“算会”及簿账管理职能

诸清规对新旧住持交替环节中寺院财会核算及相应账册簿籍交割程序皆极重视，这项清规称为“算会”的管理工作程序，主要包括四个制度环节：

一是原住持退院时，必须做到“簿书分明”，交代清楚所有财务账目，交出所有财会簿册，并要公开清点核对簿册登记的所有钱物。《敕修百丈清规》曰：

> 住持如年老有疾或心力疲倦，或缘不顺，自宜知退。常住钱物，须要簿书分明。方丈什物，点对交割具单目，一样两本。住持两序，勤旧佥押，用寺记印，住持库司，各收一本为照，公请一人看守。方丈至退日，上堂叙谢，辞众下座，掯鼓三下而退。②

老住持因各种原因（如年老、疾病等）“退院”（退休）时，需由“两序”人员详细查对留下的所有账目，类如现代之离任审计。寺中所有钱物，必须登记在册，“簿书分明”包括二意：一是簿书清单分明，二是簿书账目清楚。不仅如此，所有账簿必须一式两份，每份都要由老住持及两序人等画押、签字，各示其责。并将画押签字后的两份账簿交由“退院”住持以及仍要留任的库司，分别保管。“退院”方丈手中这本还要“公请”一人看守，至方丈退院举行仪式之日交出。

二是新住持人选一旦确定，要由两序负责，尽快将本寺所有财务账册交给新任住持。《日用清规》“专使请住持受请”曰：“如请住持，本寺库司，会知事、头首、单寮耆旧献茶，言定何日，先遣行者老郎通书，书纸系库司客

① （南宋）王希品：《精严禅寺记》，（元）单庆修、徐硕纂：《至元嘉禾志》卷一八《碑碣三》，中华书局1990年影印《宋元方志丛刊》第5册，页4545上下。

② （元）释德辉：《敕修百丈清规》卷三《住持章·退院》，《大正藏》册48，页1127上。

头，送往头首寮”，要规矩分明，“仍商议请行人充专使，有两班中一人，或后堂，或书记，或单寮大耆旧一人，或都寺自充”。其中尤其是都寺一职，因为担任寺院财会事务管理，所以特别规定：“都寺同专使前往，干事掌财，具账历，涂（途）中有事，即与专使商量。”[①]《敕修百丈清规》述派专使迎请新住持曰：“请专使或上首知事，或勤旧，或西堂首座，或以次头首充之。若非知事充专使，亦须以下知事一人同去掌财议事，具须知一册，该写本寺应有田产物业，及迎接仪从，一切毕备。”[②] 强调要交给新住持一册写明本寺所有田产物业的账册清单。

三是新住持上任，需举行仪式，发生的所有钱费用度，必须按规定由专使亲自送库司置办，不得擅自支用：“专使先与新命议定斋俵，（须）轻重合宜，两序勤旧、乡人法眷，办事贴俵，斋料等费，专使亲送纳库司置办。”[③]

四是住持上任后，着手接管并主持一寺事务，包括接收原住持掌管的寺院财务账簿：“（新住持）入院后，须会两序勤旧茶，详细询问山门事务，砧基、契书、什物，逐一点对交割，计算财谷，簿书分明，关防作弊，务在详审。”[④] 这个环节具有特殊重要性，必须会同本寺原两序执事僧即所有中层管理人员，详细清点所有常住财物，须“簿书分明”，即账目清楚，要当众“逐一点对交割”，即账物相符。

“砧基”指寺院建筑，无著道忠《禅林象器笺》引《南海寄归传·结净地法》曰：“砧基簿者，始建寺所定殿堂、廊庑、柱础之图”，即全寺建筑图，“住持人不可不知”。[⑤]“契书”即账本，《禅林象器笺》引《正字通》曰：“今俗会计事物之数曰账。”又云：“具来岁课役，以报度支为计账，即今之文簿册籍”，[⑥] 其中包括“计算财谷”内容。无著道忠释曰：“簿单，记品目也。”又引《敕修清规·退院》云：“方丈什物点对交割，具单目，一样两本，住持、两序勤旧佥押，用寺记印。”[⑦]“砧基、契书”要与“什物”一一点对交割，单账簿籍登记，以

---

① （南宋）释惟勉：《丛林校定清规总要》卷上《专使请住持住持受请》，《卍新纂续藏经》册 63，页 596 上。

② （元）释德辉：《敕修百丈清规》卷三《住持章·请新住持·发专使》，《大正藏》册 48，页 1123 下。

③ （元）释德辉：《敕修百丈清规》卷三《住持章·专使特为新命煎点》，《大正藏》册 48，页 1124 上。

④ （元）释德辉：《敕修百丈清规》卷三《住持章·交割砧基什物》，《大正藏》册 48，页 1127 上。

⑤ 〔日〕无著道忠：《禅林象器笺三》卷一六《簿券类·砧基簿》，《佛光大藏经·禅藏·杂集部》，高雄：佛光出版社 1994 年版，页 1210。

⑥ 〔日〕无著道忠：《禅林象器笺三》卷一六《簿券类·帐》，《佛光大藏经·禅藏·杂集部》，页 1217。

⑦ 〔日〕无著道忠：《禅林象器笺三》卷一六《簿券类·单目》，《佛光大藏经·禅藏·杂集部》，页 1215。

“关防作弊”。

无著道忠曰：“‘关防’如城门，防贼敌也，当令簿契分明，可防后来滥弊也。”[①]并特别指出：“交割者，新旧人相共交参，故言交；如分割公私之物，故言割。凡常住、寮舍迁居，人必有自己用度而杂公界物，及交待与新迁人，共对交分割公器私物也。”又曰：“古解曰：‘如常住交割，方丈、库司，各有簿；如寮舍交割库司及寮舍，各有簿’；若簿唯一本，则有剽窃改写之疑；一簿二本置两处，交待时对同照勘，得无疑焉。”[②]

强调“簿书分明”即重视寺院经营中财务账簿管理的特殊重要性。《敕修百丈清规》曰：

> 明教大师曰：教谓住持者，何谓也？住持也者，谓藉人持其法，使之永住而不泯也。夫戒定慧者，持法之具也；僧园物务者，持法之资也；法也者，大圣之道也。资与具，待其人而后举，善其具，不善其资不可也；善其资，而不善其具不可也。皆善，则可以持而住之也。[③]

“明教大师”即北宋契嵩，此说无非为提请人们重视。但是多年来研究者不予重视的正是这段话，原因也很简单，因所言字字句句皆涉钱财利益，正人雅士眼中或属鄙俗叵耐。但是这段话将“资”与“具”相提并论，戒定慧是“持法之具”，而“僧园物务”乃“持法之资”，即立世资本，若不能善治，则法不能行，二者相辅相成。“曾经沧海难为水，除却巫山不是云”，非亲历者不能知其痛，未自体者不知其心苦，如德辉之曰，住持职责之算会管理直接关系“圣人之风不衰，圣人之法益昌”大业也。

一账二簿、实物账簿点对交割之类手续，在现代经济运作体系中不足为奇，但是约千年前先辈大德筚路蓝缕以启山林，足见苦心孤诣。

---

① 〔日〕无著道忠：《敕修百丈清规左觿》卷九《住持章·关防》，京都：中文出版社 1977 年影印版，页 458 上。仲尧按：此书全名《敕修百丈清规左觿·庯峭余录》，是无著道忠对《敕修百丈清规》用汉文逐条加以解说之作，因书中所有解说皆记于左侧，故称左觿，“庯峭余录”，补充之意，“庯峭”，齐、魏间以人有仪矩可喜者谓庯峭。

② 〔日〕无著道忠：《敕修百丈清规左觿》卷九《住持章·交割》，京都：中文出版社 1977 年影印版，页 457 下。

③ （元）释德辉：《敕修百丈清规》卷三《住持章·明教大师曰》，《大正藏》册 48，页 1130 中。

（二）制度设计与双重制衡

印度原始佛教僧团管理制度模式，由两大要素构成：一是依靠佛陀及其他领导者人格力量之影响，二是以僧众自觉遵守戒律为前提。中国早期僧团制度模式也包括两大要素：一是依靠国家机构、政府行政职能以及法令法规，二是依靠佛门自有之戒律规范，两相结合，成为佛教制度基础，即元德辉之总结："国朝累圣，戒饬僧徒，严遵佛制。"①

中国寺院经济发达，常住人口数量扩大，各项经营展开，若无制度，会致管理混乱。唐景龙年间（707—710）左拾遗辛替否因"安乐公主府所补，尤多猥滥，又驸马武崇训死后，弃旧宅别造一宅，侈丽过甚；时又盛兴佛寺，百姓劳弊，帑藏为之空竭"等状，上疏谏曰："当今出财依势者尽度为沙门，避役奸讹者尽度为沙门；其所未度，唯贫穷与善人。将何以作范乎？将何以役力乎？臣以为，出家者舍尘俗、离朋党、无私爱。今殖货营生，非舍尘俗；拔亲树知，非离朋党；畜妻养孥，非无私爱。是致人以毁道，非广道以求人。"②虽是有特定针对性的有感而发，也反映出一些在寺院经济和经营中实际存在的弊端情况。

《敕修百丈清规》曰："百丈创规，折衷佛律五篇七聚，弘范三界，梵檀摈治，自恣举过，以肃其众。国朝累圣，戒饬僧徒，严遵佛制。除刑名重罪、例属有司外，若僧人自相干犯，当以清规律之。若斗诤犯分，若污行纵逸，若侵渔常住，若私窃钱物，宜从家训，毋扬外丑。盖悉称释氏，准俗同亲，属守祖规，随事惩戒，重则集众箠摈，轻则罚钱罚香罚油而榜示之。如关系钱物，则责状追赔。惟平惟允，使自悔艾。"③《百丈清规》对丛林制度模式开创意义有二：一是主观上自觉地将寺院置于宏观性质的政府行政管理机制之下，二是客观上相应地将僧人日常活动纳入具有微观性质的规则执行过程之中；前者即适应特定时代之制度环境，后者即推动佛门内部制度建设以作为对外部制度环境之回应。

同时也表明清规中蕴含的一个潜在意义：充分认识佛教制度与社会制度环境互动影响之重要性：如佛教制度在特定时代条件下不能及时、有效地对外部

---

①（元）释德辉：《敕修百丈清规》卷二《住持章》，《大正藏》册48，页1121下。

②（后晋）刘昫等：《旧唐书》卷一〇一《辛替否传》，中华书局1975年点校本，页3155、3158。

③（元）释德辉：《敕修百丈清规》卷二《住持章·肃众》，《大正藏》册48，页1121下。

制度环境做出回应，那也就表明将面临完全受外部制度制约从而失去自身特点乃至于最终可能影响自身价值的危险性。

释德辉曰：“（丛林）作广堂以居其众，设两序以分其职，而制度粲然矣”，但是住持并非仅为住持，也是一名普通僧人，身份与寺内大众平等，“至于作务，犹与众均其劳，常曰：一日不作一日不食，乌有庾廪之富、舆仆之安哉？”但是住持既是制度代表，“苟非其人，一寺废荡”，[①] 强调住持在丛林制度文化中之特殊重要性。德辉特别强调曰：

> 昔灵山住持，大迦叶统之；竹林住持，以身子尸之；故圣人之教盛，圣人之法长存。圣人既隐，其世数相失，茫然久乎，吾人侥幸乃以住持名之，势之利之，天下相习沓焉纷然，几乎成风成俗也。圣人不复出，其孰为之正？外卫者不视不择，欲吾圣人之风不衰、圣人之法益昌，不可得也。[②]

清规之制度设计，在财务管理环节尤其慎重其事，设置双重制衡体制。唐代道宣曰：“三出贷三宝物，僧祇塔僧二物互贷，分明券记；某时贷，某时还，若知事交代，当于僧中读疏。分明唱记，付嘱后人，违者结犯。”[③] 是要求无尽财经营中建立严格簿籍制度，“分明券记”，即建立财会账册，如贷还时间等要项必须登记在册，当众公示，以公开化和透明度为经营之监督和保障。

第一方面，对于住持人选，设计其得以产生的特殊机制，即十方选举制以及实施细则，以保证住持得人。住持之位，事关重大，故选人必须慎重其事，除上文已详论之“期集公举”制度外，寺内推举候选人共包含四道程序：

一是先由寺中原有两序负责人等，“就库司会茶，议请补处住持”事宜，共同会商讨论，提出候选人选；

二是规定候选人资格，必须符合“宗眼明白、德劭年高、行止廉洁、堪服众望”四个条件，同时还必须符合“诸山舆论”，即教界公认无异义；

三是人选确定之后，须“列名佥状，保申所司请之”，即列具名姓并写上推举人名姓，报有关政府主管部门；

四是“仍请江湖名胜，大众公同选举”，即通过“期集公举”程序，最后确

---

① （元）释德辉：《敕修百丈清规》卷三《住持章》，《大正藏》册 48，页 1119 上—中。

② （元）释德辉：《敕修百丈清规》卷三《住持章·议举住持·明教大师曰》，《大正藏》册 48，页 1130 中。

③ （唐）释道宣：《四分律删繁补阙行事钞》卷中《随戒释相篇》，《大正藏》册 40，页 58 中。

定新住持人选。

清规还强调，推举新住持时所有参与者决不可有“乡人、法眷、阿党传会，不择才德，惟从贿赂，致有树党徇私、互相搀夺”，以致谁也不愿看到的“寺院废荡”的现象发生，再三强调“切宜慎之，切宜慎之”！又引明教大师契嵩言：“教谓住持者，何谓也？住持也者，谓藉人持其法，使之永住而不泯也。”①

因中国文化传统“内圣外王”观念的影响，住持是制度执行人，住持得人，是制度得以安全执行的保障。一般情况下人们会认为寺院住持者既经人品、个性、学问之严格甄选，前提又是有坚定宗教信仰，应不会发生贪污腐败类事件。但是按照现代管理人性论看，即使管理者人格没有问题，也可能出现能力问题，即使人格和能力都没有问题，也还可能出现决策失误或执行失误问题。

故第二方面，《清规》又设计二重制度保障，即严格的制度执行程序。这一点从财会制度及执行规章中可看得较清楚。

三、丛林营为与财会簿账制度体系

《水浒传》中说到鲁智深刚到大相国寺时，与寺院里负责接待和对外交往的“知客”有这样一段对话：

> 大相国寺知客语鲁智深道：“僧门中职事人员，各有头项。且如小僧，做个知客，只理会管待往来客官、僧众。至如维那、侍者、书记、首座，这都是清职，不容易得做。都寺、监寺、提点、院主，这个都是掌管常住财物。你才到的方丈（寺庙），怎便得上等职事？还有那管藏的唤做藏主，管殿的唤做殿主，管阁的唤做阁主，管化缘的唤做化主，管浴堂的唤做浴主，这个都是主事人员中等职事。还有那管塔的塔头，管饭的饭头，管茶的茶头，管东厕的净头，与这管菜园的菜头，这个都是头事人员末等职事。假如师兄你管了一年菜园好，便升你做个塔头；又管了一年好，升你做个浴主；又一年好，才做监寺。”智深道：“既然如此，也有出身时，洒家明日便去。”

① （元）释德辉：《敕修百丈清规》卷三《住持章·议举住持·明教大师曰》，《大正藏》册48，页1130中。

这段话将宋代丛林制度中诞生并延续下来的寺院体制交代得相当清楚，日本禅史学者无著道忠还在《禅林象器笺》中引用并作为对丛林制度体系之概括。[①]

（一）丛林两序与财务制度体系

上引《水浒传》中提到"都寺、监寺、提点、院主，这个都是掌管常住财物"之职，这些职务设置，是丛林财务制度特征。德辉论两序体制之功能性作用在于：

> 两序之设，为众办事，而因以提纲唱道，黼黻宗猷。至若司帑，庚历庶务，世出世法，无不闲习。然后据位称师，临众驭物，则全体备用，所谓成己而成人者也。古犹东西易位而交职之，不以班资崇卑为谦，今岐而二之非也，甚而党斗，强弱异势，至不相容者有矣。惟主者申祖训以戒之，欲其无争，必慎择所任，使各当其职。[②]

设两序之制度价值，与设住持职之双重制衡体制相同。两序名称，检索比对德辉《敕修百丈清规》及宋《禅苑清规》、元《禅林备用清规》、明《丛林两序须知》、清《百丈清规证义记》等文献，大同小异。以下主要据《敕修百丈清规》展开一些探讨。

一般较大禅寺，皆置西序六头首、东序六知事，合称两序执事或丛林两序。如举行法会，住持居中，两序分居左右两侧，若朝廷文武两班，故又称两班。

西序，主要选学德兼修者任之，称为"头首"，主要执掌寺院经业案牍类事务，告香上堂、聚议寺务时站立于住持西侧，故名"西序"；职称有：首座、书记、知藏、知客、知浴、知殿等。

东序，主要选精通世事者任之，称为"知事"，主要执掌寺院宗教生活及对外接待类庶务，告香上堂、聚议寺务时站立在住持东侧，故名"东序"；职称有：都寺、监寺、维那、副寺、典座、直岁等。

---

① 〔日〕无著道忠：《禅林象器笺一》卷六《职位类上》，页399。

② （元）释德辉：《敕修百丈清规》卷四《两序章》，《大正藏》册48，页1130下。

宋辽金元清规、僧传及各地金石碑刻文献中常可见上述僧职记载，并可见构成规范的两序寺职体系。如下例碑刻文献：

北宋大中祥符三年（1010）所建之《汧阳县普济禅院碑》记载，陕西汧阳龙泉山普济禅院僧职有：院主僧定庄、典座僧定升、修造主讲金刚经僧定昭、维那僧定旸、供养主持瑜伽大教僧定晖、佛殿主僧定真、直岁僧定暚、勾当僧定暲。①

金明昌七年（南宋宁宗庆元二年，1196）立石的《灵岩寺记》碑记载，该寺僧职及任职僧人名字有“当山住持”广琛，首座僧即敏、书记僧普置、知藏僧蕴奥、知客僧宗彻、知阁僧广伸、殿主僧宗坚、监寺僧法叙、副寺僧普迁、维那僧悟宝、典座僧普守、直岁僧志功、库头僧觉□。②

元延祐元年（1314）立石的《汾溪满公禅师道行碑》记载，天庆寺僧职有：住持福喜，勤旧（退位首座），当该（现任）首座洪安，提点法仪，监寺胜才，维那惟和，修造监寺德庆，书院惟元，藏主妙伟，副寺四位：印慧、思翰、官门、洪宝，大侍者普宣，典座定全，直岁四位：广全、宝龙、思迁、圆通，殿主普吉，西磨（主）胜惠，东磨主普量，钱帛惠秀，知客主志玉，下库普妙。③

元延祐三年（1316）立石的《月庵海公禅师道行碑》内容中所刻僧职名称部分残缺较多，名衔不全，尚可辨者有：首座、山主、佛门提点、竹园、菜园、修造主、维那、官门（疑缺字）、修造监寺、大侍者、小侍者、副寺、大直岁、小直岁、行园及山门书记等。④

上引碑文中北宋《汧阳县普济禅院碑》载寺职名较简，“院主”等寺职名也是北宋特有。承南宋而下之元《汾溪满公禅师道行碑》铭刻的丛林职事，则名称较全也较规范，如住持、勤旧、首座、提点、监寺、维那、修造监寺、书院、藏主、副寺、大侍寺者、典座、直岁、殿主、西磨（主）、东磨主、钱帛、知客主、下库等，俱为丛林两序僧职。从所有现存碑刻文献中可见丛林两序职称类

---

① （清）王昶：《金石萃编》卷一二九《汧阳县普济禅院碑》，上海古籍出版社 1995 年影印《续修四库全书》第 890 册，页 248。汧阳县，即今陕西省千阳县。

② （金）党怀英：《十方灵岩寺记》，（清）王昶：《金石萃编》卷一五七，上海古籍出版社 1995 年影印《续修四库全书》第 891 册，页 45 上—47 上，僧职名单见页 46 上。

③ （清）方履篯：《金石萃编补正》卷三《汾溪满公禅师道行碑》，上海古籍出版社 1995 年影印《续修四库全书》第 891 册，页 376 下。

④ 同上书，页 378 下、377 上。

似，全国各地，高度统一。

丛林两序分掌全寺庶务，下面对两序僧职及职掌进行分析，先谈西序，次论东序。

1. 西序体系与丛林财务制度

两序之设，为众办事，提纲唱道，其职“各有所司”，分工明确，形成寺院管理之完整制度体系，涉及财务管理的内容是其中最重要者之一。

（1）首座

西序头首称首座，因“居席之首端，处众僧之上，故名”。寺院告香上堂、集僧议事时，班位分东西两序，设有后堂的寺院，又分前堂班和后堂班，这样僧分四班，分别以前堂首座、后堂首座（书记）、都寺、监寺（副寺）列四班之首，称为“丛林前四执”，“丛林以前四执，目之为四班首，然四中之最重者，首座也”。[①]

首座又称上座、尚座、第一座。如南宋禅师祟岳，出自名师密庵咸杰门下，“初，密庵居灵隐，岳首众僧。密庵常称疾，阖户不许通谒，潜上座窃议之，岳曰：‘不然，师严道尊千古，明鉴当今，汲引豪贵者，将谓行道建立为心。殊不知礼轻则慢易生，辞繁而情识长，尘劳卜度，安有了期。缁俗既为道而来，必发露真心，至诚激切，然后一言入耳，永为道种。……若区区老婆禅，何足重哉。’”[②]“岳首众僧”，即祟岳时任灵隐寺首座，首座作为两序首领，责任重大。又如名僧痴绝道冲，“嘉定己卯（十二年，1219），由径山第一座，应嘉禾光孝请嗣曹源”[③]。即道冲原任杭州径山寺首座，接着出任嘉禾（今浙江省嘉兴市）光孝寺住持。

首座职责包括：“表率丛林，辅翊住持；分座说法，开始后昆；坐禅领众，谨守条规；斋粥精粗，勉谕执事；僧行失仪，依规示罚；老病亡殁，垂恤送终。凡一众事，皆得举行。如衣有领，如网行纲也。”[④]首座之位，在住持一人之下，居教众百千人之上，必任以德业兼优者。概而言之，要辅助住持，处理大小寺务，统领全寺僧众，处罚犯规者，督责众执事，各尽其职；并以身作则，行则

① （清）释仪润：《百丈清规证义记》卷六《两序章·西序·首座》，《卍新纂续藏经》册63，页444上。
② （清）释自融：《南宋元明僧宝传》卷六《松源祟岳禅师》，《卍新纂续藏经》册79，页609上中。
③ （明）释居顶：《续传灯录》卷三六《荐福道生禅师法嗣·径山痴绝道冲》，《大正藏》册51，页711上。
④ （清）释仪润：《百丈清规证义记》卷六《两序章·西序·首座》，《卍新纂续藏经》册63，页443下。

步履从容，宿则单帐衣钵整齐，食存五观，[①] 为众僧表率。

一些大寺寺广僧众，事务繁杂，有时又分设前堂首座和后堂首座：

前堂首座：协助住持管理寺院一应主要事务，职掌之一是“分座说法”，故又称“分座”，主管寺中重要事务，《敕修百丈清规》曰：

> 表率丛林人天眼目，分座说法开凿后昆，坐禅领众谨守条章，斋粥精粗勉谕执事，僧行失仪依规示罚，老病亡殁垂恤送终，凡众之事皆得举行，如衣有领如网有纲也。虽大方尊宿，若住持能以礼致之，亦请充此职。

并说明：“首座即古之上座……一耆年，二贵族，三先受戒及证道果。今禅门所谓首座者，必择其己事已办，众所服从，德业兼修者充之”[②]。无非再三强调此职之重要性。

后堂首座：管理僧众晚间坐禅活动；如前堂首座缺位，则代行其事（代理）。主要职责：“位居后板，辅赞宗风；轨则庄端，为众模范；盖以众多，故分前后。”[③] 因佛教事业发展，寺院僧数众多，故设此职，俾便管理。

禅寺两序执事僧体系中，首座位置，仅次于住持，非常重要。宋、辽、金各朝文献中，常见僧人先任首座，继做住持事例，又常见一般寺院住持改充大寺首座情况。[④]

（2）书记

书记掌管寺院簿记案牍、文翰书写诸事，“圣旨敕黄（下），住持者即具谢表；示寂有遗表，或所赐所问，俱奉表进”，凡呈官府文件、与施主书信往来、寺院布告榜文乃至住持庆吊字柬等文字，皆出其手。所谓住持“以专柄大法为

---

① “食存五观”，禅宗倡导在用餐之前的观想，又称“食事五观”、“食时五观”等。原文出（唐）道宣《四分律行事抄》，五观即：计功多少，量彼来处（反省自己做过多少善事、积累了多少功德，想想这些食物的得来不易）；忖己德行，全缺应供（反省自己的所作所为，是否可以承受这些供食）；防心离过，贪等为宗（防止心念生起三种过失：对上等食不因其美味起贪著心，对中等食不起痴心，对下等食不因不好吃而起嗔恨心，应知食物皆众缘和合而成，不可执著）；正事良药，为疗形枯（将食物视为滋养四大假合肉身之药，不起贪著之心）；为成道业，因受此食（为了滋身修行，成就道业，所以食此食，借假修真）。

② （元）释德辉：《敕修百丈清规》卷四《两序章·西序头首·前堂首座》，《大正藏》册 48，页 1130 下—1131 上。

③ （元）释德辉：《敕修百丈清规》卷四《两序章·西序头首·后堂首座》，《大正藏》册 48，页 1131 上。

④ （元）释德辉：《敕修百丈清规》卷四《两序章·西序头首·书记》，《大正藏》册 48，页 1131 上。

己任，翰墨词章，则特请书记以职之”。任书记者，要文思敏捷，楷书秀美，词章通达，一般选“儒释兼通”的僧人担任此职。德辉还特地举例曰黄龙慧南、佛眼清远、大慧宗杲等名德皆曾任是职，以证其特殊重要性。①

书记职能相当于现代之秘书，古代因为类似基层行政属官记室参军，别称“掌记”、“记室”等，文献史籍中也多见。如云门宗僧觉琏，少年出家，后“远造泐潭法席，投机印可，师事之十余年，去游庐山，掌记于圆通讷禅师所”②。“掌记”，就是执掌“记室”之职。又如上文提到的元代《月庵海公禅师道行碑》文所刻僧职有“山门书记”等。③

与书记职责相近的有内记，实际上相当于方丈的文字秘书。按《清规》所载，若禅寺设内记者，凡方丈给上司的表、状，以及寺与寺之间的往来书札，寺院的榜牍等文，皆出书记草拟，即寺院一切文书翰墨，皆由内记司理。

（3）知藏

知藏即藏经管理人，相当于寺院中的图书馆长，必须遴选兼通义学及精通经藏体系、藏经体例之僧担此重任。后愈加重视，增加藏主一职，“知藏总其纲，而藏主分其执也”，藏主作为副职，与知藏共同管理藏经。④

收集、保存并传播佛教典籍是寺院基本功能之一，南宋丛林诸刹皆有数量不小的藏经，部分来自各界檀施，也有部分是寺院自行购入，不过购藏经之资金来源及藏经如何购买，也涉及寺院财务。

（4）知客

知客，石刻文献中多见“知客主”，亦同。主掌寺院接待外来宾客事务，是寺院“礼宾官”，是寺院与外界联系的纽带，故又称“丛林纲纽”。凡政府官员、主要施主及四方大德来寺，皆由知客亲自陪同，通知库司，设茶备茗、撰斋接待，并引见给住持。若游方僧暂住寺院，亦由知客负责监察他们的守戒情况，有犯条规者必须举报首座惩罚。若遇维那休假、缺位，知客又可摄行共事。因知客经常与社会各界打交道，言行会影响寺院声誉，所以规定日常工作中要做到：“宾客相看，并须恭谨，不得妄谈无益之事，常须如实赞叹主人、知事、头

---

① （明）释通容：《丛林两序须知·书记须知》，《卍新纂续藏经》册63，页668上。

② （南宋）释普济：《五灯会元》卷一五《明州育王山怀琏大觉禅师》，《新纂续藏经》册80，页325中。

③ （清）方履篯：《金石萃编补正》卷三《月庵海公禅师道行碑》，上海古籍出版社1995年影印《续修四库全书》第891册，页377上。

④ （清）释仪润：《百丈清规证义记》卷六《两序章·西序·知藏》，《卍新纂续藏经》册63，页444中。

首并大众美事，令人生善，家丑不得外扬。”[①] 不但要“并须恭谨，不得妄谈无益之事”，且直接说明“家丑不得外扬”也是原则。

知客因工作性质关系也要参与财务管理，如遇维那缺位，还要代行其职管理客人食宿。《敕修清规》曰：“其旦过寮，床帐什物、灯油柴炭，常令齐整，新到须加温存。维那在假，则摄其行事，僧堂前检点行益客僧粥饭。遇亡僧同侍者把账，暂到死主其丧。”并特地指出：“雪窦在大阳，禅月在石霜，皆典此职毋忽。”[②] 举五代名僧雪窦、禅月曾任此职为例，强调此职之重要性。

（5）知浴

知浴，又称浴主、知沐，负责管理寺院僧众浴室洗澡、个人清洁卫生事务。《敕修百丈清规》曰：“凡遇开浴，斋前挂开浴牌，寒月五日一浴，暑天每日淋汗。”即冬天五日一浴，夏天一日一浴。有关规定，极细致入微，如“铺设浴室，拧毛巾、出面盆、拖鞋、脚布”等事项，皆属知浴职事。

有意思的是还规定寺院人员入浴先后次序：“入浴资次，当刊揭浴室外，室内挂小板，旁钉小牌”，在浴室内外挂牌，俾使众人周知，“遍鸣鼓第一通，僧众入浴；第二通末，头首入浴；第三通，行者入浴，此时住持方入，以屏风遮隔而浴；第四通，人力入浴；监作、行者、知事，居末浴”。即寺院中所有人员入浴次序，先后有五，一是丛林僧众，二是两序头首，三是行者与住持（但为对住持表示尊重，以屏风遮隔而浴，不当众裸体而浴。原注还说明，“如住持有故欲同头首先浴，则不用设屏障，不入小阁内”），四是人力（寺院中干粗活的工人），五是监作行者及知事。如此安排，僧众先入浴，住持等后入浴，在当时真属不易之事。并规定“鸣板一声添汤，二声添水，三声则止，以此为节”。

“监作行者及知事”等管理人员最后才能入浴，还在于职责所在，浴后需“令息灶中火及炭煤，水洒干净，有余柴搬于远处”[③]。

（6）知殿

知殿，又称殿主，掌“诸殿堂香灯”，督促僧役拂拭尘埃，净洁几案，刮风日及时熄灭香火，结扎帷帐，斋日负责开合殿门。较早的北宋宗赜《禅苑清规》中记载，当时“殿主”一职属侍者、堂头、炉头一类“小头首”职事序列：“院

---

① （北宋）释宗赜：《禅苑清规》卷四《知客》，《卍新纂续藏经》册63，页352中。
② （元）释德辉：《敕修百丈清规》卷四《两序章·西序头首·知客》，《大正藏》册48，页1131中。
③ （元）释德辉：《敕修百丈清规》卷四《两序章·西序头首·知浴》，《大正藏》册48，页1131中下。

中诸小头首如堂头、侍者、圣僧侍者、延寿堂主、炉头、众寮寮主、首座阁主、殿主，并维那所请。”① 可能在以后的寺院管理中这个职位显得重要起来，与副寺、知客并列。

（7）西序财务制度体系概述

以上是西序执事制度体系，为清楚起见，将与财务管理相关部分内容列如表12-1。

表12-1 西序六头首职称职掌一览表

序次	职称	别称	职掌诸事	备注
一	首座	上座、尚座、第一座、分座、前堂首座	作为住持副手，任两序首领，协助住持管理寺院事务	大寺设后堂首座
二	书记	记室、内记	簿记案牍、文翰书写，官府往来文件、施主往来书信、寺院布告榜文等	
三	知藏	藏主	管理经藏，主管图书	
四	知客	知客主	接待外来宾客诸事务；与接待事务相关的钱物、财务管理	
五	知沐	浴主	浴室管理、僧众洗澡、寺院中众人个人清洁卫生事务	
六	知殿	殿主	大殿堂庑清洁卫生及香火、帷帐、几案等管理	

此外，西序职事体系下还包括“侍者”系列，名称有衣钵侍者、汤药侍者、圣僧侍者、香火侍者、书状侍者等。住持工作繁忙，事务杂多，这些侍者作为助手直接为住持工作、生活服务，从名称上可知工作性质和内容。

2. 东序知事与财务制度体系

东序知事与西序头首职责有重叠之处，并因此体现寺院管理制度系统之双重制衡意义。但两序各司之职也有所不同，表现在东序体系在财务及会计账簿方面职责更重。

（1）都监寺

都监寺职，位于东序知事体系之首位。又称“都寺”或“都总”、“都监”、

① （北宋）释宗赜：《禅苑清规》卷三《维那》，《卍新纂续藏经》册63，页530中下。丛林制度体系中的维那主管范围主要是寺中杂务事宜，与唐代寺院三纲制度下的维那相比，职责范围有所不同。

“院主”、“主首”、“监寺”。德辉《敕修百丈清规》中特予强调：“知事三纲者，若网罟之巨绳，提之则百目正矣。梵语摩摩帝，此云寺主，即今之监寺也。”任此职者，除“早暮勤事香火，应接官员施主”，“设当惩戒摈罚”等日常事务之外，还有一项同样重要的事务是会计簿书等财务管理，在住持代表寺院确定的大政方针下（“凡事必会议，禀住持方行”），“会计簿书，出纳钱谷，常令岁计有余”，职事任人，尤其要求能够秉公做事：“差设庄库职务，必须公平，毋用私党，致怨上下。”可知此职之重要，因而人选必须非常慎重其事。德辉曰：“昔丛林盛时，多请西堂首座书记以充此职，而都监寺亦充首座书记，否则必腊高历事、廉能公谨、素为众服者充之。”①

北宋《禅苑清规》中监院职责是“总领院门诸事”，即日常事务主管，强调的内容却主要是财务管理事宜：

> 监院一职，总领院门诸事，如官中应副，及参辞谢贺、僧集行香、相看施主、吉凶庆吊、借贷往还、院门岁计、钱谷有无与收出入准，备逐年受用斋料米麦等，及时收买，并造酱醋，须依时节，反打油变磨等亦当经心。众僧斋粥，常运胜心，管待四来，不宜轻易。②

《敕修百丈清规》载：“古规惟设监院，后因寺广众多，添都寺以总庶务。”即原先丛林只设监院，后因“人多事烦”，就增加了都监寺之职，“添都寺以总庶务”。③在宋、辽、金代诸石刻文献中，多见监院、监寺职称的记载，少有都寺记载。④另外，禅院往往以首座或书记充任此职，有时也以都寺兼领。

一般来说，诸如统理全寺钱物财产，日常所用米麦油盐、茶柴酱醋，接待官员施主，差派庄头、园头等小执事，奖勤责惰，训诲鞭笞犯规犯戒的僧徒、寺仆，皆由都监寺承担。不过分析起来，其中最重要的职责，是对寺产的管理。

（2）维那

维那，唐代为寺院三纲之一，又称都维那。丛林两序中仍设维那职，但

---

① （元）释德辉：《敕修百丈清规》卷四《两序章·东序知事·都监寺》，《大正藏》册48，页1132上。
② （北宋）释宗赜：《禅苑清规》卷三《监院》，《卍新纂续藏经》册63，页530上—中。
③ （元）释德辉：《敕修百丈清规》卷四《两序章·东序知事·都监寺》，《大正藏》册48，页1132上。
④ 参谢重光、白文固：《中国僧官制度史》第六章《宋代的僧官制度》，青海人民出版社1990年版，页184。

职责范围与唐代三纲制下的维那不同，丛林维那职责是："纲维众僧，曲尽调摄，堂僧挂搭，辨度牒真伪，众有争竞遗失，为辨析和会。戒腊资次，床历图帐，凡僧事内外，无不掌之。"①"挂搭"即外来游方僧人"挂单"来住本寺，"辨度牒真伪"，验其身份真伪，决定是否有资格在本寺享受食宿，都要由维那负责。

与此相关的是掌"戒腊资次，床历图帐"，有学者将"床历图帐"解释为"'床历'即'床枥'，意卧床"，认为可"将这段《清规》文字通俗化为：设维那统摄众僧，协调上下左右的关系，辨别度牒的真伪，审查僧徒具足戒后做僧的年岁（戒腊），备办僧寮门户的挂单及僧床的帷帐"。②这个说法存在严重误读，主要是不明"图帐"概念。

"图帐"之"图"即图册，泛指包含财务账册在内的籍簿书册，"帐"则专指僧尼名册账籍，非"僧床的帷帐"。维那所掌之"图账"指包含财务账籍、名籍账册在内的所有本寺书簿。以往学者研究中涉及这方面的概念误读较多见，有些是与对概念未及细审有关，有时是出于人云亦云，根本不明所以，故以此为例做一些辨析。

"图帐"概念清规中多见。一咸《禅林备用清规》专列"出图帐"条，如举办楞严会前按规定必须出"图帐"："依戒写楞严，念诵、巡堂、被位、钵位，图戒腊牌，惟钵位图；分十六板头，论名位高下，轮排定已。预具草本，与首座谋议，呈方丈看过，佥押。图内庶免临时喧争，诸图正本，令堂司行者一一呈方丈。首座两班，惟钵位图，呈单寮，蒙堂前资寮，浴佛日并陈佛殿前，令众通知。被钵位图，又须先出。"③又如维那具体负责的有关"图帐"事宜是："维那举楞严回向启建，堂司行者，隔日将转僧簿请住持、头首、众僧，佥书上下字名，具写差单，轮排经目于上，揭挂殿内"④；"堂司预备香烛如仪，躬禀书记制疏，与启建礼同，预出图帐"；届时"堂司行者挂牌报寮，巡廊鸣板，鸣僧堂前钟，集众依图位立"⑤。由此可知图帐之意，其他不一一列举。

维那主管僧众威仪、监察纲纪，统摄众僧，协调人际关系，通过检验度牒真

① （元）释德辉：《敕修百丈清规》卷四《两序章·东序知事·维那》，《大正藏》册48，页1132中。
② 谢重光、白文固：《中国僧官制度史》第六章《宋代的僧官制度》第三节《寺院僧职·两序执事僧及其职掌》，页187。
③ （元）释一咸：《禅林备用清规》卷三《出图帐》，《卍新纂续藏经》册63，页631下。
④ （元）释一咸：《禅林备用清规》卷一《圣节升座讽经》，《卍新纂续藏经》册63，页622下。
⑤ （元）释一咸：《禅林备用清规》卷三《楞严会》，《卍新纂续藏经》册63，页630上。

伪，辨别僧人身份，审查僧徒具足戒后做僧的年岁（戒腊），如有僧众丢失钱物，要报告维那同意，方可搜寻。若搜寻不到，失主要出寮。举行法会，由维那维持秩序。旧执事卸任、新执事上任举行会议，由维那唱名赞礼。宋代度牒和紫衣、师号可鬻卖高价，故“亡僧度牒或紫衣、师号文牒等，并维那专切管勾”，具体由维那负责管理，要及时收缴库司，存放并申报官府，规定日期“不得过官中条限”，必须在规定期限内申报。另如施主斋僧、唱衣拍卖等场合也由维那出面主持。可知维那主管职责范围内多涉财务账簿事宜，因此清规亦于此有明确规定：“如开筒取钱，入堂司收掌，即同圣僧侍者上簿支破。如系大僧账，须候官中指挥告报，然后出榜晓示，取脚色验祠部，依自来体例，收供账钱物。如缴判公凭，虽系库司一面行遣，若经由维那司事，更详审允当。”① 且东序知事序列中的都监寺、副寺、典座、直岁加上维那，这个系统，主要掌管寺院财务活动。因此上述“图帐”也包括会计账册在内，是维那负责的工作之一。

有的寺院又设悦众一至数员，作为维那助手。若维那休假、缺员，则代行其职。

（3）副寺

副寺之职在寺院经营体制中尤为重要，专司一寺之理财事务。以往学者对此问题多忽视，从本书考察角度看，这个职务具有特殊重要性。

南北朝及隋唐以后随着寺院经营事务发展，寺产管理体制日益严密，账册簿记规章严格起来。丛林清规中则出现了在寺院管理体系中设置都监寺与副寺双重制衡的理财职位的制度化措施。

副寺又称“知库”、“掌财”，北方辽金统治区的寺院中又称“财帛”、“钱帛”等。又宋元石刻文献中还常见“下库”、“外库”等寺职，也应与寺院钱帛米谷事务相关，皆属副寺之副职或助手。

寺院财产属僧团共有，是弘法资粮，亦僧众日常衣食住行所赖，严格财务管理是宗风不坠、寺院维持之根本。《敕修百丈清规》曰：

> 古规曰库头，今诸寺称柜头，北方称财帛，其实皆此一职。盖副贰都监寺分劳也，掌常住金谷钱帛米麦出入，随时上历，收管支用，令库子每日具收支若干佥定飞单呈方丈，谓之日单。或十日一次结算，谓之旬单。

---

① （北宋）释宗赜：《禅苑清规》卷四《维那》，《卍新纂续藏经》册63，页530中下。

一月一结、一年通结，有无见管，谓之日黄总簿。外有米面五味各簿，皆当考算，凡常住财物，虽毫木，并是十方众僧有分，如非寺门外护官员、檀越宾客，迎送庆吊、合行人事，并不可假名支破侵渔。其上下库子，须择有心力、能书算、守己廉谨者为之。病僧合用供给之物，即时应付，如仓库疏漏，雀鼠侵耗米麦，蒸润一切物色，顿放守护有不如法者，并须及时照管处置。①

可知其主职在于全面负责寺中一应钱物、账册、会计核算事务。寺院制度体系中，副寺主要对都监寺负责。都监寺是一寺之财务工作主管，副寺是财务管理之执行者，具体负责财务账簿、会计出纳，以及财务安全。寺院财物则专设库头，负责管理。

《禅苑清规》说明，在副寺主管下，库头负责“常住钱谷出入岁计之事，所得钱物，实时上历收管，支破分明。斋料米麦，常知多少有无，及时举觉收买。十日一次计历，先同知事签押；一月一次通计，住持人已下同签”。并具体规定：“金银之物，不宜谩藏，见钱常知数目，不得衷私借贷与人，如主人并同事非理支用，即须坚执不得顺情。”因为寺中“常住之财，一毫已上，并是十方众僧有分之物，岂可私心专辄自用”。故日常管理中，“当库行者，须有心力、解计筭，守已清廉，言行真的，众所推伏，方可委付”。② 寺院常住财物按重物、轻物及佛有、法有、僧有之分，分别存入内库、外库、下库。入库的钱帛米谷、蔬菜炭薪，任何人不得私自取用。

凡库中钱物日常收支出纳，由副寺督责库头结算，逐日记账，谓之“飞单”或“日单”，副寺据飞单填写收支账，并每日呈报都监寺。都监寺负责审计，除“日单”外，每十日还要结算一次，称“旬单”。每月还有“一大结”，每年末有“一通结”，结算账册，谓之“日黄总簿”。这样的寺院“算会”记载敦煌文书中也屡见。

都监寺、副寺及库头，分层制衡，互相牵掣。使用“飞单”、“旬单”、“日黄总簿”等账册，使寺院财务管理制度趋于科学化，通过“算会”制度，保证寺院财务安全。以往有的学者认为：“寺院财产名为公共占有，其实为个别僧侣

---

① （元）释德辉：《敕修百丈清规》卷四《两序章·东序知事·副寺》，《大正藏》册48，页1132中下。

② （北宋）释宗赜：《禅苑清规》卷四《库头》，《卍新纂续藏经》册63，页532下。

地主私有，供他们随意挥霍浪费，渔利鲸吞。”实际上只是想当然耳。从上述寺院财务制度看，虽非绝不可能，至少难乎其难。

除管理寺有财产外，监寺、副寺还有“板账”之权，即必要时对住持个人财产的处理权。凡遇住持沉疴，监寺召集众执事僧入方丈，清点登记住持财产，寄存内库。若住持病愈，物还本主；倘若住持身亡，则要对其遗物区别重物、轻物进行处理。

僧传载，洞山自宝在五祖法演门下学法时，被任为库头，管理寺库：“祖病，令行者往库司取生姜煎药，宝方主库事，叱之。”遭自宝训斥后，“行者白祖，祖令将钱回买，乃与之”。自宝在禅史上并无大名，但曾因法演等极力推荐，“前后凡四住名刹”，“后往洞山，聪公知其为人，特加器重，临殁遗言，令继其席。郡守又以书托祖，举所知者主洞山。祖云：‘无如买生姜汉。’住未几，户外屦满矣，丛林殷足委积，常余百万。黄檗山馆粥不继，宝移杖总之，黄檗为之丰”。后又受命住持云居等名寺。[①]自宝实是一位杰出的寺院经营管理之才。由上可知库头职位虽微，但属副寺负责下的财务管理体系中的重要环节，所以也可因之以生大才。

（4）典座

典座职责是“主（管）大众斋粥”，并“须运道心，随时改变，令大家受用安乐”。不但要办好一寺僧众伙食，还要努力做到饭菜花样多变，食品卫生整洁，让寺众吃饱、吃好。灶房炊具什物旧损，要及时补修添换，炊用米面油盐有无，要随时向监院报告，随时采购。另外要督责园头种菜，催促水头供水，检查炭头供薪等。

人常说典座是丛林体系诸寺职中的一项“苦差使”。芙蓉道楷曾在投子义青门下做典座，一日，“（投）子曰：‘厨务勾当不易。’师（道楷）曰：‘不敢。’子曰：‘煮粥邪？蒸饭邪？’师曰：‘人工淘米着火，行者煮粥蒸饭。’子曰：‘汝作甚么？’师曰：‘和尚慈悲，放他和般杂事，都与典闲去。’一日（道楷）侍投子游菜园，子度拄杖与师，师接得便随行，子曰：‘理合恁么？’师曰：

---

① （明）释明河：《补续高僧传》卷七《洞山宝沏潭澄传》，《卍新纂续藏经》册 77，页 419 上。“五祖”指五祖法演（1024—1124），号称五祖弘忍祖师再来，得法于舒州白云守端，是杨岐派法嗣，法演门下有三大弟子号称“三佛”，即佛鉴慧懃、佛眼清远、佛果克勤，皆是弘化一方的大师。

'与和尚提鞋挈杖，也不为分外。'"[①]可知诸般杂事，都与典座有关。

按规定，"典座系厨中吃粥饣卞，所食不得异众。二时食辨，先望僧堂焚香礼拜讫，然后发食"。因为典座主管食堂，吃饭是在厨房内部，故特别规定，"所食不得异众"，不许因此给自己搞点较好的伙食。[②]

（5）直岁

直岁负责寺院修缮耕耘诸事宜，如寺内殿宇寮舍乃至田园、庄舍、碾房、油房等经营用房，有破漏损坏者，要勤加修葺，在不设知山的寺院中还由直岁负责巡护山林和防火。南宋寺院经济发达，较大的寺院中不但拥有大片庄田，而且有矿坑、邸肆、碾磨、货栈、船舶、湖泊、养殖场等，所以直岁极为繁忙。有的大寺，要设数名直岁以分司其事。从石刻文献中可知有的寺院设有三四名直岁，有的寺院中还分设有"大直岁"、"小直岁"之职。[③]

（6）东序财务制度体系概述

以上是东序执事制度体系，为清楚起见，将与财务制度相关部分内容列如表12–2。

表12–2　东序执事僧职称职掌一览表

位次	职称	别称	职掌诸事	副职或助手
一	都监寺	都寺、都总、都监、院主、主首、监寺	总揽全寺庶务，主管总务、财务、审计	
二	维那		僧众威仪，监察纲纪，主管本寺账籍，主管人事	悦众（一至四人）
三	副寺		掌管寺院钱物往来、资金结算、会计账目、所有财务往来籍簿	钱帛、库头、下库
四	典座		主管全寺伙食	
五	直岁		主管殿宇寮舍营缮；田园耕耘；货栈庄舍养殖场经营等	小直岁（一至三人）

① （南宋）释普济：《五灯会元》卷一四《东京天宁芙蓉道楷禅师》，《卍新纂续藏经》册80，页291中—292下。

② （北宋）释宗赜：《禅苑清规》卷三《典座》，《卍新纂续藏经》册63，页531上。

③ （元）延祐三年立石《月庵海公禅师道行碑》，（清）方履籛《金石萃编补正》卷三，上海古籍出版社1995年影印（清）光绪二十年石印版《续修四库全书》第891册，页377上—378下，寺职名见页378下。

东序知事体系除上述外还包括掌具体事务或杂役的“列执”、“执事”等，具体有：管理众寮事务的寮元，负责寺庙修葺的监修，管理山林的知山，劝化施主的化士，看守山门的官门等。田广租多的大寺还专设庄主，管理寺田经营，专设监收，主管田租贡物催收。

这些是地位较高的列执，次称执事或小执事，有：负责洒扫浣濯的净头，负责菜园的园头，看守仓库的库头，磨面的面头，烧茶的茶头，担薪供炭的炭头，敲钟打鼓的钟鼓头，管车的车头，管马的马头等。

《禅苑清规》载：当“某知事告退，烦大众同议”，前任知事告退不再继任，选任新知事时必须经过规定程序：“知客引巡寮先到堂头照位吃汤，勤旧相伴，次第巡寮竟；住持、知事、头首，同共新旧知事，交割钱帛所记文簿等。”[①] 这道选举程序包括财会账簿的交割，并规定必须当众进行，俾使公开、透明，无法藏私作弊。

《禅苑清规》对丛林财务管理中较重大开支项目的规定极为严格：“圣僧钱只宜买置香灯供具，不得别处使用。如开筒取钱，入堂司收掌，即同圣僧侍者上簿支破。如系大僧账，须候官中指挥告报，然后出榜晓示，取脚色验祠部，依自来体例，收供账钱物。如缴判公凭，虽系库司一面行遣，若经由维那，司事更详审允当。”[②]

对于税收事项规定：“或侍者寮具州县名目，出膀（榜）召请发心；或知事头首和会，礼请之仪，并同头首入寮讫，打叠书疏茶汤药饨。施主所托收买之物，并宜子（仔）细用心，特为交代煎点，询问去年事例，合系堂头亲书，或书内简尺，及时勾副请领。如将带系税之物，自合分明印税。”[③]

丛林建立自生性经营机制后，传统檀施体制亦并行不废，寺院日常弘法生活中仍然包括“化主化缘”活动。然而此项事宜不但因直接涉及钱财而与寺院财务相关，更因为是与信众的一种互动机制而与佛门清净形象联系，所以诸清规中对此项活动的有关方面皆制定严格规定，如《禅苑清规》载：凡“化主”受命，出外募化，“既系院门津遣，代众持钵，当尽心竭力，增益递年目录；除有病将息，方可暂闲。不得游山结夏，纵饶于事无妨，自是不成专注。候化缘事毕，纳疏归众，方可随意。施主名衔，不得卤莽漏落；所

① （北宋）释宗赜：《禅苑清规》卷二《请知事》，《卍新纂续藏经》册 63，页 529 下。
② （北宋）释宗赜：《禅苑清规》卷三《维那》，《卍新纂续藏经》册 63，页 530 中。
③ （北宋）释宗赜：《禅苑清规》卷五《化主》，《卍新纂续藏经》册 63，页 535 上。

抄钱物，并须收纳分明（原文注：檀门信施，本为福田，造业愚夫，便同己物；或荡于酒色之费，或畜为衣钵之资，或买度牒师名，或与小师披剃。殊不知一钱已上，并属众僧；千佛出世，不通忏悔；天堂未就，地狱先成。凡应主执之人，宜奉清廉之诫矣）。堂头乳药及知事头首人事之物，并依常年及众人事例，不宜分外曲取人情。若实出自施主愿心，即无所害”[1]。同书“院门钱送化主之法”，曰：

伺候化主，起发有日。前一日，常住特为茶汤置食，至日，住持人升座饯送，兼以偈颂激发道心。送至门首，头首相伴，茶汤相别，化主归院，略行人事。款曲打叠施利，竟乃封角小疏目录脚头簿（原文注：子细收付，恐有漏落，交代借问，并须忠告）。并具纳施利状一本（仲尧按：必须立即记账，并载账式），式云：

当院化主比丘，某昨奉堂头和尚慈旨，往某处化缘僧供等，具疏呈纳如后

一化到僧供若干计钱若干；

一化到罗汉若干位计钱若干；

一化到粥若干会计钱若干；

内折到某物若干，计钱若干；

内支汤茶人事工往来盘费钱若干。

已上□除支外，通计钱若干。

右件施利不多，伏乞堂头和尚、诸知事、首座、大众，慈悲容纳。

谨状

某年月日

堂院化主比丘某状

状后批云：先借过常住钱若干，今随状还纳见到。[2]

又强调账簿处理需当众说明，根据账簿所记与物品对照无误，程序极为严格：

① （北宋）释宗赜：《禅苑清规》卷五《化主》，《卍新纂续藏经》册63，页535上—中。

② 同上书，页535中。

(账簿按式登记完毕后)安箱复(腹)内，报知事纳疏。先将施利陈法堂上，堂司报众。当面安椅子傍安香台打鼓众集，住持人于椅前立，侍者烧香，大众只依位问讯(原注：以施利在前也，然后知客陈仪)。知客近前，当面问讯云："某路化主，某人纳疏。"乃引化主至住持人前问讯立，知客于箱内取施利状与化主，化主呈上住持人(原注：化主问讯，退身侧立)。住持人香上熏显付侍者(原注：侍者与书状或维那知客，对众宣表讫)。化主近前，当面问讯立。知客又于箱内取乳药状与化主。化主呈上住持人(原注：化主问讯，退身侧立)。住持人更不熏显即付侍者(原注：侍者与书状宣读罢)。[①]

寺院经营体制建立后外出募化仍是僧团一项活动内容，但是有特殊性，一是作为传统之继承发扬，并必须光大其利、杜绝其弊；二是涉及佛门形象，决不可掉以轻心。故诸清规无不对此加倍注重，制度规章乃至程序细节尤为细致入微，责任人(化主)需将募化过程、各项开支、化缘所得、钱物数额等来龙去脉，一一当众交代，俾使清楚明白。

(二)从林列职与财会制度

寺院职事组织结构中，两序执事总揽寺务，权力很大，特别是首座、都监、都寺等，将来还可能成为住持人选。但是其职权大，而责任亦重。德辉《敕修百丈清规》中，每举出两序之一种职事，往往同时举历史上的名僧大德曾任此职情况为例，告示后来者佛门大德勇于担当、积极进取、无私无畏、大勇精进、不退转之心力。

禅寺两序职事体系中包含的监察、磨勘、考课等相关制衡机制，是丛林制度结构中最精彩、最具有创造性，也是最易为学界忽视的部分。这个机制受正式制度文化影响，同时根据丛林管理实际需要，注重对簿账制度制定实施细则。

从思想建设看，高尚其事，可少涉甚至不涉鸡毛蒜皮的日常生活琐碎事由。而从制度建设方面看，所涉者皆此类事。实际工作部门人员，皆对此予以高度关注。

---

① (北宋)释宗赜：《禅苑清规》卷五《化主》，《卍新纂续藏经》册63，页535下。

1. 两序杂务列职与财务制度：寮元、庄主与诸庄监收

一所大寺，由住持—两序—列执和侍者—执事等多级职事制度结构保证寺院宗教生活正常进行，以及经济经营能出效益。西序之职除前堂首座、后堂首座之外，还有书记、知藏、知浴、知殿等专司烧香、书状、接待的侍者以及衣钵侍者、汤药侍者、圣僧侍者等。① 从名称上看基本上是属于住持身边的侍者，直接协助住持处理日常事务。

东序体系之“列职杂务”较复杂，计有十余个职位，对于寺院经营管理主题而言，其中的“寮元”与“庄主”二职，一主内一主外，最为重要。而两序职能体系中特设之“诸庄监收”职，则制度性功能主要在于两方面，一是监督庄主工作过程，类似于检验其工作政绩；二是审核勘验监督账簿文书，以保障财务账不出偏差。因庄主权力极大，工作过程以及业绩效率，直接关系到寺院赖以生存的经济资源安全，而设此制度化的监督机制，即可能避免纰漏发生。

“寮元”及其副职“寮主副寮”，主内部管理事务。“寮元”掌管众寮经文什物、茶汤柴炭、请给供需、洒扫浣濯、净发櫛巾以及供斋、分散相汤之际鸣板集众之类与日常生活有关的杂务；“寮主副寮”是寮元之副手，负责旦暮僧众归堂、巡视经案、收拾遗忘什物、检查毋容外人止宿及寄卖物件诸事宜。

“庄主”以及副职“诸庄监收”主外部经营事务；“庄主”管理寺田庄舍、提督农务、抚安庄佃，争取较好收成，以供寺院常住，“诸庄监收”与庄主一职配合，到各处庄田收取钱谷，并起监督作用。德辉《敕修百丈清规》中对诸庄监收一职带来的问题（及质疑）评论曰：

> 古规初无庄主监收，近代方立此名。此名一立，其弊百出：为住持私任匪人者有之，因利曲徇者有之，为勤旧执事人连年占充者有之，托势求充者有之，树党分充者有之，角力争充者有之；蠹公害私，不可枚举，虽欲匡救，未如之何。倘得廉正勤旧，辅佐住持，公选区用，或对众阄拈之充。充此职者，当克己为念，奉众为心，毋苛取佃户，毋亏损常住，则自他俱利矣。②

① （元）释德辉：《敕修百丈清规》卷四《两序章·西序头首》，《大正藏》册 48，页 1130 下—1132 上。

② （元）释德辉：《敕修百丈清规》卷四《两序章·诸庄监收》，《大正藏》册 48，页 1133 中。

指出诸庄监收一职最为特殊，“古规”中并无此职，是因以往寺院结构非为经营性质。如今寺院结构已然变化，基本组织结构与制度体系全部按照经营性质调整，因此乃需要设立此职。此职乃经营制度中一个特殊环节，在于直接掌管钱财出入事项。正因为与钱财直接挂钩，关联僧团乃至任职者的直接利益，所以比较敏感。此职一立，“其弊百出”，若用人不当，不但丛林经济会直接受损，而且对外还会造成恶劣影响，玷污佛门清净形象。

不过尽管充分认识到此职一立，“其弊百出”，然而还是要立，因为是寺院经营体制中必不可少的制度环节。一咸《禅林备用清规》“诸庄监收”条曰：“监收之职，众人命脉，贵在择人，当请公心大小耆旧，无任小师乡人，苟用非其人，不识因果，隐瞒常住，苛取佃甲，无所不至，非特岁计不足，抑且累及山门”；指出此职是“众人命脉”，具有特殊重要性，任用择人必须尤其谨慎，如“小师乡人”，决不可用，“小师”即徒弟，“乡人”即乡亲，因沾亲带故，易生差错。并举例曰：

> 晦堂见黄龙有不豫之色，因逆问之。龙曰：“监收未得人。”晦堂荐感副寺，龙曰：“感暴，恐小人谋。”晦堂又曰：“化侍者廉谨如何？”龙曰：“化虽廉谨，不若秀庄主，有量而忠。”灵源问晦堂曰：“黄龙请一监收，何过虑如此？”晦堂曰：“有国有家者，未尝不本此。岂特黄龙为然。先圣多诫之！”至哉斯言。[①]

此段文字下一咸曰：“至哉斯言”，是强调虽此职一立，“其弊百出”，但是作为制度文化必须有而后已。若用人不当造成恶劣影响，则是个案问题，否则即是制度文化缺损、监察机制不完整的普遍性问题：制度的缺憾才是真正的不圆满。

2. 两序其他列职与财务事宜

除此之外还有各种杂务类职事，分别负责处理寺院日常生活事务，工作内容或多或少都涉及财务事宜，主要有：

---

① （元）释一咸：《禅林备用清规》卷六《诸庄监收》，《卍新纂续藏经》册 63，页 644 中下。

延寿堂主：照顾病僧，负责准备汤药、油烛、炭火、粥食、五味，随时供给，不使短缺。如病僧床席衣被秽污，负责洗浣清洁。公界倘缺，若自己丰裕，结缘应付，或劝化施主措办。

净头：负责寺院清洁卫生，扫地装香，及时清洗厕所，稍有狼藉，随即净治。手巾净桶，点检添换。供此职者，皆应出于自愿（“自发道心”）。

化主：随时慕化，但是应该劝化檀越随力施与，添助供众。若寺产足用，则不必多往求取，以免令人生厌。

园主：负责寺中闲田栽种菜蔬，供给堂厨；应不惮勤苦，以身率先。

磨主：管理经营碓坊米面，须择既有道心又谙晓舂磨技术者充之。

水头：五更早起烧好热水，供大众起身后盥洗之用；同时负责备妥手巾、面盆、灯烛、牙药，供常住使用；

炭头：预备柴炭以御寒事。或化施主。或出公界。须令足用。[①]

这些杂务类职事的规定并不很严格，具体设置则因时代、地域及所处社会（如具体的城乡社区）条件变化而有所不同，但是一般情况下，如“延寿堂主”条曰：“公界倘缺，若自己丰裕，结缘应付，或劝化施主措办。”若本寺常住不足，责任人应自行设法解决资源问题，以此稍减住持负担过重之病。

四、丛林清规之簿籍账册制度体系

宋元诸清规对财会账册簿籍的重视程度如一，然而依时契机，各具针对性，内容有所不同，账册簿籍体系也详略有别。

（一）诸清规之簿账制度内容

以下先介绍宋元六种主要清规中的财会账册簿籍制度及有关情况，然后分析讨论。

① 皆见（元）释德辉：《敕修百丈清规》卷四《两序章·列职杂务》，《大正藏》册48，页1133上。

1.《禅苑清规》与簿账制度

北宋崇宁二年（1103）真定宗赜编《禅苑清规》（《崇宁清规》）十卷，述编辑宗旨曰："夫禅门事例，虽无两样毗尼；衲子家风，别是一般规范。若也途中受用，自然格外清高；如其触向面墙，实谓减人瞻敬。是以佥谋开士，遍摭诸方，凡有补于见闻，悉备陈于纲目。"一是显示禅门清高风气，规范与众不同，二是表明撰书"遍摭诸方"，尽量搜罗以求完备。更论是书撰集必要性曰：

> 少林消息，已是剜肉成疮；百丈规绳，可谓新条特地。而况丛林蔓衍，转见不堪，加之法令滋彰，事更多矣。然而庄严保社，建立法幢，佛事门中，阙一不可。亦犹菩萨三聚，声闻七篇，岂立法之贵繁，盖随机而设教。初机后学，冀善参详；上德高流，幸垂证据。①

认为"百丈规绳"乃维持丛林生活新秩序之新条例，但是因为丛林发展中出现蔓衍不堪现象，某些针对性模糊的法令反易助长不良风气。而佛门之中，事无巨细，"阙一不可"，尤需以制度方式加强管理。若能"随机设教"，起到作用，并不怕规矩准绳繁杂。

根据编辑宗旨，《禅苑清规》对财会账籍簿册事宜给予了相当的重视，如规定新知事上任，进行新旧知事交割时，必须包括所有"钱帛所记文簿"，即本寺财会账籍簿册，交割时，除新旧知事外，住持、头首等也必须在场："住持、知事、头首同共新旧知事，交割钱帛所记文簿等。"②

可知当时丛林管理中较完备的账册簿籍体系至少已开始建立，并由专职人员（知事）负责。但《禅苑清规》中对此制度项目未展开系统论证，从全文内容看制度也非关注重点。宗赜编辑此书，目的在"凡有补于见闻，悉备陈于纲目"，所求者详备，重点并不突出。

2.《入众日用清规》与簿账制度

南宋嘉定二年（1209）无量宗寿作《入众日用清规》（《日用小清规》、《丛林日用清规》）一卷；主要关注禅林日常生活细节方面，如漱口之法、折袈裟之

---

① （北宋）释宗赜：《禅苑清规·序》，《卍新纂续藏经》册 63，页 522 上。

② （北宋）释宗赜：《禅苑清规》卷二《请知事》，《卍新纂续藏经》册 63，页 529 下。

法、吃食之法等，如曰："轻手揭帘出后架。不得拖鞋。不得咳嗽作声。古云（揭帘须垂后手。出堂切忌拖鞋）。轻手取桶洗面。水不宜多。使齿药时。右手点一次揩左边。左手点一次揩右边。不得两手再蘸。恐有牙宣口气过人。漱口吐水时须低头。以手引下。不得直腰吐水溅邻桶。不得洗头。有四件自他不利。一污桶。二污手巾。是他人不利。三枯发。四损眼。是自己不利。不得鼻孔内作声。不得高声呕吐。古云。五更洗面本为修行。呕吐拖盆喧堂聒众。拭面归堂。若在上间。左脚先入。若在下间。右脚先入。归被位。将眠单收一半坐定。若换直裰。须将新者先覆身上。不得露白。不得扇风。烧香礼拜宜于钟未鸣时。披袈裟。先合掌顶戴。"①

可知其编撰宗旨是强调"一日事件，众中威仪"；即每一日禅林之日常生活细节，其曰："非敢闻于老成，聊以诱于初学。"② 全文对财会账册簿籍之类制度事宜基本未涉。

3.《丛林校定清规总要》与簿账制度

南宋咸淳十年（1274），金华惟勉悉假诸本，参异存同，编撰《丛林校定清规总要》（又称《咸淳清规》、《婺州清规》、《校定清规》）二卷；度宗咸淳十年（1274）成书，元世祖至元三十年（1293）刊行。书前惟勉序撰书宗旨曰，百丈以来，丛林清规基本上未违大节，但因"时代寖远"，传抄流转中难免"互有亏阙"，并说明其撰作过程乃主要据宗寿《入众日用清规》，同时"悉假诸本"，参异存同，会合而成，"颇为详备"。③

惟勉认为，禅家清规性质，如儒家礼法，"吾氏之有清规，犹儒家之有礼经；礼者从宜，因时损益"，需与时俱进，不能守残抱缺、顽固僵化，因此，"所谓参其异，存其同，而会焉尔耳"，即指对丛林规矩，根据需要，有所增减。④

从全书内容安排看，对财会账册簿籍制度事宜较此前约70年即嘉定二年宗寿所作之《入众日用清规》重视得多，全书多处对此事项特予强调。

如"专使请住持住持受请"条，规定要以隆重礼仪迎请新住持，"如请住持，本寺库司，会知事、头首、单寮耆旧献茶。言定何日，先遣行者老郎通书，

① （南宋）释宗寿：《入众日用·入众之法》，《卍新纂续藏经》册63，页556中下。
② （南宋）释宗寿：《入众日用·跋》，《卍新纂续藏经》册63，页558下。
③ （南宋）释惟勉：《丛林校定清规总要·序》卷上，《卍新纂续藏经》册63，页592上。
④ 同上。

书纸系库司客头，送往头首寮”，同时规矩分明，绝不可有所乱方寸：“仍商议请行人充专使，有两班中一人，或后堂，或书记，或单寮大耆旧一人，或都寺自充。”其中尤其是都寺一职，因为担任寺院财会事务管理，故特别规定：“都寺同专使前往，干事掌财，具账历，涂中有事，即与专使商量。”①

“新住持入院”条曰：“（新住持）入院后，参见官员檀越事毕……稍暇，当请大小耆旧茶汤，访问前后事例，点对山门物件，如御书敕黄、砧基契书、宝器，令掌管僧行，逐一点检簿书，令其分晓。”虽说明理由是：“恐有不惧因果之人，多于常住交换之际作弊，陈后人推究也”，②实际上可看出其对此项制度之用心良苦。

但本书既主要根据《入众日用清规》，思路难免秉承相继，对账册簿籍之具体规制设施未很明确，在全文中所占篇幅也不太大。

4.《禅林备用清规》与簿账制度

元至大四年（1311）时住东林寺的释一咸参考前代规则，改定门类编次，详叙职事位次高下等，编成《禅林备用清规》（又称《至大清规》）十卷。一咸自书宗旨乃在于“自唐抵今，殆五百载，风俗屡变，人情不同，则沿革损益之说，可得已哉”③。需要对前贤之作沿革变化，认为“然视古之清规，不几于繁缛乎”，其繁文缛节应予沿改，而“目曰《禅林备用清规》，备而不用之谓也。知我罪我，其惟春秋”。④

该书中关于丛林财会制度以及相应的账册簿籍，叙述颇详，下文再详析。

5.《幻住庵清规》与簿账制度

元延祐四年（1317），中峰明本作《幻住庵清规》一卷，自序曰：“鱼相忘于江湖，人相忘于道术，斯入世之道，尚能易使而相忘，矧佛祖出世之道，混彼此，齐自它，交彻融摄，而无间然者也。”如能如此，当然最好，“心存乎道，不待礼而自中，不俟法而自正矣，又何丛林规矩云哉？”然而事实却非如此，“是嗟乎人心之不轨道久矣，半千载前，已尝瓦解，百丈起为丛林以救之，迨今

---

① （南宋）释惟勉：《丛林校定清规总要》卷上《专使请住持住持受请》，《卍新纂续藏经》册63，页596上。
② （南宋）释惟勉：《丛林校定清规总要》卷上《新住持入院》，《卍新纂续藏经》册63，页598中。
③ （元）释一咸：《禅林备用清规·序》，《卍新纂续藏经》册63，页620上—中。
④ 同上书，页620中。

不能无弊”。需要规矩准绳，但要有针对性：“今庵居处众，固不敢效丛林礼法，而日用又不可破规裂矩”，乃根据庵居实际，“勉置须知一编，列为十门，为主伴交参之标准，自成一家之规，非敢与大方共也”。当然，“其有真参实究之士，摄念于天真未散之顷，终日作而不见其劳，终日息而不知其佚，外忘礼法，内空能所者，以是编为疣赘，则我何敢辞焉”。①

因此宗旨，是书对财会账册簿籍制度决不轻视，然因特定之针对性，有详有略，账册簿籍问题有所提到，但因强调庵居特点，故着墨不多。

（二）案例分析：以《敕修百丈清规》为中心

兹据以上分析并以《敕修百丈清规》为中心，参照清规诸本之相关制度内容，对丛林清规中所见之账册簿籍制度展开一些讨论。从诸清规内容得知，南宋时期丛林管理制度体系中涉及的账册簿籍体系相当完整。丛林中直接涉及寺院日常弘法与常住生活等方面的簿籍制度主要有三种，一是日常管理簿账，二是藏经阅藏管理簿账，三是财会账册簿籍。其中第三种最详。

1. 日常管理与簿账制度

元顺帝元统三年（1335）敕命江西百丈山住持德辉重辑定本，作者认为：“百丈清规行于世尚矣，繇唐迄今，历代沿革不同，礼因时而损益有不免焉。往往诸本杂出，罔知适从，学者惑之。”其中：“惟宋崇宁真定赜公、咸淳金华勉公，逮国朝至大中东林咸公所集者为可采”，“会萃参同而诠次之，繁者芟讹者正缺者补，互有得失者两存之，间以小注折衷”；虽曰“立一代典章，非愚所敢知也”，是因“佛祖制律创规，相须为用，使比丘等外格非、内弘道，虽千百群居同堂，合席齐一寝食，翕然成伦，不混世仪”。② 德辉主要取《崇宁》（北宋宗赜《禅苑清规》）、《咸淳》（南宋惟勉《丛林校定清规总要》）、《至大》（元一咸《禅林备用清规》）三本，以此三本为主，荟萃参同，重新诠次，删繁补缺，折中得失，乃成《敕修百丈清规》，由朝廷颁行。此后天下丛林规矩，后世禅林制度，多据此本。可认为是集清规之大成者。

---

① （元）释明本：《幻住庵清规·序》，《卍新纂续藏经》册 63，页 571 中。

② （元）释德辉：《敕修百丈清规》卷八《德辉叙》，《大正藏》册 48，页 1159 上—中。

是书在总结以往清规基础上进行新的制度设计，关于丛林簿籍体系最为详备，在全文内容中占据很大篇幅。下面以此为主并结合南宋惟勉《丛林校定清规总要》及元一咸《禅林备用清规》有关内容，对南宋及此后丛林之财会管理中的账册簿籍制度展开一些分析。

丛林日常管理簿籍，主要与维持寺院日常弘法及常住管理制度相关，其中最重要的是戒腊簿，又称轮差僧簿，管理责任人是寺维那。凡遇圣节、上堂、挂搭、普请等，据戒腊簿，依戒次排名轮差，参加相关活动。作用主要在于维持丛林日常生活秩序，而簿籍有据，即有制度规章，所谓君子见其文也。其具体职责，则根据需要，由不同部门任职人员管理掌握。

如遇“圣节”启建金刚无量寿道场，“启建之先一日，堂司备榜，张于三门之右及上殿经单（式见后）俱用黄纸书之，轮差僧簿，依戒次，各书双字名”，即属此类，同属此类的另如：“每日堂司行者，将轮差僧簿，须预先一日，请住持、头首、众僧，各书双字名佥押。量众多少，依戒具写差单，排定日分，周而复始。”①

又如“善月”活动，规定“正五九为善月，预先一日，维那令堂司行者，覆住持报库司，挂善月牌于殿门前，具经单轮差僧簿，每日鸣大钟登殿，看经祝赞，终月而毕”②。

《敕修百丈清规》叙维那职责是“纲维众僧，曲尽调摄；堂僧挂搭，辨度牒真伪；众有争竞遗失，为辨析和会”，而寺中众僧“戒腊资次，床历图帐，凡僧事内外，无不掌之”，“若施主斋僧行倸”，“或有他缘，或暂假出入，”即需“将戒腊簿、假簿、堂司须知簿，亲送过客，司令摄之”。③

《敕修百丈清规》对戒腊簿极为重视，视其为维护丛林秩序之根本依据。如“谢挂搭”条曰：“古规挂搭归堂者，即时谢挂搭。后以冬节、岁节、夏前，三次谢挂搭。自佛照和尚由育王赴径山，权孤云为入院侍者，时佛照以礼繁并在夏前，近时衲子到处坐席未温，移单东西，多致不谢挂搭；既曰：经冬过夏，折中当在冬前夏前，两期报谢。侍者先期取堂司戒腊簿，检看新挂搭戒腊在上者一人为参头，一人为副参（原注：旧以诸方侍者为参头，往往以寺门高下，争竞不安；原夫侍者皆在众寮挂搭，既曰随众，当依戒腊，依戒佛制也，况诸

---

① （元）释德辉：《敕修百丈清规》卷一《祝厘章·圣节》，《大正藏》册48，页1113上中。

② （元）释德辉：《敕修百丈清规》卷一《祝厘章·善月》，《大正藏》册48，页1114下。

③ （元）释德辉：《敕修百丈清规》卷四《两序章·东序知事·维那》，《大正藏》册48，页1132中。

图帐。及众寮戒腊牌不以名字分高下，一遵佛制，二免争竞，三得众和同居，惟住持力主行之。）”[①] 戒腊簿也由维那掌管，仪式开始前，“侍者先期取堂司戒腊簿”，即从维那处取得戒腊簿。

一咸《禅林备用清规》中对此也比较重视。如“圣节升座讽经”仪式上，“维那先五日”，为“启建届期”作准备，规定其间“僧行不给假，堂司整备黄榜、上殿经单、轮差僧簿”[②]。又如启建楞严会，也由维那负责，“维那举楞严回向启建，堂司行者，隔日将转僧簿请住持、头首、众僧，佥书上下字名，具写差单，轮排经目于上，揭挂殿内”。[③] 举办楞严会前，规定要出图帐（位次图）：“依戒写楞严，念诵、巡堂、被位、钵位，图戒腊牌，惟钵位图；分十六板头，论名位高下，轮排定已。预具草本，与首座谋议，呈方丈看过，佥押。图内庶免临时喧争，诸图正本，令堂司行者一一呈方丈。首座两班，惟钵位图，呈单寮，蒙堂前资寮，浴佛日并陈佛殿前，令众通知。被钵位图，又须先出。”[④]“堂司预备香烛如仪，躬禀书记制疏，与启建礼同，预出图帐。”届时，“有音声兄弟为楞严头，维那引诣方丈问讯”，“至期，堂司行者挂牌报寮，巡廊鸣板，鸣僧堂前钟，集众依图位立”。[⑤]

不过比较而言，《敕修百丈清规》中的有关条文更加详细具体，也更有实际操作价值。除戒腊簿外，还有两种与寺院日常管理有关的簿籍登记册，一并简要分析：

一是佛事簿，《清规》曰：“秉炬必请住持举佛事，其余锁龛、起龛、起骨、入塔佛事，（由）维那禀首座，商量依资次，轮请头首为之。仍用小片白纸写帖子云（原注：新圆寂某甲上座某州人，秉炬、佛事堂头和尚、堂司比丘云某，拜请其余佛事，并准此写）。若亡者是西堂单寮勤旧，衣钵稍丰，则添奠茶汤、转龛、转骨等佛事，轮请单寮西堂首座及本山江湖名胜，维那备盘袱炉烛香一片，带行者诣方丈，插香触礼一拜，禀云（原注：某甲上座圆寂，某日荼毗，拜请和尚秉炬）；呈纳帖子而退，请头首礼同。堂司置佛事簿，以备稽考轮请。”[⑥] 这一类属备考所用之佛事记录、佛事日程安排等。

---

① （元）释德辉：《敕修百丈清规》卷五《大众章·谢挂搭》，《大正藏》册 48，页 1141 下。

② （元）释一咸：《禅林备用清规》卷一《圣节升座讽经》，《卍新纂续藏经》册 63，页 622 中。

③ 同上书，页 622 下。

④ （元）释一咸：《禅林备用清规》卷三《出图帐》，《卍新纂续藏经》册 63，页 631 下。

⑤ （元）释一咸：《禅林备用清规》卷三《楞严会》，《卍新纂续藏经》册 63，页 630 上。

⑥ （元）释德辉：《敕修百丈清规》卷六《大众章·亡僧·请佛事》，《大正藏》册 48，页 1148 上。

对此南宋惟勉《丛林校定清规总要》也有提及，如："如耆旧及堂中兄弟请假，即当覆方丈知，书于假簿，不可忽慢，失误兄弟。"[①] 但仅此条，其他未及。

二是亡僧遗物登记簿，《清规》曰："凡有僧病革，直病者即白延寿堂主，禀维那请封行李。堂司行者覆首座、头首、知事、侍者，同到病人前抄写口词。直病者同执事人收拾经柜、函柜、衣物，抄札具单，见数一一封锁外，须留装亡衣服（原注：直缀、挂络、内外衣裳、数珠、香合、脚绊、鞋袜、净发巾、收骨绵子等）合用之物，并作一处包留，延寿堂主同直病者收掌。"如"或病者不能分付，维那、首座，力当主行，无行李者亦须尽礼津送"。所有"单账，锁匙封押，纳首座处所封行李"[②]。这一条，诸清规中对此多有较详细说明，从各个历史时期、各个寺院情况来看，内容大同小异。

2. 附论：藏经管理与簿籍制度

第二种簿书是藏经簿籍登记，乃属知藏职责，是寺院中与经营也有一定关系的制度。

知藏相当于寺院里的图书馆馆长，另设藏主，"乃其副属"，知藏与藏主关系即"知藏总其纲，而藏主分其执也"，[③] 二职共同负责管理寺院藏经。《敕修百丈清规》所载对"知藏"的要求是："函帙目录，常加点对，缺者补完。蒸润者焙拭，残断者粘缀。若大众披阅，则藏主置簿，照堂司所排经单列名，逐函交付。看毕照簿交收入藏，庶无散失。"[④]

老住持退院，新住持上任时，藏经与登记簿籍要一并交割给新住持。一咸《禅林备用清规》之"专使请住持"条规定，"凡（新）住持补处公拈已定，文命下寺"后，即启动迎请新任住持礼仪："差能事行者老郎通书，次请人充专使，或上首知事耆旧、后堂书记藏主，和会已定，若耆旧头首充专使，知事一人同去，掌财议事，具写本寺该管田产什物须知，迎接从仪，一切毕备。"[⑤] 规定迎请新住持时需藏主同行，向新住持上交所有"本寺该管田产什物"簿籍，其中即包括本寺藏经情况，因为主要是"掌财议事"，可能也应包括本寺轮藏经营情况。

---

① （南宋）释惟勉：《丛林校定清规总要》卷上《侍者职事》，《卍新纂续藏经》册 63，页 604 下。

② （元）释德辉：《敕修百丈清规》卷六《大众章·亡僧·抄札衣钵》，《大正藏》册 48，页 1147 下。

③ （清）释仪润：《百丈清规证义记》卷六《两序章·西序·知藏》，《卍新纂续藏经》册 63，页 444 中。

④ （元）释德辉：《敕修百丈清规》卷四《两序章·西序头首·知藏》，《大正藏》册 48，页 1131 上—中。

⑤ （元）释一咸：《禅林备用清规》卷四《专使请住持》，《卍新纂续藏经》册 63，页 635 中。

3. 财会簿籍账册制度诸环节

第三种即本书重点关注的财会账册簿籍。《敕修百丈清规》中制度设计缜密，设施完备。主要通过对丛林管理第一责任人住持之财会管理责任的规定，设置制定特色鲜明、严谨有序、细致入微而便于操作的寺院财会账册簿籍制度体系。

（1）老住持退院

关于老住持退院的规定是："住持如年老有疾或心力疲倦，或缘不顺，自宜知退。常住钱物，须要簿书分明。方丈什物，点对交割具单目，一样两本。住持两序，勤旧佥押，用寺记印，住持库司，各收一本为照，公请一人看守。方丈至退日，上堂叙谢，辞众下座，挝鼓三下而退。"① 如此，才算退院手续完成。

如原住持迁化，"示疾觉沉重，预请两序勤旧点对，封收衣钵行李，就留方丈，差公谨行仆看守"。然后，集中"两序勤旧、小师，随到客位，呈衣、钵、簿、遗墨等物，会茶，议请丧司职事（原文注：书记、维那、知客、侍真侍者）并一切佛事（原文注：资次见后），以次议请"。严格规定："（圆寂住持）主丧人须与首座计会（原住持）所遗衣钵多少，默作三分：一分准丧司孝服讽经灯烛之费，一分归常住，陪贴供养，一分俵大众，看经并佛事板账等用。主丧人须存公正，不可徇私。"② 要做到公正、公开、公平，需要有制度基础，即以上述簿籍体系为依据。

《禅苑清规》"退院"条有对住持退院时需办理手续的严格规定："如常住钱物、僧供之类，须与知事结绝，文历分明。及堂头公用，合行交割，亦具文历拘管，用院印印押，通知事知之。"③ 这些手续办理完毕的依据，即"文历分明"，就是交出来的账簿上要账目清楚。

（2）新住持上任

当新住持被确定，"公司敕命"正式下达，专使迎请新住持，"请专使，或上首知事，或勤旧，或西堂首座，或以次头首充之。若非知事充专使，亦须以下知事一人同去掌财议事，具须知一册，该写本寺应有田产物业，及迎接仪从，一切毕备"。④

---

① （元）释德辉：《敕修百丈清规》卷三《住持章·退院》，《大正藏》册48，页1127上。

② （元）释德辉：《敕修百丈清规》卷三《住持章·迁化·请丧司职事》，《大正藏》册48，页1128上。

③ （北宋）释宗赜：《禅苑清规》卷七《退院》，《卍新纂续藏经》册63，页543中。

④ （元）释德辉：《敕修百丈清规》卷三《住持章·请新住持·发专使》，《大正藏》册48，页1123下。

南宋嘉定二年（1209），宗寿作《日用小清规》，在“专使请住持住持受请”条中强调：请新住持时，担任寺院财会事务管理的都寺，要陪同专使前往：“都寺同专使前往，干事掌财，具账历，涂中有事，即与专使商量”。①

元一咸《禅林备用清规》中强调：“凡住持补处公拈已定文命下寺……差能事行者老郎通书。次请人充专使，或上首、知事、耆旧、后堂书记、藏主，和会已定，若耆旧头首充专使，知事一人同去掌财议事，具写本寺该管田产什物须知。”②

《敕修百丈清规》“请新住持”条强调：“凡十方寺院住持虚席，必闻于所司。伺公命下，库司会两序勤旧茶，议发专使修书（头首、知事、勤旧、蒙堂前资僧众）制疏（山门诸山江湖）茶汤榜（专使署名），请书记为之；如缺书记，择能文字者分为之。用绢素写榜，所请专使，或上首知事，或勤旧，或西堂首座，或以次头首充之。若非知事充专使，亦须以下知事一人同去掌财议事，具须知一册，该写本寺应有田产物业，及迎接仪从，一切毕备。”③

是知无论礼仪如何隆重，皆比不上将本寺一切物业及财务管理权，通过财会账册，制度化地全盘移交给新住持所能表达的敬重、信任和真正欢迎之意。

（3）新住持入院

新住持“入院后，须会两序勤旧茶，详细询问山门事务，砧基契书什物，逐一点对交割，计算财谷，簿书分明，关防作币，务在详审”④。规定，寺院之中，“库司当置总簿，具写诸寮什物，住持知事佥定，仍分置小簿付诸寮，两相对同”。当“新旧相沿交割，损者公界修补，缺者本寮陪偿将进退。数日前，副寺带行者，赍簿到各寮预先点对分晓。责在本寮人仆，毋得走失，违者陪偿，或有增添数目，随即同附簿，庶可稽考也”⑤。

《敕修百丈清规》“寮舍交割什物”条曰：“寮舍什物，常住置办不易，往往职事人视为传舍，临进退时，乡人各自搬移，荡然一空，使新入寮者茫无所措，未免具数，到库司需索不至，因此上下唇吻不安。设若应副重费常住，库司当置总簿，具写诸寮什物，住持知事佥定，仍分置小簿付诸寮，两相对同。新旧

① （南宋）释惟勉：《丛林校定清规总要》卷上《专使请住持住持受请》，《卍新纂续藏经》册63，页596上。
② （元）释一咸：《禅林备用清规》卷四《专使请住持》，《卍新纂续藏经》册63，页635中。
③ （元）释德辉：《敕修百丈清规》卷三《住持章·请新住持·发专使》，《大正藏》册48，页1123下。
④ （元）释德辉：《敕修百丈清规》卷三《住持章·请新住持·交割砧基什物》，《大正藏》册48，页1127上。
⑤ （元）释德辉：《敕修百丈清规》卷四《两序章·列职杂务·寮舍交割什物》，《大正藏》册48，页1135上。

相沿交割，损者公界修补，缺者本寮陪偿将进退。数日前，副寺带行者，赍簿到各寮预先点对分晓。责在本寮人仆，毋得走失，违者陪偿，或有增添数目，随即同附簿，庶可稽考也。”①

南宋惟勉《丛林校定清规总要》“新住持入院”条规定“新住持入院后，参见官员檀越事毕……稍暇，当请大小耆旧茶汤，访问前后事例，点对山门物件，如御书敕黄、砧基契书、宝器，令掌管僧行逐一点检簿书，令其分晓”。并说明，如此谨慎操作是因“恐有不惧因果之人，多于常住交换之际作弊，陈后人推究也”。② 强调之意，跃然纸上。

一咸《禅林备用清规》对“点对山门物件”、“交割什物”也详加说明：“（新）方丈请两班大耆旧茶，详说家务，次至库司，恭眼同检视御书宝器、砧基物件，先呈方丈，次呈头首耆旧，逐一点对交割。计算财谷，簿书分明，见管若干，具呈方丈。参照须知，诸庄佃户换契、住持备榜，诸庄晓示。”强调“计算财谷，簿书分明，见管若干，具呈方丈”，要根据簿书账册，当众“逐一点对交割”。特地说明，之所以强调，是因此环节必须引起高度重视，如天下丛林，“诸方多于住持交换之际，执事作弊，苛取钱物，后患非轻，可不审诸”。③ 这应是一咸本人丛林管理生涯经验之谈。

（4）丛林财会簿账体系与日常管理

住持对账册簿籍制度的日常管理主要是通过寺院财会事务实际负责人副寺，随时或定期检查由副寺主管的财务环节。《敕修百丈清规》载重点关注事宜主要在于：“常住金谷钱帛米麦出入，随时上历；收管支用，令库子每日具收支若干，佥定飞单呈方丈，谓之日单；或十日一次结筭，谓之旬单；一月一结，一年通结，有无见管，谓之日黄总簿。”④

《文献通考》载有一条朱熹建立社仓并精心设计会计核算体例之事，引录如下：

> 淳熙八年（1181）十一月，浙东提举朱熹言：“乾道四年（1168）间，建民艰难，熹请于府，得常平米六百石，请本乡土居朝奉郎刘如愚共任赈

---

① （元）释德辉：《敕修百丈清规》卷四《两序章·列职杂务·寮舍交割什物》，《大正藏》册48，页1135上。
② （南宋）释惟勉：《丛林校定清规总要》卷上《新住持入院》，《卍新纂续藏经》册63，页598中。
③ （元）释一咸：《禅林备用清规》卷四《交割什物》，《卍新纂续藏经》册63，页638下。
④ （元）释德辉：《敕修百丈清规》卷四《两序章·东序知事·副寺》，《大正藏》册48，页1132中下。

济。夏受粟于仓，冬则加二计息以偿，自后逐年敛散，或遇少歉即蠲其息之半，大饥即尽蠲之。凡十有四年，得息米造成仓□及以元（原）数六百石还府，见管米三千一百石以为社仓。不复收息。”[①]

“加二计息以偿”即取二分利（年息20%），遇歉年“即蠲息之半”，即仅收一分息（年息10%），灾年则全部免息，“见管”即账目上的“现金”或账户“余额”。朱熹依此法经营管理社仓14年，结果不但原得自常平仓米600石全部还清，账面盈余还有3100石米。拟此后全部不再取息，全部提供社会慈善事业。这是历代受史家称许的一则经济核算案例。朱熹本意，应是立足于社会慈善救助，但是既涉及经济，不得不精打细算，可想而知，社仓经营管理中会计成本核算、账册簿籍编纂等起了举足轻重的作用。

经济核算中按年、月、旬、日结算各有特殊意义。上引清规中提到的“飞单”即日单，“日单呈方丈，此谓飞单”，“盖一日所记，条目不多，数纸往来如飞，故名之”；[②]“结筭”即精心计算；[③]“日黄总簿”，《禅林象器笺》曰：“旧说曰‘常住总簿，黄蘗染成纸，避蠹灾，故言黄簿也’”，[④]是寺院会计簿账总称，为便于长期保存而用黄蘗染纸成黄色；“一月一结”，无著道忠认为下“脱‘谓之月单’四字”。[⑤]《幻住庵清规》“亡僧唱衣”条：“除支外，见管无”，[⑥]“见管”指现钱，意思就是除了已经开支的，并无现钱留下；“有无见管”即账面余额。

综上，《敕修百丈清规》中这段话意即通过“日单”，对寺院每日财务收支详细记账并报住持，以供随时督查，登录“旬单”，即十日一次结算，一月三次结算，再登录“月单”，即每月月底，进行一次较全面核算，对所有账目进行一次审计；再通过“岁计”，即提出全年账册簿籍，对财务来往、收支平衡等情况全面核查，并登记于“黄总簿”，各项具体收支项目，建相应单簿，“各簿皆当

① （元）马端临：《文献通考·市籴二》卷一一《社仓》，中华书局1986年影印本，上册，页123上下。

② 〔日〕无著道忠：《禅林象器笺三》卷一六《簿券类·飞单》，《佛光大藏经·禅藏·杂集部》，页1216。

③ 筭，古通“算”，如“计研心筭”、“远谋深筭”，“结筭”即精心计算。

④ 〔日〕无著道忠《禅林象器笺三》卷一六《簿券类·日黄总簿》，并引《山庵杂录》：“提点彝正堂云：‘今岁库司知事人懒慢，常住日黄簿未成。’”雪岩钦禅师贺梅溪副寺颂：“柜头一面日黄簿，列祖玄关无少差。”见《佛光大藏经·禅藏·杂集部》，高雄：佛光出版社1994年版，页1211。

⑤ 〔日〕无著道忠：《禅林象器笺三》卷一六《簿券类·月单》，《佛光大藏经·禅藏·杂集部》，页1215。

⑥ 〔日〕无著道忠：《禅林象器笺三》卷二〇《钱财类·见管钞》，《佛光大藏经·禅藏·杂集部》，页1609。

考算”。[1]《禅林象器笺》引《正字通》曰：“今俗会计事物之数曰账”，又说：“具来岁课役，以报度支为计账，即今之文簿册籍。”[2] 计账的“文簿册籍”，即“黄总簿”。

另如“月分须知”条，列丛林每月必办重要事项，如正月接待“官员、檀越、诸山贺岁”；二月十五日“佛涅槃”；三月“出榜禁约山林茶笋”；四月初一日“佛诞浴佛”，四月十三日“建楞严会”；五月端午日“建青苗会”，“疏浚沟渠”；六月“入伏，堂司提调晒荐”；七月十五日“晚设盂兰盆会”；八月“僧堂收账”；九月“糊僧堂窗，下凉帘，上暖帘”；十月初一日“达磨忌”；十一月“（办理）进退职事”；十二月初八日“佛成道”，本月“岁终结呈诸色簿书”。[3] 其中涉及佛事弘法、社交、农事普请、日常生活、寺院管理等，而“岁终结呈诸色簿书”，即岁计簿书，亦列为大事之一。

东序知事体系中设“都监寺”，职责是“差设庄库职务，必须公平，毋用私党，致怨上下”。其行职人员，“必腊高历事，廉能公谨，素为众服者充之”，具体职责是“以总庶务，早暮勤事香火，应接官员施主。会计簿书、出纳钱谷，常令岁计有余”。[4]

副寺之职极为关键，释德辉强调并解释：“（副寺）古规曰库头，今诸寺称柜头，北方称财帛，其实皆此一职，盖副贰都监寺分劳也。掌常住金谷钱帛米麦出入，随时上历，收管支用。令库子每日具收支若干，佥定飞单呈方丈，谓之日单。或十日一次结算，谓之旬单。一月一结，一年通结，有无见管，谓之曰黄总簿。外有米面五味，各簿皆当考算。”特别提示此职之特殊重要性：“凡常住财物，虽毫末，并是十方众僧有分。如非寺门外护官员、檀越、宾客，迎送庆吊，合行人事，并不可假名支破侵渔。”为此，住持择人，必须做到：“其上下库子，须择有心力能书算，守已廉谨者为之。病僧合用供给之物，即时应付。如仓库疏漏、雀鼠侵耗米麦，蒸润一切物色。顿放守护有不如法者，并须及时照管处置。”[5]

副寺负责“掌常住金谷钱帛米麦出入，随时上历，收管支用”。按规定，财

---

① （元）释德辉：《敕修百丈清规》卷四《两序章·东序知事·副寺》，《大正藏》册 48，页 1132 下。
② 〔日〕无著道忠：《禅林象器笺三》卷一六《簿券类·帐》，《佛光大藏经·禅藏·杂集部》，页 1217。
③ （元）释德辉：《敕修百丈清规》卷七《节腊章·月分须知》，《大正藏》册 48，页 1154 下—1155 上。
④ （元）释德辉：《敕修百丈清规》卷四《两序章·东序知事·都监寺》，《大正藏》册 48，页 1132 上。
⑤ （元）释德辉：《敕修百丈清规》卷四《两序章·东序知事·副寺》，《大正藏》册 48，页 1132 中下。

务账目应日、旬、月、年四结。业务范围，相当于现代独立核算的单位中之财务处，责任重大，诸清规对此环节皆予重视，如中峰明本《幻住庵清规》，全文对财会管理及相关簿籍制度提到并不多，但是对“知库之职”予以特别重视，强调：“古丛林无副寺之名，惟称库头，掌一切支收出内，即知库之职也。凡库司金谷、庵门资具，物无大小，悉书于簿。”[①] 因为小庵不设副寺，只设知库，但虽是小庵，财会簿籍体系同样一应俱全，否则不可能做到寺院之中所有财物，“物无大小，悉书于簿”，俾使管理有方，无论修持弘法，皆得依凭。

《禅林象器笺》引《人天宝鉴》(《通明集》) 举禅史上一则案例以警示后来：

> 南岳让和尚，有院主二十年管执常住，不置文历。一日有司磨勘，囚禁在狱，乃自惟曰：“我此和尚，不知是凡是圣？二十年佐助伊，今日得此苦毒之报？”马祖于寺中觉知，令侍者装香，端然入定。院主于狱中忽尔心开，二十年用过钱物，一时记得，令书司口授笔写，计算无遗。[②]

笔者读此故事，深觉怀让、马祖及昙秀、道忠等中外前辈于佛门制度文化建设用意之苦深。

南岳怀让（677—744）手下有一位院主，掌管寺院财务20年，从不记会计账。后因政府有关部门磨勘，发现有经济问题，因此拘捕囚禁。这位院主在牢狱中心神不定，反复揣想：“怀让和尚到底是一方神圣还是最俗的家伙，居然如此精明？我二十年从不记账，没想到栽到此人手里”，不甘心落得如此“苦毒”下场，但左思右想，举棋不定。正在这时，怀让弟子马祖道一设法对此人进行诱导，给其出路。结果此人宣称“忽而心开”，20年间经手过的钱物开支细账都一一回想起来，根据“记忆”，全部重新记账，最后交出了账簿。

依常理，一个财会人员绝不可能20年不记账，若发生“不记账”，就一定是为中饱私囊私记账目，不肯示人而已。按财会规律，若“不记账”或账目有遗漏，即表明一定有经济问题。而丛林财务中若弄虚作假，肯定也绕不过

---

① （元）释明本：《幻住庵清规·知库》，《卍新纂续藏经》册63，页583上。

② （南宋）释昙秀《人天宝鉴》撰辑于南宋理宗绍定年间（1228—1233），严格的官员磨勘制度是宋代行政管理特征，唐代怀让、马祖时未必有；再则南宋绍定时五山十刹制度已立，重要大寺既列入政府行政制度监管体系，财务状况即需磨勘审计，而唐代寺院并无此制。昙秀此说或因当时制度文化环境，故对丛林制度中之簿账意义特予强调。引文见〔日〕无著道忠：《禅林象器笺三》卷一六《簿券类·文历》，《佛光大藏经·禅藏·杂集部》，页1217。

账簿这个环节。怀让能洞察此节并最后妥善处置，使寺院挽回经济损失，颇见创业之艰辛。

综上所述，可知《敕修百丈清规》中的财会账册簿籍制度从南宋始已具备。上文提到南宋嘉定二年（1209）宗寿所作《入众日用小清规》中数处强调会计簿籍重要性，如“专使请住持住持受请”条中规定请新住持时，担任寺院财会事务管理的“都寺”要陪同专使前往：“都寺同专使前往，干事掌财，具账历，涂中有事，即与专使商量。”[①] 又如“新住持入院”条曰：“（新住持）入院后……稍暇，当请大小耆旧茶汤，访问前后事例，点对山门物件，如御书敕黄、砧基契书、宝器，令掌管僧行，逐一点检簿书，令其分晓。”[②] 可知丛林体制中，财会簿籍体系俱备，制度设施基本齐全，只是未详细描述。而《敕修百丈清规》根据当时管理实际提出对有关制度进行调整，并对相关制度内容进行了较详细的描述。

① （南宋）释惟勉：《丛林校定清规总要》卷上《专使请住持住持受请》，《卍新纂续藏经》册63，页596上。
② （南宋）释惟勉：《丛林校定清规总要》卷上《新住持入院》，《卍新纂续藏经》册63，页598中。

主要参考文献

一、古籍文献

1. 部书丛书

《大正藏》、《卍新纂续藏经》、《嘉兴藏》（新文丰）：CBETA 2009 年版。

《宋藏遗珍》，上海碛砂藏影印会民国二十四年（1935）影印版。

《景印文渊阁本四库全书》，台北：台湾商务印书馆 1983—1986 年影印版。

《续修四库全书》，上海古籍出版社 1995 年影印版。

《丛书集成新编》，台北：新文丰出版公司 1984 年影印版。

《四库全书存目丛书·史部》，齐鲁书社 1996 年影印版。

《二十四史》，中华书局，1959—1977 年出版，点校本。

《册府元龟》，中华书局 1960 年影印版。

《宋元方志丛刊》，中华书局 1990 年影印版。

《中国佛寺史志汇刊》，台北：明文书局 1980 年影印版。

《天一阁藏明代方志选刊》，上海古籍书店 1963 年影印版。

《历代碑志丛书》，江苏古籍出版社 1998 年影印版。

《石刻史料新编》，台北：新文丰出版公司 1979 年影印版。

《笔记小说大观》，台北：新兴书局有限公司 1981 年影印版。

《唐宋史料笔记丛刊》，中华书局 1986 年点校本。

《宋元笔记小说大观》，上海古籍出版社 2001 年点校本。

2. 佛教典籍

（后秦）佛陀耶舍与竺佛念共译：《四分律》，《大正藏》册 22。

（后秦）弗若多罗、鸠摩罗什等译：《十诵律》，《大正藏》册 23。

（东晋）释法显：《佛国记》，《卍新纂续藏经》册 77。

（刘宋）佛陀什共竺道生等译：《弥沙塞部和酰五分律》，《大正藏》册 22。

（隋）释灌顶：《国清百录》，《大正藏》册 46。

（唐）释道宣：《四分律删繁补阙行事钞》，《大正藏》册 40。

（唐）释圆照辑：《代宗朝赠司空大辨正广智三藏和上表制集》，《大正藏》册 52。

（唐）释慧立撰、释彦悰笺：《大唐大慈恩寺三藏法师传》，《大正藏》册 50。
（唐）释义净译：《根本说一切有部尼陀那目得迦》，《大正藏》册 24。
（唐）释义净：《南海寄归内法传》，《大正藏》册 54。
（唐）释道世：《法苑珠林》，上海古籍出版社据《碛砂藏》版 1991 年影印本。
（梁）释僧祐：《出三藏记集》，《大正藏》册 55。
（梁）释慧皎：《高僧传》，《大正藏》册 50。
（梁）释宝唱：《比丘尼传》，《大正藏》册 50。
（唐）释道宣：《续高僧传》，《大正藏》册 50。
（唐）释义净：《西域求法高僧传》，《大正藏》册 51。
（北宋）释赞宁：《宋高僧传》，《大正藏》册 50。
（北宋）释赞宁：《大宋僧史略》，《大正藏》册 54。
（北宋）释道诚：《释氏要览》，《大正藏》册 54。
（南宋）释志磐：《佛祖统纪》，《大正藏》册 49。
（南宋）佚名氏：《续佛祖统纪》，《卍新纂续藏经》册 75
（南宋）释普济：《五灯会元》，《卍新纂续藏经》册 80。
（南宋）释正受：《嘉泰普灯录》，《卍新纂续藏经》册 79。
（元）释觉岸：《释氏稽古略》，《大正藏》册 49。
（元）释熙仲：《历代释氏资鉴》，《卍新纂续藏经》册 76。
（明）释明河：《补续高僧传》，《卍新纂续藏经》册 77。
（明）释居顶：《续传灯录》，《大正藏》册 51。
（明）释如惺：《大明高僧传》，《大正藏》册 50。
（明）释文琇：《增集续传灯录》，《卍新纂续藏经》册 83。
（明）朱时恩：《佛祖纲目》，《卍新纂续藏经》册 85。
（清）释自融：《南宋元明僧宝传》，《卍新纂续藏经》册 79。
（清）释纪荫：《宗统编年》，《卍新纂续藏经》册 86。
（北宋）释契嵩：《镡津文集》，《大正藏》册 52。
（南宋）释智昭：《人天眼目》，《大正藏》册 48。
（南宋）释宗杲：《正法眼藏》，《卍新纂续藏经》册 67。
（南宋）释宗晓：《四明尊者教行录》，《大正藏》册 46。
（南宋）释法寿等编：《瞎堂慧远禅师广录》，《卍新纂续藏经》册 69。
（南宋）沈孟柈：《济颠道济禅师语录》，《卍新纂续藏经》册 69。
（南宋）释智沂等编：《痴绝道冲禅师语录》，《卍新纂续藏经》册 70。
（南宋）释广宗等编：《如净禅师语录》，《大正藏》册 48。
（南宋）释宗会等编：《无准师范禅师语录》，《卍新纂续藏经》册 70。
（南宋）释了南等编：《无准和尚奏对语录》，《卍新纂续藏经》册 70。

（南宋）释法云等编：《虚堂智愚语录》，《卍新纂续藏经》册 70。
（南宋）释元恺编：《大川普济禅师语录》，《卍新纂续藏经》册 69。
（南宋）释正彬等编：《石豁心月禅师语录》，《卍新纂续藏经》册 71。
（南宋）释如珠、释道隆编：《偃溪广闻语录》，《卍新纂续藏经》册 69。
（南宋）释善开等编：《松源和尚语录》，《卍新纂续藏经》册 70。
（南宋）释集成等编：《宏智禅师广录》，《大正藏》册 48。
（南宋）释祖咏：《大慧普觉禅师年谱》，《嘉兴藏》（新文丰版）第 1 册。
（南宋）释崇岳等编：《密庵和尚语录》，《大正藏》册 47。
（南宋）释了觉、释师坦编：《石田法薰禅师语录》，《卍新纂续藏经》册 70。
（南宋）释元恺编：《大川普济禅师语录》，《卍新纂续藏经》册 69。
（南宋）释大观：《北磵居简禅师语录》，《卍新纂续藏经》册 69。
（南宋）释净韵等编：《兀庵普宁禅师语录》，《卍新纂续藏经》册 71。
（南宋）释普敬等编：《无门慧开禅师语录》，《卍新纂续藏经》册 69。
（南宋）释道隆：《大觉禅师语录》，《大正藏》册 80。
（南宋）释一真等编：《敕谥佛光圆满常照国师三会语录》，《大正藏》册 80。
（南宋）释法应辑、（元）释普会续辑：《禅宗颂古联珠通集》，《卍新纂续藏经》册 65。
（南宋）释圆悟：《枯崖漫录》，《卍新纂续藏经》册 87。
（明）释弘储编：《三峰藏和尚语录》，《嘉兴大藏经》（新文丰版）册 34。
（明）释法藏：《于密渗施食旨概》，《卍新纂续藏经》册 59。
（明）释圆悟：《天童和尚辟妄救略说》，《卍新纂续藏经》册 65。
（北宋）释宗赜：《禅苑清规》，《卍新纂续藏经》册 63。
（南宋）释惟勉：《丛林校定清规总要》，《卍新纂续藏经》册 63。
（元）释德辉：《敕修百丈清规》，《大正藏》册 48。
（元）释明本：《幻住庵清规》，《卍新纂续藏经》册 63。
（元）释自性：《教苑清规》，《卍新纂续藏经》册 57。
（元）释一咸：《禅林清规备要》，《卍新纂续藏经》册 63。
（清）释仪润：《百丈清规证义记》，《卍新纂续藏经》册 63。

3. 历史典籍

（唐）李林甫等：《唐六典》，中华书局 1992 年点校本，陈仲夫点校。
（唐）长孙无忌：《唐律疏议》，中华书局 1983 年点校本，刘俊文点校。
（北宋）王溥：《唐会要》，台湾商务印书馆影印《景印文渊阁本四库全书》第 606 册，
（北宋）《天一阁藏明抄本天圣令校证》，天一阁博物馆、中国社会科学院历史研究所天圣令整理课题组整理，中华书局 2006 年影印及校正本。
（北宋）窦仪等：《宋刑统》，中华书局 1984 年点校本。

（北宋）司马光：《资治通鉴》，上海古籍出版社1987年影印本。
（南宋）李焘：《续资通鉴长编》，台湾商务印书馆1984年影印《景印文渊阁本四库全书》第314—322册。
（南宋）谢深甫：《庆元条法事类》，燕京大学图书馆藏版民国三十七年（1948）影印本。
（南宋）幔亭曾孙辑录：《名公书判清明集》，中华书局1987年点校本。
（元）马端临：《文献通考》，中华书局1986年影印本，
（清）徐松辑：《宋会要辑稿》，中华书局1957年影印本。
（北齐）魏收：《魏书》，中华书局1974年点校本。
（唐）姚思廉：《梁书》，中华书局1973年点校本。
（后晋）刘昫等：《旧唐书》，中华书局1975年点校本。
（北宋）欧阳修：《新唐书》，中华书局1975年点校本。
（北宋）薛居正等：《旧五代史》，中华书局1976年点校本。
（北宋）陶岳：《五代史补》，台湾商务印书馆影印《景印文渊阁本四库全书》第407册。
（北宋）王溥：《五代会要》，台湾商务印书馆影印《景印文渊阁本四库全书》第607册。
（北宋）钱俨：《吴越备史》，台湾商务印书馆影印《景印文渊阁本四库全书》第464册。
（元）脱脱等：《宋史》，中华书局1977年点校本。
（元）脱脱等：《金史》，中华书局1975年点校本。
（明）李濂：《元史》，中华书局1976年点校本。
（清）张金吾编：《金文最》，上海古籍出版社影印《续修四库全书》第1654册
（北魏）杨衒之：《洛阳伽蓝记》，《大正藏》册51。
（唐）段成式：《寺塔记》，《大正藏》册51。
（北宋）李诫：《营造法式》，中国书店2006年影印本。
（元）李好文：《长安志图》，台湾商务印书馆影印《景印文渊阁本四库全书》第587册。
（明）李濂：《汴京遗迹志》，台湾商务印书馆影印《景印文渊阁本四库全书》第587册。

4. 笔记小说文集

（北宋）陈襄：《州县提纲》，台湾商务印书馆影印《景印文渊阁本四库全书》第602册。
（北宋）王禹偁：《小畜集》，台湾商务印书馆影印《景印文渊阁本四库全书》第1086册。
（北宋）刘颁：《彭城集》，台湾商务印书馆影印《景印文渊阁本本四库全书》第1096册。
（北宋）孔平仲：《谈苑》，台湾商务印书馆影印《景印文渊阁本四库全书》第1037册。
（北宋）苏颂：《苏魏公文集》，台湾商务印书馆影印《景印文渊阁本四库全书》第1092册。
（北宋）方勺：《泊宅编》，中华书局1983年点校本《唐宋史料笔记丛刊》。
（北宋）李昉：《太平广记》，中华书局1961年点校本。
（北宋）释文莹：《湘山野录》，上海古籍出版社2001年点校本《宋元笔记小说大观》第2册。

(南宋）灌圃耐得翁：《都城纪胜》，上海古籍出版社 1993 年影印本《都城纪胜（外八种）》。
(南宋）周密：《武林旧事》，上海古籍出版社 1993 年影印本《都城纪胜（外八种）》。
(南宋）周密：《齐东野语》，中华书局 1983 年点校本《唐宋史料笔记丛刊》。
(南宋）周密：《癸辛杂识续集》，台湾商务印书馆影印《景印文渊阁本四库全书》，第 1040 册。
(南宋）吴自牧：《梦粱录》，上海古籍出版社 1993 年影印本《都城纪胜（外八种）》。
(南宋）孟元老：《东京梦华录》，台湾商务印书馆影印《景印文渊阁本四库全书》第 589 册。
(南宋）李攸：《宋朝事实》，台湾商务印书馆影印《景印文渊阁本四库全书》第 608 册。
(南宋）袁采：《袁氏世范》，台湾商务印书馆影印《景印文渊阁本四库全书》第 698 册。
(南宋）洪迈：《夷坚志》，上海古籍出版社影印《续修四库全书》第 1265 册。
(南宋）洪迈：《夷坚志补》，台北：新兴书局有限公司影印《笔记小说大观》第八编第 5 册。
(南宋）洪迈：《容斋随笔》，上海古籍出版社 1978 年点校本。
(南宋）李心传：《建炎以来朝野杂记》，中华书局 2007 年点校本。
(南宋）李心传：《建炎以来系年要录》，台湾商务印书馆影印《景印文渊阁本四库全书》第 326 册。
(南宋）费衮：《梁溪漫志》，上海古籍出版社 2001 年点校本《宋元笔记小说大观》第 3 册。
(南宋）刘昌诗：《芦浦笔记》，中华书局 1986 年点校本《唐宋史料笔记丛刊》。
(南宋）王栐：《燕翼诒谋录》，中华书局 1979 年点校本《唐宋史料笔记丛刊》。
(南宋）袁燮：《絜斋集》，台湾商务印书馆影印《景印文渊阁本四库全书》第 1157 册。
(南宋）江少虞：《宋朝事实类苑》，上海古籍出版社 1999 年点校本。
(南宋）朱熹：《晦庵先生朱文公文集》，中华书局民国二十三年（1934）影印《四部备要》第 60 册。
(南宋）郑思肖：《郑菊山清隽集》，商务印书馆民国二十三年（1934）影印刻本《四部丛刊续编》。
(南宋）岳珂：《愧郯录》，江苏广陵古籍刻印社 1983 年影印《笔记小说大观》第 8 册。
(南宋）叶绍翁：《四朝见闻录》，中华书局 1989 年点校本《唐宋史料笔记丛刊》。
(南宋）叶梦得：《建康集》，台湾商务印书馆影印《景印文渊阁本四库全书》第 1129 册。
(南宋）刘一止：《苕溪集》，台湾商务印书馆影印《景印文渊阁本四库全书》第 1132 册。
(南宋）释居简：《北磵集》，台湾商务印书馆影印《景印文渊阁本四库全书》第 1183 册。
(南宋）王庭珪：《卢溪文集》，台湾商务印书馆影印《景印文渊阁本四库全书》第 1134 册。
(南宋）孙觌：《鸿庆居士集》，台湾商务印书馆影印《景印文渊阁本四库全书》第 1135 册。
(南宋）叶适：《水心集》，台湾商务印书馆影印《景印文渊阁本四库全书》第 1164 册。
(南宋）韩元吉：《南涧甲乙稿》，台湾商务印书馆影印《景印文渊阁本四库全书》第 1165 册。
(南宋）赵彦卫：《云麓四钞》，上海古籍出版社影印《续修四库全书》第 1199 册。
(南宋）洪皓：《松漠纪闻》，上海古籍出版社 2001 年点校本《宋元笔记小说大观》第 3 册。

（南宋）叶适：《叶适集》，中华书局 1961 年点校本。
（南宋）释惠洪：《筠溪集》，台湾商务印书馆影印《景印文渊阁本四库全书》第 1130 册。
（南宋）陆游：《渭南文集》，台湾商务印书馆影印《景印文渊阁本四库全书》第 1163 册。
（南宋）陆游：《老学庵笔记》，上海古籍出版社 2001 年点校本《宋元笔记小说大观》第 4 册。
（南宋）陈亮：《龙川集》，台湾商务印书馆影印《景印文渊阁本四库全书》第 1171 册。
（南宋）崔敦礼：《宫教集》，台湾商务印书馆影印《景印文渊阁本四库全书》第 1151 册。
（南宋）楼钥：《攻媿集》，台湾商务印书馆影印《景印文渊阁本四库全书》第 1153 册。
（南宋）黄震：《黄氏日抄》，台湾商务印书馆影印《景印文渊阁本四库全书》第 708 册。
（元）黄溍：《金华黄先生文集》，上海古籍出版社影印《续修四库全书》第 1323 册。
（元）元好问：《遗山集》，台湾商务印书馆影印《景印文渊阁本四库全书》第 1191 册。
（元）李士瞻：《经济文集》，台湾商务印书馆影印《景印文渊阁四库全书》第 1214 册。
（明）宋濂：《宋学士全集》，中华书局影印《丛书集成初编》第 2131 册。
（明）田汝成：《西湖游览志》、《西湖游览志余》，上海古籍出版社 1980 年点校本。
（明）张岱：《西湖梦寻》，广陵古籍出版社影印《武林掌故丛书》刻本。
（明）郎瑛：《七修类稿》，上海书店出版社 2009 年点校本。
（清）俞樾：《茶香室四钞》，上海古籍出版社影印《续修四库全书》第 1199 册。

5. 方志山志

（南宋）潜说友：《咸淳临安志》，中华书局影印《宋元方志丛刊》第 4 册。
（南宋）施谔：《淳祐临安志》，浙江人民出版社 1982 年点校本《南宋临安两志》。
（南宋）谈钥：《嘉泰吴兴志》，中华书局影印《宋元方志丛刊》第 4 册。
（南宋）罗濬等：《宝庆四明志》，中华书局影印《宋元方志丛刊》第 5 册。
（南宋）梅应发、刘锡：《开庆四明续志》，台湾商务印书馆影印《景印文渊阁本四库全书》第 487 册。
（南宋）沈作宾等修，施宿纂：《嘉泰会稽志》，采菊轩藏版，嘉庆十三年（1808）重镌本。
（南宋）史能之：《咸淳毗陵志》，中华书局影印《宋元方志丛刊》第 3 册。
（南宋）赵不悔修、罗愿纂：《新安志》，中华书局影印《宋元方志丛刊》第 9 册。
（南宋）陈耆卿：《嘉定赤城志》，中华书局影印《宋元方志丛刊》第 7 册。
（南宋）梁克家：《淳熙三山志》，中华书局影印《宋元方志丛刊》第 8 册。
（南宋）周应合：《景定建康志》，中华书局影印《宋元方志丛刊》第 2 册。
（南宋）赵汝适：《诸蕃志》，台湾商务印书馆影印《景印文渊阁本四库全书》第 594 册。
（元）单庆修、徐硕纂：《至元嘉禾志》，中华书局影印《宋元方志丛刊》第 5 册。
（元）袁桷等：《延祐四明志》，中华书局影印《宋元方志丛刊》第 6 册。
（元）冯福京等：《大德昌国州图志》，中华书局影印《宋元方志丛刊》第 6 册。
（元）王元恭：《至正四明续志》，中华书局影印《宋元方志丛刊》第 7 册。

（元）俞希鲁：《至顺镇江志》，中华书局影印《宋元方志丛刊》第 3 册。
（明）释广宾：《杭州上天竺讲寺志》，台北：明文书局影印《中国佛寺史志汇刊》第一辑第 26 册。
（明）郭子章：《明州阿育王山志》，台北：明文书局影印《中国佛寺史志汇刊》第一辑第 11 册。
（明）吴之鲸：《武林梵志》，台北：明文书局影印《中国佛寺史志汇刊》第一辑第 7 册。
（明）李翥：《玉岑山慧因高丽华严教寺志》，台北：明文书局影印《中国佛寺史志汇刊》第一辑第 20 册。
（明）葛寅亮：《金陵梵刹志》，台北：明文书局影印《中国佛寺史志汇刊》第一辑第 6 册。
（明）杨逢春修、方鹏纂：《嘉靖昆山志》，上海古籍书店影印《天一阁藏明代方志选刊》第 9 册。
（清）释际祥：《净慈寺志》，台北：明文书局影印《中国佛寺史志汇刊》第一辑第 17—19 册。
（清）孙治初辑、徐增重修：《武林灵隐寺志》，台北：明文书局影印《中国佛寺史志汇刊》第一辑第 23 册。
（清）厉鹗：《增修云林寺志》，台北：明文书局影印《中国佛寺史志汇刊》第一辑第 24 册。
（清）沈镕彪：《云林寺续志》，台北：明文书局影印《中国佛寺史志汇刊》第一辑第 25 册。
（清）闻性道、释德介：《天童寺志》，台北：明文书局影印《中国佛寺史志汇刊》第一辑第 13—14 册。
（清）卢见曾：《金山志》，台北：明文书局影印《中国佛寺史志汇刊》第一辑第 39 册。
（清）马远、释真朴：《康熙重修曹溪通志》，台北：明文书局影印《中国佛寺史志汇刊》第二辑第 4 册。
（清）沈传义修、黄舒昂纂：《新修祥符县志》卷一三《寺观》，光绪二十四年（1898）刻本。

6. 金石文献

（清）王昶：《金石萃编》，上海古籍出版社影印《续修四库全书》第 890、891 册。
（清）方履篯：《金石萃编补正》，上海古籍出版社《续修四库全书》第 891 册。
（清）陆耀遹：《金石续编》，中国书店 1985 年影印扫叶山房本。
（清）阮元：《两浙金石志》，江苏古籍出版社影印《历代碑志丛书》第 19 册。
（清）毕沅、阮元：《山左金石志》，上海古籍出版社影印《续修四库全书》第 909 册。
（清）胡聘之：《山右石刻丛编》，上海古籍出版社影印《续修四库全书》第 907 册。
（清）严观：《江宁金石记》，上海古籍出版社影印《续修四库全书》第 910 册。
（清）沈涛：《常山贞石志》，上海古籍出版社影印《续修四库全书》第 906 册。
（清）陆心源：《吴兴金石记》，台北：新文丰出版公司影印《石刻史料新编》第一辑第 14 册。
（清）谢启昆：《粤西金石略》，江苏古籍出版社影印《历代碑志丛书》第 22 册。
（清）黄瑞：《台州金石录》，江苏古籍出版社影印《历代碑志丛书》第 20 册。

（民国）王舟瑶：《台州金石志》，台北：新文丰出版公司影印《石刻史料新编》第三辑。
（民国）生克昭：《滕县金石志》，北京法源寺民国三十三年（1944）刊刻本。
实物考察：山东省兖州北宋“龙兴寺嘉祐八年碑”，2008 年 10 月出土，现藏兖州博物馆。
实物考察：江苏省苏州南宋绍定二年“平江图碑”，现藏苏州博物馆。

二、现代研究文献

白文固：《中国僧官制度史》（与谢重光合作），青海人民出版社 1990 年版；《中国古代僧尼名籍制度》（与赵春娥合作），青海人民出版社 2002 年版；《宋元明时期僧道免丁钱问题探讨》，《青海民族学院学报》2002 年第 2 期。
黄敏枝：《宋代佛教社会经济史论集》，台北：台湾学生书局 1989 年版；《关于宋代寺院的转轮藏》，《普门学报》（台湾）第八期，2002 年。
张十庆：《五山十刹图与南宋江南禅寺》，东南大学出版社 2000 年版；《中国江南禅宗寺院建筑》，湖北教育出版社 2002 年版；《日本之建筑史研究概观》，北京：《建筑师》第 64 期。
龚延明：《宋代官制辞典》，中华书局 1997 年版。
吴松弟：《中国人口史》第 3 卷，复旦大学出版社 2000 年版。
严耀中：《江南佛教史》，上海人民出版社 2000 年版。
张弓：《汉唐佛寺文化史》，中国社会科学出版社 1997 年版。
鲍志成：《高丽寺与高丽王子》，杭州大学出版社 1998 年修订版。
杨曾文：《日本佛教史》，浙江人民出版社 1995 年版。
刘长东：《宋代佛教政策论稿》，巴蜀书社 2005 年；《宋代五山十刹寺制考论》，成都：《宗教学研究》2004 年第 2 期。
游彪：《宋代寺院经济史稿》，河北大学出版社 2003 年版。
释东初：《中日佛教交通史》，台北：东初出版社 1989 年版。
黄启江：《参访名师：南宋求法日僧与江浙佛教丛林》，（台湾）《佛学研究中心学报》2005 年第十期；《北宋佛教史论稿》，台湾商务印书馆股份有限公司 1997 年版。
邢铁：《宋代家庭研究》，上海人民出版社 2005 年版。
苗书梅：《宋代官员选任和管理制度》，河南大学出版社 1996 年版。
梁思成：《大唐五山诸堂图考》（译文），《中国营造学社汇刊》第三卷第 3 期，北平：中国营造学社民国二十一年（1932）编辑发行；《梁思成全集》（第一卷），中国建筑工业出版社 2001 年版；《蓟县独乐寺观音阁山门考》，《中国营造学社汇刊》第三卷第二期，北平：中国营造学社民国二十一年（1932）6 月编辑发行；《我们所知道的唐代佛寺与宫殿》，《中国营造学社汇刊》第三卷第一期，北平：中国营造学社民二十一年（1932）3月编辑发行。
刘秋根：《论中国十至十四世纪合伙制的几个问题》，《历史研究》2002年第6期；《试论宋元寺院高利贷——以长生库资本为中心》，《宋史研究论丛》（第二辑），河北大学出版社1993年版；《试论宋元寺院金融事业》，《世界宗教研究》1992年第3期。
戴建国：《宋代籍帐制度探析——以户口统计为中心》，《历史研究》2007年第3期。
丸井宪：《日本早期“五山汉文学”渊源之探讨——以中国宋元代“禅文化”东传为中心》，《北京大学学报·哲学社会科学版》2003年第1期。
曹仕邦：《寺院经济文化背景——从宗教与文化背景论寺院经济与僧尼私有财产在华发展的原因》，（台湾）《华冈佛学学报》第八期，1985年7月。
袁震：《两宋度牒考》，《中国佛教史论集（三）宋辽金元篇（上）》，《现代佛教学术丛刊》第7册，台北：大乘文化出版社1977年版。
林悟殊：《宋代明教与唐代摩尼教》（敦煌资料），《文史》第二十四辑，中华书局1995年版。
郑炳林、魏迎春：《晚唐五代敦煌佛教教团的戒律和清规》，《敦煌学辑刊》2004年第2期。
郑显文：《日本的〈令集解·僧尼令〉与唐代宗教法比较研究》，《政法评论》2001年卷，中国政法大学出版社2001年版。
乔幼梅：《宋元时期高利贷资本的发展》，《中国社会科学》1998年第3期。
释星云：《佛光教科书》（11）《佛光学》，台北：佛光文化事业有限公司1999年版。
刘泽亮点校：《永明延寿禅师全书》（上中下），宗教文化出版社2008年版。

三、中译文献

〔日〕圆仁：《入唐求法巡礼行记》，上海古籍出版社1986年点校本，顾承甫、何泉达点校。
〔美〕杨联陞：《佛教寺庙与中国历史上的四种募钱制度》，《中国制度史研究》（彭刚等译），江苏人民出版社2007年版。
〔法〕谢和耐：《中国5—10世纪的寺院经济》，耿昇译，上海古籍出版社2004年；《法国学者敦煌学论文选集》（法国西域敦煌学名著译丛），耿昇译，中华书局1993年版。
〔美〕Holmens Welch：《近代中国的佛教制度》（上、下），包可华、阿含译，《世界佛学名著丛书》82、83，台北：华宇出版社（原名：*The Practice of Chinese Buddhism 1900—1950*）。
〔日〕木宫泰彦：《日中文化交流史》，胡锡年译，商务印书馆1980年版。台湾出版的此书书名译为《中日佛教交通史》，陈捷译，蓝吉富编《世界佛学名著译丛》49，台南：

华宇出版社 1988 年版。
〔日〕斯波义信:《宋代江南经济史研究》，方键、何忠礼译，江苏人民出版社 2001 年版。
〔日〕池田温:《中国古代籍帐研究》，龚泽铣译，中华书局 1984 年版。
〔日〕村上专精:《日本佛教史》，杨曾文译，商务印书馆 1981 年版。
〔日〕吉冈义丰:《中国民间宗教概说》，余万居译，《世界佛学名著译丛》50，台湾：华宇出版社。
〔日〕阿部肇一:《中国禅宗史：南宗禅成立以后的政治社会史的考证》，关世谦译，台湾东大图书公司 1988 年版。

四、外文文献

1. 日文文献（其中部分是用中文写作，因作者是日本人且初版在日本出版故归入此类）

〔日〕无著道忠:《禅林象器笺》，高雄：佛光出版社 1994 年版；《敕修百丈清规左觿》；京都：中文出版社 1977 年影印版。
〔日〕虎关师炼:《元亨释书》，《大日本佛教全书》第 101 册，高楠顺次郎、望月信亨等编纂，东京：潮书房，昭和六年（1931）影印版。
〔日〕师蛮:《本朝高僧传》,《大日本佛教全书》第 102 册、103 册,佛书刊行会编纂,东京：名著普及会，昭和五十四年（1979）影印版。
〔日〕道元:《正法眼藏》，《大正藏》册 82；《永平清规》，《大正藏》册 82；《天童山景德寺如净禅师续语录》，《大正藏》册 48；《宝庆记》，〔美〕Takashi James Kodera, *Dōgen's Formative Years in China: An Historical Study and Annotated Translation of the Hōkyō-ki,* 附, Boulder: Prajñā Press, 1980。
〔日〕莹山绍瑾:《莹山清规》，《大正藏》册 82。
〔日〕高泉性潡:《黄檗清规》，《大正藏》册 82。
〔日〕成寻:《参天台五台山记》，《大日本佛教全书》第 115 册，佛书刊行会编纂，东京：佛书刊行会，大正六年（1917）影印版。
〔日〕驹泽大学，禅学大辞典编纂所编:《禅学大辞典》，日本大修馆书店刊行；昭和五十三年（1978）。
〔日〕高雄义坚:《宋代仏教史の研究》，京都：百华苑 1975 年。
〔日〕塙保己一:《续群书类丛》（部分），东京:《续群书类丛》完成会影印本。
〔日〕川吴馨一编:《新校群书类丛》，东京：内外书籍株式会社昭和四年（1929）。
〔日〕高崎直道、梅源猛:《佛教の思想 II：古佛のまねび〈道元〉》，东京：角川书店 1969 年。
〔日〕安藤文英:《永平大清规通解》（伊藤俊光补遗）,东京都：鸿盟社昭和十一年（1936）

初版，昭和四十四年（1969）再版。

〔日〕大久保道舟：《道元禅师传の研究》，东京：筑摩书房 1966 年。

〔日〕关口欣也：《中国江南の大禅院と南宋五山》，《佛教艺术》144 号；《中国两浙の宋元古建筑》（一）（二），《佛教艺术》145、157 号；《五山と禅院》，小学馆，昭和 58 年（1983 年）。

〔日〕横山秀哉：《禅の建筑》，东京：彰国社昭和四十二年（1967）；《禅苑文化の鉴赏》，Tokyo, Sankibo Busshorin publishing，昭和四十八年（1973）；《支那禅刹图式の研究》，《东北大学建筑学报》第 1、2 号。

〔日〕伊东忠太：《五山十刹图について》，《佛教史学》第 1 编第 4 号，1911 年。

〔日〕田边泰：《大唐五山诸堂图について》，《早稻田建筑学报》第 8 号，昭和 6 年（1931）。

〔日〕白石虎月：《大宋诸山图について》，《历史地理》第 74 卷第 4 号。

〔日〕鹫尾顺敬：《日本禅宗史の研究》，东京：尾文渊堂 1947 年。

〔日〕镰田茂雄：《中国仏教史》，东京：大东出版社 2001 年。

〔日〕日野开三郎、草野靖：《关于唐宋时代的合本》，《东洋史研究》第十七卷一号。

〔日〕森克己：《日宋文化交流の诸问题》，刀江书院 1950 年。

〔日〕山崎宏：《支那中世佛教の展开》，清水书店 1942 年。

〔日〕十善之助：《日支文化の交流》，创元社 1938 年。

〔日〕玉村竹二：《五山禅僧传记集成》，东京：讲谈社 1983 年；校订《扶桑五山记》，京都：临川书店 1983 年；《五山禅林宗派图》，京都：思文阁 1985 年；《五山文学：大陆文化紹介者としての五山禅僧の活动》，东京：至文堂 1966 年。

〔日〕石井修道：《中国の五山十刹制度と基础的研究（1）—（4）》，《驹泽大学佛教学部论集》第 13—16 号，1982—1985 年；《宋代禅宗史の研究：中国曹洞宗と道元禅》，东京：大东出版社 1987 年。

〔日〕川濑一马：《五山版の研究》（Gozanban no kenkyu Bibliographical study of the Gozanban editions of medieval Japan, 1200—1500），日本古书籍商协会，东京，昭和 45 年（1970）。

〔日〕椎名宏雄：《宋元版禅籍と五山版》，《宗学研究》26，驹泽大学曹洞宗宗学研究所 1984 年。

〔日〕柴田六五郎：《まんだら和尚行状记》，南无山房 1971 年。

〔日〕上村观光：《五山文学小史》，东京：裳华房 1906 年。

〔日〕诸户立雄：《中国佛教制度史の研究》，平河出版社 1990 年。

〔日〕竺沙雅章：《中国佛教社会史研究》，京都：同朋舍 1982 年。

〔日〕宫崎道三郎：《质屋の话》，《宫崎先生法制史论集》，东京：岩波书店 1929 年。

〔日〕道端良秀：《支那佛教寺院の金融事业と无尽について》，《大谷学报》，14(1)，1933 年。

〔日〕平林文雄：《参天台五台山记校本与研究》，东京：风间书房 1978 年。

〔日〕石井正敏：《入宋巡礼僧》，载《亚洲中的日本史 5：自我意识与相互理解》，东京大学出版会 1993 年。

2. 英文文献

Charlotte von Verschuer, *Across The Perilous Sea: Japanese Trade with China and Korea From the Seventh to Sixteenth Centuries*, Translated by Kristen Lee Hunter, Cornell University East Asia Program (distinct from Cornell University Press), 2006.

Martin Collcutt, *Five Mountains: the Rinzai Zen Monastic Institution in Medieval Japan*, Published by Council on East Asian Studies, Harvard University; distributed by Harvard University Press, Cambridge（Massachusetts）and London, 1981.

J. Prip-Moller, Architect, F. R. I. D. A (艾术华), *Chinese Buddhist Monasteries: Their Plan and Its Function as a Setting for Buddhist Monastic Life*（《中原佛寺图考》，Hong Kong, Hong Kong University Press, 2nd 1967 (Copenhagen, 1st 1937).

Bernard Faure, *Chan Insights and Oversights: An Epistemological Critique of the Chan Tradition*, Princeton: Princeton University Press, 1993; The Rhetoric of Immediacy: A Cultural Critique of Chan/Zen Buddhism, Princeton: Princeton University Press, 1991.

Kazuaki Tanahashi, *The Essential Teachings of Zen Master Dōgen*, Boston & London: Shambhala Publications, Inc., 1999.

John McRae, *The Northern School and the Formation of Early Ch'an Buddhism*, University of Hawaii Press, 1986; Seeing through Zen: *Encounter, Transformation, and Genealogy in Chinese Chan Buddhism*, Berkeley: University of California Press, 2004.

Takashi James Kodera, *Dōgen's Formative Years in China: A Historical Study and Annotated Translation of the Hōkyō-ki*, Boulder: Prajñā Press, 1980.

后记

作为学术研究项目，长期的作业过程中却始终感觉是在寻找一个故事。这个故事发生在近千年前的南宋，但是留下的那些岁月苔痕，迄今犹在杭州城乡、街头、坊间到处可见、可闻、可感觉到——不仅如此，实际上这个故事的余音断迹遍及世界，比如在日本京都的街道上的空气里或者美国伯克利大学东方图书馆的书架间，我仿佛也都看、听、闻、识到了南宋临安的影像，还有气息。

记得是做“五山禅僧”那章时特意去了趟上天竺，想去学着体会一下当年瞎堂慧远、佛照德光、北磵居简那些大师走在那条山间青石板道上时“声喧乱石中，色静深松里”（王维诗句）的感觉。石涧清流潺潺。一路走，一路就给身边带着的女儿王含之讲故事：有一次，灵隐寺的瞎堂和尚，与南宋孝宗皇帝同游上天竺，也就是走在这条道上，走着走着进了寺门，见到寺里手持念珠的观音菩萨像，皇帝就问和尚：“常人有难就念观音，观音菩萨自己也手持念珠念，却是念谁？”和尚回答：“观音也是念观音。”皇帝问：“咋自己念自己名字？”和尚答：“因为求人不如求己。”9岁的女儿咯咯大笑：“那我也念念自己的名字啊！”

南宋佛教文化的研究迄今为止远远不够，这是我在研究过程中越来越深的一种体会：这个方向上的研究可能产生更高的学术价值和社会意义。同时，南宋佛教制度文化遗迹在江南和杭州境内以及其他有相应关系的地方也可能会有新的发现并因此产生新的认识，对有些文化遗迹可能有进行抢救性发掘的价值。有关文献资料，包括文字文献、石刻文献、文艺作品、绘画书法雕塑等艺术品、民间非物质文化遗产等有不少以各种形式散落于各地图书馆古籍部门、各地民间民俗中，以及因历史渊源有不少遗存流传并仍保存在西藏地区，此外还有大量相关宝贵文献流落海外，被视为珍宝保存在日本等国，这些文献中有不少迄今仍未受到过注意，更不必说受到重视，甚至也许可以说是还根本未受过正视。然而这是需要持之以恒，投入大量时间、精力以及需要大量经费的工作。本项研究中尽可能地对有关文献进行了搜集，对有关线索进行了初步的追寻，但是越来越无奈地体会到的是力不从心之苦。

昆剧《班昭》中有一句唱词："最难耐的是寂寞，最难抛的是荣华，从来学问欺富贵，真文章在孤灯下。"明白这个道理实不易。本书不足之处甚多，虽在研究过程中数次竭力压缩涉及面，整体结构一再调整缩小，但是结果涉及面仍过宽泛，严重影响研究质量，总体上看，不但影响到命题充分展开，也妨碍了讨论原本可能达到的深度。

作者在交出目前的这个"最终成果"时，内心深觉若能再假以数年（如能再得三年时间）或能做得较满意些。但是目前不得不交出去了。因为现在的大学科研和体制管理方面的原因，不允许在一个研究题目上"滞留"过久，尤其是不允许"停留"过深，否则若数年不在本校指定的国内期刊上发些论文，年度"考核"就通不过。所以只能暂时到此为止。

本项研究中所涉及的尚需深入探讨和研究的问题甚多，或可以说目前提出的所有问题都值得进一步深入认识和研究。即使将两宋佛教分而论之，也是一种新的尝试。虽然这种做法目前在思想史研究中已有先例，如卿希泰先生主编的《中国道教思想史》也是这样处理，专家认为："从其章节的安排可以看出，该书的历史分期既注意了朝代更替的界限，也充分考虑到道派自身演进的事实。鉴于北宋之后新道教派别纷起的情况，该书不像一般中国通史那样将南北宋合在一起论述，而是将南北宋分开，以隋唐五代北宋为一段，而南宋金元至明代中叶为一段。这种分期既符合道教组织形成与发展的历史面貌，也体现了道教思想的历史演进情形。南宋开始，随着净明道、太一道，真大道教、全真道的兴起，道教思想发生了较大的嬗变和发展，它与儒、佛二教在思想上的相互交融倾向更为明显。该书在这方面花了不少篇幅予以阐述，既表现了作者独到的'史识'，也给人以厚重的历史感。"① 那么话说回来，既然已经提出了问题，那也算完成一项任务，总是觉得心安一些。

多年来在各方面得到师长、朋友及专家同仁、相关部门诸多支持帮助，谨借此机会表示衷心感谢：

恩师萧萐父先生、唐明邦先生，武汉大学郭齐勇教授、吕有祥教授，厦门大学刘泽亮教授，中山大学龚隽教授，南京大学洪修平教授、赖永海教授，浙江大学董平教授、冯国栋博士，中国社会科学院世界宗教研究所杨曾文教授、

① 吕锡琛：《一部填补空白的高水平学术论著》，《光明日报》2010 年 5 月 11 日第 11 版。

黄夏年编审、纪华传研究员，中国人民大学方立天教授，杭州师范大学弘一大师丰子恺研究中心陈星教授等。

本书写作期间曾赴美国、日本等一些大学及研究机构访问研究，其间也得到朋友们热情无私的帮助，亦借此机会申谢：美国加州伯克利大学 Prof. Lewis Lancaster（兰卡斯特教授）、Prof. Bruce C. Williams（B. C. 威廉姆斯教授）、Dr. Peter Zhou（彼得·周博士），加州大学洛杉矶分校 Dr. Prof. Natasha Heller（海伦博士），西方大学 Prof. K. A. Locke（劳格教授），并向前斯里兰卡驻美国大使、美国西方大学国际佛教学院院长 Dr. A. Guruge（古鲁格教授）多年的关心和支持表示特别感谢。

很多师长和朋友的名字在此无法一一列举，还有佛教界的多位大德法师以及书中涉及的引文作者或提出商榷、讨论的学者，也谨一起表示衷心感谢。

还要感谢浙江图书馆古籍部（孤山）的工作人员及所有亲友、同事、学生的帮助，铭感于心，非言语能述。本书中曾引南宋五山禅师佛照德光偈曰：

截断千崖路，风前活计新；
谁知席帽下，元是昔愁人。

再抄在此，是为结束。

浙江工商大学宗教研究所　王仲尧

2010 年 4 月 30 日

图书在版编目(CIP)数据

南宋佛教制度文化研究（上下册）/王仲尧著. —北京：
商务印书馆，2012
ISBN 978-7-100-08712-4

Ⅰ.① 南… Ⅱ.① 王… Ⅲ.① 佛教—宗教文化—文化
史—研究—中国—南宋 Ⅳ. ①B949.2

中国版本图书馆CIP数据核字(2011)第223443号

南宋佛教制度文化研究

（上下册）

王仲尧　著

商务印书馆出版
（北京王府井大街36号　邮政编码 100710）
商务印书馆发行
三河市尚艺印装有限公司印刷
ISBN 978-7-100-08712-4

2012年12月第1版　开本 710×1000 1/16
2012年12月北京第1次印刷　印张 48

定价：108.00元